西方通识丛书

WESTERN

西方地理通史

了解西方历史先从西方地理开始

文聘元◎著

A General History of Western Geography

江西美術出版社
全国百佳出版单位

图书在版编目（CIP）数据

西方地理通史 / 文聘元著 . -- 南昌 : 江西美术出版社 , 2020.1
ISBN 978-7-5480-7095-5

Ⅰ . ①西… Ⅱ . ①文… Ⅲ . ①地理学史—西方国家—通俗读物 Ⅳ . ① K90-09

中国版本图书馆 CIP 数据核字（2019）第 080213 号

出 品 人：周建森
企　　划：北京江美长风文化传播有限公司
策　　划：北京兴盛乐书刊发行有限责任公司
责任编辑：楚天顺　康紫苏
版式设计：尹清悦
责任印制：谭　勋

西方地理通史

XIFANG DILI TONGSHI

作　　者：文聘元

出　　版：江西美术出版社
社　　址：江西省南昌市子安路 66 号
网　　址：www.jxfinearts.com
电子信箱：jxms163@163.com
电　　话：010-82093808　　0791-86566274
邮　　编：330025
经　　销：全国新华书店
印　　刷：固安县保利达印务有限公司
版　　次：2020 年 1 月第 1 版
印　　次：2020 年 1 月第 1 次印刷
开　　本：710mm × 960mm　1/16
印　　张：26
ISBN 978-7-5480-7095-5
定　　价：68.00 元

“西方通识丛书”总序

General Preface

“西方通识丛书”包括以下六部：历史是第一部，接下来依次是文学、哲学、艺术、科学、地理，构成整个西方文明的精髓。

一、《西方通史》

其内容包括从特洛伊战争开始直至1990年海湾战争结束的西方历史。主要包括古希腊与古罗马的历史、中世纪与文艺复兴的历史，以及美国、英国、德国、法国、意大利的历史。不但讲述了其中的主要历史事件，还讲了那些历史时期的名人的人生故事，例如亚历山大大帝、恺撒、屋大维、拿破仑、丘吉尔等。使我们不但能了解这些国家的历史发展脉络，还能了解这些国家历史上的伟人生平。

二、《西方文学通史》

其内容包括两大部分，第一部分是作家的生平事迹，一个作家的作品与他们的生平是密切相关的，很值得我们去了解。如古希腊三大悲剧作家、但丁、塞万提斯、莎士比亚、巴尔扎克、雨果、狄更斯、托尔斯泰、劳伦斯、马尔克斯，等等。

第二部分是西方文学史上的各大名作，那些我们所熟悉的西方文学名作，如荷马史诗、古希腊悲剧、《神曲》《哈姆雷特》《欧也妮·葛朗台》《大卫·科波菲尔》《战争与和平》《查泰莱夫人的情人》《百年孤独》等都包括在内，以讲故事的方式讲解这些作品的主要内容，并且语言风格也尽量遵循原作。

三、《西方哲学通史》

其内容包括两大部分，第一部分是西方哲学史上伟大哲学家们的生平事迹，如柏拉图、亚里士多德、奥古斯丁、托马斯·阿奎那、培根、洛克、笛卡尔、康德、黑格尔、尼采、叔本华、维特根斯坦、胡塞尔、海德格尔、萨特，等等。第二部分是哲学家们的思想一样，主要介绍了那些既重要又有可读性的哲学家的思想。

我们知道，哲学著作一般而言是比较难的，不那么容易读懂，但在该书中，所有哲学家，包括康德、黑格尔、胡塞尔等人的思想都是以通畅明白的方式表达出来的，即使没有哲学的基础，也可以读得明白。

四、《西方艺术通史》

其内容包括两大部分，一是那些杰出的艺术家的生平事迹，如达·芬奇、米开朗琪罗、拉斐尔、提香、委拉斯凯兹、戈雅、大卫、伦勃朗、马奈、莫奈、罗丹、毕加索，等等。第二部分是这些伟大的艺术家们的作品，以形象的文字描绘了这些伟大作品的内容、特色与神韵等。对于古希腊罗马艺术，虽然没有具体的艺术家的生平可以介绍，但对于那些伟大的艺术作品做了比较仔细的介绍，例如雅典卫城与罗马的大斗兽场等，还以被火山埋葬的庞贝为例介绍了卓有特色的古罗马的家居装饰风格。

五、《西方科学通史》

其特色是将西方科学的内容分成六大基础学科，即天文、数学、物理、化学、地学与生物，分别讲述了这些学科的主要内容与发展历史。

由于截至目前，这些学科的主要内容都是西方人发展起来的，因此，我们在读了该书之后，就对这些学科本身的内容与历史脉络都有了清晰的了解。还讲了那些伟大的科学家，如阿基米德、欧拉、牛顿、达尔文、居里夫人、爱因斯坦等人的生平事迹。

六、《西方地理通史》

该书的内容与前面几本不大一样，它不是在讲人的故事，而是地理的故事。包括两大洲即欧洲与美洲的地理概况，主要内容则是西方历史与当今的几个主要国家，即希腊、意大利、法国、英国、德国、俄罗斯与美国的地理。

这些地理又包括三大部分，即自然地理、人文地理与游记，自然地理主要讲述自然方面的内容，例如地形地貌、山川河流、气候特征等；人文地理则包括这些国家的语言、人口、民族、经济特色等；游记则讲述了这些国家的主要风景名胜与城市风貌等。当我们读了该书中美国的部分之后，不但可以认识美国的山川河流与气候特点，还会认识到美国虽然是多民族、多种族的国家，但各个民族与种族都有自己相对独立的地盘，也会了解到美国强大的经济实力以及很有特色的政府结构等。书中还带我们去游览美国那些美轮美奂的风景名胜，如尼亚加拉大瀑布与黄石国家公园等，还有我们慕名已久的城市，如纽约与拉斯维加斯等，甚至还有著名的哈佛大学与麻省理工学院，等等，总之就像在美国“多快好省”地逛了一圈。

以上就是六部作品的大致内容。

我之所以要写这样的作品，目的其实就是两个字——“通识”。所谓“通”就是全面，“识”就是知识，即我希望读者们通过阅读这样的作品，可以得到比较全面的知识。

我国著名的科学家钱学森曾经提出过一个相当尖锐的问题：“为什么我们的学校总是培养不出杰出的人才？”对于这个问题可以有各种各样的回答。在我看来，一个根本性的原因是我们的学校包括大学培养的学生缺乏全面的知识教育，对知识的提供太过于追求实用性，从而导致了相当严重的片面性，例如过于重视数理化而对于人文知识不够重视。因此我们培养出来的学生往往视野比较狭窄，有“知识”而少“见识”，于是思维也比较片面，这样是很难成为杰出人才的。

而要解决这个问题，一个比较简单的办法就是开展通识教育，以培养学生们更加宽广的视野，使他们不但有“知识”，而且有“见识”，这对于他们未来成为杰出人才当然是大有帮助的。

要进行通识教育的途径也不止一种，例如可以广泛地阅读文学、历史、哲学与科学的经典名著，到全球各大博物馆欣赏名画雕塑，或者去世界各国环球旅行。但这些办法有一个共同的问题，就是太难。例如有多少人有足够的时间、精力可以同时去读那么多文学与历史杰作呢？而亚里士多德与康德等的哲学杰作一般人又岂能容易读懂呢？更遑论牛顿与爱因斯坦的科学著作了，几人可以读懂呢？还有，我们一般人又哪有足够资金去世界各大博物馆欣赏那些艺术杰作、甚至作环球旅行呢？显然，对于绝大多数人而言，这样的通识教育是得不到的、行不通的。

而他们可以得到、也行得通的最简单的办法或许就是阅读这部“西方通识丛书”了，因为这部丛书有三个基本特点：

一是内容全面。

二是篇幅不长，每本都在35万字左右，400余页，大致是一本标准厚度的书籍，不难读完。

三是语言通畅，无论是历史、文学、艺术、地理，还是科学或者哲学，所有的内容都是以通畅明白的文字来表达的，即使那些相对深奥的内容，例如亚里士多德与康德的哲学，还有微积分或者爱因斯坦的相对论，也都表达得清楚明白，基本上一读就懂。

因此，在读完了这套丛书之后——这其实并不太难——你就接受了最基本的通识教育，无论你是想增长自己的见识，还是想成为杰出人才，都是大有裨益的。

序言：地理的三重意义

Preface

这本《西方地理通史》是“西方通识丛书”的最后一卷，也是相当重要的一卷。

为什么呢？因为地理有着基本的重要性。作为知识或者通识教育的组成部分，它的重要性与历史是同等的，都是最为基础性的部分。

那么地理的意义何在呢？归结起来大致有三个方面。

一是作为空间的意义。

我们知道，万物皆由时间与空间组成，物之为物，一个最基本的特点就是它占有空间。一个人如此，一个民族，一个国家，同样如此。而这个空间从某一个角度而言就是地理。地理之“地”，本质意义上而言就是空间；地理之“理”，就是特征与规律之意。所以“地理”字面上的含义就是一个对象所占有的空间之特征与规律。例如中国，它的地理的基本含义就是它所占有的空间的特征与规律。如它的方位特征：中国位于世界的东方、浩瀚的太平洋西岸，地势西高东低，有大片平坦而肥沃的土地，大部分地区四季分明，降雨主要集中在春夏两季，等等。这些空间特征与规律就是中国的地理。

这样的地理对于中国的重要意义是不言而喻的，没有这样的空间中国就无法存在，任何国家也都是如此。同样重要的是，由于中国所占据的这个空间的优越性，例如黄河与长江两岸肥沃的土地与丰沛的降水很适合农耕文明的发展，所以才诞生了以农耕为特色的古老的中华文明。不但中国如此，世界上那些古老的文明都是如此，这些伟大的文明之所以能够诞生，都是与其地理的优越性联系在一起的，从古埃及文明到古两河流域文明再到古希腊文明，无不如此。

正因为如此，在西方才出现了一种思想——地理决定论，即认为一个国家或者民族的地理特征决定了其文化与国民之特质，卢梭、伏尔泰、孟德斯鸠等都有这样的观点。

例如卢梭，他认为一个国家的人民选择什么样的政府形式，往往取决于这个国家的自然因素，这些因素就决定了这个国家有什么样的人民，而什么样的人民就决定了适用什么样的政府。

伏尔泰更是这样说：

> 土壤和气候，对于一切自然产物——从人一直到蘑菇，确实显示着支配力量。

伏尔泰还特别强调了气候的作用，他认为，在地球上，低纬度的人由于生活在气候比较温和的地区，因此民风也较西方人温和。

而持地理决定论的最有名的人是孟德斯鸠——西方最伟大的思想家与政治哲学家之一。他明确指出，许多政治与法律制度都是基于当地的地理特征而来的，是“因地制宜”地产生的。例如法律，他在经典之作《论法的精神》中就指出：

> 法律应该和国家的自然状态有关系；和寒、热、温的气候有关系；和土地的质量、形势与面积有关系。

不但法律如此，一个民族的其他元素，例如各种风俗习惯与生活方式，甚至国家的根本制度即政体等，在孟德斯鸠看来，都是由地理环境决定的，所以当我们要了解任何一个国家与民族的时候，了解它的地理是极为重要的，可以说是了解它的一切之基础。倘若我们想要了解西方文化，了解法国或者美国，首先就要了解它们的地理。

对一个国家如此，对于一个历史事件或者历史人物也是如此。倘若我们想要了解波斯战争或者拿破仑，想要了解哲学家柏拉图或者画家莫奈，了解相对应的地理环境特征同样是很重要的。这就是地理的第二个意义，即作为背景的意义。

我们知道，任何一个历史事件都有其发生的地方，任何个人都有他的生活环境，而这个人之所以具有这样的人生、产生了这样的思想，这个历史事件之所以发生，与这个地方的地理环境都有着密切关联。

关于事件，例如为什么会有波斯战争？当然首先是因为波斯与希腊在地理位置上是相邻的，所以才会发生战争。所谓“一山不容二虎”，当波斯与希腊两种强大的文明在小亚细亚半岛上并立的时候，产生冲突是迟早的事。而在战争之中，波斯之所以失败，与战争所在地的地理环境也有着千丝万缕的联系。温泉关地势显要，易守难攻，所以斯巴达人才可以以一当百、当千地阻挡波斯人多日。试想，倘若没有这种地理特征，区区几百名斯巴达人，哪怕再勇敢，能够阻挡十万波斯大军的进攻吗？恐怕是不可能的。

关于人，例如拿破仑，他之所以能够成为伟大的统帅，一个重要的原因就是他是个地理专家，很了解地理，也很善于利用地理环境去作战并赢得胜利。例如，他人生第一次重要战斗就是利用了土伦港的地形巧妙地布置了大炮，用大炮猛轰停泊在港口中的英国舰队，并取得了大胜，他的人生从此平步青云。试想，倘若不懂得地理，他能够赢得土伦之战的胜利吗？当然不可能。而他的人生也将是另一番景象，也不可能成为伟大的统帅。

不但拿破仑这样的战争英雄如此，就是那些伟大的哲学家、作家与艺术家，他们的人生和成就与他们所处的地理环境往往也有着密切关联。例如柏拉图，他为什么会写出《理想国》？这就与他所处的地理环境有关。在当时的希腊有着大量小城邦，这些小城邦大者人口仅十来万，小者不过上万，而在柏拉图的理想国里，这样的小国就是他的理想之国，所以在《理想国》里有这样的话：

> 我说，那么请你告诉我，我们的城邦怎样才能充分提供这些东西。那里要不要有一个农夫、一个瓦匠、一个纺织匠？要不要再加一个鞋匠和其他一些照料身体需要的人？
>
> 当然要。
>
> 那么最小的城邦至少也要四五个人。

当然，不是说城邦只有这么几个人，但在柏拉图的概念里，城邦的人口是很少的，将这样的四五个人扩展一千倍甚至一万倍，当然足以构成一个这样的理想国了，但这样的理想国总人口又有多少？柏拉图之所以提出这样的理想国，与当时他所处的小国寡民的希腊诚然有着密切关联。

比柏拉图更早的中国哲学家老子也说：

> 小国寡民。使有什伯之器而不用；使民重死而不远徙。虽有舟舆，无所乘之，虽有甲兵，无所陈之。使民复结绳而用之。甘其食，美其服，安其居，乐其俗。邻国相望，鸡犬之声相闻，民至老死，不相往来。

老子之所以提出这样的思想，是因为他所处的时代之地理环境与柏拉图有一个共同的特点，就是当时的确有着大量这样的小国，正是这样的地理环境才使他们产生了这样的思想：要在小国之中建立理想之国。

不但哲学家及其思想受到他所处的地理环境的很大影响，作家与艺术家等也是这样。例如作家，他的创作背景几乎都是基于他生活的环境。例如劳伦斯，他的作品背景大都是工业化时代的英国，那些尘土飞扬的工业小镇与脏兮兮的矿工经常出现在他的作品里，其代表作《查泰莱夫人的情人》就是这样的背景。

艺术家就更是如此了。西方的艺术家不像中国，所画的东西尤其是风景画大都是想象出来的，在自然之中并没有这样的景象。但西方的就不一样了，几乎所有的作品尤其是风景画都是对真实环境的描绘。所以一个画家所处的地理环境就决定了他作品的内容与特质。例如莫奈，他最著名的作品是大量的睡莲画，之所以有这样的作品，当然是因为他所居的环境有着大量的睡莲。他甚至特别在住的地方开挖了一个池塘，从远处流过的小河引进河水，种上了睡莲，还在池塘上面搭了一座小桥，他可以登上小桥，俯瞰咫尺之遥的睡莲。他也几乎一天到晚都待在池塘边，描绘他的睡莲。

由此可见，无论是哲学家、作家还是艺术家，地理环境对于他们的人生与成就都有着重要的意义，是他们思想与创作的重要背景。

地理的以上两个意义，即空间的意义与背景的意义，也许听起来与我们自己的关系不大，但地理的第三个意义就与我们每一个人都息息相关了，那就是它对于我们每一个人的现实意义。

我们每一个人都是生活在某种地理环境之中的，而这种环境对于我们的生活必然会产生很大的影响。倘若我们生活在内陆山区等偏僻之地，那生活自然是很不方便的，而我们之所以喜欢生活在沿海，当然是因为这些地方交通便利，经济也比较发达。我们生活中的方方面面几乎都与这些地理环境特征脱不了干系。

人们都会向往经济发达和地理环境好的地方。欧洲与北美现在可以说有着世界上基础最好、也保护得最好的自然环境， 当然吸引着世界各国人民的向往。至于它们空间怎样好，大家可以在本书后面的内容中看到。

在这本《西方地理通史》之中，我们能够了解到西方的地理特征，包括它的自然地理与人文地理特征，我们可以了解它得天独厚的自然地理环境。例如欧洲，它地处欧亚大陆西部，大西洋东岸，绝大部分地方交通便利、土地肥沃、降水丰沛、气候宜人，是全世界最适宜于人类生存的地方之一。尤其是法国，其优越的地理环境可以说无与伦比，是地球诸国中的天堂之国。北美同样如此，它所处的纬度与中国一致，但中国广阔的西部，深处大陆内部，多沙漠与戈壁这样的荒芜之地，交通不便。北美却东邻大西洋，西靠太平洋，受洋流影响，因此辽阔的土地少有荒芜之地，而且交通便利。也因此是经济发展的好地方。正是依托着这样的地理环境，欧洲与北美才有发达的经济与文化。也因此才成为了许多人向往生活的地方。

即使不想生活在西方，我想大部分人至少都有去西方、去欧洲与北美各国——如英国、法国、德国、美国或者意大利还有希腊等国旅游一番的想法。想去看看伦敦、巴黎、柏林、纽约、罗马或者雅典，去领略这些地方的名胜古迹与美丽风光，如雅典卫城、罗马大斗兽场、巴黎埃菲尔铁塔、美国的黄石国家公园或者尼亚加拉大瀑布，甚至去好莱坞看明星。

倘若你有这些想法，都可以先读一下本书，因为书中有对这些地方的介绍，可以作为旅游前的基本攻略。

即使你不去，也可以通过阅读本书了解这些美丽的地方，将它们的美丽放在我们心上，使我们的心灵更加美丽而阳光。

是为序。

文聘元

2019年1月11日于海口国贸之寓所

目 录

Contents

第一章　从宇宙到欧洲

坐地日行八万里，巡天遥看一千河。

这是毛泽东诗词中众人皆知的一联，地球载着芸芸众生在宇宙飞驰，日复一日，年复一年，永不停息。这时，假如有人问："亲爱的朋友，您了解您所居住的星球吗？"我猜会有许多人回答："对不起，我不大了解。"

不用急，现在我就来帮助您解决这个问题。

我不但要帮您了解这个小小的寰球，或许还能帮您了解比它大得多的东西呢。

宇宙是一幅井然有序的图画　　中国有句古话说："上下四方曰宇，古往今来曰宙。"也就是说，所有的空间，一切的时间加起来就叫宇宙。地球当然没有这么大，相对于茫茫宇宙而言，它只是沧海一粟。打个比方说吧，我们可以把地球比作大海里一条最小的鱼，它一辈子都在大海里游着，却永远不会知道大海究竟有多大。

是的，关于宇宙这个最大的概念，我们能够确定的是，它从时间上来说无始无终，从空间上来说无穷无尽。人类永远不会知道它是什么时候诞生的、究竟有多大、什么时候会毁灭。

然而，上面的观念只是我们日常的想法，有点"想当然"的味道，在科学家们看来可不是这样。

现在的科学家们会绘声绘色地告诉你，我们的宇宙诞生于一百亿或几百亿年之前的一次大爆炸。这次大爆炸后，宇宙开始只是一些辐射，这个辐射像一个发光的灯泡一样，从中心往四周放射出能量，科学家们称之为膨胀，后来这膨胀像魔术师变戏法似的变出了物质，并且越变越多。那次大爆炸发生约1000年后，这个宇宙便充满物质了。这些物质又在不断地变化，后来渐渐地凝聚起来，变成了一团团的东西，这就是"天体"。我们地球就是这样的天体。

地球这样的天体被称为行星，太阳这样的天体则被称为恒星，行星与恒星都是很大的天体，它们的形状像球，此外还有彗星、小行星、流星等各式各样不同的天体。

所有这些天体的共同特点是，它们都是我们用眼睛看得见的实实在在的物质。

然而宇宙间还有一些比较特别的物质，是我们的眼睛看不见的。这主要是一些气体，例如氢，此外还有大量不知道是什么东西的微小尘埃。这些小东西充满整个宇宙。它们被称为星际尘埃或者星际介质。

星际尘埃虽然小，但只要有足够大的显微镜还是看得见的，因为它们毕竟是物质。

除了物质之外，这个宇宙还有什么呢？

还有能量。

能量的内容像天体一般复杂，例如热能、核能、光能、万有引力，等等，它们像一根根无形的针穿透整个宇宙，到处弥漫。

许多这样的星际尘埃、恒星、行星、小行星、彗星聚集在一起，再加上能量，便构成了更大的单位——星系。星系就是由上面所有这些天体和能量组成的一个大团子，它的形状通常有点像水中的旋涡。一个星系可能包含几十亿甚至上百亿的恒星、行星、卫星、彗星等。

许多相互之间距离比较近的星系还可能会聚在一起成为星系团。

还有一种说法，就是说上面所有的天体，包括星系、星系团以及它们之间无边的虚空，合在一起就构成了另一个奇大无比的单位——总星系。它包括我们现在所看到的再加上以后还会看到的一切天体。

这总星系不就是宇宙吗？难道在总星系之外还有一个什么地方，或者从一个什么边界开始，再也没有任何天体，只是无穷无尽的虚空吗？

或许有，谁知道呢！须知宇宙之大，无奇不有。

现在大家知道宇宙的构成了吧？

宇宙总的成分是物质与能量。

组成宇宙物质的部分就是各种天体，大者如星系、恒星、行星，小者如星际尘埃。

组成宇宙能量的部分就是各种能量，如热能、核能、引力、各种辐射等，它们无形无影，却弥漫整个宇宙。

这样说也许有些模糊，好像宇宙是由这些各式各样的能量、物质，乱七八糟地混在一起构成的，像团乱麻。事实上，宇宙不是一团无序的乱麻，而是一幅井然有序的图画：

我们可以把能量看作这幅“宇宙图”的背景，里面是一个个美丽的旋涡，像在大地上盛开的一朵朵鲜花，它们就是星系。再仔细看这些花儿，它们也有自己独特而美丽的构造，例如花瓣、花蕊、花粉、绿叶，等等，这些就是构成星系的恒星、行星、星际尘埃等。

这就是宇宙。

银河确实是一条河，但其中流淌的不是水而是星星　在构成《宇宙图》的朵朵星系之花中有一朵格外美丽，它堪称宇宙花园中的牡丹，这就是银河系。

大家都听过牛郎织女的传说，每当晴朗的夜晚，我们仰望太空，会看到天际横贯着一条依稀可见的带状薄云，这就是银河。老奶奶说这就是当初王母娘娘为了分开牛郎织女，用簪子在天上划出来的一条大河，每年七月初七，无数的喜鹊都会在河上搭起一座鹊桥，让这对有情人相会一次。

是呀，银河确实是一条河，但其中流淌的不是水而是星星。

构成银河系的大体有三样东西：星体、星际尘埃、能量。看得出来，就成分而言它同宇宙没什么不同，只是其中每一种成分都要少些罢了。

少到什么程度呢？例如星体，银河系的主体是恒星，我们的太阳就是这些恒星中的一个，银河系有1000亿颗这样的恒星。须知宇宙之中银河系这样的星系也何止百亿！

就形状而言，银河系颇像我们中国的一种传统乐器——铙钹，一个中间隆起的圆盘，中间这个隆起部分是银河系的中心，圆盘上其他部分都绕着它旋转。这个核心是什么，天文学家目前还不能确定，有人说它是一个巨大的黑洞，有400万个太阳的质量。在它周围是一些年老的恒星，它们越老就越接近核心，好像要被它吸进去。

您可能听说过黑洞，它是宇宙里最奇怪的一种天体，最显著的特点就是几乎没有体积，或者说它的体积无法计算，因为它实际上是一个巨大无比的引力场，一切接近它的东西，包括跑得最快的光，都会被它吸进去。吸进去后，由于它的引力场太强，物质到这里后会被无限地压缩、压缩，它的体积也就无限地小下去了。打个比方说吧，我们知道，黑洞就像一双无形的手，被它吸进去的物质，从整颗的恒星到最小的星际尘埃，就像面团，被这双无形的手揉搓挤压不断地变小。但手揉面团毕竟有一个限度，过了限度后就没法再揉小了，黑洞可不是这样，它是一双力大无穷的手，可以把无论多么大的面团无限地揉下去，令它无限地小下去。

在这个可怕的黑洞外面，那个圆盘的其他地方，是一些比较年轻的恒星，它们既年轻又明亮，太阳正是这些漂亮的恒星中的一颗，它距银河系的中心约为银河系这个圆盘半径的三分之二，就距离来说，大约有2.6万光年的样子。太阳就在这个地方绕着银河系的中心旋转，就像地球绕着太阳公转一样，速度大约是每秒200多千米，不过由于银河系实在太大，太阳公转一圈的时间，地球可以公转足足两亿圈呢，也就是2亿年。

所以您也千万不要以为恒星真的是恒定不动的，相反，它也在运动，只是它的运动用肉眼看不出来而已。

太阳是一个自己能发光发热的巨球　银河系有千亿的恒星，但只有一颗对我们而言最为亲切，就如此刻，它正在楼顶露出红艳艳的笑脸，把快乐的阳光洒在我的窗前。

太阳只是一颗恒星，但它就像大观园里的贾宝玉一样，身边跟着许多漂亮的侍女，共同构成了以它为中心的太阳系。

太阳的这些丫鬟大家都很熟悉，主要是八个大丫鬟——八大行星，此外还有小行星、彗星、流星、星际尘埃，等等，而这八个大丫鬟也各有听“她们”指挥的小丫鬟，这就是行星们的卫星了，它们也是太阳系的重要组成部分。

太阳系的核心当然是太阳，它占了太阳系总质量的99%，直径约140万千米，质量是我们地球的33万倍，与地球的距离约为1.5亿千米——这个数字被天文学家称为1个天文单位。

太阳给我们印象最深的其实不是上面这些，这些特征好像同我们关系不大，太阳最令我们难忘的是它的发光发热，俗话说万物生长靠太阳。更具体地说，万物生长靠的是太阳的什么呢？当然是它的光和热了！

太阳是一个自己能发光发热的巨球，太阳系里就它有这本事。它为什么能发光呢？说来话长。我们知道，一个物质的质量同它的重力成正比，质量越大重力也就越大，这样，由于太阳质量巨大，组成太阳的物质受到巨大的重力作用，越往里受到的压力就越大，温度也越高，到了太阳的核心，巨大的重力和高温产生了核聚变——就是组成太阳主体成分的氢原子核内的那个质子同另一个氢原子的质子被压到了一块儿，变成了另一种气体氦。但这个氦核的质量比原先造就它的两个质子要小些，那多余的质量到哪儿去了呢？

答案很简单：它们变成了能量！我们听说过爱因斯坦那个著名的公式$E=mc^2$，这里E是能量，C是光速，约每秒30万千米，M是质量。这公式告诉我们，哪怕一点点物质，如果它变成了能量将会何等的巨大！太阳每秒钟大约要将500万吨这样的质量化为能量，可以想象这能量何等巨大！

这些反应都在太阳核心进行，我们是看不到的，那里的温度有1500万度之高，我们看到的是太阳的表面，叫光球，它的温度只有6000℃左右。

这有多高呢？大约相当于炼钢的高炉里的温度吧！

光球上面叫色球，色球上面叫日冕，这两层我们平常都是看不到的，它们有一个特点，就是温度比光球要高得多，例如日冕距太阳的核心最远，温度却高达一两百万度，奇怪吧？大家都知道，近者热而远者凉，这规律到太阳身上却相反了呢。

太阳系是以太阳为中心组成的一个集团，这个小小的星系里的其他天体有的距太阳远，有的距太阳近，都在绕着它兜圈子，当然，这个圈子不是360度的正圆，而是椭圆形的圈子。如此，太阳系就构成了这样一幅图景，我们用箭头来表示以太阳为中心的秩序：太阳→水星→金星→地球→火星→木星→土星→天王星→海王星，这就是八大行星的排列。除了这八大行星外，太阳系中还有许多别的天体，例如彗星、流星、小行星、卫星，等等，这我们已经说过了。

彗星大家多半听说过，没见过，因为它虽然鼎鼎大名，但却是少之又少呢，我这辈子只见过一次，就是彗星中最著名的那颗——哈雷彗星，记得若干年以前的某天晚上，我晚自习中途在教室的走廊上凭栏仰望太空，突然看见一颗从来没有见过的大星像扫帚一样掠过天际。后来才知道它就是哈雷彗星，地球人每75年才能看见一回呢。

流星其实是一些在茫茫太空流浪的小石头，大的像山，小的像碗，它们偶尔被地球的美丽吸引过来，划过天际，与空气摩擦时发出耀眼的光，就是我们经常能看到的流星了。它们有时像一群蝗虫般集群飞翔，经过地球时在天空擦出如雨一般密集的火花，这就是流星雨。

小行星是一些像八大行星一样绕着太阳转的天体，因为它们太小又太多，不能像八大行星般一一单独命名。在木星与火星之间有无数这样的小行星，像一条彩带绕着太阳盘旋。

卫星大家最熟悉了，它们就是绕着行星转的天体，八大行星各有各的卫星，对于我们而言最亲切的就是美丽的“嫦娥”——月亮。

地球像个洋葱，分成好几层　在太阳系，甚至全宇宙中我们最熟悉的天体是我们的“母亲”——地球。

地球总的来说是一个球，就像地球仪一样，当然没有那么圆，它的南北两极要扁一些，中间就是赤道，要鼓一点点。我们拿一个橘子来，捏住它的两头稍稍压一压，就像地球的真实形状了。

如果在地球的南北两极之间打一条直直的通道，它的长度大约是13 000千米，如果我们绕着赤道走一圈，距离大约是40 000千米，如果我们把地球表面展开，它的总面积约5亿平方千米，其中七成是海洋。

地球又像个洋葱，分成好几层，我就以自己的双脚踩着的地方——大地——为中心来说说吧！

地球最上面一层叫地壳，它薄薄的，像橘子皮一样，最薄的地方不到10千米，比起地球1万多千米的直径来，这简直可以忽略不计呢。中间是一层厚得多的地幔，它又可以分成两层，上面一层有点软，像极稠的泥浆一样，能够慢慢腾腾地流动，有时它们能够在地壳上找个出口冲将出来，这就是火山爆发了。下层呈固态，温度随着压力的增加而增加。

地幔再往下就是地球最里面的一层——地核。

大家可以试着猜猜地核大致的情形。首先，它当然是很热的，其次，它应当是液体。不过科学家们说这只对了一半。因为地核也有两层，外面的一层确实是灼热的液体，但再往下却是固体。也许是因为上面这么多东西压着它，把本来应该是液体的它压成了一个大硬块。

上面我们说的是大地以下的地球，那么从大地往上呢？它也有两层，或者说是两圈，头一圈是咱们每天都呼吸着的大气，主要由氮气和氧气组成，占了总体积的99%。

大气往上其实还有一层，叫磁层或者辐射层。这一层对于我们人类的生存是至关重要的，因为它阻挡着从外太空，例如太阳，射过来的一些对人体十分有害的带电粒子，如果没有磁层阻拦它们，人类早就被它们杀光了。不，是根本不可能存在呢。

大气下面的一圈是水圈。

水对于生命的意义不用说，就像犹太人的所罗门王对示巴女王所言："没有比水更珍贵的东西了！"它是一切生命之母。据科学家说，生命最初在水里，是从水中走上陆地的。

不过地球上的水有98%是我们人不能直接饮用的海水，即使在这剩下来的2%中绝大部分我们也不能直接喝，只能嚼，因为它们是硬邦邦的冰。

地球上只有三成的地方是陆地，但同我们关系最密切的恰恰只是这三成。她，大地，乃是我们真正的故乡，我们生于斯、长于斯，多半也要死于斯。

大地，地球上的陆地，被大海分隔成五大块和无数的小块，大块构成了七大洲，因为其中的两大块又被人为地划成了两大洲。这七大洲我们当然知道，就是亚洲、欧洲、非洲、大洋洲、南极洲和南、北美洲。

这七大洲的位置和大小我们只要看一眼地图就知道了。

从下一章开始，直到本书的最后，我主要谈的就是那个同我们亚洲关系十分密切的大洲——欧洲。

第二章　自然欧洲

欧洲是从欧亚大陆往大西洋延伸出来的一个大半岛，是地球上最美丽的一个大洲。为什么这么说呢？看到后面大家就明白了。

从太空鸟瞰欧洲　假设我们是宇航员，从高高的太空鸟瞰地球，会看见欧洲位于地球西部、北半球，也就是说它位于地球的西北角。它的西、南、北三面都是茫茫大海：西面是浩瀚的大西洋，从这里往西一直要在海上航行五六千千米才是另一块大陆——美洲；北面是北冰洋，它占领着地球的北极，大部分地方是终年冰封雪盖的世界；往南是地中海，它远没有大西洋那么浩瀚无边，是阻挡人类探索的天险，相反，它从来就是一座桥梁，一座连通文明的桥梁，把埃及文明、巴比伦文明和希腊文明紧紧地联系在一起；隔着地中海与欧洲遥望的是非洲。

欧洲唯一与大陆相接的是东方，在这里她与我们亚洲连成一体。

这就是欧洲大致的位置，从纬度上来说，它的最北端是北纬71° 的诺尔辰角，最南端是北纬36° 左右的马罗基角，从南到北的距离近4000千米。

从经度上说，欧洲的极西端是葡萄牙的罗卡角，靠近西经10° ，最东面是欧洲与亚洲的分界线——俄罗斯的乌拉尔山。乌拉尔山大约在东经60° ，它与罗卡角之间的距离超过5000千米。

我们现在来看看欧洲陆地的轮廓。

从地图上看欧洲时，我们的第一印象是支离破碎、乱七八糟。

请看它的海岸线：从东边的俄罗斯开始往西，一下子便向黑海插进来一个半岛——克里米亚半岛，绕过它后折向南边，经罗马尼亚、保加利亚、土耳其再往西到了希腊和意大利，它们是两个伸进地中海的巨叉；接着往西是法国和西班牙，这时到了欧洲的尽头，便转而往北，绕过葡萄牙折向东，又一次过西班牙和法国再到比利时、荷兰两个小国后，到了德国，随后又看到一个像鸭嘴一样突出的地方，那是丹麦；从鸭子嘴绕过又回到德国，这里往东到了波兰，波兰过后又是俄罗斯，往东北跨过漫长的一段后突然向北，这下可不是鸭嘴，而是巨大无比、歪七扭八的象鼻子了，它先往北一点，突然折向西，然后再往北，再往东北斜过去，然后又往西南斜过来，很长一段后再往西北，又一拐往西南，然后又拐往北，又往东北绕过去，一直进了北极圈。此后欧洲的海岸线一直往东，直到与亚洲相接。

怎样？这漫长的拐弯抹角把您弄晕了吧？但这可不怪我，您瞧瞧地图，我说的一点没错呢！

正由于这样的拐来拐去，欧洲虽小，其海岸线总长将近40 000千米，是世界上海岸线最曲折的一个洲。

这就是欧洲的大体轮廓。现在我们来看这轮廓之内又有些什么。

总的来说，欧洲地势低平，平原占优势，大部分地区海拔在1000米以下。

欧洲的总面积稍微超过1000万平方千米，是世界上面积倒数第二的小洲。不过，像人的年龄小或者个子小与他的智慧或本领不相干一样，欧洲虽小，本事可大着呢，山水可美着呢！

欧洲的八座大山 欧洲有好多大山，东南西北都有。

北面，纵列在欧洲西北部的是斯堪的纳维亚山脉。它十分古老，在四五亿年以前，也就是地质学上的古生代时就已经成形了，后来到了“冰期”，这时大地上布满厚厚的冰盖，斯堪的纳维亚山脉也在所难免，到了距今12 000年左右时，这些冰终于融化了，变成巨大无比的洪水从斯堪的纳维亚山上冲过，冲掉了泥土，在上面造出了无数的坑坑洼洼、沟沟壑壑。

这造成了两个结果：一是土地贫瘠，因为泥土被洪水冲走了；二是地形复杂，因为沟壑太多。

古老、贫瘠、复杂，这就是斯堪的纳维亚山脉地形的特色。

长久以来，住在山上的人们爱护森林，使贫瘠的、不利农耕的山脉上长满了大树，森林密布，同时复杂的地形也造就了湍急的河流，蕴藏着丰富的水利资源。

从斯堪的纳维亚山脉往西南便到了不列颠群岛，这上面有一个我们熟悉的国家——英国。

不列颠群岛的北面是一些与斯堪的纳维亚山脉相似的山地，只是更加荒凉而贫瘠。有关它的详情我们等到后面讲英国时再谈。

以上是欧洲北部的山了。

欧洲南部同样有山，而且更加庞大。

这里有好几座大山，它们环绕在地中海北面，几乎把整个欧洲南部都盖住了，其中最有名的是阿尔卑斯山脉。

阿尔卑斯山是欧洲最高大的山脉。它西起法国南部以优美无比的海滩闻名于世的尼斯，往东延伸，经过意大利北部、瑞士南部、小得可怜的列支敦士登，再到德国，一直到达奥地利的首都维也纳，总的形状有点像弓，总长约1200千米，宽130～260千米，越往东越宽，平均海拔3000米左右，山脉总面积20多万平方千米，跟中国的湖南省差不多大。

与老掉牙的斯堪的纳维亚山脉相反，阿尔卑斯山十分年轻，从地质学上讲，它是非洲板块与亚欧板块相撞的结果。这两个巨大的板块在碰撞过程中，许多巨大的岩石被掀起，移动几十甚至几百千米压到其他岩石上，高耸起来，就形成了阿尔卑斯山。

阿尔卑斯山脉是个巨大的分水岭，也就是说，许多大河都是从它这里发源并流向四方，例如有名的多瑙河和莱茵河，它们的上游在险峻的阿尔卑斯山脉间奔腾，水流湍急，水力资源十分丰富。

在阿尔卑斯山区有许多湖，例如莱芒湖、苏黎世湖、博登湖等，它们静卧在深山峻岭里，风景优美，有如天堂。

阿尔卑斯山山势雄伟，像一道天险横亘着，许多高峰一年到头白雪皑皑，最有名的是勃朗峰，海拔近5000米，是欧洲第二高峰。

从阿尔卑斯山脉往西一点儿就是另一座山脉——比利牛斯山脉，它是法国与西班牙的天然边界。说真的，世界上两个国家之间有明晰边界的还真不多见呢。

比利牛斯山脉比阿尔卑斯山脉可要小多了，可以看作是阿尔卑斯山脉往西伸出来的尾巴。它北接大西洋，南临地中海，只有400多千米长，中间有一些山口供法国人和西班牙人来来往往。

从阿尔卑斯山往东不远，也有另一座山脉——喀尔巴阡山脉。它西起斯洛伐克，像弓一样弯曲，经过波兰、匈牙利、乌克兰等国，止于罗马尼亚一个叫铁门的地方，全长近1500千米。

喀尔巴阡山也是由阿尔卑斯山延伸出来的一个角，却与阿尔卑斯山十分不同，它一点也不高，山势平缓、结构松散，还很年轻，只有5000万年左右。它被分成三座平行的山脉，分别叫外、内、东喀尔巴阡山。

喀尔巴阡山养育了许多人民，特别是匈牙利人，他们对它充满了敬爱，仿佛它就是他们的祖先。我记得小时候读过一本书，一个匈牙利作家写的，叫《喀尔巴阡山狂想曲》，足有一寸厚呢。

往东往西伸过之后，阿尔卑斯山脉往东南也伸了一下，又形成了另一座山脉——狄那里克阿尔卑斯山，它从意大利沿大海往东南绵延而去，直到希腊，它由高山分割出了许多十分肥沃的山间盆地，养活了一大群说着各种语言的人，但他们彼此之间并不和睦。那片土地原来是个统一的国家——南斯拉夫，最终被分成了许多相互敌对的国家。

狄那里克阿尔卑斯山的山海之间有许多良港，风景也十分优美，是旅游胜地。

大家看到，阿尔卑斯山脉已经从西、东、东南延伸出三条山脉了，还没完呢，还有十分重要的一条，它位于西方历史上一个十分重要的国家——意大利，这就是亚平宁山脉。

亚平宁山脉在阿尔卑斯山脉正南，同阿尔卑斯山脉一起构成了一个有点往右斜的T形，“T”下面这一竖就是亚平宁山脉了。亚平宁山脉在地图上是最好找的，我们一眼望去，就可以看到像只靴子样突出在地中海中的意大利，亚平宁山脉就纵列在这只靴子的中央，犹如它的脊梁。

由于亚平宁山脉只属于意大利，我们后面讲意大利时再讲它。

上面这五座大山统称阿尔卑斯山系，意即它们都是由阿尔卑斯山这个老祖宗发育出来的。

我们讲完了欧洲南、北和西边的山，在它的东面同样有山，不过这山不再只属于欧洲。

欧洲东面的山主要有两座，一座是乌拉尔山，另一座是高加索山，它们都是欧洲与亚洲的界山。

乌拉尔山从亚欧大陆的最北面——北冰洋的喀拉海沿岸一路往南，直到最南的乌拉尔河，这条河继承乌拉尔山的路线，南流直至里海，这就构成了欧洲与亚洲在东方的分界线。

乌拉尔山也比较年轻，很久很久以前这里是一片原始的海，叫乌拉尔海，后来海两边的两块地壳像仇人一样互相冲将过来，然后互相猛挤，上面的地壳便被挤得隆了起来，变成了乌拉尔山。

乌拉尔山从北到南可以分成五个部分，分别被叫作上极地、下极地、北乌拉尔山、中乌拉尔山、南乌拉尔山，它们俯瞰着两边低得多的、一望无垠的大平原。其实它们自己既不高大也不险峻，海拔大都在1200米以下，许多连山顶都是平平的。

乌拉尔山的最大优点是矿产资源十分丰富，在全世界的山脉里都是数一数二的，品种多，质量好。

与乌拉尔山不同，高加索山是名副其实的“高”，它位于欧洲的东南角上，东西走向，绵延1000多千米，在它的北面是欧洲，南面是亚洲。

高加索山十分雄伟险峻，最高峰叫厄尔布鲁士山，海拔5600多米，是欧洲最高峰。

山上森林密布、矿产丰富，山顶还有几千条冰川，像乌拉尔山一样是块宝地。

然而高加索山最大的特点不是它的山，而是山上山下的人。

也许是由于高加索山地形十分复杂，许多高山、平原、湖泊、河流、草地等交错分布，即便近在咫尺，却也可能咫尺天涯，相互之间往来殊为不易，慢慢地这些本来近在咫尺的人群被分成了不同的民族。于是，在高加索山上就有50多个不同的民族，大者百万人，小的只有几百人。

更加厉害的是，这些不同的民族可不是一般的不同，而是截然不同，从人种到语言都是如此。例如语言，据说古代罗马人同这里的人交流竟然需要80多人搞翻译。现在的高加索诸语言竟然分属四大语系，吓人吧？因此高加索山被称为“语言之山”。

这些民族之间差别如此之大，彼此之间自然难以和睦相处，自古战火频仍，今天依然如故。

欧洲的江河湖海　欧洲周围的海主要有这样一些：在欧洲的东南面有黑海；从黑海往西，经过博斯普鲁斯海峡就到了我们已经提过若干次的爱琴海，它夹在土耳其和希腊之间；再往西，越过希腊，就到了伊奥尼亚海；从它往北就到了亚得里亚海，它位于意大利半岛上的亚平宁山脉和狄那里克阿尔卑斯山脉之间。

以上都是欧洲南面与地中海相连的海。

在欧洲之西，英国与法国之间是著名的英吉利海峡；往东穿过它便到了北海，北海位于英国、德国、丹麦等许多国家之间，盛产石油；从北海往东，绕过丹麦的日德兰半岛，便到了波罗的海——俄罗斯人向大海呼吸的窗口。

在挪威西北的海叫挪威海，俄罗斯之北的欧洲部分有两个并列的海：西边是巴伦支海，东边是喀拉海。

欧洲的湖很多，前面说过，欧洲曾有过一个“冰期”，冰消退时把斯堪的纳维亚山脉的泥土都带走了，同时，在许多地势低洼的地方水不能走，便留下来变成了湖。这样形成的冰川湖在欧洲成千上万，仅芬兰就有5万多个，最大的湖是俄罗斯的拉多加湖，面积近2万平方千米，我们到讲俄罗斯时再说它吧。

欧洲名湖不多，最有名的倒是几个小湖，例如瑞士的日内瓦湖和博登湖，都以优美的风景闻名于世。

欧洲有许多十分美丽的河流，例如法国的罗讷河、主要在德国境内的易北河、俄罗斯漫长的伏尔加河，等等。它们有的只流经一个国家，如伏尔加河等，有的流经多国例如罗讷河、多瑙河，等我们下面讲这些国家时再说，现在只讲欧洲最有名的两条河——多瑙河与莱茵河。

蓝色的多瑙河　一提起多瑙河，大家八成会想起施特劳斯的名曲《蓝色多瑙河》，它那难以言喻的优美旋律令人浮想联翩，仿佛看到了多瑙河碧蓝的河水伴着音乐缓缓流淌，流过葱茏的草原、苍翠的密林和幽静的古堡。

多瑙河是欧洲仅次于伏尔加河的第二长河，源出德国西南部的黑林山，向东流过德意志南部到了奥地利，在那里它横穿“音乐之城”维也纳，流出奥地利后成了斯洛伐克与匈牙利的界河，一段距离后便折进匈牙利，然后向南一拐，从北到南穿过匈牙利到了克罗地亚，但只稍微瞥了一眼这个国家就转向东方，来到了塞尔维亚，到了它的首都——“英雄之城”贝尔格莱德。出塞尔维亚后它又成了保加利亚和罗马尼亚的界河，一路继续往东，靠近黑海时仿佛不甘心就此被大海吞灭，就猛一拐向北冲去，冲到了摩尔多瓦，接纳了最后一条大支流，这才满足地回转东方，一路作为罗马尼亚与乌克兰边境直到归入黑海。不过到了最后，多瑙河里的水好像散了操的学生们一样——本来排得整整齐齐的队伍一下乱了，散开来争先恐后地往食堂跑去——河水也散开来乱流一气，分成许多股冲进了大海。

请您数数看多瑙河先后流经了多少个国家，9个，是世界上干流流经国家最多的河。

多瑙河总长近3000千米，流域面积超过80万平方千米。

多瑙河上中下游总的特点：上游风景秀丽，中游水利资源丰富，下游航运发达。

从源头到维也纳是多瑙河的上游。

多瑙河也许是世界上风光最秀丽的大河，这秀丽来自三个方面：

第一是它的水。它们在蓝天白云的衬托之下时而蔚蓝，时而碧绿，清澈见底，底下水草依依，游鱼历历。

第二是它两岸的风光。多瑙河两岸没有裸露的黄土，要么是莽莽丛林，要么是如地毯般绵延不尽的绿草，它时而跃过苍苍翠翠的群山，时而从绿草如茵中漫步而过，怎么能不美呢？

但令它更美的是第三个因素——人。人令它的美蕴含无限的意义与智慧。

自古以来，欧洲的人民在多瑙河岸边建起了许多美丽的古堡和教堂。它们有的挺立在河边的悬崖峭壁上，有的静卧在坦荡的河岸，哥特式尖顶指向蓝天，指向上帝，令河水也带上了智慧，仿佛哲学家似的沉思着，漫步而过。

多瑙河的中游流过平原，河谷很宽，河床坡度不大，河道曲折、水流平缓，在这里汇集了发源于阿尔卑斯山和喀尔巴阡山的多条支流，如萨瓦河、蒂萨河等。这个平原就是多瑙河中游平原，它是沿岸的匈牙利和塞尔维亚主要的农业区，素有“谷仓”之称。沿岸的城市也是有名的富庶之城，如斯洛伐克的首都布拉迪斯拉发、匈牙利的首都布达佩斯等。

过了贝尔格莱德之后，多瑙河向东冲向喀尔巴阡山，经过河水百万年的切割，形成了壮丽而险峻的峡谷段，长达130千米，包括卡桑、铁门等一系列峡谷。这时，两岸悬崖峭壁，河床急剧缩小，只有原来的1/8宽，水深流急，奔腾咆哮，一泻而下。罗马尼亚与前南斯拉夫合作，在铁门峡谷修筑了铁门大坝，发电量达每年210万千瓦，是欧洲最大的水电站之一。

过了铁门后，直到入海，就是多瑙河的下游了。

多瑙河下游流过的平原地势平坦，沿途纳入了更多的支流，使水量大增。这样多瑙河便成了河畔的保加利亚和罗马尼亚的重要交通航道。1992年建成的美因河–多瑙河运河连通了多瑙河与北海，这样，船只由北海出发可以通过多瑙河直通黑海，一举连通了欧亚以及欧洲内陆与地中海，其航运意义之大可想而知。

莱茵河航运发达　莱茵河发源于美丽的瑞士，注入北海。全长约1400千米，流域面积约22万平方千米。

莱茵河是欧洲第二条美丽的大河，但就航运的发达而言在欧洲甚至全世界都首屈一指。

莱茵河航运之所以如此发达，主要有以下几个原因：首先，它是一条国际河流，先后经过瑞士、列支敦士登、奥地利、德国、法国、荷兰6个国家，它们都是人口稠密、经济发达的国家，贸易兴盛，把各国紧紧联系在一起的莱茵河是各国天然的交通要道。其次，莱茵河本身也十分利于航行。例如它的上游在阿尔卑斯山，由冰雪融水汇聚而来，因此高温的夏天水量最多；到了中游，它汇集了好几条大支流，像美因河，它在春天融雪时水量最大；再往下纳入了另一条大支流摩泽尔河，它全年的最高水位却出现在冬天。这也就是说，莱茵河一年到头水量充沛而且均匀，这对于航运再好不过。

第三个因素是人为的：人们在莱茵河的支流美因河与多瑙河之间开凿了一条运河，这样就把黑海与北海之间连通起来了。这样，船只从北海出发，先进莱茵河，再通过运河到达多瑙河，然后顺流而下，达于黑海，并可以从黑海越过博斯普鲁斯海峡，直入地中海，这样的航程比从北海出发，往南绕行整个欧洲西部海岸再进入地中海要短得多。

现在就请大家随我顺流而下，去游览一下莱茵河吧。

我们先到了瑞士的阿尔卑斯山脉脚下，这里流出的涓涓细水不断汇集，慢慢变成了莱茵河，它一路奔腾而下，直至巴塞尔，这就是它的上游。由于流经雄伟的阿尔卑斯山，水流湍急，不利于航行。然而一路上我们可以看到雄伟多姿的雪峰、碧绿如茵的草地、郁郁葱葱的森林、清澈的湖面，加上星罗棋布的古堡，层层的瀑布，真是一幅优美无比的油画啊！

过了宁静的小城巴塞尔就是莱茵河的中游了。这时莱茵河由东西流向转为了南北流向，流入了宽广低平的谷地中，这就是上莱茵低地，此时水流平缓，河道弯弯，航运开始发达起来。

这里的另一个特色是葡萄园，但见两岸葡萄树绵延不绝，一眼望不到头，仿佛进了葡萄的海洋。

这一路还有许多的名城、名人与名胜，例如书香四溢的“书城”斯图加特、古老的美因兹、有“中欧别墅”之称的威斯巴登，还有“未来欧洲之都”法兰克福；至于名人，从歌德、海涅、贝多芬到马克思，都在这里留下了深深的脚印。

这一路真是看得人眼花缭乱，不知不觉就过了波恩，自此就是莱茵河的下游了。

这里最引人注目的是它发达的工业。

我们知道德国有个鲁尔区，它横跨莱茵河的支流鲁尔河两岸，面积不大，却集中了世界第三大工业国德国近三成工业，工业部门齐全，技术世界一流，被称为“欧洲的引擎”。我们在讲德国的地理时还要好好说说它。

越过鲁尔区不久，莱茵河就进入了荷兰。荷兰虽然小得可怜，但也一度称霸世界。

现在的荷兰算不上强国了，但仍是世界上最发达的国家之一，工农业都如此。农业方面，多亏了莱茵河，它进入荷兰后形成了一个广阔的三角洲，土地肥得冒油，荷兰人在上面种草种花，草让荷兰成为世界上最大的牛奶生产国和出口国之一。荷兰还有一个绰号，叫“郁金香之国”，其实不但是郁金香，荷兰什么花都多，把他们的小国家打扮成了花枝招展的小美人儿，每年还向全世界大量出口鲜花。

这一切都亏了莱茵河。

三大平原占了欧洲总面积的六成　上面我们谈的是欧洲的高山与河流，现在我们讲一讲欧洲其余部分的地形。

从阿尔卑斯山脚下往北去一点是些既非高山，亦非平原的地方，它们海拔不高，有的是一些小山，边缘很是陡峭，但顶部却比较平坦，海拔在1000米以下，它们被称为高原或者高地。这样的地方欧洲还真不少，例如法国的中央高原、捷克的捷克高原、德国的中德高地，等等，由于它们条块分割，分属不同的国家，我们在讲这些国家的地形时再讲吧。现在我们只要知道它们是位于南面的阿尔卑斯山脉以北一些地势比较高的地方就可以了。

其实这样才合乎天理呢，因为再往北去就是欧洲的平原了，平原的地势更低，要是中间没有这些高地过渡，从雄伟的阿尔卑斯山脉一下跳到平原，那还得了！上帝是不会这样创造地球的，他会像让人从幼年、童年、少年、青年、中年慢慢过渡到老年一样，也会让地形从高耸的山脉先到不那么高耸也不那么低平的高地再到又低又平的平原。

欧洲总的地形既不以高山为主，也不以高地为主，而是以平原为主。

欧洲的平原从最东面的乌拉尔山一直往西伸展到法国西海岸的大西洋海滨，从北面的斯堪的纳维亚山下一直延续到阿尔卑斯山脉下那些高地前，占了欧洲总面积的60%，这个比例在世界各大洲中是最高的。

这说明什么呢？说明欧洲是一块好地方！我们知道，在平原、高原与山地之中哪个最适于人类生存？当然是平原。它肥沃而平坦，交通方便，人住在上面最舒服了。世界各国都是如此，例如我们中国，什么地方人口最稠密、经济最发达？就是沿海的平原，像珠江三角洲、长江中下游平原，等等，可惜我们的平原还不到全国总面积的一半。

欧洲的平原从东到西、从南到北几乎连成一体，本来可以命名为一个统一的大平原的，不过习惯上还是把它分成了好几块。

最东边的一块叫东欧平原，因为它基本上位于俄罗斯境内，又名俄罗斯平原。它东起乌拉尔山，西至波罗的海，北起北冰洋，南至里海和黑海，总面积约400万平方千米，是世界上最大的平原之一。它的平均海拔约170米，少数丘陵地区在 300米以上。东欧平原地形的显著特色就是低低的平原与稍高的丘陵交织在一起，使地形有起有伏，错落有致。

从东欧平原往西直到莱茵河之间的这块，因主要位于中欧地区，故被称为中欧平原，又由于这个地方主要有两个大国波兰与德国，所以又被称为波德平原。这里大部分地区海拔在50 ~ 100米之间。地形大趋势是南高北低、东高西低，西部有的沿海地区甚至在海平面以下。它的总面积约30万平方千米，我们以后讲德国地理时还要讲到它。

过了莱茵河，一直到法国西部的大西洋沿岸这块平原，它的名字我们可以从前面东欧、中欧平原的名字猜出来，它就叫西欧平原。范围大致包括法国中西部、荷兰、比利时等，海峡对岸的英国南部也包括在内。

以上三块平原对于欧洲的意义自不待言，它们是欧洲经济、政治和文化的核心区。

欧洲的气候真怪　至此我们已经讲完了欧洲的山水。还剩下最后一项——空气。

这就是欧洲的气候。

台湾作家苏雪林在一篇文章中写道：

> 这是春天，不是吗？我们是在秋季，但没有看见霜，没有看见红树，倒是那树梢头初透出的鹅黄，那淡淡的薄雾，那嫩嫩的日光，那阴晴不定的天气，教人疑心现在过着的是春天，是酥魂醉骨的春天。呀，欧洲的气候真怪！

她这个“怪”其实可以用另一个字来代替——好。

是的，欧洲的气候真好。

欧洲的气候，就像欧洲的地形一样，绝对是全世界所有大洲中最佳的。

为啥这么说呢？请来看看欧洲的气候特点吧：

第一个特点是天气好，冬暖夏凉。

欧洲地处北半球，与其他大陆同纬度地区——例如我们国家和美国——相比，她的冬天比较温暖，夏天则比较凉爽。例如最北的斯堪的纳维亚半岛，它最冷的1月份平均气温竟然比同纬度其他地区平均气温高出20℃以上！这样说吧，它的纬度比中国的东北三省要高得多，按理说要比东北三省冷得多，像同纬度的西伯利亚一样，然而事实上它的冬天比东北三省要暖和得多呢！又如英国、法国、比利时、荷兰、德国等，它们的纬度同我国的东北三省大体差不多，然而在这些国家里1月份的平均气温在0℃以上。我们的东北三省呢？例如黑龙江，冬季却是“漫长而寒冷”，1月平均气温是零下25℃到零下30℃。

到了南面的法国、意大利、西班牙、希腊等国，冬天就更暖和了，1月平均气温都在6℃以上。

到了本该赤日炎炎似火烧的7月，欧洲从西南的伊比利亚半岛往东北到法国中部、德国、捷克、斯洛伐克、波兰，一直到俄罗斯的欧洲部分，夏季平均气温在20℃左右，十分凉爽。到了北冰洋沿岸欧洲气温最低的地方，7月平均气温则在10℃左右，那就更凉爽了！

此时咱们的东北呢？七月平均气温近30℃。

总之，欧洲可谓夏无酷暑，冬无严寒，是地球上最适宜人类居住的地方之一。

欧洲气候的第二个特点是降水丰沛而均匀。

法国、英国等西欧地区，斯堪的纳维亚的北欧地区，阿尔卑斯山脉的南欧地区，年降水量大都在1000毫米以上，有的地区可达2000毫米以上，其他地方也在500毫米以上，只有东北和东南的小片地方低于 500毫米，只有里海沿岸附近一小块地方年降水量低于250毫米，有点像荒漠。但这算得了什么呢？欧洲是世界上荒漠面积最小的大洲。在我们国家，这样荒漠半荒漠化的土地几乎占了全国总面积的一半。

欧洲的降水不但丰沛，分配也比较均匀，地区、季节分配都如此。不像世界上的其他地区，乍一看年降水量还行，但集中在一个季节或者某个地方，就会出现这样的情形：一年四季不是闹水灾就是闹旱灾，甚至这个地方在闹旱灾，另一个地方却在闹水灾。

中国的气候类型就是如此，大家想想看吧，上述的情形哪年没有呢？

大家看得到，我前面把祖国与欧洲进行了一番比较，我这样说不是要贬低中国与中国人民，须知一地的气候乃天之使然，欧洲的气候好也只能说欧洲人的运气好，占了这块黄金宝地罢了，可不能说明居住在这上面的人像气候一样更好呢！就像不能说富人的孩子比穷人的孩子更好一样。

我们国家虽然自然条件远没有欧洲优越，然而我们也发展起来了，而且在很早很早以前就创造出了辉煌灿烂的古代文明，像美国人房龙在他的《地理的故事》中所言："中国人口约占这个星球上的五分之一，当我们的祖先还在脸上涂着灰蓝色、用石斧打野猪时，他们就知道用火器和用纸写字了。"

当然，最好的态度是把自然环境与生活在这环境里的人区别开来，人所处的自然环境是不平等的，然而人自身却生而平等，无论他生活在何方——欧洲也好、美洲也好、亚洲也好，甚或像因纽特人一样生活在冰天雪地的北极，像俾格米人一样生活在终年赤日炎炎的非洲热带丛林——都是平等的。

我在这里只讲了欧洲气候的优势，既没有讲这好气候是怎样形成的——主要是环绕欧洲的大海和它自己的地形帮了忙，也没有讲它的类型——例如法国的温带海洋性气候或者意大利的地中海式气候。这是因为气候类型多样，各国有别，当我们下面讲西欧各国时再详细地讲它们，这里暂且略过了。

另一个略过的是欧洲的矿产资源，它的矿产资源当然也不少，但比起它的气候来就远没有那么大的优势。但这些也等到我们讲各国时再分别去讲吧，例如讲到德国时我会告诉大家它有世界上最丰富的褐煤储藏，讲到俄罗斯时我会赞叹它绝对是全世界矿产资源最丰富的国家！

由于欧洲自然地理这些方面的优势，也就是说，它平原广阔、土地肥沃、河湖众多、气候宜人、降水丰沛，使它进一步具有了下面一些好处：

一是森林资源丰富。我们知道，树木主要是靠降水来生存的，欧洲降水的丰沛加上土地的肥沃令它十分适宜于森林的生长，使它成为全世界森林最茂密的大洲，森林覆盖率达总面积的30%。它的陆地面积不到全世界陆地面积的7%，森林面积却占了全世界的25%。

二是可耕地众多。大家想想吧，既是平原，土地又肥沃，加上降水丰沛，可耕地自然很多。它的可耕地比例超过总面积的30%，是我们中国的3倍。

总之一句话，欧洲自然条件极其优越，是大自然赐予人类最美的礼物。

第三章　人文欧洲

上章我们讲了欧洲的山水和气候，现在要讲欧洲的人了，这也就是欧洲的人文地理。

欧洲人的种族、语言、信仰与男女比例　我们首先来讲一些关于欧洲人的基本数据。

目前欧洲总人口8亿左右，约占世界总人口的10%，就人口密度而言仅次于亚洲。它的城市人口约占全部人口的大部分，在各洲中次于大洋洲和北美洲，居第三位。

现在欧洲人口的特征是：出生率与死亡率都很低，平均寿命长，人口增长缓慢，不少国家是零增长甚至负增长。例如英国基本上是零增长，德国基本上是负增长，俄罗斯人口更是减少得厉害。

欧洲人口的另一个特征是男女比例不均，女多于男。从英国、法国到德国无不如此，尤其是俄罗斯，男女比例严重失调。

欧洲绝大部分居民是白色人种，即欧罗巴人种，其他居民，例如黑色人种和黄色人种都是从非洲或亚洲来的移民。这也表现出了现在欧洲人口一个引人注目的特点：外来移民多。无论是法国、德国还是英国，都有大批来自世界各国的移民，例如中国人、非洲人、阿拉伯人、加勒比海人，等等，他们的到来正缓慢而坚定地改变着欧洲的人口结构。

就语言来说，欧洲90%以上居民的语言属印欧语系，它们又分属罗曼、日耳曼、斯拉夫三大语系，都是很早以前从亚洲西南部来到欧洲的印欧人语言的后裔，这三大语族包括约60种民族语言。

罗曼语系又叫拉丁语系，古罗马人用的拉丁语是这个族系语言的共同祖先，这些语言是从拉丁语慢慢演化而来的。它所包括的现代语言有法语、意大利语、西班牙语、葡萄牙语、罗马尼亚语，等等。

日耳曼语族诸语言则是由古代日耳曼人语言演化而来的。古代的日耳曼人就生活于现在的英国、德国、丹麦以及斯堪的纳维亚一带。现在的英国人、德国人、丹麦人、瑞典人、挪威人等都是这个古代民族的后裔，因此现在这些人所讲的语言，即英语、德语、丹麦语、瑞典语、挪威语等便都属于日耳曼语系了。

另外还有一个大种族——斯拉夫人，他们的人数比日耳曼人和拉丁人都要多，包括俄罗斯人、捷克人、斯洛伐克人、波兰人、克罗地亚人、乌克兰人、白俄罗斯人、斯洛文尼亚人、塞尔维亚人和保加利亚人，等等。于是斯拉夫语系当然就包括俄语、乌克兰语、波兰语、捷克语、斯洛伐克语、白俄罗斯语、斯洛文尼亚语、保加利亚语，等等。

欧洲还有少数语言并不属于这三个语系，例如著名的希腊语，还有芬兰语和匈牙利语等，前者是更为古老的语言，后两者则属于乌拉尔语系。

如前所见，欧洲的民族与其语言大体一致，例如乌克兰人就是讲乌克兰语的人；德国人就是讲德语的人。这“讲”并非指后天学的，而是说这种语言乃是其本民族的母语。当然二者也不完全一致，民族的数目一般会多过语言的数目，这是因为有的民族虽然是一个独立的民族，但并没有自己的语言，而是借用了其他民族的语言。例如卢森堡人，他们虽然有卢森堡语，但除了在家里有时候母亲会用这种土话唠叨外，基本上是不用的。

欧洲的民族就有约70个，比语言的数目多了十多个。

欧洲人绝大部分是各种宗教的虔诚信徒，最主要者当然是基督教。

现在欧洲所信仰的正是基督教的三大支派。

其中罗曼语系的国家法国、西班牙、意大利，还有斯拉夫语系的波兰和乌克兰等信仰的是天主教，位于意大利首都罗马市西北角的“城中之国”梵蒂冈乃是世界天主教中心，这个中心便是罗马教皇。

日耳曼语系诸国，如英国、德国、丹麦、瑞典、挪威等信仰的则是基督教新教。

大部分斯拉夫人，如俄罗斯人、白俄罗斯人、保加利亚人等加上希腊人信仰的是东正教，又称为希腊正教。

就像除了白色人种外还有非洲人、阿拉伯人等一样，欧洲当然也还有别的宗教的信徒，例如伊斯兰教徒，他们是移居欧洲的阿拉伯人，散布于整个欧洲。

至此我们就说完了欧洲人文地理的一些基本情况与基本数据了。我们说过，在人文地理的内容之中最为典型的乃是国家，这是我们讲欧洲人文地理的核心与线索。

欧洲国家的数目是在不断变化的，仅在第二次世界大战结束后就有了好几次变动，第一次是苏联1991年解体之后欧洲就新生了好几个国家，包括波罗的海沿岸三国即爱沙尼亚、拉脱维亚和立陶宛，从它们往南还有白俄罗斯、乌克兰和摩尔多瓦。第二次是南斯拉夫的分裂，又造出了四个新国家即斯洛文尼亚、波斯尼亚–黑塞哥维那、克罗地亚、马其顿。

就现在而言，欧洲有40多个国家，我们在地理上习惯把这些国家分为南欧、西欧、中欧、北欧和东欧五个地区。

南欧就是指阿尔卑斯山脉以南的巴尔干半岛、亚平宁半岛、伊比利亚半岛三大半岛和附近的岛屿。它的南面和东面临地中海和黑海，西濒大西洋。包括斯洛文尼亚、克罗地亚、塞尔维亚、波斯尼亚–黑塞哥维那、马其顿、罗马尼亚、保加利亚、阿尔巴尼亚、希腊、土耳其的一部分、意大利、梵蒂冈、圣马力诺、马耳他、西班牙、安道尔和葡萄牙17个国家。面积近170万平方千米，人口近2亿。

南欧三大半岛有很多山，平原面积较小，国家却挺多，包括两个缔造了西方文明的国家——希腊和意大利。

西欧一般指欧洲西部濒临大西洋的地区和附近岛屿，包括英国、爱尔兰、荷兰、比利时、卢森堡、法国和摩纳哥7国，总面积90多万平方千米，人口1亿多。

我们看报纸电视时经常听到“西欧”，但通常情况下，彼西欧不同于此西欧，此西欧是地理上的西欧，彼西欧却是欧洲发达国家的统称，不但包括地理上的西欧诸国，还包括德国、比利时、荷兰、瑞典等中欧或北欧国家。

地理上的西欧只包括以上7国，这个西欧地形以平原为主，也有不少高原地带，山地则较少。

中欧指波罗的海以南，阿尔卑斯山脉以北的欧洲中部地区。包括波兰、捷克、斯洛伐克、匈牙利、德国、奥地利、瑞士、列支敦士登8国。面积约100万平方千米，人口近2亿。

中欧南部是雄伟的阿尔卑斯山脉东段，以及不那么雄伟的喀尔巴阡山脉，北部则是中欧平原，这里有我们将要讲的另一个西方大国——德国。

北欧则指从中欧往北的日德兰半岛和斯堪的纳维亚半岛一带。包括冰岛、丹麦、挪威、瑞典、芬兰5国，总面积约130万平方千米，人口2000多万，日德兰半岛很小，是中欧平原的一部分，其他的地形主要是古老的斯堪的纳维亚山脉。

东欧指欧洲东部地区，包括俄罗斯、爱沙尼亚、拉脱维亚、立陶宛、白俄罗斯、乌克兰、摩尔多瓦7国，这里的地形以辽阔的东欧平原为主体。这里有我们要专门讲的最后一个欧洲大国——俄罗斯。

以上就是欧洲国家的地理分区了，这是很重要的。因为欧洲国家那么多，如果不分一下区的话，会把人弄昏头的。

这些国家之中有许多我们熟悉的城市，例如南欧有希腊的雅典、意大利的罗马；

西欧有法国的巴黎、英国的伦敦；中欧有德国的柏林；东欧有俄罗斯的莫斯科。它们也是我们要讲的重要内容。可以这样说，对于我们而言，英国其实就意味着伦敦，法国就意味着巴黎，这些城市既是这些国家的精髓，也是人文地理的精髓。

发达的“社会主义”经济　现在我要讲讲欧洲的经济。虽然经济不是人文地理的一项，但倘若我们要达到本书的目的——让您比较全面地了解欧洲及西方诸国，这却是不能不说的。而且，人文地理中有一个重要的分支叫经济地理，它以地理或者地域系统为中心来研究经济，我们所讲的经济可以说就是经济地理。

大家知道，近代史上，欧洲是世界上经济最先发展起来的地方，百年之中冠于全球，现在虽然被美国和日本盖过了，但依然是世界上最发达的地区之一，如果就整体而言，欧洲的经济实力就是美国也比不上呢，人均收入亦居于世界各大洲之首。不过欧洲各国的经济发展相当不平衡，西欧与北欧诸国，中欧的德国、卢森堡、奥地利、瑞士，南欧的意大利等均属世界上经济最发达的国家，其他欧洲国家就要落后多了，尤其是原来的社会主义诸国，即东欧诸国和南欧的阿尔巴尼亚。

俄罗斯也是如此，苏联曾是世界上仅次于美国的经济大国，但它的继承者俄罗斯现在就如一只病虎，实力大大衰退。有关这些的详情及原因分析请见第二十六章“人文俄罗斯”。

西欧各国，即那几个发达的西方国家，总的经济特征有些类似于中国，即一方面是市场经济，另一方面政府对经济有相当大的干预作用。只是比起中国来，欧洲的经济更少政府干预，更加注重市场。

为什么会这样呢？以后我讲到具体的几个欧洲经济大国时您将会发现，其实欧洲许多发达的国家很早以前就有社会主义政党掌权，北欧诸国、德国、法国、英国等无不如此，这些社会主义政党在英国和挪威称工党或劳工党；德国、瑞典、瑞士、芬兰称社会民主党；法国、奥地利、意大利称社会党；卢森堡称社会主义工人党。

所有这些政党已经建立了一个国际组织——社会党国际，它是由破产了的第二国际直接衍生出来的，被称为“伯尔尼国际”。仅在发达的西欧各国就有党员1000多万，是这里最大的政党组织，在所有的国家都当过执政党，并且现在仍然是大部分国家的执政党。

这些社会主义政党所执行的路线被称为“民主社会主义”，与中国、越南、朝鲜、苏联这些社会主义国家的社会主义当然是不同的，这种社会主义的特点是两个坚持：

一是坚持走共同富裕的道路，用他们自己的话说，是建设高福利国家。什么是高福利国家呢？就是政府为全国人民提供从摇篮到坟墓的保障，并且把社会财富在全国人民中尽力实行平均分配，减少贫富差距，实现共同富裕。

这些福利国家的共同富裕可不是口号，而是实实在在的事实。第一，这些国家的人均收入都居于世界最高之列，因此它们是真正的富裕国家；第二，这些国家消灭了贫困，每一个国民，无论他是正常的，还是有什么样的缺陷，或者缺乏工作能力，甚至生活无法自理，国家都会给以其终生的、免费的妥善照顾。

举个例子吧，在瑞典、挪威、芬兰等福利国家，上学是不要钱的，从小学、中学到大学都是如此；治病也不要钱，无论你是癌症也好，感冒也好，反正国家替你付；如果你是一个无父无母的孤儿，你放心，国家会把你养大，给你最好的照顾，送你上学。以后你老了，没有工作能力了，也不用担心，国家有设备一流的养老院，里面有可口的饭菜、舒适的房间和周到的护理人员，他们将照顾你直到把你转交给上帝。

民主社会主义国家的第二个特点是坚持政府对经济的适度干预。在这些国家，许多经济体，例如银行、铁路、矿山、邮政、电力等大都由政府控制，政府也会每年制订经济计划，用以指导国家经济的发展。当然，这些干预都只是适度的干预，这是很重要的，它同从前的苏联与中国，现在的朝鲜与古巴这些社会主义制度下政府对经济全面、严格地把控本质上是不同的。我们中国现在所实行的社会主义市场经济与它有点相似，只是我们的政府干预还要比他们多些。

这里我要着重强调的是，这些西方国家所谓的民主社会主义同中国、朝鲜、越南、古巴等社会主义国家所实行的社会主义是有本质区别的，我们的社会主义是马克思主义的社会主义，他们的社会主义则是非马克思主义的，虽然他们仍然承认马克思对社会主义思想的贡献，但他们所信仰的实际上是以伯恩斯坦思想为代表的修正主义。伯恩斯坦乃是这种社会主义的思想鼻祖，他本来是马克思和恩格斯的追随者，但在马恩逝世后便放弃了马克思主义，其标志就是他1899年出版的《社会主义的前提和社会民主党的任务》一书。这本书是民主社会主义的“圣经”，其地位就像科学社会主义的《资本论》一样。

也可以这么说：这些所谓的社会主义并非真正的社会主义，而是改良的社会主义，实质上是资本主义。

虽然有一些相对贫困的国家，但总体来说欧洲经济各领域都很发达。

农业方面占用的劳动力大约只占劳动力总数的1/10，农业实行高度机械化与集约化生产，田地都属于私人，由私人经营农场。

欧洲农业的一个显著特点是地域分工相当明显。在北欧国家，如丹麦和荷兰，土地主要种牧草，用来养奶牛和肉牛，因此这里是世界上畜牧业最发达的地方。到了东欧的俄罗斯平原，土地则主要用来种玉米和小麦，即便如此俄罗斯的农业也经常歉收。到了南欧的意大利和希腊等国主要就是种水果和蔬菜了，这里的橄榄和葡萄是世界有名的。西欧的法国是欧洲也是世界上农业最发达的地方，每年有大量农产品出口。

林业，我们讲欧洲自然地理时说过，欧洲有大面积的森林，覆盖率约占总面积的30%，既然森林多，它的林业自然也很发达。不过发达的西方国家大都舍不得砍伐自己的森林。欧洲的林业主要集中在森林极多的北欧和俄罗斯，因此它们的森林工业很发达，尤其是北欧三国，即挪威、瑞典、芬兰，是世界上林业最发达的国家。

与林业一样，欧洲的渔业也很发达，这是容易理解的，欧洲海多，而且海岸线那么曲折，可撒网的地方很多。

与这几个行业比起来，欧洲的采矿业不是十分兴盛，主要是因为发达的西欧、北欧诸国矿产资源并不丰富，俗话说“巧妇难为无米之炊”，没有矿产的矿业如何发展呢？但俄罗斯是个例外，它拥有矿产丰富的西伯利亚，采矿业规模庞大，只是技术称不上十分先进而已。

在所有这些经济门类中，欧洲最发达的是制造业。可以说，无论制造什么，从纸张、铅笔、剃须刀等小东西到飞机、火车、坦克等大东西，再到电脑、手机等高技术产品，欧洲无一不强。我们平常听说过一些大公司，像飞利浦、西门子、奔驰、皇家壳牌等，都是欧洲公司。

欧洲的贸易也十分发达。自欧洲经济共同体建立以来，加入共同体的欧洲各国之间消除了关税壁垒，实现了贸易自由化，极大地促进了对外贸易的发展。后来欧共体进一步变成了欧洲联盟，囊括了除瑞士外欧洲所有发达国家，另外加上希腊、西班牙、葡萄牙3个稍欠发达的国家，共15国，现在，仅这15国的国内生产总值、对外贸易就已经超过美国和日本，是世界上第一大经济体。

未来的欧盟各国将进一步一体化，各国的国家主权将逐步让渡给联盟，在2002年初，欧盟各国正式取消了本国的货币，我们熟悉的法郎、马克等通通被扔进历史，欧元成为几乎所有欧盟成员国唯一合法的支付手段。而欧盟各国的经济，尤其是贸易，也因之取得了更大发展。

第四章　山水希腊

在这本关于西方地理的作品之中，我们首先要讲的就是希腊的地理。这也许听上去有些奇怪，因为现在的希腊早已不是一个政治、经济与军事上重要的西方国家。当然，稍加思索就不会奇怪了。其原因就像伟大的恺撒在宽恕那些背叛他的希腊人时所说："祖先的荣光多少次使你们免于灭亡！"现在我也要说：希腊人呀，"祖先的荣光"又将使我在讲西方的地理之时，首先要讲你们。

比如现代奥运会，你看，希腊何曾是体育强国？然而每次奥运会他们都是第一个入场，别的队则须按姓名轮着来，主办国还得最后入场。为什么希腊人享有如此的光荣？只有一个原因——他们伟大的祖先创立了奥林匹克运动会，因此遗惠子孙。

实际上，不止地理，无论在文学、历史还是哲学上，希腊人都居于第一，就是因为他们的祖先实在荣光。

还有，你读了这本《西方地理通史》之后，对了解西方的历史、哲学、文学、艺术与科学等都是大有好处的。道理很简单：因为所有内容都涉及地理，例如历史事件有发生的地点，哲学家、艺术家与文学家又哪个没有自己的家乡、没有人生的活动轨迹呢？而这一切都是地理。所以了解地理对于了解这一切都有莫大的好处。例如读了后面的希腊地理之后，你将可以清楚地知道斯巴达和雅典如今在何处，温泉关战役发生在何地，那些地方今天又怎样，等等。

现在，我将带你走遍希腊的山山水水，去凭吊那些我们早已耳熟能详的伟大遗迹，看看我们久仰大名的希腊以及它的土地与人民。

走近希腊　我们知道，希腊现在的英文叫"Greece"，应该译作"格里斯"，怎么译作"希腊"了呢？

"格里斯"显然不能译为"希腊"，这里头还有一些文章呢。

原来，很早很早以前，当古代一支意大利人开始悄悄向外扩张时，他们到了巴尔干半岛，在密林里遇到一支"格雷埃奇人"，他们是古代希腊人的一支，此时这支希腊人已经拥有发达的文化，而这些意大利人还十分落后，希腊人的文明令他们自叹弗如。他们退回意大利后，就把住在巴尔干半岛南部的希腊人统统称为“格雷埃奇人”。虽然希腊人自古就有了“希腊人”（Hellas）这个称呼，但意大利人并不知道。后来，罗马人强大了，建立起强大的帝国，他们仍然称希腊人为“格雷埃奇人”。其他国家也效法强大的罗马人，久而久之，“格里斯”就成了对希腊的称呼，本来的名号“希腊”反而没人叫了。后来，说日耳曼语的英国人把“格雷埃奇人”这个称呼从拉丁语移植到了他们自己的语言里，又变了变样，成了“Greece”。这就是英语里把希腊称为“Greece”的原因。

由于英语在现代世界无与伦比的优越地位，各国便大都接受了这个称呼。但希腊人自己可不干，他们仍称自己为希腊人，称他们的国家为希腊共和国，我们中国尊重希腊人民，也就把他们称为“希腊人”，就是“Hellas”的汉译，而没有照英语把希腊人译作“格里斯人”。

希腊位于地球东北部、欧洲正南部，北面是其巴尔干诸邻国，东面隔着撒满岛屿的爱琴海，是亚洲的小亚细亚半岛，它的南面隔着地中海与非洲遥遥相望，西面过了伊奥尼亚海后就是意大利了。

就经纬度而言，希腊大体位于东经20°—27°、北纬35°—42°之间，总面积13万平方千米多一点，比中国的安徽省略小。

如果从地图上看，希腊给我们的印象有两个：一是海岸线十分曲折，二是岛屿众多。

希腊的海岸线就是典型的欧洲海岸线。地图上一眼可见，希腊的海岸线除了东面有一小段不那么曲折外，其他地方曲折得一塌糊涂，主要是因为半岛太多了。我们从东面看过来吧。从东往西不远就可以看到一个卡启第吉半岛，它如此深入到海中，那海岸线怎能不弯曲？尤其是它这个半岛上还有半岛——从它前面又往海中伸出了三个小半岛，就像三根手指头一样。

类似这样的半岛在希腊沿海一个接着一个，比比皆是，包括南面那弯得不得了的伯罗奔尼撒半岛。这样一来希腊的海岸线就显得极其弯曲，大家只要翻开地图瞧瞧就会明了。

这样的直接结果是，小小的希腊，面积不及我们的一个省，海岸线却超过4000千米，若加上岛屿，海岸线总长达15000千米。

希腊的第二个特色是岛屿众多。我们可以看到，希腊东面的爱琴海中，岛屿密密麻麻，一个接着一个。多得简直可以从西岸的希腊起从一个岛跳到另一个岛，一直跳到东岸的小亚细亚半岛。

以上就是地图上的希腊给我们的两个印象，也是希腊地理的两个重要特征。

就地形总体而言，希腊全国地形可以分成两大部分：大陆部分和岛屿部分。大陆部分就是作为巴尔干半岛一部分的那一大块，它们实际上是大巴尔干半岛的尖端。岛屿当然就是指大陆之外的那众多岛屿了。

我们分别讲一下这两部分。

多山的陆地　大陆部分的希腊地形以山地为主，约占了 3/4的国土，主体乃是品都斯山脉。

品都斯山脉从希腊的西北部与阿尔巴尼亚交界处往南延伸，纵贯西部，一直到达南部的伯罗奔尼撒半岛，看上去几乎占了希腊大陆部分的一半。它南北长近300千米，平均宽约50千米，是年轻的褶皱山脉，构成了全国地形的骨架。正是由于品都斯山脉如此年轻，是在近期的造山运动中形成的，这种十分剧烈的运动才使得希腊地形如此复杂多样。

从品都斯山脉往东是罗多彼山脉，它位于希腊东北部与保加利亚边界处，东西横亘，山体广阔，山顶既平又圆，比品都斯山脉要古老得多。

在这两座山脉之间有许多“山间盆地”，它们面积都比较小，而且彼此隔绝。但土地肥沃，对于缺少肥沃土地的希腊来说十分宝贵。其中的色萨利盆地在品都斯山东面，是全国最大的内陆山间盆地。在它的东北面，高耸的群峰之中，有一座奥林匹斯山。海拔近3000米，是全希腊最高峰。我想大家都听说过这座山峰，并且知道古代希腊人认为它是众神的居所。那位万能的宙斯就带着他的神族住在山上。

除了上面的两座山脉与那些山间盆地外，希腊也有一些平原，主要在爱琴海沿岸，狭小而分散，自古就很富饶。

举世闻名的希腊诸岛　希腊的岛屿又可以分成两大部分：一是大陆以西的依奥尼亚群岛，它位于伊奥尼亚海中。伊奥尼亚海是人们对于希腊西海岸与意大利半岛南部之间那片海的称呼。依奥尼亚群岛的众岛屿一般都比较靠近海岸，岛的数目也不是很多，沿着大陆从西北往东南伸展。主要大岛有科孚岛、凯法利尼亚岛。

依奥尼亚群岛是地质活跃地区，也就是说，它的地面比较活跃，喜欢乱动乱跳的。约半个世纪前这里曾发生过一次大地震，死了好多人。

希腊岛屿的第二大部分就是位于爱琴海中的那一大群了，它像繁星一样遍布整个爱琴海，被分成三大群岛，分别是北部的北斯波拉泽斯群岛、西南的基克拉泽斯群岛、东南的佐泽卡尼索斯群岛，此外还有南部巨大的克里特岛。

这些岛屿中有许多是很有名的，出过许多著名人物，例如萨莫斯岛是哲学家毕达哥拉斯的故乡，还有在米洛斯岛上发现了著名的大理石雕像《米洛斯的维纳斯》。最有名的还是东南角上的罗得岛和克里特岛，罗得岛之所以有名，主要是因为它上面曾经有过一座太阳神巨像，它被称为世界七大奇迹之一。至于克里特岛，我们简直太熟了，要知道古希腊文明中最早者乃是克里特文明。

克里特岛是希腊最大的岛，位于地中海东部，北距希腊本土130多千米，中间隔着克里特海。克里特岛东西长260多千米，南北宽只有12～56千米，像一根带枝丫的棒子，面积近9000平方千米。

像希腊大陆一样，克里特岛大部分地方也是崎岖的山地，东西走向的克里特山脉就像它的骨架，中部有一座山叫伊季山，海拔约2500米，是全岛的最高点。在沿海也有一些狭窄而肥沃的平原。

除了克里特岛外，还有个地方我也要特意给大家讲讲，就是久闻大名的伯罗奔尼撒半岛。

伯罗奔尼撒半岛居于希腊大陆的最南端，地理上讲它是一个岛屿，并非真正的半岛，因为它与大陆虽然很近，但实际上是隔开的，不过由于隔开的科林斯地峡不够深，海水未能侵入，没有形成海峡，人们就称它为半岛了。

从地图上我们可以看到，伯罗奔尼撒半岛像一个只有4个指头的手掌，中间形成了几个小海湾，例如拉哥尼亚湾和亚哥利斯湾。半岛通过十分狭窄的科林斯地峡与大陆相连。半岛的面积很大，超过2万平方千米。上面我们刚刚说过，品都斯山脉从东北一路延伸过来，直抵半岛，并且构成了半岛的主体。这也就是说，它的地形像希腊大陆或者克里特岛一样，主要是山，只在半岛四周有一些小型平原，这些平原中的一个叫拉哥尼亚平原，它位于半岛南部，在它上面，一条小河边，有个地方叫斯巴达。

适宜户外活动的气候　希腊像楔子一样伸进地中海，因之它的气候是比较典型的地中海式气候。什么是地中海式气候呢？这种气候可以用两句话概括：夏季炎热干燥，冬季温和多雨。

这个气候的另一个特点是四季不甚分明，一年基本上只有冬夏两季。在夏季，由于副热带高气压的控制，一天到晚晴空万里，烈日炎炎，降水稀少，十分干燥，7月份的平均气温为26℃左右。到冬季，温暖的西风自海上徐来，带着大量的水汽，因此不但气候温和，而且雨量充沛，1月份的平均气温为8℃左右。

希腊的气候也并非全国一盘棋，由于地形的关系，各地之间气候——尤其是降水——的差距相当大。由于地中海式气候的降水之源是由西风从海上带来的水汽，因此那些西面靠海迎风的山坡当然近水楼台先得月，把很大一部分降水留了下来。这样，越往东去降水自然也就越少了，尤其是大陆内山坡背风的一面，降水就更少了。

在希腊，这个迎风靠海的地方就是伊奥尼亚群岛和大陆的伊奥尼亚海沿岸，这里降水最多，直到品都斯山脉西侧，年降水量约为1000毫米。一到山脉东侧，由于背风离海，降水稀少，年降水量通常不到西侧的一半。特别是雅典一带，由于它的东西两面都有高地阻隔，降水更少，是全希腊下雨最少的地方。

对于人来说，希腊的气候是很适宜的，除了夏天有点热，一年中大部分时间阳光明媚，加上靠近海洋，清风拂面。这样的天气里坐在阳台上聊天或者去户外活动都是很令人舒畅的。也许这就是古希腊人爱在大街上谈哲学、辩政治甚至演戏剧的缘故吧！

与气候和降水关系密切的是植被。在那些降水多的地方植被自然茂盛，不过水多土肥的地方都被开垦出来种粮食。大片的森林只有大陆北面的山区里才有，森林覆盖率约为国土面积的20%。月桂、橄榄和橡树是全希腊分布最广的树木，前两种在古希腊是大名鼎鼎的，前者象征胜利，后者象征和平。

总的来说，希腊的森林与树木都比较少。这也许是希腊悠久的文明所致的结果吧，由于千年以来文明兴盛，文明的人需要大量木材，用来取暖、做饭或者建筑，这样，一代一代，山上的树木有什么机会长成参天大树呢？事实上也是，除了大山里外，希腊大部分地方的山上都是光秃秃的，间或点缀着几株小树、几丛青草。

从上面看得出来，除了靠海这一点外，希腊的自然条件根本谈不上多么优越，然而他们在古代为什么能取得那么伟大的成就呢？

这确实令人难以理解呢！

第五章　人文希腊

希腊之所以在古代能取得伟大的人文成就，与我们上章讲过的地理环境有十分密切的联系。

我们前面说过，希腊是多山的，间或有些比较肥沃的山间盆地，而且彼此之间交通不便。希腊大部分地区的土地都是贫瘠的。

这造成了两个后果：一是，希腊虽然一度文明鼎盛，倘若联合起来，其力量将足以建立一个强大的帝国，然而那样的地形令得希腊始终未能形成统一的希腊帝国。这就造成了一个奇特的现象，虽然希腊人在漫长的历史时期里十分强大，然而这种强大主要是文化与经济上的发达，却并未表现在军事上。即使在他们打败波斯人之后也并没有顺理成章地展开对失败者的征服，而是回到自己的国家，专注于自己城邦的建设或者城邦之间的内讧了。

二是，希腊半岛并不是块肥沃的宝地，相反，它到处是石头山，大部分土地很贫瘠。这个，加上希腊人性欲旺盛，又不懂得避孕措施、不搞计划生育，那孩子生了一个又一个，饿得嗷嗷叫。怎么办呢？希腊人只好将目光瞄准了辽阔的大海，大批希腊人被迫去海外谋生。

这又与希腊的自然地理相关了，我们知道，希腊把自己的土地深深地扎入了大海，这就是希腊人得以大批去海外谋生的前提。

这种海外谋生直接的后果是：在环地中海许多地方，例如小亚细亚西部、意大利、高卢南部，就是今天的法国南部，都出现了许多希腊城邦。这些城邦到海外后仍与母邦密切联系，大量贸易，这就大大促进了航海业的发展。另一方面，这些海外的希腊城邦同本土的希腊城邦之间并不总是亲睦的，经常发生摩擦乃至战争，著名的特洛伊战争就是这样发生的，特洛伊称得上是希腊海外城邦中之最强大者。

同样由于濒临地中海，地中海周围有着人类两大最古老的文明——古埃及文明与古巴比伦文明，因此古代希腊人得以方便地经由地中海汲取两大文明之精华，进而缔造自己的文明。例如希腊语的起源程序是：古巴苏美尔语→腓尼基语→古希腊语，即它来自遥远的古代语言，这也是得益于它的地理环境。

由上可见，濒临地中海这个自然地理因素乃是希腊人得以发展他们光辉灿烂的古代文明的基本前提。

希腊人的种族、教育与语言　希腊的行政区划包括10个省，下面又分为55个县，再下面又有两个级别的城镇，大的叫德摩斯，小的叫德姆那。

希腊人口不多，总人口1000万多一点，人口密度也不大。我国面积是它的70多倍，人口却是它的一百倍都不止呢。

虽然希腊的土地面积相对人口还是比较大的，但人口的分布十分不均。全国大部分地区人烟稀少，少数土地肥沃的地方，例如伊奥尼亚群岛、色萨利盆地和雅典，人口则十分稠密，且集中在几个大城市，其中色萨利和雅典两个城市的人口加起来就超过了全国总人口的三成。

由于希腊的经济在欧洲算是比较落后的，因此每年都有不少人移民到经济发达的其他欧洲国家、美国、加拿大等。

虽然经济欠发达，然而希腊人大都能受到良好的教育。原因主要有两个：一是希腊人一向很重视教育，把教育看作是完善人生与恢复昔日光荣的最重要工具。二是政府十分重视教育，为此不惜重金。在希腊，上小学与中学是免费的，上大学则实行奖学金制度，绝大多数贫困学生都能够申请到足够的奖学金来读大学。

这样的结果是，希腊虽然经济比西欧发达国家要落后许多，但完成中等教育的人数比例甚至高于发达的西欧国家，能上大学的人的比例也不低于欧美发达国家。

希腊著名的大学有雅典大学、色萨利的萨洛尼卡大学、克里特岛上的克里特大学等。

就种族而言，那些伟大的古希腊人缔造了西方文明，他们的后代就是种族上的希腊人。这些希腊人占了现在希腊总人口的绝大部分，第二个人数最多的种族是土耳其人，其他种族包括很少的马其顿人、罗马尼亚人和阿尔巴尼亚人等。

希腊人在希腊之所以占有如此高的比例，在不小的程度上是人为的结果，其中最大的一次是1923年希腊同土耳其签订了条约，把境内的60多万土耳其人送了回去，而把土耳其境内的150多万希腊人接了回来，这样才造成了今天希腊人占大多数，希腊才成了如此“纯洁”的希腊人之国。

与种族的纯洁相适的是宗教的纯洁，由于希腊人都信仰希腊正教，因此希腊正教也就成了希腊的主要宗教。

与种族与宗教相类的还有语言，希腊语是希腊的主要语言，希腊人全都说希腊语，即使不是希腊人，例如马其顿人，由于生活在希腊，平常也说希腊语。对于我们，虽然不会说希腊语，但至少识得希腊字母，像α β γ δ ε ζ ω φ υ π ρ ξ λ θ等，都是我们在上数理化课时常要用到的。它共有24个字母，其中7个是元音。

希腊语是一种非常古老的语言，远在公元前14世纪就已经出现了，是现在西方所通行的几乎所有语言——例如英俄法德等——的老祖宗。希腊语的发展大致经过了四个阶段，即古代希腊语、古希腊共同语、拜占庭希腊语、现代希腊语。其中古代希腊语又可以分成迈锡尼希腊语和古典标准希腊语两种。例如古代迈锡尼人，即前去征讨特洛伊的古希腊人，所说的希腊语就是古代希腊语中的迈锡尼希腊语，古希腊伟大的哲学家们，例如泰勒斯和柏拉图，说的则是古代希腊语中的古典标准希腊语；亚力山大大帝说的则是古希腊共同语；东罗马帝国（又名拜占庭帝国）的人说的是拜占庭希腊语；此后的希腊人说的就是现代希腊语了。

但这压根儿不等于说现代希腊人说的真是完全一样的语言，相反，现在的希腊人所说的现代希腊语又可以分为颇为不同的三大类。第一类是各种方言，这些希腊语的方言彼此之间差别十分大，简直就像两种不同的语言了；第二类是通俗希腊语，它通行于全希腊，几乎每个希腊人都懂；第三类则是“纯净希腊语”。它是由希腊的思想家们本着弘扬优秀的古希腊文化而提倡的希腊语，现在主要用于科学出版物中。

相对落后的经济　希腊虽然一度是欧洲最发达的国家，然而自那以后再也没有光辉岁月了。不仅在政治上沦为被统治者，经济上也贫困而落后。虽然在世界范围内，希腊不能算是落后国家，然而考虑到它身处发达的欧洲，较之它的那些发达的西方邻居，它就落后得厉害了。

在希腊的经济各部门中，工业占主导地位，但农业的地位也很重要。

希腊的土地并不肥沃，而且成片的耕地很少，主要分布在那些分散的小山间盆地里，大部分耕地也零零散散，能够得到充分灌溉的土地还不到耕地总面积的1/4，这种种因素对农业发展十分不利。然而希腊传统上是农业国家，差不多20年前还有半数劳动力干农活，农业占了国民生产总值的六成，现在希腊仍然有二成劳力从事农业。

希腊比较有特色的农业部门是果树栽培，它的土质种粮食不怎么样，种果树却很合适，栽种最为广泛的是橄榄和葡萄。

还在荷马时代希腊人就爱上橄榄了，把它当作和平的象征，两千多年前，古希腊最早的哲学家泰勒斯为了证明自己并非不能而是不屑发财，预见到来年橄榄会丰收，就在橄榄成熟前预租下了大批榨油机，届时果真如此，大家便只能到泰勒斯那里租机榨油了，哲学家乘机大发横财。

除橄榄外，希腊种得最多的是葡萄。主要用来酿酒，其他的用来吃或者做葡萄干。希腊的葡萄酒产量虽大，但由于希腊人爱喝酒，所以并没有多少供出口，都进了希腊人自己的肚子了。

希腊的农牧业就是这样子了，现在来看看它的工矿业。

希腊的矿产资源有一个令人十分遗憾的特点：就是矿藏的品种很多，然而储量都很少，因此没多少开采价值。这样一来希腊就成为矿产资源相当贫乏的国家了。也许唯一的例外是大理石，希腊的大理石很早以来就享誉世界。不过这享誉最主要的原因也许不是它的储量或者质量，而是它雕出来的东西。古希腊像有伟大的哲学家与文学家一样，也有许多伟大的艺术家，例如菲狄亚斯、波吕克里特、米隆，他们的大理石雕像精美得无与伦比。

与矿产资源有些相似的是希腊的制造业，它们主要集中在雅典周围，特点是门类多，产量小。唯一的例外也许是石油，由于爱琴海发现了大油田，希腊的石油工业兴盛起来，建立了许多大型石油企业，每年能出口不少石油产品。

看到这里大家也许会感到奇怪：既然希腊的农业牧业渔业工业都不怎么发达，矿产资源也很贫乏，希腊人靠什么来过日子呢？特别是靠什么搞对外贸易呢？仅靠那点儿大理石和石油？

不，那怎么够？希腊并非哪个“业”都不行，也有一个例外，就是旅游业！

作为文明古国，希腊的名胜古迹可谓数不胜数、美不胜收，从北面的“众神之家”奥林匹斯山到南面的斯巴达，从西面的奥林匹亚到东面的雅典，再加上爱琴海诸岛，像克里特岛、罗得岛，还有毕达哥拉斯的故乡萨莫斯岛，哪里不是顶尖的名胜古迹？无论是建筑杰作还是雕塑，都美轮美奂，令人叹为观止。

这一切的结果就是大批游客像朝圣般向希腊蜂拥而来，欧洲的、美国的、日本的，总之，全世界只要有钱旅游的人都会来。这使得希腊成为世界上最受游客青睐的国家之一，为希腊带来巨额外汇，使旅游业成为国民经济的支柱。

为了方便游客们到处观光，希腊人努力发展运输业，并特别发展了海洋运输业，因为希腊到处近海，全国隔海最远的地方也不到200千米。希腊商船队是世界上规模最大的船队之一，大家可能听说过希腊的“世界船王”亚里士多德·奥纳西斯，他是世界上最大船队之一的老板，他娶了一个妻子，就是被暗杀的美国总统肯尼迪的遗孀杰奎琳，闻名世界的美人。

前面我们已经知道了希腊的地理位置、山山水水、工业农业、政治体制。不过我觉得还有一个缺点，就是大家读过之后是不是对现在的希腊，它的城市与乡村，名胜与古迹等，有一个清晰的了解呢？就像您曾经去希腊旅行过十天半月一样？

没有吧？所以我现在就要弥补这个缺陷，自己做导游，在这本小小的书上带大家来一趟“希腊之旅”。

第六章　雅典卫城游

我们去希腊玩，第一个要去的当然是它的首都，西方世界最为古老而伟大的历史名城——雅典。

雅典位于希腊南部阿提卡半岛上一个干燥的山间盆地里，南距爱琴海的法利鲁湾不到10千米，雅典附属的海港比雷埃夫斯港就在湾内。

雅典是比较典型的地中海式气候，冬天温和多雨，很少霜冻，但偶尔会下雪，夏季炎热干燥，雨水集中在冬季，夏天基本无雨。

雅典的夏天虽然炎热，但由于大海近在咫尺，无论白天还是黑夜，都有凉爽的海风吹来，特别是到了夜晚，没有了炙烤着大地的太阳，清凉的海风徐徐而来，沁人心脾。因此雅典人大都是夜猫子，一天从晚上8点开始。那时候大街上人流熙熙攘攘，大家听音乐、聊天、争着请朋友喝一杯，一直快活到很晚。

这种适宜户外活动的气候对希腊人和希腊文明的影响是十分强烈的。我们知道，在古希腊，悲剧家们演剧是在露天剧场的，公民大会是在城市广场进行的，艺术家们的作品——主要是大理石雕像，也大都是摆在露天供人们欣赏的，连哲学家们的辩论也都是在街道上进行的。如果没有希腊这种适宜于户外活动的气候，那些代表着希腊文明的东西将会是什么样子呢？还会有如此之美吗？甚至于还会存在吗？

当然，历史是不能假定的，我们现在只能说：雅典的环境很适宜于户外活动，这对他们的文明形态产生了很大影响。这可以说是一种伏尔泰式的地理决定论，即一个民族的地理环境决定了其文化形态。

雅典的交通　以上就是雅典的环境了，雅典的城市分成两部分，一个是雅典市区，不包括比雷埃夫斯港，雅典市区与比雷埃夫斯结合起来则称为大雅典，面积约430平方千米，人口达300余万，占全国人口的1/4。

雅典周围依傍着四座小山，分别叫伊米托斯山、帕尔尼斯山、艾加莱奥斯山和彭特利库山，从这些山上望过去，雅典显得有些荒凉。不过这是一种深藏美的荒凉，当你仰望那些掩映在丛林或者高耸于山顶的废墟时，仿佛要被这荒凉征服了呢。

雅典市区有两条小河，西边的一条叫基菲索斯河，一年有半年只是涓涓细流；东边的一条叫伊利索斯河，经常连水都没有。它们把雅典市区大体划分成三块。雅典主要的建筑与名胜是在中间的那块，位于两条小河之间。

雅典有一个天然的中心，就是雅典卫城，卫城的意思是说它可以护卫雅典。

为什么它可以护卫雅典呢？因为它建于一座小山之上。

什么？一座小山可以护卫一个城市？是的。要知道，这座小山可是全世界独一无二的小山。它实在是一座宝山呢！它有两个突出的优点：

一是山虽小，其四周却是悬崖峭壁，高150余米，耸立在周围的平地之上，只有一条小路可以通达山顶，只要守住了它，敌人就别想攻上山去，真是一夫当关，万夫莫开。

二是这小山不但高耸，它的顶竟然还是平的！这样就有另一个大好处了——上面好建房子。雅典正是利用了这个长处，在上面大建特建，建成了举世无双的雅典卫城。

我们参观雅典，主要当然是为了雅典卫城，它是不折不扣的西方文明圣城。

这座小山的名字叫阿克罗波利斯山。

雅典卫城位于前面说过的两条小河之间，它的北面，阿克罗波利斯山坡下不远，集中了雅典几乎所有的重要建筑，例如宪法广场，与它相邻的是老王宫，现在被用作国会大厦。

离老王宫不远，有一条赫罗狄斯·阿提库斯街，19世纪末在那里建起了一座新王宫，现在是总统府。

阿提库斯街通向泛雅典娜节体育场。这是一个庞然大物，足足能容纳7万人观看比赛，它是由一位希腊裔的百万富翁捐资兴建的，就建在千年之前希腊人曾举行各种竞赛的原址，它们是现代奥运会的起源之一。

不过奥运会真正的祖祠并不在这里，而在我们后面将要说的奥林匹亚。

1896年，在这个体育场召开了第一届现代奥林匹克运动会。

在体育场不远处，沿着不长的帕尼匹斯提米奥大街，雅典科学院、希腊国家图书馆、雅典大学三足鼎立，尤其是雅典大学，它是用采自彭特利库山的大理石建造的，有许多美丽的柱廊，上面有镀金的精美雕刻。

雅典市政厅、希腊民族博物馆与国家考古博物馆与它们比邻而立。

上面这些令人肃然起敬的名字与雅典卫城一起构成雅典的中心区，也是全希腊的中心区。

由于是国际旅游大都市，雅典的交通建设搞得相当不错，有铁路贯通全国各地。海上交通就更发达了，希腊拥有世界上最庞大的船队之一，比雷埃夫斯港港口设备齐全，由此可以通向全世界。

雅典还是世界最重要的空港之一，亚非欧三大洲的许多航线都经由这里，把这里当成主要的中转站。乘客们如果想到世界上任何地方，如果不能直飞，就可以先到雅典，在这里找到他要的航班，还可以顺便在这里逛上两三天，看看文明圣迹，真是一举两得。

雅典卫城史　　很早以前，阿克罗波利斯山上就有神庙与卫城了，公元前480年波斯人第二次侵入希腊时，把它彻底捣毁了，顽强的雅典人决定重建卫城，并且要把它建得比原来更大、更辉煌壮丽，好让全世界都看到雅典的光荣。

此时的雅典之所以能够成功地进行卫城这样浩大的工程，多亏有个伟大的领袖伯里克利，正是他领导着雅典进入了黄金时代。他是一个虽出身贵族，但热衷于民主政治的人，有两样杰出的本事：演讲与知人。出色的演讲使他能在民主政治下凭嘴巴将雅典公民团结在他的旗帜下，听他发号施令，出钱出力来建筑雅典卫城；杰出的知人本事使他可以为如此庞大的工程找到最合适的负责人。他找到了建筑设计师伊克底鲁，雕刻家菲狄亚斯。这两个人是当时最了不起的建筑师与雕刻家，尤其是菲狄亚斯，被称为古希腊最伟大的雕刻家。

俗话说“巧妇难为无米之炊”，有了伊克底鲁和菲狄亚斯，要建成雅典卫城还得有一样东西——建筑材料。这好办，因为雅典有彭特利库山，山上就有顶好的大理石。

上述三样找全后，雅典人开始了他们伟大的建筑工程，可以想象，这个工程花费的时间与金钱是非常庞大的。所费金钱我们没法知道具体数额，建设时间据说长达42年，从公元前448年开始直至公元前406年才基本竣工。

建筑好后的雅典卫城大体可以分成四个部分：

第一部分就是进入卫城时所必经的大门。这是一扇很阔气的大门，挺立着多利亚式的大柱，还有许多精美的雕刻。

第二部分是两座神庙，一座是奈基神庙，用以献给胜利女神奈基。

第三部分是另一座神庙，用来献给一个叫伊克瑞翁的希腊英雄。

第四部分即帕特农神庙，献给雅典的保护神——雅典娜。

这第四部分才是整个卫城的中心，甚至是整个古希腊艺术的中心，它代表着古希腊艺术黄金时代的最高成就。而且，当我们谈论雅典卫城时，一般而言谈的就是它，至于其他三个部分，两座神庙，如果搁在其他城邦或许同样会成为艺术上的老大，因为它们也十分精美，然而它们不走运，与帕特农神庙待到了一块，这就像本来是小家碧玉的美人到了美若天仙的公主身边做侍女，自然相形见绌，无人理睬了。

雅典卫城建好后，不但雅典人以之自豪，也成了全希腊人的骄傲；不但成了祭拜神灵的地方，也成了雅典人的生活与政治中心。每天络绎不绝的人像一条河往卫城流去，有的来向智慧的雅典娜求签问卦，有的来谈情说爱，还有的，只是来看看，并且骄傲一番。

每年，雅典人都要在卫城举行大量的公共活动，其中最重要的是每9年才举行一次的泛雅典娜节。

泛雅典娜节是雅典人最重要的节日，到了这一天，雅典人倾巢而动，来到卫城，举行各式各样的庆祝活动，快活一番，最有名的是两样：一是运动会，这是雅典人的全运会，全雅典最健壮的男人们都来参加，有赛跑、铁饼、标枪、打拳、赛马等项目，获得胜利的人虽然只得到一个桂树枝编的圈儿套在头上，但那随之而来的荣誉可大得很呢。

另一样是向全体雅典人的保护神雅典娜献祭。这也是整个泛雅典娜节最重要的活动，是节日的高潮。这天，全体雅典人都聚集在帕特农神庙大门外的广场上，他们的祭品并不昂贵，只是一件由雅典全体童女共同绣制的橘黄色长袍，但它象征着全雅典人对他们的保护神的纯洁童贞的爱。

即使在雅典已经失去了它们的独立，沦为亡国奴的日子里，泛雅典娜节仍在举行着，直到公元3世纪才最后停止，前后延续700年之久。

雅典卫城如此壮观，但它的命运是悲惨的，屡经劫难。

第一次是公元前404年，雅典最终被斯巴达人击败，斯巴达人摧毁了保护雅典的长城，雅典卫城也第一次遭到损害，不过斯巴达人并非没教养的野蛮人，所以损害不算严重。后来统治雅典的马其顿人和罗马人是希腊文明的崇拜者，当然更不会破坏卫城。

第一次对卫城造成较大破坏的是希腊日渐众多的基督徒。公元500年左右，他们把帕特农神庙改成了基督教堂，把所拜的对象由雅典娜变成了圣母玛利亚。为此他们把大门由朝东改成了朝西，那内部装修也被改得符合基督教口味。非凡的雅典娜雕像早已不见，美丽的壁画也消失了，变成圣徒们的画像。

又过了千多年，15世纪时，奥斯曼土耳其帝国占领了希腊，这些信奉安拉为唯一神的穆斯林们又将神庙由基督教堂改建成清真寺。我们知道，清真寺的内部是最朴素的，什么神像都没有。他们便把原来基督教堂里的绘画雕像全弄掉，还在神庙另一头建了座宣礼塔，向穆斯林们提醒祷告的时辰。

此时，虽然内部那些伟大的雕像与壁画都没了，但雅典卫城的建筑本身并没有遭到很大破坏，甚至相当完好。但到了17世纪，它遭受了第一次整体性的大破坏。这一年，威尼斯人与土耳其人开了战，威尼斯的雇佣军们在一个叫柯尼希斯马克的人的统领下包围了雅典，困守危城的土耳其人看到帕特农神庙地势高，墙壁又坚固无比，就把它当作了火药库，这年9月26日，威尼斯人又开始攻城，向土耳其人的火药库开了炮，结果一炮命中，土耳其人的火药库完了，装火药的帕特农神庙也完了。

没了火药的土耳其人终于投降了，威尼斯人看到帕特农神庙西面山墙上的海神波塞冬雕像挺不错，就想把它当作战利品运回去，但刚拆下来，那些工人们一个不小心，雕像便从他们手里往大地奔去，变得粉身碎骨。

又过了大约两百年，到了19世纪，一个英国人来了，名埃尔金，他是掠夺文物的老手，把最后几块好点儿的雕刻全拆走了。它们现在还放在大英博物馆里，叫埃尔金石像。

不久希腊爆发了独立战争，一直打了8年。参加这场战争的除了希腊人外，还有一个英国人——拜伦勋爵，最后死在希腊人的军营中，他写过一首最美的诗篇《哀希腊》，描述了对苦难的希腊人民的同情。

最后，1832年，希腊人终于在被异族奴役两千多年后再次获得了独立与自由。

此时雅典卫城已成废墟。

雅典卫城的整体结构　下面我所介绍的雅典卫城乃是昔日被摧毁之前完整的卫城。我将它辉煌时的模样介绍给大家，因为正是那个卫城才代表了西方古典文明的最高峰。

前面说过，雅典卫城分四个部分：大门、奈基神庙、伊克瑞翁神庙、帕特农神庙。雅典人修筑四个部分时，没有破坏山的本来形态，而是依据其自然的起伏来修筑之，使得神庙与自然的环境十分和谐。如此，建好之后，四座大建筑就错落有致地分布在整个山头之上。

最顶上是规模最大、也最重要的帕特农神庙，它像一个天生的君主，君临卫城和整个雅典。在它的北面，稍下的位置上是比帕特农神庙小得多的伊克瑞翁神庙。从伊克瑞翁神庙往西，也就是在帕特农神庙的西北面，是奈基神庙，卫城大门就在奈基侧近。

我们现在来分别介绍一下各部分的大致结构，先从大门谈起。

一到卫城的大门，迎面就是 6 根多利亚式的大柱子，高近 9 米，上面有水平梁和三角形的额梁。进大门后有一条宽敞的通道，它的旁边有三对伊奥尼亚式柱子，通道两边以前都有建筑，其中左边建筑的墙上曾有古希腊著名画家波利格诺托斯的壁画，所以被称为“绘画馆”。

其次是与大门相距不远的奈基神庙，位于大门的西南端，它的设计师名叫卡里库拉斯，这是一座伊奥尼亚式的建筑，神庙的前后各有四根伊奥尼亚式大柱子，由于上面的凹槽比较深，反光能力很强，每天，在阳光照射之下，随着阳光的西移，柱子也显现出奇妙的变化，十分有趣。在它的山墙与中楣之上精雕细刻着有关胜利女神的故事，里面还有奈基美丽的雕像，引人入胜。

奈基神庙之后是伊瑞克翁神庙。伊瑞克翁是传说中古雅典的王，他正埋葬在这里。除了伊瑞克翁的事迹外，这里实际上也是帕特农神庙的分庙，里面有雅典娜像，描绘她与海神波塞冬争当雅典保护神的情景。其建筑也极富特色：它不像一般建筑在平面上的神庙，而是建筑在两块高低不同的基石上。这使得它的各部分建筑顺着地形的差异显出高低大小的不同，而这又带来了柱子数量的不同。它的西面有3根柱子，与之相对的东面柱子足足多了一倍，达到6根，南面也是6根，北面却只有4根。至于神庙内部，可以分成三间房子：西边房间里有一个长方形水槽，装的是盐水，以象征海水，供海神波塞冬享用；中间房子用来供奉波塞冬和伊瑞克翁；东面房间里有雅典娜像。

最后，我们来描绘一下最重要的帕特农神庙。

也许大家心里早存着一个疑问了，为什么雅典娜神庙不像其他神的庙一样用其名字来直接称呼，而叫什么帕特农呢？这个转换其实正反映了雅典娜在雅典人心目中特殊的地位。帕特农神庙意即“贞女的神庙”，这是说，雅典娜不是一般的女神，而是贞洁的女神。

我们以前说过，古希腊的神像凡人一样，满脑子情欲，经常乱搞。这并不说明希腊人喜欢神像凡人一样放荡，相反，他们对那些贞洁的女神怀有更深切的敬意，而雅典娜便是所有女神中最贞洁的一个。

帕特农神庙是单排绕柱式建筑，即它的建筑外围只有一排柱子环绕。地基长约70米，宽约30米，大体上是多利亚式建筑，但也有伊奥尼亚风格的东西。它的绕柱是多利亚式的，前后各 8 根，左右各17根，直径近2米，高超过10米，这在多利亚式的柱子里是比较细长的一种。

帕特农神庙的内部是这样的：它的长等于古希腊的100尺，所以又叫“百步殿”，左右两边各有两排与墙壁平行的柱子，西侧是一个放祭神用器皿的房间，由一些贞洁的处女来管理，名叫“贞女室”，贞女在古希腊语里的发音就是“帕特农”。

帕特农神庙最有意思的建筑特色之一就是很少用直线，例如它的地基并不是水平的，中间要高一点，它的正面绕柱，除了中间的两根是垂直的外，其他都有点向中心倾斜，各柱子的直径及柱子与柱子之间的距离也并不完全相等。但这一切不但没有使得整座建筑看起来凌乱不堪，反而更显严整有度：那地基看上去仍是水平的，正面的绕柱看上去也是笔直的，柱子们看上去也是一样粗的，柱子之间的距离看上去也是一样长的。

这就是建筑中的“视觉矫正”，它突出地显示了希腊人在他们的智慧达到高峰时，不但能尊重自然，而且能超越自然，并在这超越中达到与自然深刻的和谐。

雅典卫城的装饰艺术　雅典卫城之所以了不起，其原因固然与它的建筑有关，但同样重要的是其装饰艺术的精美，这些装饰艺术作品体现了古希腊艺术的最高水平。它们现在虽然所遗无几，然其残存者的精美绝伦仍令千年之后的现代人感叹不已，也令现代的艺术家们自愧弗如，这情景有点像现代哲学家们面对柏拉图或亚里士多德时的情形。

雅典卫城的装饰艺术品主要分两种：绘画与雕刻。绘画现在已经完全遗失，所剩的只是“绘画馆”的名字而已。雅典卫城的四个部分都有雕刻，但我们在这里要说的只是帕特农神庙的雕刻，它足以代表整个雅典卫城的雕刻艺术。

帕特农神庙外面有三个地方有雕刻：山墙、排档间饰和中楣，最里面还有著名的雅典娜神像。

第一处是山墙。它的命运我们在前面已经说过了，那个威尼斯大军的统帅想把山墙上面的波塞冬雕像拆下来当作战利品，但工人们在把它拆下来后，不小心将它摔得粉身碎骨。所以我们现在没办法看到它——除了在大英博物馆里那个可怜的没了手、脚和头的河神。我们只能依据一幅大约作于17世纪的素描来看它。可以相信这素描是真的，因为那时整个山墙还完好无损地立在屋顶上呢。

这山墙的素描已经有些模糊了，从上面我们可以看到这样一些东西：最中间有两个人，一个是高大魁梧的裸体男人，另一位是穿着传统古希腊服装的女士，男左女右。女人的右边有一匹马，举起双蹄对着她，像要对她尥蹶子。马屁股后面是一些人，不断地变小，不断地把腰弯下去，最后一个人则干脆躺着。男人的左边也是些类似动作的人，也在不断地缩将下去，直至躺到角落里。

这雕刻的是个有名的神话故事：雅典娜与海神波塞冬争当雅典城保护神的故事，这个故事我们在《西方文学通史》第一章中已经说过了。

与一般神庙的山墙不同的是，帕特农神庙的山墙特别大，至少要20个人才能将它填满，要把这20个人安排在如此狭小的空间里，并让每一个人都显得自然可不是容易的事，但在帕特农神庙的山墙上做到了这一点，而且做得几乎完美无缺。首先，它的人物该站的站，该坐的坐，该大的大，该小的小，无一不自然而合理。从每个雕像看，像那可怜的河神，虽然它的位置只是山墙的最角落，也最不重要，但如果把它单独列出来——像现在在博物馆里的情形一样，会感觉它并不是一个不重要的人物呢，但见它只剩下躯干的身体上，每一块肌肉都被精雕细琢了出来。

现在我们来看看雅典卫城的排档间饰。前面已经谈过排档间饰是怎么回事，它是块长方形的石板，分布在神庙外墙的四周。在帕特农神庙上，这样的排档间饰有近百块。现在留下来的只是南面墙上的几块，打这几块上我们可以看到每块有一个人和一个人首马身的家伙在打架。这种人首马身的东西在古希腊是很有名的，有好的也有坏的，好的则帮助人类，如我们在《西方文学通史》第二十一章“浮士德”中提到过的喀戎。坏蛋则专门与人类为敌，它们最大的特点是好色，专抢人间美女。也爱喝酒，喝完酒后就要酒疯。排档间饰描述的就是这样的故事。有次，一群迦勒底人正在喝喜酒，一群这样的怪物来了，他们不但抢酒喝，还要抢新娘子。于是迦勒底人便与他们起了冲突。

在一块排档间饰上，我们看到，一个本来披着件袍子的人，他的袍子已经掉到臂弯下去了，他面对着我们，双手后仰，全身几乎一丝不挂。他用左手揪住怪物的人头，那怪物也扬起前蹄，奋力挣扎。如今这幅雕刻上人和怪物的脑袋都不见了，但像前面的河神一样，从这剩下的躯体上仍可以看到古希腊艺术的顶峰期间雕像的艺术特色：这些雕像既符合严格的解剖学要求，具有强烈的自然主义色彩，同时它所描绘的躯体并不是实实在在的人的躯体，而是一种理想的人的躯体，是力与美巧妙的结合。

前面我们讲过，中楣是用伊奥尼亚式柱子的神庙才有的，但这帕特农神庙用的是多利亚式柱子，为什么也有中楣呢？这我可不知道了，我猜，这雅典卫城集古希腊艺术之大成，那些设计建筑它们的人都是杰出的天才人物，所以像所有的天才人物一样，他们在进行创作时是不受任何人为限制的，他们只尊重自然，觉得在这个地方如何建筑最美、如何雕刻最美，便如何去建筑、雕刻。当他们看到将伊奥尼亚式的中楣用上去好看时，便毫不犹豫地用上了，而且用同样美的雕刻去装饰它。

中楣上的雕刻原本长达近160米，高约1米，现在留下来的还不少，它所记载的就是上面讲过的雅典人最重要的节日——泛雅典娜节游行的情景。以东面为中心，这里坐着此次游行的主角——雅典的守护神雅典娜，还有她的父亲“万神之王”宙斯，以及诸位神灵，他们的两边是祭司们，再往两边则是人间的头面人物和美丽的贞女们；游行从西面开始，这里的人们已万事俱备，只等起程；到了南面和北面，人们已经开始游行了，队伍浩浩荡荡向前挺进。

游行队伍的大致路线是：从西面出发，兵分两路往南北两面挺进，最后便汇合到了东面，在这里，他们终于走到了他们的目的地——雅典娜身边，但见她，这位集贞洁、智慧、美丽与勇敢四种美德于一体的女神，从容地坐着，仿佛太阳一般闪射光焰。

除雅典娜，这里还有大量人物、马匹和各式各样的物件，据说人物多达500个，马也超过100匹，它们如此众多，排在相对狭小的中楣上却并不显拥挤。再看细节，尽管人物非常之多，然而每个人的每根头发都不是草草而成的，这些雕刻家似乎有的是时间，慢条斯理地把数不清的人物一个个细细雕来，把它们叠加在一起，显出惊人的华丽与解剖学般的精确。

正是在这里，古希腊艺术达到了它的顶点：将艺术美、自然美与社会美融为一体。

谈完了帕特农神庙的外面，最后我们应当来谈谈它的里面了。

它里面的创作者是一位我们慕名已久的伟大艺术家，号称“古希腊艺术家之王”，犹如神中之宙斯的菲迪亚斯。

帕特农神庙内的雅典娜神像也许是菲迪亚斯最有名的作品，也是整个雅典卫城最有名的艺术品。我们现在只可以看到它的一个模型了。

从这个模型上看，雅典娜的装束介于红装与武装之间：她头戴三角帽，每个角都是个小雕像，表情泰然，胸前好像披着件铠甲一样的东西，再往下就是典型的希腊女性服装了，左手放在盾牌上，右手抓着她的权杖，脚下是一个台座。

据说神像的原作是惊人的：它高达12米，内部用青铜或木头雕刻，外部以象牙作皮肤，洁白无比，衣服则是真正的金子做的。请想想看吧，仅这个架势就有多么阔气！

以上就是雅典卫城的复原图了。

我们前面已经讲了卫城悲惨的历史，现在的雅典卫城是什么样的呢？我们也来看一眼吧！

登上阿克罗波利斯山，我们能看到的是帕特农神庙残余的庞大柱廊，虽然里面已经空空如也，但仍然可以感受到它当初的美貌，就像我们从古希腊的传说中可以领会海伦的美貌一样。

不过，一想起那如花容颜已被无情岁月摧残得如此荒凉，我心中仍一片凄然。

怀着满腹惆怅，我们走下阿克罗波利斯山，离开了雅典，开始新的旅程。

第七章　从奥林匹斯到迷宫

离开了雅典，我们要去希腊游览一下多处名胜古迹。虽然这些名胜古迹众多，但我们在这里只蜻蜓点水地浏览一下。

首先要去的就是希腊的第一神山，众神所居的奥林匹斯山。

在色萨利盆地东北面，高耸的群峰之中，就是奥林匹斯山。它位于北纬40° 、东经22.5° 附近，往东距塞尔迈湾不远，与萨洛尼卡遥遥相对，海拔近3000米，是全希腊最高峰。

“奥林匹斯”的希腊语意为“发光”。为什么古希腊人认为奥林匹斯山是众神之所居呢？原因之一当然是因为它是全希腊最高峰，而神也理当生活在他们光荣的希腊。第二个原因是这座山确实看起来也适合神仙住呢。我们知道，神仙有一大特点是神秘，这正符合奥林匹斯山的特点：它的山顶终年积雪，山上一年四季云雾缭绕，气候变幻莫测，显得十分神秘。

关于奥林匹斯山有大量的神话传说，可以说，在古希腊有关众神的传说中没提奥林匹斯山的并不多。

温泉关的旧战场　从奥林匹斯山再往南就到了下一个景点——温泉关。

我们大都听说过古希腊时代发生的不朽的“温泉关之战”。

公元前480年，波斯大军第二度大举入侵希腊，斯巴达加入了抵抗异族侵略的希腊人行列。斯巴达王李奥尼达率领300名斯巴达战士扼守温泉关，它是从北面进入希腊的唯一通道。战斗艰苦无比，波斯士兵的数目超过斯巴达人百倍，斯巴达人英勇奋战，一直打了整整3天，波斯人一次又一次地发起疯狂的冲锋，除了在关前留下小山般的尸体，没能前进一步。狡猾的波斯人开始想别的主意了。他们找到一个熟悉地形的当地农民，用大量金子贿赂了他。这个农民便告诉他们，有一条小路可以通往温泉关后面。以后的战斗就不言而喻了，波斯大军从后面攻来，团团包围了温泉关，斯巴达勇士们没有后退一步，也没有一个投降或被俘，他们英勇战斗，直至全部壮烈牺牲。

后来，在温泉关的旧战场上，人们竖起了一块纪念碑，上面刻着这样的诗句：

亲爱的过客，请告诉拉西梦第人，我们忠于他们的嘱托，在此地长眠。

拉西梦第人就是斯巴达人。

现在您到了这里后还可以看到李奥尼达简陋的坟墓和一块纪念当年斯巴达人英勇事迹的碑，由青铜和大理石筑成。

温泉关位于雅典西北，距离雅典130多千米。左面是高耸的卡利兹罗蒙山，右边是茫茫爱琴海，两者之间只有一条十分狭窄的通道，自古就是南北希腊之间的咽喉、兵家必争之地，如今则是怀古的好去处。

“世界的中心”德尔斐　离了温泉关，我们继续南下，下一个要去怀古的地方是德尔斐。

德尔斐之所以有名，在于这里有太阳神阿波罗的巨大神庙。

还有，在德尔斐的阿波罗神庙门楣上有一句不朽的铭文——“人啊，你要认识自己！”

阿波罗神庙在古希腊有许多座，德尔斐是其中最重要者，是阿波罗发布神谕的地方。它位于希腊的福基斯地区，东距雅典100多千米，往南10来千米就是大海，它周围的山叫帕尔纳索斯山，是七位文艺女神缪斯的香闺所在。

古希腊人有一个观念：认为德尔斐是世界的中心。据说有一次宙斯放出两只雄鹰，分别从东西方起飞，宙斯使它们都朝世界的中心飞去，结果它们相会于德尔斐，希腊人便在那里放了一块巨石，名叫“脐石”，意即此处乃全世界的肚脐眼儿。

还有一个传说称德尔斐的神谕本来是由大地女神该亚发布的，神庙则由她的孩子——一条叫皮同的巨蟒——守卫着，后来阿波罗杀了皮同，夺了神庙，并在这里发布他著名的神谕。

据现在的考古发掘显示，德尔斐从迈锡尼时代起就有人居住了。让德尔斐大出其名的是公元前582年在这里举办了“泛希腊皮同竞技大会”，这大约相当于今天中国的全运会。此后每4年都在这里举行一次。

这时的希腊，下至普通公民，上至国家政要，人们都要来向阿波罗问谶，德尔斐神谕的影响遍及整个希腊。

后来，随着基督教的传播，作为异教圣殿的德尔斐式微，最终沦为帕尔纳索山陡峭山坡上的废墟。

现在我们来德尔斐能看到什么呢？只能看到四周高山怀抱，中间一座稍微矮些的高山的平顶之上，有一个用大石头砌成的阔大的圆圈，中间又砌了一个圈。原来想必都是高耸而庄严的，如今剩下的圈只是底座。在它们的旁边有三根巨大的石柱，高高地矗立在那，上面横亘着三层紧叠在一起的石梁。它们2600年前就已经叠在那里了，至今屹立如斯，令人不由感叹它们的建筑者是何等高明！

又想到它们原来又是何等宏大的规模，如果却只余下这断壁残垣。

我不由想起了《牡丹亭》里的句子：“原来姹紫嫣红开遍，似这般，都付与断井颓垣。”

雅典之北的最后一个古迹是马拉松。

马拉松距雅典不远，在它的东北方向32千米处，现在这里只是一个宁静的小镇，不过，在2500年前的一天，这里可热闹得很呢。

公元前490年的某天，雅典人毫无惧怯地扑向波斯人，在雅典人这种不要命的作战风格面前，波斯人第一次尝到了害怕的滋味，他们坚持了一会，就逃走了，逃到了停泊在海边的船上去了，然后启程回了波斯。

现在，在坦荡的马拉松平原，我们依然可以看到埋葬战死的雅典人的小丘。

至此我们已经参观完了雅典之北的希腊，下一步要往雅典之南去了。

这里的景点都位于伯罗奔尼撒半岛。

伯罗奔尼撒半岛虽然不大，上面的名胜古迹可不少，同样是我们耳熟能详的，例如科林斯、迈锡尼、奥林匹亚、梯林斯、斯巴达，等等。

我们第一个要看的是迈锡尼。

在特洛伊战争中，帕里斯把美貌盖世无双的海伦劫走后，斯巴达王墨涅拉俄斯和他的哥哥、希腊最强大的城邦迈锡尼的王阿伽门农率全希腊勇士们讨伐特洛伊，由此爆发了长达十年的特洛伊战争。

从这里就可以看出来，迈锡尼在古代希腊的地位之重要。这些神话传说并非空穴来风。后来一个叫施里曼的人来到这里进行了发掘，发现了足足五座古墓，里面直直地立着古代的英雄们——施里曼相信这五位英雄就是阿伽门农王和他的朋友们，其中一人身材伟岸，他的骷髅旁边放了大量的青铜武器。他断定这就是伟大的阿伽门农，那统率希腊英雄们战胜特洛伊的王中王。

这些都是老话了，现在的迈锡尼遗址坐落在科林斯往南的地方，周围是肥沃的阿尔戈斯平原，它不再是城镇，纯粹是个古迹，里头有著名的迈锡尼狮子门，有施里曼发掘过的古墓，还有所谓阿伽门农的老婆克里腾涅斯拉和她的奸夫埃吉斯图斯的墓，等等。

匆匆参观完了迈锡尼，我们现在要赶紧去参观下一个目标——奥林匹亚了。

现代奥运会的祖祠奥林匹亚　奥林匹亚就是古代希腊举办奥运会的地方，是现代奥运会的祖祠。

从公元前8世纪直到4世纪末被信奉基督教的罗马皇帝狄奥多西一世明令禁止，长达1200余年间，希腊人在此每4年举行一次宗教节日，其中的一个节目叫竞技会。就是那些身体最强壮的人来举行各种竞赛，如投标枪、掷铁饼、跑步、射箭、战车赛等，它们就是今日奥运会比赛的前身。

从19世纪开始，各国的考古学家们在这里不停地发掘，发掘出了当初举行各项比赛的场地，甚至包括伟大的菲狄亚斯的工作间——那时，每当竞技会举行时，雕塑家们都要来，把获得冠军的人的健美形象用大理石永远保存下来。

这些场所现在经由考古学家们的积极修复，甚至可以继续搞比赛呢。

但在奥林匹亚，最宏大、最了不起的建筑不是竞技场，而是宙斯神庙。

这座宙斯神庙建于公元前5世纪，长60余米，宽近30米，围绕它的柱子是典型的多利亚式，高达10米，下面的直径有两米多，上面稍微小点儿，每根柱子上有20条凹槽。除了这些堂皇的柱子外，神庙上还有许多雕刻，里面则放着由伟大的菲迪亚斯制作的宙斯神像。

神像被称为古代世界的七大奇迹之一，通体用黄金和象牙制作，呈坐姿，右手托着胜利女神像，左手持权杖，美得令人目眩神迷。

奥林匹亚位于伯罗奔尼撒半岛的西部，往西10多千米就是伊奥尼亚海的东岸了。

斯巴达如今只是拉哥尼亚平原上一座寒碜的小城　希腊大陆上我们最后要去的一个地方是斯巴达。

我们知道，斯巴达人是古希腊，甚至古代西方最勇敢的战士，然而他们轻视文学、艺术与哲学等，他们一度建立了全希腊最强大的军队，并且在公元前431年开始、持续了近30年的伯罗奔尼撒战争中取得胜利，毁灭了雅典。然而斯巴达人的这场胜利却是整个希腊文明的失败，一度如日月之辉煌的希腊文明从此衰落了。斯巴达人的霸权也没有持续多久。公元前371年的留克特拉之战中，底比斯人使斯巴达遭受了前所未有的惨败，斯巴达从此一蹶不振，赫赫威名也逐渐消失在希腊大地。

这就是斯巴达的历史。

伯罗奔尼撒半岛四周有一些小型平原，其中一个叫拉哥尼亚平原，它位于半岛南部，在它上面，一条小河边，有一个地方叫斯巴达，昔日与雅典争雄的斯巴达如今只是茫茫平原上的一个相当寒碜的小城而已，人口只有1万多。

这就是斯巴达的今日。

怎么样？小小的伯罗奔尼撒半岛真是玩得累人吧？实际上这里还有许多这类名胜，例如巴赛有保存得非常好的阿波罗·伊壁鸠鲁的多利斯神殿，还有埃皮达鲁斯建于公元前4世纪、至今仍在使用的剧院。

下面我们要离开大陆，到海上去了，去看看爱琴海中如繁星般的岛屿。

我们第一个要去的岛是罗得岛。

罗德岛上的太阳神巨像　罗得岛位于爱琴海的东南角，面积将近1400平方千米，离希腊本土很远，离土耳其却很近，但它可是地道的希腊领土，上面生活的也是地道的希腊人。

打很早以前开始，罗得岛就闻名地中海了，公元前3世纪时它成为海上强国和希腊化世界的文化中心之一。它为人类贡献了三样好东西：

一是它的海洋法。作为海岛，罗得岛的航海业一向十分发达，船多人多，事故当然也就多，加上海盗横行，使罗得岛很早就制订了海洋法以处理相关事务，如倘若货船沉没，损失由谁来承担，怎样承担，等等。这是世界上最早的海洋法。后来，当罗得岛成为东罗马帝国的一部分时，帝国在全境推行罗得岛的海洋法，又由于这个海洋法制订得合情合理，它得以在整个西方世界推行起来。

罗得岛为世界贡献的第二样东西是它的演讲术学校。我们知道，演讲与辩论在古希腊十分盛行，尤其在实行民主制的地方，如雅典，你要当官或者当了官后想通过一项什么法令，这都得靠嘴巴子打动公民们，这样就需要演讲术了。也因此，古希腊有许多专门教演讲术的教师和学校，例如那位提出“人是万物的尺度”的古希腊哲学家普罗塔戈拉就是这样的教师。

罗得岛上就有这样的演讲术学校，而且十分出名，培养出了一些伟大的学生，例如恺撒和加图。还有一个是卢克莱修，古罗马最伟大的哲学家，他有一部名著叫《物性论》，不过对于整个西方哲学史而言他谈不上多么伟大，因此我在《西方哲学通史》中没有写他。

罗得岛对世界的第三大贡献，也是最著名的贡献，是一座雕像。

公元前4世纪初，罗得岛遭到敌人入侵，被围困了整整一年，围困解除后，为了纪念战事，也为了感谢神的帮助，罗得岛人决定制作一座空前庞大的太阳神雕像，作者是罗得岛上一个叫查理的雕塑家。雕像的整体原料为青铜，里面再用铁来加固，用石块来加重，雕像历时12年才成，制成后高度超过30米，加上下面同样高耸的底座，巍峨无比。它屹立在罗得岛港湾的入口，双腿前后叉开，左手臂弯里搁着神杖，右手伸向前方，头上戴着像纽约自由女神像那样的冠冕，背着披风——除了这件罩在背后的披风外一丝不挂。

雕像矗立50余年后罗得岛发生了大地震，结果雕像被震倒了，倒在地上，并没有粉碎，然而罗得岛人无力再把它立起来，就这样在地上躺了几乎整整1000年，直到公元653年，阿拉伯人占领了罗得岛，由于需要用铜铸造兵器，就把它打碎了当废铜出卖，据说打下来的铜用一千匹骆驼才能运走。

克里特岛上的迷宫　离开罗德岛后，我们要往西行，去比它更有名的克里特岛。

这个岛上诞生了比雅典文明更加古老的克里特文明。

克里特文明也被称为米洛斯文明，它在许多方向都取得了巨大的成就，例如建筑、绘画、雕刻乃至房屋的建筑，等等。其中最有名者当然是建筑，这个建筑简直同埃及的金字塔一样有名，它就是克诺索斯宫，又叫作“迷宫”。

我们去克里特岛，逛的自然是这个迷宫了。

大约在公元前2000年开始迷宫所在的地方第一次建造了宫殿，可是战争和大火把它给毁了，后来克里特人又在废墟上重建了新宫，这就是迷宫，也是《西方通史》之“伊文思”一节里由伊文思博士挖出来的那个。与旧宫相比，这个新宫的样子没什么差别，只是要大得多。我们现在来大致地描绘一下它吧。

迷宫背靠着一座山，总体来说，它庞大而结实。它的墙壁是一些大石块，许多足有一米厚。依据复原后的遗址来看，东西长大约有150米，南北宽约100米，建筑面积至少在16000平方米以上。但它最令人叫绝的地方不是大，而是古怪。也许由于不经意地乱建，也许像传说中的一样，是为了关什么怪物，总之它里面的房子、走廊、园子，多得令人眼花缭乱，分布也古古怪怪，叫人走进里面后就像喝了两斤二锅头一般，分不清东南西北。我现在也只能大致地说说它。

它的中间有一个长达50米，宽近30米的大院子（说不定就是曾经关牛头怪物的地方），我们以这个院子为中心来看其他地方。

院子北面有一个小小的剧院，像古希腊所有的剧院一样，是露天的，大家就坐在星光或阳光下看戏，除了这个剧院外，北面还有一些小屋子，是下人们住的地方。

与北面隔得最远的院子南面就是国王一家住的地方了，有寝宫、饭厅、厕所等，以及国王祭神用的地方，名叫双斧宫。

东面除了些房子外，还有一道又窄又陡的台阶，连通王宫与山下。

西面是国王藏金银财宝的仓库，还有一座大庙。

以上就是迷宫的大体构造。也许您会觉得住在这样一个怪地方简直是活受罪，但实际上相反，它是一个住起来相当舒服的地方。首先，它安全。想想看吧，一米厚的石头墙什么大炮能打穿？何况那时还没有大炮。小偷们也不敢进来，怕出不去。其次，这是一个讲卫生的地方。它有下水道、自来水、暖气，甚至还有“电梯”，当然不是用电来发动的，但用处是一样的，也能把人直直地送上楼去。怎么样？简直像四星级宾馆吧？

迷宫里还出土了不少美妙的壁画和雕刻，这些都收藏在附近一座博物馆里，距迷宫只有几千米。我们可以先在那里参观参观，了解一下迷宫的有关情况，并记住出迷宫的路，免得参观时迷了路。

当然，这只是开玩笑罢了，如今只剩下断壁残垣的迷宫是迷不住您的。

爱琴海中的经典小岛桑托林尼 不知您留意没有，我们在希腊旅行了这么多地方，这些地方有一个共同特点，就是它们都是古迹，是人类用自己的双手创造出来的卓越的文化遗产。

但作为旅游，这似乎缺乏一样旅游最经常看到的东西——美景，那些不是以其伟大的文化价值吸引我们，而是因其诱人的美丽风光而吸引我们之处。

现在我就要带大家去一个这样的地方，这就是被称为爱琴海中的经典小岛的桑托林尼。

桑托林尼是一个新月形小岛，面积不到100平方千米，居民不到1万，然而它也许是全希腊风光最迷人的地方。

在很远的古代，这里曾经是一个火山频繁爆发的地方，在岛的南端现在还有古代火山爆发留下的遗迹，桑托林尼对面不远处还有另一个小岛——火山岛，那上面全是像被烧焦了的木头似的嶙峋焦黑的火山岩，寸草不生，令人触目惊心。

岛的北端有个叫奥牙的小镇，到处是漆成白色的小屋，错落有致地依山而列，像一排排穿着洁白礼宾服的士兵等待游客们的检阅。每当夕阳西下、晓月初升的时分，古老的村子更加宁静，更显古老，是住客们怀古的绝妙好处。怀古伤神之后，您便可以马上去体验一下现代生活了。就在桑托林尼的东南面，有一个“黑沙滩”，是著名的海水浴场。为什么叫黑沙滩呢？因为这儿的沙粒全是黑色的，很不平凡吧！恐怕全世界也独此一家呢！漆黑的沙粒与蔚蓝的海水并列，形成了奇特而有趣的对比。

桑托林尼最令人感叹的还是西边的菲拉镇。也许由于古代火山爆发引起的剧烈地震吧，桑托林尼岛仿佛自海中腾空而起，直上蓝天300米。这样，在岛的西岸就形成了一道高达300米的悬崖绝壁，菲拉镇就建在这堵悬崖之上。从这里极目远眺，爱琴海迷人的景致尽收眼底，偶尔从蓝顶小教堂传来祈祷的钟声，洗尽尘世烦嚣。

如果从相反的方向，即自海上向镇子望去，会看到巍巍悬崖上一排排洁白的小房子，令人仿佛觉得它们不是建在人间，而是建在天上呢！

第八章　自然意大利

希腊之后，我们现在要来讲意大利了。

当然，首先要讲的是意大利的自然地理。

意大利有一个最明显而有趣的特点，就是她的轮廓活像只靴子、一只女士穿的高跟靴，上面还有穿着靴子的女士一截迷人的小腿呢。

以山为主的地形　　意大利全境几乎就是一个半岛——亚平宁半岛，只在北面往大陆里面伸进去一点，南面还有一个大岛——西西里岛。我觉得这个岛像颗恶意的石子，挡在穿高跟鞋的淑女脚尖前，想绊她一跤！

意大利位于东半球的西半部，欧洲南部，纬度上与咱们从山东往北到黑龙江之间差不多，气候可是天差地远，总面积约30万平方千米。

它的北面是西欧与中欧一些国家，从西往东依次是法国、瑞士、奥地利、斯洛文尼亚。

意大利的南、西、东三面是地中海，地中海像慈祥的母亲一样紧紧拥抱着她。更精确地说，意大利的南面，越过地中海，是火热的非洲；西面是第勒尼安海，在这里有一个大岛——撒丁岛，属于意大利；在撒丁岛之北，隔得很近的另一个大岛是法国的科西嘉岛，拿破仑的故乡；东面是亚得里亚海，过了它就是巴尔干半岛诸国了。

与上章的希腊比起来，意大利的地形简单得多，既没有曲折的海岸线，也没有如繁星般的岛屿，就是大陆上也没有那么复杂多变的地形。

意大利的地形以山为主，平原与低地只占其领土的约1/4，其余的不是高耸的大山就是连绵的小山——丘陵。

从北往南，意大利的地形大体如下：最北面是雄伟的阿尔卑斯山，阿尔卑斯山之南是富饶的波河平原，再往南是亚平宁山脉，它像一头巨兽般躺卧在亚平宁半岛上，把整个半岛的中、南部都盖住了。

此外，意大利在地中海上还有两个大岛，即南面的西西里岛和西面的撒丁岛。

从阿尔卑斯山到波河平原　　我们先来看看最北的阿尔卑斯山。

关于它我们在第二章关于欧洲的自然地理中已经说过了，它是欧洲最雄伟的山脉，也是全世界最雄伟的山脉之一，西起法国南部的尼斯，往东经意大利北部、瑞士南部和列支敦士登再到德国，一直到达奥地利的首都维也纳，总的形状像弓。

意大利北部边境几乎全部是从阿尔卑斯山的山脊上走过，也就是说，在阿尔卑斯山西段和中段的南坡几乎全在意大利境内，从西到东蜿蜒约1000千米。意大利与法国边境的勃朗峰海拔近5000米，是欧洲第二高峰，意大利的最高峰。包括勃朗峰在内的阿尔卑斯山许多山顶终年白雪皑皑，十分壮观。

意大利境内的阿尔卑斯山脉南坡又可以分成3段。西段从尼斯往北直到一个叫卡迪蓬纳的山口。这里山势相当险峻，中段从卡迪蓬纳山口转而往东直至布伦纳山口，这里地形极为复杂，地势更加高峻，有众多高山冰川，著名的勃朗峰就在这一段，这里还有一座罗莎峰，海拔4600余米，是意大利境内的最高峰。东段从布伦纳山口直至意大利大陆部分最东端的里雅斯特，这一带山就没有那么陡了，往南慢慢向平原过渡。

从阿尔卑斯山区往南就到波河平原了，这里是意大利地形的第二部分。波河平原是意大利最大和最重要的平原，东西长约400千米，南北宽80—200千米，占了全意大利平原或低地面积的七成，总面积超过4万平方千米。

波河平原大体可以分成4个部分：第一部分是山麓平原，就是阿尔卑斯山南麓狭长的一块，这里很早以前曾经被冰川覆盖，现在的土壤就像沙子一样，透水性特强，加上坡度大，雨水虽多，地面还是干旱。

第二部分叫伦巴第平原，因为它位于过去伦巴底人生活的地区，从山麓平原往南就是它了。它是波河平原的主体，这里土壤肥沃，河流众多，地下水丰富，灌溉十分方便，是全意大利最富庶的地区。

从伦巴第平原再往南就是三角洲的沼泽平原了。它位于波河河口三角洲和亚得里亚海沿岸，地势更低，排水不畅，因此到处沼泽广布，且易发生水灾，沿海一带还有很多泻湖，著名的水城威尼斯就建在这样的泻湖上。

在波河的河口地区，由于泥沙沉积很厉害，三角洲的面积每年都在扩大。这是好事，因为扩大的地方可以开垦成为良田。

庞贝的末日　从波河平原往南就是意大利地形中最大的一块——亚平宁山脉。

这一块可以称为意大利半岛或者亚平宁半岛。亚平宁山脉是意大利半岛的脊梁骨。

在意大利西北部利古里亚海岸附近有一个狭长地带，在这里，亚平宁山脉与阿尔卑斯山相接为一体，这里就是亚平宁山脉的起点。从这里开始，它自西北向东南贯穿整个意大利，绵延近2000千米，并越过大海继续往西南进入西西里岛。

就整体形状来说，亚平宁山脉有点像梭子，两端比较狭窄，中部则要宽得多。大部分地方海拔不是很高，只有七八百米，最高峰是位于意大利中部的大萨索山，海拔近3000米。

因位于年轻的与古老的地块相接触的地带，这里的地壳极不稳定，多火山和地震。据说，如果一个意大利人活到70岁，他必定会遇上至少一次大地震和许多次小地震。1980年11月，那不勒斯一场地震杀死了3000多人。

意大利的火山中最著名的是那不勒斯附近的维苏威火山。

维苏威火山海拔近1300米，位于意大利坎帕尼亚西海岸，世界上最大的火山观测站就设在这里。据古代传说，维苏威火山像一个圆锥被截掉了尖顶，火山口周围是长满花草树木的悬崖峭壁，岩壁的一侧有个缺口。火山口底部相当平坦，寸草不生。火山下面的山坡是火山灰形成的肥田沃土，山脚下有两座兴旺的城市——赫库兰尼姆和庞贝。

因为维苏威火山好久好久都没有爆发了，山脚下的人们已经早已忘了或者根本不知道它是一座活火山。

公元79年8月24日，一场毁灭性的灾难降临了。

这天午后一点多钟，离城约10千米的维苏威火山突然喷发了。滚滚浓烟和无数火星从山顶腾空升起，剧烈的爆炸声接连不断。顷刻之间，天色昏暗，大地摇撼，连平静的那不勒斯湾也翻腾起汹涌的巨浪，赤红灼热的熔岩从火山口喷涌而出，像洪水般冲向山下，向山下猛烈冲去。庞贝，这座那时已有几百年历史的古城，就这样完全被掩埋了……

一千多年过去了，庞贝城渐渐被人们遗忘，研究历史的学者们只是在查阅罗马古书时才知道那时还有个庞贝城，但它的遗址到底在哪里，一直是个谜。

18世纪初，一些农民在维苏威火山西南几千米处修筑水渠时，从地下挖出了一些古罗马钱币，还有经过雕琢的大理石碎块，但并没有人想到下面还有什么，直到这个世纪的中叶，人们在附近挖出一块大石，上面刻着“庞贝”。

这顿时揭开了一个千年之谜——庞贝原来就在这里！

不久，考古学家们开始对庞贝城进行有计划的发掘，由于庞贝是整整一座城市，发掘工程十分浩大，经过一百多年的辛勤努力，这座在地下沉睡千年的罗马古城才终于重见天日。

现在，人们可以像当年进入庞贝城一样，漫步在宽敞平坦的大街上，领略地道的古罗马风光。

庞贝城的面积约1平方千米，四周围着石砌的城墙，有7座城门。城内最宏伟的建筑物都集中在西南部一个长方形广场四周。这里是庞贝的政治、经济和宗教中心，广场东南是市府所在地，东北是商场。从发掘出来的情况看，当时这里店铺鳞次栉比，商品琳琅满目，生意非常兴隆。

考古学家们在挖掘庞贝城时，发现了许多奇特而悲惨的人体“石膏像”。原来，当火山爆发时，城内有上千人“运气好”，找到了藏身的地方——多半是些墙壁间或者什么地方的空隙，因而没有立即被烫死、砸死、压死，可是出路被封住，无法逃出，人也被浓浓的火山灰覆盖。经过很长时间，人体腐烂了，火山灰却形成了人体的模型。后来，考古学家们把石膏液灌进这种模型，再现了受难者临终时的各种姿态：许多人用手掩面，母亲把孩子紧抱在怀里，不少人趴在墙脚处挖洞，还有一群是被铁链锁着的奴隶……不难看出他们死时是何等的痛苦！

19世纪俄罗斯画家布留洛夫有一幅名作《庞贝的末日》，生动地再现了这史无前例的悲惨一幕，值得一看。

亚平宁山脉基本上包括了整个亚平宁半岛，是意大利领土的主干。

西西里岛和撒丁岛　除了亚平宁半岛，意大利还有两块不小的领土，就是地中海上那两个大岛西西里岛和撒丁岛。

西西里是整个地中海最大、人口最稠密的大岛，北面与意大利本土隔着宽不过十多千米的墨西拿海峡相望，稍微有点像三角形，面积25 000多平方千米。

西西里岛大部分由山地和丘陵构成，上面也有一座著名的活火山埃特纳，是欧洲最高的活火山，至今已喷发了500多次，最近一次喷发在1979年。火山爆发产生的肥沃的火山灰使西西里岛的土地十分肥沃，其东部的卡塔尼亚平原是岛上最大的平原区。

岛北部的山地是亚平宁山脉的延续。

撒丁岛是地中海上除了西西里岛之外的第二大岛，它东距意大利海岸200千米，南距非洲海岸也是这么远，北面距法国的科西嘉岛只有10多千米。

就地形而言，撒丁岛与意大利其他地区略有不同，主要包括了一些古老的结晶岩块，如花岗岩和片岩，而不是亚平宁山脉那样的褶皱岩。除了少部分例外，撒丁岛的地形大都是高地，包括丘陵和山区，总面积近24 000平方千米，只比西西里岛小一点。

以上就是意大利的地形。

深受地中海影响的气候　由于像楔子一样打进地中海，意大利的气候首先受地中海影响很大，其气候类型主要是地中海式气候。

这种气候的特点就是夏季炎热干燥，冬季温和多雨。

我们知道，意大利像美女苗条的小腿，比较狭长，兼之山地广布，北有雄伟的阿尔卑斯山，中和南有亚平宁山，这些因素对总的气候类型的影响不是很大，但对具体的气温与降水的影响却相当之大。也就是说，它们使意大利处在两个大的气候类型之下，具体地方的气温与降水却因地形的差异而变化复杂，其北部与南部、山地与平原、内陆与沿海、东岸与西岸均有明显的地区差异。

降水受地形的影响更加显著。总的来说是山地多于平原，西岸多于东岸。这是因为西风带来的潮湿空气往东吹时遇到山坡就顺坡而上，变成了雨水。到东边后自然就要少得多了，再顺坡而下到了平原就更少了，因为大部分已经降完了。

这样，阿尔卑斯山地和亚平宁山脉就成了两个多雨区，特别是西北部热那亚湾东岸亚平宁山脉西侧的迎风坡，年降水量高达3000多毫米，是意大利最多雨的地区，同时这里也是全国最热的地方。阿尔卑斯山东侧的波河平原则是少雨区。

同气候与降水同样密切相关的是意大利的植被。

意大利的植被分布有两个比较明显的差异，一是地区差异，二是海拔差异。

所谓地区差异就是南北东西各地区之间植被分布不一样，所谓海拔差异就是同一个地区，不同海拔之间的植被分布也不一样。

根据地区与海拔差异，意大利全国大体可以分为阿尔卑斯植被区、波河植被区和地中海–亚平宁植被区。

阿尔卑斯是高山区，植被有明显的垂直差异。800米以下的山麓地带是常绿阔叶林，常见的植物有油橄榄、月桂等；往上到1800米左右是以山毛榉为多的针叶阔叶混交林；再往上就是松树杉树之类的针叶林了；针叶林之上是低矮的灌木林，例如杜鹃花等；灌木林之上是很少树木的高山草甸和牧场；到了终年积雪的山顶就只有各种苔藓地衣等了。

波河植被区的海岸地区过去一度长满了许多抗旱防潮的树木，大多是常绿乔木，后来这些地方不是变成了耕地就是退化成灌木林。

所谓地中海–亚平宁植被区以地中海型植物为主，沿海低地广泛分布着“马克西群落”，就是森林被砍伐后再生长的灌木林，中间也夹杂着一些杨梅和野生油橄榄等树木。

意大利最广大的天然森林位于意大利半岛的“靴尖”，就是美女的脚趾儿上。

在意大利的森林里活跃着土拨鼠、貂、野兔等，还有受法律保护的珍稀动物棕熊和巨角塔尔羊，天上飞翔着鹫和更罕见的木松鸡，它们使这里充满了生命的气息。

第九章　人文意大利

在欧洲，有几个国家的人是很有特色的，例如英国人的绅士风度、法国人的浪漫、德国人的守纪律，等等。

意大利人呢，是热情。打个比方说，意大利人就像地中海的骄阳一般热情。

意大利人的种族和语言　这些热情的意大利人有着古老的血脉，是伟大的古罗马人的后裔。

不过，虽然原则上古罗马人是意大利人的祖先，但意大利人的血管里后来却混进了不少其他种族的血液。因为西罗马帝国崩溃后，大量的日耳曼蛮族，例如伦巴第人和西哥特人，蜂拥进入意大利，从此在那里定居下来，并同原来的罗马人通婚。这种通婚的后果就是，罗马人渐渐消失了，意大利人诞生了。

然而意大利的人种还有一个比较奇特的现象，就是意大利不同地区间的人民颇有些不相像，而且历久以来就是如此。具体说，就是北方人肤色白皙，身材高大，是典型的白种人，南方意大利人肤色却比较深，带点儿棕黑，身材也不如北方人高大。而且，总体上说，与其他欧洲国家相比，意大利人肤色要深一些，甚至有许多的意大利人不像是纯粹的白人，倒有点像混血的阿拉伯人或者印度白种人呢。

意大利人占了意大利全国人口的绝大部分，其他种族的人很少，主要有日耳曼人、斯洛文尼亚人、阿尔巴尼亚人、希腊人等，大部分生活在北部和东北部地区。

在意大利几乎所有人都讲意大利语，北部有一些人讲德语，还有极少数讲法语和拉丁语的民族。

关于意大利的语言大家也许会感到奇怪，意大利人在罗马帝国时代不是说拉丁语吗？那时不但他们，整个欧洲都讲这种语言，他们为什么要抛弃祖先那么光辉灿烂、值得自豪的拉丁语而去炮制什么意大利语呢？我现在就来跟大家讲讲这个过程。

我们知道，在罗马帝国时代意大利人是说拉丁语的，那种拉丁语全名叫古典拉丁语，同时，那些没有文化的平民还讲着另一种拉丁语，即民间拉丁语。罗马帝国崩溃后，那些说古典拉丁语的贵族们被蛮族杀的杀、逃的逃，作鸟兽散，于是古典拉丁语就此消失了，代之而起的是民间拉丁语。

意大利语便是民间拉丁语的直系后裔，它是由民间拉丁语与意大利各地的方言，特别是托斯卡纳方言，混合而成的。当然，这是一个渐进的过程。慢慢地，在意大利，讲拉丁语的人越来越少，而讲意大利语的人越来越多，最终替而代之。

新生的意大利语与拉丁语实际上有极密切的联系，意大利语从拉丁语那里借用了大量遗产，从语法到词汇都是如此。

在意大利语的诞生过程中有一种方言和一个人居功至伟，那就是佛罗伦萨方言和但丁。

佛罗伦萨方言是托斯卡纳方言的一种，但丁说的便是这种方言，正是他使这种方言成了所有意大利人的共同语。他的巨著《神曲》则牢牢地奠定了意大利语成为全意大利人共同语言的基础。

发达但不平衡的经济　意大利经济有两个显著特点：一是政府对经济有很强的指导作用；二是地区间经济发展极不平衡。

意大利是西方七大工业国之一，其经济类型属于私有与公有制并存的混合型经济，经济公有化程度居全欧最高之列，许多重要经济部门，从银行、邮政到铁路、航空等大都由政府控制。

这种政府控制经济的产物之一就是意大利人民的福利相当好。意大利虽然不像北欧福利国家那样由国家从摇篮包到坟墓，但国家也在很大程度上保证了每个公民的生活。例如在工伤、残疾、生育、失业及退休等方面国家都提供福利保障，向人民提供医疗保健时也只收取象征性的费用。可以说，在意大利没有哪一个公民看不起哪一种病，哪怕他最穷，得的是花钱最多的病。

意大利经济的第二个特点是地区差异十分显著。

与前面的人口分布不均一样，意大利工农业生产高度集中在北部人烟稠密的地区，那里的面积只占全国1/3，却拥有全国半数以上的工人，集中了几乎所有最重要的工业部门，农业也很发达。其中以米兰、都灵、热那亚为中心的“工业三角地带”尤其发达，是全国的经济枢纽。不过意大利政府久已注意到了这种不平衡局面，为了扭转之，国家花大把金钱来开发南部地区，在那里兴建了一大批各式企业，例如著名的塔兰托钢铁联合企业，是全世界规模最大的钢铁企业之一。

传统上意大利是“欧洲的农夫”，可耕地占国土总面积的2/5以上，农业在经济中一向占很大比重。如今已经大为不同了，农业仅占国内生产总值的3%，只占用了不到一成的劳动力，每年都要进口不少粮食。主要的农作物是小麦，主要农业区是波河河谷。

意大利还是欧洲最大的蔬菜和水果生产国，产品质量优良，特别是橄榄油和葡萄酒质量之佳闻名世界。油橄榄产量居世界首位，葡萄仅次于法国。

意大利农业经营方式以中、小型农场为主，全国有250万个农场，绝大部分由私人或家庭经营，平均规模不过500来亩，在西方这是很小的了。

意大利的畜牧业比荷兰、法国等都要落后得多，这主要是因为意大利的牧场大都是石头山，牧草稀稀拉拉，养活不了多少牛羊。

然而缺少牛羊的意大利，皮革制造业却是鼎鼎有名，堪称世界第一。

今日的意大利已经是相当发达的工业国，意大利之所以能位居西方七大工业国之一，主要多亏了工业。这一切都是第二次世界大战后的事，在战后数十年内，意大利由以前“欧洲的农夫”加上战败国一跃而成为工业大国。

意大利之所以能取得如此成就，第一要归功于现代化工厂的设立、新技术的采用和国际贸易的自由化。

第二个因素则是意大利大量廉价的劳动力。意大利此前是“欧洲的农夫”，农村有大量廉价劳动力，这些对于发展服装、电器装配等劳动密集型工业特别有利。

不过现在，由于中国等第三世界国家有更加廉价的劳动力，因此意大利那些需要大量廉价劳动力的行业，例如服装业，已经大大衰落了——除了高档时装业，那依然是意大利的强项，可不是凭廉价劳动力就能生产出来的。

在意大利各工业部门中，最重要的是机械制造业。这是一个大行业，包括汽车、机器、电器等，它们主要集中在米兰、热那亚、那不勒斯、佛罗伦斯等北部工业区。如汽车制造，意大利有几个响亮的汽车牌子，像菲亚特和法拉利，尤其是法拉利，这是全世界最名贵的跑车，其性能与售价超过世界上所有其他牌子的汽车，例如奔驰或者罗尔斯-罗伊斯，像法拉利的F50型，出厂价就要75万多马克，折合人民币约120万元。

其次重要的行业是石油化工，规模也很大。由于意大利自己的石油产量十分有限，石化工业的原料基本上需要进口，因此大石化工厂都位于沿海港口。

意大利另一个大工业部门是钢铁工业，在政府的主导下，在塔兰托建立了年产量在1000万吨以上的大型钢铁联合企业，像石油工业一样，意大利的钢铁工业原料，例如铁矿石和煤，同样依赖进口。

意大利是山地为主的国家，修起路来十分不易，同时由于缺乏能够航运的大河，经海运又太慢，因此意大利的交通主要靠公路和铁路，尤其是前者。

远在罗马帝国时代意大利就已经建起了相当完善的公路网，分别从罗马沿着海岸向南北延伸，遍布全国，有些路段现在还用着呢。现在意大利全国公路通车里程在30

万千米以上，其中高速公路近万千米，据说，建于1925年的米兰到科木湖的高速公路是世界上第一条高速公路。公路承担了全国绝大部分货运与客运。

意大利的铁路沿着亚得里亚海沿岸出发，与公路路线大致相同，另外还有许多横贯半岛的线路。意大利还和相邻各国修筑了多条横贯雄伟的阿尔卑斯山的公路和铁路，工程难度巨大，经常要挖世界级的长隧道，如辛普伦一号和二号隧道、亚平宁隧道等，前二者连接意大利与瑞士，后者则位于佛罗伦斯到波隆那的铁路上，都是世界上最长的隧道之一。

意大利全国现有铁路约2万千米，其中电气化铁路长1万余千米，这些铁路是全世界建得最好的铁路之一，又由于铁路归国家控制，政府每年大量补贴，因此坐起来真是便宜又舒服。

由于意大利三面环海，海运的重要性不言而喻，主要用来运输那些大宗的、又不赶时间的货物，以进出口商品为主，像进口的煤和铁矿石，出口的钢铁等，意大利约九成的进出口物资都靠海运，全国有多个大海港。

意大利就业人数最多的一个经济部门是服务业，它占了意大利全部就业人口的四成，其中旅游业尤其发达。我们知道，意大利是伟大的罗马帝国的核心，还是文艺复兴的发源地，这里有数不清的古代文物和艺术珍品，漫长的海岸线上还有大片阳光明媚的海滩，雄伟的阿尔卑斯山也秀色迷人。这些每年都吸引着数千万来自世界各地的游客，为意大利带来了大把外汇，装满了意大利人的钱包。

义务教育，任意进的名牌大学　意大利有发达的国民教育。6岁以下的幼儿可进幼儿园，不过这没有强迫性，进不进随便。过了 6岁后就要上学了，直到14岁，孩子必须接受小学和初中的义务教育，费用由国家全额负担。

14岁毕业后，孩子们有两个选择：或者进入五年制文理科中学，毕业后上大学；或者进入一般也是五年制的职业高中或者技术专科学校，毕业后直接就业。这选择是完全自由的，没有什么考试，更没有优劣之分。

意大利是全世界最早有大学的国家，历史最久远的波隆那大学，至今已经有千年历史了。现在意大利共有约50所大学、20多所学院，包括博洛尼亚大学、罗马大学、佛罗伦萨大学、米兰大学、那不勒斯大学等著名学府。博洛尼亚大学是意大利，也是整个西方最古老的大学之一。

其中的罗马大学是全世界规模最大的大学，仅罗马本部就有约10万名学生。大学规模之所以如此巨大，同意大利的教育政策有关。由于意大利法律规定，任何一名高中毕业生都可以自由进入任何一所大学。大家谁不想上名牌大学？这样名牌大学的学生自然就多了。我想，如果今天中国也这样，北大清华可以任意进，那学生人数又何止10万！

从政府方面来说，意大利是多党议会制共和国，在这种制度下，议会是立法机构，由享有立法权的参、众两院组成。意大利的参议院有参议员300多名，众议院有众议员600多名，议员经选举产生，任期5年。但总统可以在任期满以前将其解散。总统是国家元首，由参、众两院以及意大利全国各地区的代表组成的选举团选出。总理则由各政党提名，由全国普选产生，哪个党能在国会中占有多数席位就由它推荐的人出任总理。

由于意大利党派众多，几乎不可能由一个政党控制国会，因此常常由几个政治纲领相近的党组成联合政府。政府总理负责掌管国家行政事务，并负责组织内阁，因此他才是全国最有权力的人。

第十章 畅游罗马

罗马号称“万城之城”，也就是所有城市中的老大，对于西方世界这是理所当然的。因为在漫长的历史时期之内，无论从力量还是从地位来说，它都是整个西方世界最强大、最重要的城市，无与伦比。

对于这样的城市，我们当然要好好游览一下。

罗马，美丽而问题成堆的城市　罗马位于意大利中部，亚平宁半岛中南部的西侧，台伯河下游的丘陵平原上，台伯河和阿涅内河都流经罗马。

从罗马往西约25千米就是第勒尼安海，罗马的北面是山，东边和东南是丘陵，南边和西边直到大海则是海拔不到100米的平原。

罗马属典型的地中海式气候，夏天炎热干燥，冬天温和。夏季下午常常有凉爽而湿润的海风从第勒尼安海吹来，令人浑身清爽。冬天还算温和，但有霜冻，偶尔也下一点雪。

意大利的行政区划分成大区、省、市，罗马属于拉丁姆大区、罗马省，自己则是罗马市。

罗马市又被划分为12个行政区，包括城区、市区、郊区和农村，面积共约5400平方千米，不包括郊区和农村的话则是1500多平方千米。

就人口而言，拉丁姆省超过500万，罗马省约400万，罗马市约270万，就人口而言并不算多。

长久以来，“罗马公民”是最值得骄傲的、最高贵的身份之一，在西方世界受到广泛的尊敬。

罗马也是个十分讲究平等与尊重的社会，这是源自罗马帝国的古老的传统——无论你是贵族还是平民，只要你是罗马公民，原则上就同样高贵。直到现在，除了因年龄而必须有的尊敬外，罗马人总是尊重每一个罗马人，例如贵族会向一个扫大街的致敬，这样做绝不会被认为有失体统，相反倒被认为是有教养的表现。

经济上，罗马是意大利最富有的地区之一，人均国民生产总值超过2万美元。

经济主要是服务业，罗马的服务业十分发达。这是可以理解的，作为意大利的政治与文化中心，全世界最重要的旅游中心之一，服务业理当是这个城市的支柱产业。

此外，罗马的电影业也相当有名，出过不少世界著名的导演与演员，制作了许多经典好片：

导演首推费里尼，他是电影史上最伟大的导演之一，他的作品共获得5次奥斯卡奖，并于1993年获得一个电影人一生的最大荣誉——奥斯卡终身成就奖。据说他的《大路》获得60项以上的国际奖项，《甜蜜生活》更获得70项以上。

罗贝多·贝尼尼则是现在最受人欢迎的导演之一，由他导演并且亲自主演的《美丽人生》讲述一个犹太人父亲为了不伤害儿子幼嫩的心，告诉他说集中营的生活是一场好玩的游戏，感人至极，获第71届奥斯卡三项大奖。

不过我们中国人最熟悉的还是《卡桑德拉大桥》和《末代皇帝》，前者曾经在中国上映，由意大利最著名的女影星索菲亚·罗兰主演，后者由意大利扬科电影公司、英国道奥电影公司、中国电影合作制片公司三家联合摄制，是一部近3个小时的长片，用闪回的手法来表现溥仪的一生，在西方上映后立即掀起了“中国热”。1988年获第60届奥斯卡奖的最佳影片、最佳导演、最佳改编剧本、最佳服装、最佳作曲、最佳剪辑、最佳音响效果、最佳摄影和最佳美工等9项大奖。其中最佳作曲由中国的苏聪获得，苏聪也是第一位获奥斯卡奖的华人。

意大利类似优秀的电影还有很多，在距罗马市区几千米以外有一座电影城，是西方仅次于好莱坞的电影中心。

现在罗马城面临的最大难题是交通。罗马虽有超过2000千米的交通网，年客运量超10亿人次，并且在城市外围约10千米处有大环路围绕城市，但交通依然是一大问题。罗马的交通问题主要是由一百多万辆大小汽车带来的，它们没日没夜地发出噪声，听说白天的平均噪音已经到了可能让人两耳失聪的程度。由于太多的车如群蚁排衙似的阵列在所有大街小巷，车开起来时速很难超过每小时10千米。

交通状况如此不好，改起来却很困难，主要是因为那些文化古迹。无论搞什么交通建设，绝不能动它们一根汗毛，然而它们在罗马城内几乎无处不有，简直多如牛毛，这样一来，那交通设施如何管理好呢？加之罗马大街一年四季人流汹涌，密集的人流使问题更加突出，让罗马人进退维谷，左右为难。

还有，那大量汽车排放的大量有害气体已经污损了市内许多古建筑的外表，甚至内部的艺术品也难逃厄运。

聪明的罗马人想出了一个点子，古迹们不是在地面上吗？既然地上不行，那就去地下吧，于是罗马地铁建起来了，这大大减小了交通的拥挤程度，但远远不够。

罗马市内有两个国际机场：一个是位于城市西南海岸附近的达·芬奇机场，另一个是东南的钱皮诺机场，都繁忙得不得了。

总之，车辆的众多、来自全世界的游客浪潮、加上从意大利各地拥到罗马来找工作的农民和大群的第三世界移民，使罗马成了一个拥挤、肮脏而喧嚣的地方，种种问题成堆。

除了交通问题外，第二个最突出的问题是住房问题。罗马曾是第一座用混凝土建房子的城市，有历史悠久的公寓房制度，却长期短缺住房。这里的每一处住房，从公寓到学校都挤得要命，有钱也难租到房子，学校甚至要分三班轮流上课，罗马大学的教室里，学生挤在窗户下和过道上听课是正常不过的事。

罗马市政府由一个经选举产生的80人委员会组成。从中选出市长和其余14人组成执委会具体负责城市各个部门，例如警察保安、保健服务、交通运输等。

这就是罗马的概况，现在我们要到罗马市内去游览了。

我们首先要去的是罗马城的中心。

罗马城的中心：威尼斯广场和伊曼纽尔二世纪念堂　伊曼纽尔二世纪念堂位于威尼斯广场。

威尼斯广场交通十分便利，罗马第一大火车站特鲁米尼火车站就在它的东侧，好几路公共汽车和地铁也通向这里。广场还是罗马好几条主要大街的交汇点：北面是科尔索大街；西边是维克多·伊曼纽尔二世大街，从这里可直通梵蒂冈；西南是玛契罗剧场大街。

威尼斯广场呈“∩”形，广场内面对伊曼纽尔二世纪念堂的地方有一大片绿地，右手边的威尼斯大厦是一座文艺复兴早期建筑风格的博物馆，外观和色彩都很朴实；广场正中央那栋白色的既雄伟又典雅的建筑就是伊曼纽尔二世纪念堂了。

伊曼纽尔二世纪念堂艺术上讲属于新巴洛克风格，这种风格的建筑一个主要特点是看上去很华丽。

纪念堂是一座洁白的大理石建筑，从下往上分成四大级，第二级上有伊曼纽尔二世的镀金青铜雕像。他高高地跨在马上，俯瞰着千年以来首次统一的意大利。

在他脚下的基座上，一字排开白色大理石的群雕，群雕下面燃烧着熊熊“圣火”。无论刮风下雨，都有两名卫兵守护着“祖国祭坛”。这是意大利的无名烈士墓，墓碑上的铭文是：“祖国统一，人民自由”。

沿着繁华的科尔索大街　从纪念堂往北是罗马最繁华的科尔索大街，沿街有许多漂亮的商店，商店之间有5座教堂、8座宫殿以及马可·奥勒利乌斯柱。

教堂之一是圣马可教堂，它是按古典的长方形建筑式样设计建造的第一座罗马教堂，建于4世纪，前后三次被毁又被在原址重建。15世纪时，一位来自威尼斯的主教围绕教堂修建了威尼斯宫和小威尼斯宫，后来他成为教皇，即保罗二世。此后他又扩建了自己的府邸，第二次世界大战时，墨索里尼曾把他的法西斯政府总部设在这里，有一幅著名的照片就是他在这里的阳台上手舞足蹈地向群众发表演说的情景。这座宫殿现在被辟为文艺复兴艺术博物馆，里面有意大利国家考古和艺术史研究院的图书馆。

8座宫殿中的一座叫波拿巴宫。我们知道，法国的皇帝拿破仑正是在意大利建立起他最初的功勋的，他曾把意大利当成自己珍爱的私有财产。儿子出生后，他立即将之封为意大利国王，称“罗马王”。波拿巴宫是他在意大利拥有的无数宫殿之一。后来，当拿破仑第二次失去皇位，在圣赫勒拿岛上受苦受难时，他的母亲莱蒂西亚夫人就住在这里，因思念儿子而憔悴。波拿巴宫现在当然不属于法国或者拿破仑了，它属于意大利政府，现在的名字叫米夏泰利宫。

马可·奥勒留既是所有伟大皇帝中最奇特的一个，因为他是一位伟大的哲学家；又是所有伟大哲学家中最奇特的一个，因为他是一位伟大的皇帝。他的名字用拉丁语拼出来就叫马可·奥勒利乌斯。位于科尔索大街的马可·奥勒利乌斯柱就是用来表彰他的功勋的。上面有表现他战胜多瑙河蛮族的浮雕。也许由于奥勒留是一个颇有宗教情结的人，一向受到基督教的尊敬，因此他的柱子得以从后来罗马发生的各式各样的基督教徒劫掠异教文物的事件中保存下来。

在奥勒利乌斯柱周围的科隆纳广场上还有美丽的齐吉宫，它建于16世纪，多年来一直是意大利外交部所在地，现在则是总理官邸。

美丽的西班牙广场　从威尼斯广场往北沿着科尔索大街走，走到中段有一条康多蒂大街，从这里往右拐不远就到了西班牙广场。

西班牙广场是来罗马的游客们必去的地方。倒不是因为这里有什么了不得的古迹，而是因为在这里可以体验真正的罗马人的生活。

当您一眼看到西班牙广场时，可能会感到似曾相识。这可不是幻觉，您很可能真的看到过——只要您看过《罗马假日》。《罗马假日》里公主同记者玩得好开心的那一长溜台阶就在西班牙广场，而且是广场最迷人的地方，它就是罗马著名的西班牙台阶。

西班牙台阶共有137级，是18世纪时由一个叫桑德斯的人设计的，名称取自那时还在附近的西班牙大使馆。这里终日熙熙攘攘，也许是整个罗马最热闹的地方。我们鼻子里闻着罗马人爱吃的炒栗子香味，耳畔是一群群意大利人用如音乐般悦耳的意大利语谈天说地，眼中是像刘姥姥进了大观园般的游客，他们不住地东张西望，一脸好奇，这一切真有点令人陶醉。

西班牙广场的咖啡馆也颇有名气，阶梯两边既有法国风味的咖啡馆，也有英国风味的咖啡馆，两者特色迥然不同，这些咖啡馆曾留下济慈、拜伦、雪莱、歌德等的足迹，是他们游意大利时最爱流连的地方。

特别地，在台阶下左侧的墙壁上写着这样的话："1821年诗人济慈亡故于此"。这年诗人只有26岁。

西班牙台阶下还有一个美丽的石船喷泉，是意大利雕塑家彼得罗在17世纪时设计的。据说，几十年前，台伯河发生水灾，一只小船被河水一直冲到了市中心。这激发了艺术家的灵感，他于是设计了这个船形的喷泉，还特意造成破船的样子。清冽的泉水就从船中间的破洞中涌出来，再从两边的破裂处流出去。整个设计独具匠心，异样美丽。

罗马七丘巡礼　看完西班牙广场之后，我们要去的地方就是著名的"罗马七丘"。

七丘与罗马的起源有关，据传说，罗马人的祖先、战神的儿子罗慕洛斯和勒摩被扔在洪水滔滔的台伯河里，顺水漂到了岸边。两个孩子太小，如果没有奶吃，用不了多久就会被活活饿死。这时一头母狼来了，它刚生了小狼，胸乳胀得发闷，看见这两个漂亮孩子，不但没有伤害他们，还把自己的奶头送进了他们的嘴里，从此俩小孩就由母狼来养育。长大后他们在母狼哺育他们的地方建立了罗马。

后来，正是根据这个传说，先期居住在此的伊特那斯堪人塑造了一尊母狼的青铜雕像，凶猛而充满母爱，它建于公元前6世纪末，现藏卡皮托利尼博物馆，也许是罗马成千上万件古代杰作中最宝贵者。

这个母狼哺育之地就是七丘中的巴拉丁山。

巴拉丁山是罗马最初建城之地，可称为七丘之首。罗马帝国时代，巴拉丁一直是贵族居住区，把罗马由共和国建成帝国的屋大维就出生在这里，成为元首后也一直没有搬离，他的私宅建于约公元前50年，至今仍保存相当完好，并且从未做过大的改动，这所房子现在被称为利维亚屋，利维亚是屋大维的妻子。

巴拉丁山的3座山峰早就已被削平，许多皇帝，从提比略、尼禄到图拉真和哈德良等都在这里修造了他们的宫殿。其中最大和最富丽堂皇的是图密善在1世纪时建造的，他的那些极为奢华的建筑的一部分，例如用大理石建造的可以集中供热的餐厅今天还在。

此后，巴拉丁山一度被遗弃，过了好几个世纪才由罗马的一些大家族重建。他们在山上建了许多豪华别墅，例如图密善宫殿由于并入了马太家族的别墅群而得以保存，在提比略的宫殿上面，法尔内塞家族建造了两个大鸟舍和一座花园，还建立了植物园，这也是欧洲最早的植物园之一。

"Money"与卡皮托利尼山　卡皮托利尼山现在是罗马市政厅所在地，它在七山之中居于罗马的正中央，前面就是伊曼纽尔二世纪念堂。文艺复兴时期它已经成为罗马的中心，并由米开朗琪罗进行了最初的整体设计，那也称得上是现代城镇规划最早的成功范例之一。它包括许多广场、宫殿、教堂等，例如阿瑞科里广场、卡皮托利尼广场、市议员宫、元老院宫、圣马利亚·达拉科埃利教堂等，当然还包括伊曼纽尔二世纪念堂，在这里还竖着马可·奥勒利乌斯皇帝那骑马的青铜雕像。

这里还有元老院宫，它里面包括大部分已经消失的塔布拉里乌姆宫的残迹，塔布拉里乌姆宫是公元前1世纪建的一座国家档案馆，也是第一座采用混凝土拱顶的建筑。

市议员宫就是刚提到过的卡皮托利尼博物馆，位于卡皮托利尼山南侧，这座宫殿本来为教廷所有，15世纪时教皇交给了罗马公民，成为西方世界第一座公共雕塑博物馆，专门收藏在罗马发现的珍贵文物，如那尊最著名的母狼雕塑、卡皮托利尼的维纳斯、“垂死的高卢人”、“带刺的男孩”，等等。

卡皮托利尼山同巴拉丁山很近，也是罗马城的始建之地，罗慕路斯时期是罗马的要塞和庇护所，它的北峰原来有一座朱诺·莫内塔神庙。大家都知道“Money”这词儿的意思，它是怎么来的呢？原来，这座朱诺·莫内塔神庙一开始是罗马的造币厂，于是，人们就把它造出来的钱称“Money”，这就是“Money”一词的起源了。

山上，紧靠伊曼纽尔二世纪念堂，有一座建于6世纪的圣马利亚·德阿拉科埃利教堂。教堂里排满了从古代建筑物上拆下的柱子——天知道为了它拆毁了多少伟大的古罗马建筑！它是用来供奉“伊利·班比诺”的教堂。这个伊利·班比诺就是幼年基督，他被罗马人尊为病孩的保护神。

埃斯奎利尼山及其圆形竞技场 埃斯奎利尼山与卡埃利安山北南遥遥相对，中间的广场山谷有著名的大斗兽场和君士坦丁拱门。公元64年一把火烧了罗马后，尼禄开始在埃斯奎利尼山的山顶修建自己极尽奢华的宫殿，据说宫殿的外面用金皮包裹，称“金色宫殿”。尼禄被杀后，他的继承人立即把宫殿上那些过分奢侈的装修弄掉了，人工湖里的水被排干，并在湖床上建起了一座大斗兽场供罗马公民免费娱乐。后来图拉真又在金色宫殿一侧建起了一座宏伟的公共浴池，也供罗马公民免费使用，图密善又将广场边上的回廊改建成罗马最漂亮的商业街。1世纪时，贤帝哈德良在广场一端曾建有走廊的地方建起了他的维纳斯和罗马神庙。

取代尼禄人工湖的大斗兽场便是著名的罗马圆形竞技场，或称大斗兽场。据说是韦斯巴芗皇帝强迫近10万名犹太人俘虏建筑的，后来有两次重加修葺，更加壮观。

竞技场整体呈椭圆形，周长超过500米，外围尺寸长约190米，宽近130米，高约49米，相当于一幢16层的现代高楼，共分3层，有80个拱门和一层顶楼。场内可同时容纳5万人观看表演，由于顶层有梁托支撑，上面可以搭载遮篷，因此观众们观看表演时可以免受日晒雨淋之苦。当竞技场注满水后，甚至还可以进行海战表演。表演台下有80

多个地窖样的小屋子，用来关押参与格斗的猛兽和角斗士。

在整个罗马帝国时代，曾有无数斯巴达克一样的角斗士在这里与素不相识，也没有仇怨的对手殊死搏斗，把他们的鲜血洒在场内，目的只是博台上的罗马公民们一笑。这不愧是人类历史上最残酷的娱乐。

煊赫一时的罗马帝国灰飞烟灭后，竞技场也被废弃了。但对于罗马人它有了一个新用途——建筑它的那些切割得整整齐齐的大条石是最好的建筑材料，于是，在1000多年时间里，它一直是罗马的露天免费采石场，罗马人年复一年地开采着它那似乎无穷无尽的石料，直到19世纪时教皇庇护八世禁制了这种行为。

然而，即便经过了如此长期的严重破坏之后，它现在的规模依旧惊人，可以想象它从前是何等巨大！

总统府的所在地奎里纳尔山　罗马七丘中，我们要讲的最后一丘是奎里纳尔山。

从中世纪一个富有的家族在山上修建城堡开始，奎里纳尔山便成了有权势的罗马家族的住宅区，现在一条现代化隧道穿山而过。它的西边不远就是科尔索大街，附近的科隆纳宫是一个对公众开放的美术馆，沿山坡向上可至奎里纳尔广场，广场的花园里有卡拉卡拉的萨拉匹斯神庙遗迹。这个广场自古以来就有两座大塑像，塑像是人与前腿腾空的马，称为“驯马人”，维米纳尔广场三面被宫殿包围，另一面可眺望台伯河美丽的风光。

在广场的一端则是豪华的奎里纳尔宫。它一开始是教皇格列高利八世在16世纪所建的夏宫，用来躲避梵蒂冈的暑热和疟疾。此后200年间许多著名建筑师对它进行过扩建和装饰，因此得到历代教皇的喜爱，16和19世纪时曾有教皇离开梵蒂冈而把奎里纳尔宫作为驻跸之地。后来它成为统一的意大利的王宫，1948年后成为总统官邸。它的旁边还有一处17世纪时由一位主教建造的帕拉维奇尼—罗斯皮廖西宫，现在仍是私人住宅，不知里面住着何方阔佬。

名胜荟萃的台伯河畔　我们前面说过，除了七丘，台伯河两岸也集中了大量名胜古迹。

特别是从卡皮托利尼山附近台伯河中的台伯岛开始往北直到波波洛广场有一个近1000米长的大拐弯，在这里的台伯河两岸陈列着大量名胜古迹：东岸有万神庙、战神广场、弗拉米尼乌斯竞技场、牛市、菜市，西岸有正义宫、哈德良墓、梵蒂冈城，等等。其中万神庙和梵蒂冈是我们这次罗马之旅的重点内容。

不过去看它们之前，我们先来看看台伯河上的几座桥。

台伯河上的桥　台伯河上有许多桥，仅仅从台伯岛往北到波波洛广场附近河中一段就有整整10座，其中有几座颇值得一提。

例如圣安杰洛桥，它大体上讲是2世纪时建造的埃利乌斯桥，以后又在上面增添了天使雕像，此后不久哈德良皇帝开始在紧挨该桥一侧的地方修筑自己的陵墓。他的陵墓建在一个方形基座上，墓身是20米高的圆柱形，从规模和形式上看是典型的帝王陵墓。3世纪时它被筑入罗马城墙，成为罗马防御工事中的重要堡垒。据说格列高利一世领导一次消除瘟疫的祈祷活动时在墓上方看到了天使长米迦勒，瘟疫也消弭了。此后坟墓便成为圣安杰洛堡，现在是意大利国家博物馆。

另外，台伯河中的台伯岛上有两座桥，分别连接台伯河东西两岸，其中一座叫法夫里西奥桥，建于公元前1世纪，是现存的罗马最古老的桥。

既然来到了著名的台伯岛，我们就顺便来游览一下吧。这个台伯河中的小岛长300米左右，最宽处120米左右。自从公元前3世纪一场瘟疫后在这里建起了医神庙，它一直是罗马人治病的地方，岛上最大的建筑是圣迪奥医院，医院对面是罗马另一个中世纪家族高耸的城堡，沿河不远处还有公元前2世纪修建的断桥遗迹。

令人害怕的“诚实之口”　　在台伯河下游东岸，断桥附近的河岸上有罗马最早的牛市和菜市，6世纪时在这一带修建了圣马利亚教堂，牛市一些最老的柱子在教堂内部仍可见到。这里最有名的景点是外墙上一个排水管盖子。它上面雕刻着一副张着嘴的恶脸，不知何时起，罗马有了一个传说：任何人如果说谎，它就会咬住他的手。于是，这个排水管盖子就变成了令人害怕的“诚实之口”。

罗马人或者来罗马的游客都爱往里头伸进一只手，说一句无关痛痒的话，像“今天我吃了午饭”之类，据说恋人们去了少有敢把手伸进去的。

战神广场和万神庙　　从台伯河湾向北的一大片地方是著名的战神广场，本来这里有几处沼泽、几座神庙和公共建筑。公元前1世纪时这里曾是罗马最富丽堂皇的地方之一，有草地、浴场、神庙和公园，沼泽也变成了一个湖。

然而，公元80年的一场大火使这一切美丽的景象几乎荡然无存。后来贤帝哈德良恢复了其中一部分，并在这里建筑了万神庙。

万神庙被认为是西方最伟大的建筑之一，构造出众，工艺非凡。

万神庙的主持建筑者为奥古斯都大帝的副手、女婿、指定继承人，在帝国内地位仅次于大帝的阿格里帕。他曾任罗马大营造官，是罗马历史上最伟大的建设者之一，除万神庙外，罗马了不起的城市排水系统和一些公共大浴室也是他的杰作。

从外表看上去，万神庙并不出奇，有些发黑的外表，前面是一排8根柱子，上面是三角形的山墙，门楣上刻着一行字，前面还耸立着一座方尖碑，如此而已，丝毫称不上富丽堂皇。

然而万神庙可能是西方建筑史上第一座不注重外部的壮观，而着重内景构思的大规模纪念性建筑。它巨大的内室呈圆形，用大理石建造，只有一个光源即圆形屋顶中央的窟窿。从那里漏下来的光线十分均匀地洒布在内殿。它的圆形屋顶直径达44米，与建筑高度完全相等，一直是世界上最大的穹顶之一。神庙最早的青铜门也仍在原来的地方。意大利最早的两个国王埋葬在这里，许多艺术家也埋葬在这里，最著名的首推拉斐尔。我们在《西方通史》中曾提到过他的这个葬处。

这座“万神之庙”直到现在都还相当完整地保存了下来，这主要是因为它是皇家财产，后来在7世纪初又成了一座基督教堂，拜占庭皇帝福卡斯将这座特别的教堂作为礼物送给了教皇卜尼法斯四世。

现在，许多意大利重要的政府部门都设在广阔的战神广场的一些宫殿内，如众议院在蒙泰奇托里奥宫，国务院在斯巴达宫，参议院在马达马宫，参议院旁的萨皮恩扎宫现在是国家档案馆，古老的罗马大学曾经设于此地。

梵蒂冈——西方世界的精神家园　作为教廷的所在地，罗马的教堂数目之多、建筑之精美无疑盖世无双。

在罗马数不胜数的教堂之中，乃至在整个基督教世界中，地位最崇高的是位于梵蒂冈的教堂。作为至尊的教皇的宫廷所在地，他的教堂之华美也无与伦比。

在我进一步讲梵蒂冈的教堂之前，我要先带大家去梵蒂冈走走。

梵蒂冈城国简史　梵蒂冈的历史大体是这样的：它本来只是罗马城内一块普通的地方，后来成了罗马主教的官邸，经过几次重建与扩建，越来越豪华壮丽，14世纪时，教皇原来所住的拉托兰宫被烧毁了，他便搬到了梵蒂冈，把这里当成了新宫，从此梵蒂冈的地位就定下来了。

现在的梵蒂冈是一个独立的国家，这又是怎么来的呢？

大家知道，中世纪时教皇在西方世界享有至尊地位，他不但统治着西方人的思想，而且还统治着意大利的大片领土，包括整个罗马在内，这就是所谓的教皇国。后来，随着意大利统一运动的兴起，教皇的领土越来越小，到1870年时几乎全部被并入意大利，只剩下梵蒂冈弹丸之地继续由教皇管辖。1929年，法西斯独裁者墨索里尼执政后，与教廷签订了一个《拉托兰条约》，正式承认了教皇对梵蒂冈城国的完全主权。第二次世界大战后，这条约并没有因为法西斯的倒台而失效，甚至成为意大利共和国新宪法的组成部分。1984年，梵蒂冈和意大利签署新协定，宣布政教分离，各自享有独立主权：梵蒂冈领土不属于意大利，天主教也不再是意大利的国教。

现在梵蒂冈全称是“梵蒂冈城国”，是一个以教皇为君主、政教合一的独立国家。它位于台伯河西岸，就在罗马西北部一个叫梵蒂冈高地的东坡，从圣安杰洛城堡往西一直走过去就是。它的面积不到半平方千米，东西长1000米多一点，南北宽则不到1000米，是世界上最小的国家。

然而它却是不折不扣的国家，有自己的国家元首、政府、邮政甚至军队，还与世界上绝大部分国家有大使级外交关系——不过除了中国，因为它现在还承认台湾地区，是台湾地区最重要的“邦交国”。

目前梵蒂冈城国的公民不到千人，都是些在教廷工作的教士和修士，因教务住在梵蒂冈的主教也被算为梵蒂冈公民，不过他一离开梵蒂冈就被取消公民籍而恢复原来的国籍，城国的官方语言是拉丁语和意大利语。

教皇是梵蒂冈城国的国家元首，他享有政教合一的绝对权力，集梵蒂冈的立法、行政、司法大权于一身。政府内部行政机关与教会是分立的，互不隶属，都只服从教皇，对教皇负责。行政机构称“梵蒂冈委员会”，官员由教皇任命。

教皇本身则由教廷枢机团选举，一旦当选，任职终身。

梵蒂冈有自己的日报《罗马观察家报》、自己的出版社，这是世界上最好、最了不起的出版社之一，能够印刷世界上几乎所有文字的书籍，例如南非的班图语或者中国的藏语，甚至一些已经没有人说的语言，例如古希腊文或者古格鲁吉亚文。它的电台用几十种语言向全世界广播，还设立了圣经学院、乌尔班大学等十几所高等学校，接受各国留学生。您有兴趣的话可以去申请留学，那文凭含金量十足，在欧美都是很吃香的呢。

以上就是梵蒂冈的概况了。对于我们这些匆匆的过客，到梵蒂冈去有两样东西要看，一是瞻仰教皇的圣容，二是鉴赏教堂和教廷拥有的大量艺术珍品。

梵蒂冈城的艺术珍品　梵蒂冈四周被罗马城环绕，它自己四周也有中世纪时所筑成的围墙，是不折不扣的城中之城，国中之国。它共有6个门通向罗马城内，只有3个对游客们开放。

我们从这三个门中的一个进去之后，第一步可以先去梵蒂冈的各个宫殿大致看看，例如教廷图书馆和梵蒂冈美术馆。

梵蒂冈各宫殿的总面积有5万多平方米，由12个不同类型的陈列馆和5条艺术长廊组成，仅诸展览馆的走道就长近10千米。这里是世界上收藏精品最多的图书馆和艺术馆之一，图书馆中所藏的6万多卷手稿和近百万册图书不少都堪称稀世之宝，例如一千多年以前的希腊文本圣经，米开朗琪罗、薄伽丘、马丁·路德等人的手稿，等等。

博物馆和美术馆里的珍品可谓汗牛充栋，其中最宝贵的是教皇的私人经堂西斯廷教堂内的天顶画——米开朗琪罗的《创世记》和《末日审判》，此外还有拉斐尔著名的《雅典学院》，它是为教皇签署法令的大厅绘制的壁画。这三幅作品都是西方艺术史上最伟大的几幅杰作之一。大家可以在《西方艺术通史》中看到它们。

圣彼得大教堂艺术画廊固然不可错过，然而去梵蒂冈最重要的还是去看看教堂，它们不但是梵蒂冈的代表，也是整个罗马的代表呢，也许还可以说，它是整个西方世界的精神家园。

梵蒂冈有好几座举世闻名的大教堂，例如圣彼得大教堂、圣拉特兰大教堂，还有位于城外，但属于梵蒂冈的圣保罗大教堂，这3座教堂均由君士坦丁大帝所建。此外，耶路撒冷圣十字教堂、圣彼得锁链教堂和圣玛利亚大教堂以及同样位于梵蒂冈城外属于梵蒂冈的圣洛伦佐教堂等也很著名。

由于篇幅的关系，我们在这里只瞻仰瞻仰最了不起的圣彼得大教堂。

圣彼得大广场　进入梵蒂冈之后，迎面看到的就是圣彼得大广场，梵蒂冈的主要建筑就在它周围，它与圣彼得大教堂同样著名，也与之不可分割。

圣彼得广场是世界上独一无二的广场，也是罗马最大的广场，据说可同时容纳50万人做祷告。17世纪时，伟大的巴洛克艺术家贝尔尼尼在广场周围修起了一个椭圆形的双柱廊，共有240根大圆柱，在柱脚的栏杆上均匀地排列着140尊雕像，规模庞大、气势磅礴。

广场中央有一座25米高、重达300余吨的埃及方尖碑直指蓝天。方尖碑正处于广场呈放射状的白色大理石图案的中心，在中世纪时它被称作“石针”，据说是卡利古拉皇帝从阿克罗波利斯运到罗马的，16世纪时开始竖立在今天的位置上。方碑左右两侧对称地竖立着一对造型优美的喷泉，一个是在17世纪时修建的，由玛德尔诺负责设计；另一个是由贝尔尼尼亲自设计的，泉水从顶端中央的小口喷出，形成十多根水柱，远望有如一树银花在阳光下绽放。

还有另一个更神秘的传说就是：方尖碑下面埋藏着恺撒的遗骨。

在面向圣彼得大教堂一侧的建筑物中有一间是教皇的书房，每个星期天正午，教皇都会出现在最顶层右边的第二个窗口，在那里面对数以十万计的信徒布道、演说。

这时，教皇的身边总站着他那些世界上最著名的卫兵——瑞士卫兵。

我们在《西方通史》第二十五章“马赛曲”中说过，1792年8月9日深夜，巴黎突然警钟长鸣，起义者们冲出破街陋巷，向巴黎市政厅攻去。市里的大小官员们被吓得落荒而逃，起义者很快占领了全市，成立了新的市政府。

起义者继续向国王的住所杜勒伊里宫进军，保卫国王的是1000名左右的瑞士卫兵。这群瑞士卫兵在几十倍于自己的起义军的围攻下，仍然奋勇作战，毫不退缩，虽然这时他们所保卫的国王已经逃到立法会议寻求保护去了。但他们一直在作战，直到接到国王的命令停止战斗。

从中可以看出，为什么教皇的卫兵几百年来都只从瑞士人中招募了。

在西方世界，众所周知最勇敢而忠诚的民族就是瑞士人了。他们还有一个特点，就是只要谁给钱，就忠于谁，为谁不要命地战斗。这当然是那些君主们最中意的卫兵了。过去一度这种瑞士卫兵遍布欧洲各国，现在瑞士政府已经不允许其公民干这种职业了。教皇是唯一的例外，他仍然可以从瑞士招募卫兵。这是由于他在西方世界至高无上的地位而自然拥有的特权——这种地位在今天依然存在，只要教皇在场，西方就没有哪个国王或者总统敢充老大、坐首席。

西方世界至尊的教堂——圣彼得大教堂 欣赏完教皇卫兵的威仪后，我们可要去参观圣彼得大教堂了。

初一看去，圣彼得大教堂有点像古希腊的神庙，前面也是一排柱子，还带着个大门廊，越过门廊的屋顶可以看到它后面那个巍峨的大圆顶。

最早的圣彼得大教堂建于4世纪，后虽历经战乱破坏，但由于受到前面坚固的安杰洛城堡的保护，得以完整地保存下来，屹立了千年之久。直到16世纪初，一个叫尤利乌斯的下令将它推倒并重建了一座新的圣彼得教堂，这就是今天的圣彼得大教堂。

它最初的建筑师是佛罗伦萨人布拉曼特，但教堂尚未建成时他和雇用他的教皇都去世了；于是包括拉斐尔在内的后继建筑师制订了新方案，然而新建筑师也大功未成身先死；最后，已经71岁的米开朗琪罗被请了过来，负责整个庞大的工程。据说米开朗琪罗接受了这些请求，甚至不要报酬。他调整了原来的计划，发挥了卓越的创造才能，使教堂的视觉效果惊人地宏伟。

米开朗琪罗之后，贝尔尼尼又对教堂进行了新的整治，包括前面环绕广场的大柱廊和广场上的喷泉，还贡献了他许多杰出的雕刻。

这一切都令得圣彼得大教堂更加辉煌，并且奠定了它在基督教世界的地位，即使它不是全世界最大的教堂，也是最精美、最受尊崇的教堂。

在《西方艺术通史》中，我详细地给大家讲解了这座西方世界最负盛名的建筑艺术精品之一。圣彼得大教堂屋顶的十字架离地有137米，那里面的穹顶直径足有40多米，足可容纳25 000人同时祈祷呢！里头的装饰荟萃了意大利最伟大的艺术家——如米开朗琪罗、拉斐尔、贝尔尼尼——的旷世杰作。

现在的圣彼得大教堂还有一个功能——它也许是全世界最大、最辉煌的殡葬馆，里头埋葬着历代教皇的圣骨。

至此，我们的罗马之行要告一段落了，最后我要带大家去一个特别的地方，一个喷泉。

罗马是一座喷泉遍布的城市，到处可以见到美丽的喷泉，据说共有3000多处，其中300多处属于纪念性喷泉，即每个喷泉都有自己独特的历史和传说。其中最著名的一个就在奎里纳尔山西边，名叫“许愿池”，是罗马最著名的景点之一。

18世纪时一个叫萨尔维的艺术家把喷泉整体精心打扮了一番：喷泉池中央立着海神的雕像，两侧侍立着象征富饶和安乐的女神，岩石小溪，清泉喷涌，流水潺潺的凹槽和缓缓上升的台阶，十分迷人。

据说，凡向它许愿的人都可以重归罗马。因此，那些被罗马迷住的人临走前都会来这里，在清澈的泉水里丢下一枚硬币，许下自己的心愿。

您是不是要跟我一起在这里祈祷，许下未来能重归罗马的心愿呢?

第十一章　佛罗伦萨和比萨

这一章里我们要游览意大利的两座名城，佛罗伦萨和比萨。

先去看佛罗伦萨。

从两个角度上说佛罗伦萨是意大利的中心或者中心之一。

首先是地理位置，佛罗伦萨位于意大利的中心地带，无论从南北东西哪个方向来看都是如此；其次是文化，我们等下会知道，虽然罗马是意大利的政治与宗教中心，但如果讲到纯粹的文化，那么佛罗伦萨对于意大利或者世界的贡献殊不亚于罗马，从它这里诞生的世界文化巨人远远多于任何一座意大利城市，整个西方世界也只有雅典能与之相比。

为什么呢？主要因为佛罗伦萨是文艺复兴的起源之地，文艺复兴的文学与艺术的三杰：但丁、彼特拉克、薄伽丘，米开朗琪罗、拉斐尔、达·芬奇，还有那位伟大的全才哲学家马基雅维利等都是佛罗伦萨人。

佛罗伦萨平凡的气候与傲慢的人民　佛罗伦萨位于罗马之北约230千米处、亚平宁山脉中段的西麓，阿尔诺河自东向西流贯全城。

现在的佛罗伦萨是意大利佛罗伦萨省省会，面积约100平方千米。但丁作为佛罗伦萨人，却曾经撰文对“穷凶极恶的佛罗伦萨人”进行了猛烈抨击，在但丁的著作里，他把故乡的人民描述成一些老是紧握拳头、嫉妒成性又十分傲慢的家伙。

伟大诗人的这种描写也许是有道理的，就是现在，佛罗伦萨人也同其他地方的意大利人不大一样。

我们说过，意大利人是以热情闻名的，很容易同他们做朋友，但佛罗伦萨人例外。去过佛罗伦萨的游客们通常都会感到，虽然他们去佛罗伦萨是让佛罗伦萨人发财，然而那些佛罗伦萨人似乎并不感激，他们虽然还算彬彬有礼，但那冷漠甚至傲慢却能从他们的眼睛里看得出来的。不过这也没有关系，到了佛罗伦萨，被那里辉煌的艺术成就迷醉了的游客们难免会觉得，他们生为佛罗伦萨人，他们的祖先如此了不起，作为那些伟大祖先后裔的他们傲慢一点又怎样呢？

现在的佛罗伦萨人口并不多，不到50万，而且，当其他北方城市，例如米兰和罗马，涌来大批找工作的农民、城市人口猛增时，佛罗伦萨却没多少人来。主要是因为佛罗伦萨自从文艺复兴时期经济辉煌过一阵后，就再也没有那样的经历了，到现在也没多少工厂可供农民们做工，谁会去那里呢？

每年来这里的游客却多达几百万，比本地人还要多得多呢，因此到了佛罗伦萨，看得最多的还是那些操着各种语言的世界各国的游客们，瞧他们那自在、大方和熟悉的样子，好像这里是他们的地盘似的，这也难怪佛罗伦萨人暗暗生气。

佛罗伦萨相对薄弱的经济、发达的教育与优秀的文化传统　虽然佛罗伦萨有名，但佛罗伦萨人的腰包可没有他们的名声那样大。佛罗伦萨的工农业和商业都不怎么发达，主要靠旅游服务业，从游客们那里挣钱。

旅游业外，佛罗伦萨的文化事业也很发达。市内有许多博物馆，里面收藏了大量珍贵的艺术品，意大利国立图书馆也设在这里。它从19世纪70年代以来便是意大利的国家藏书库，像我们的国家图书馆一样，凡意大利国内出版的书都要送一本给它，此外它还藏有大量弥足珍贵的手稿、手抄本、古本书，等等，许多是别处难得一见的珍品。

佛罗伦萨有好几所大学，例如建于14世纪的佛罗伦萨大学，一直是意大利科学活动的领导中心之一。著名的意大利但丁研究会、意大利植物学会和地理研究学会也设在佛罗伦萨。这里还有一个“秕糠学会”，名字很怪吧？它成立于16世纪，是权威的意大利辞典的编纂者，学会的标志是一个“筛子”，也就是说它的宗旨乃是筛去意大利语中的秕糠糟粕。

由于佛罗伦萨地位特殊，特别是作为文艺复兴的中心，以及这里有浩如烟海的第一手研究资料，许多世界著名大学和研究机构都在佛罗伦萨设立了研究中心，例如哈佛大学意大利文艺复兴研究中心就设在佛罗伦萨一座叫塔蒂的精美别墅里，别墅建在塞蒂格纳诺的丘陵上，是艺术史学家贝伦森捐赠的，此外，法国的巴黎大学、美国的锡拉丘兹大学、斯坦福大学、马萨诸塞州史密斯学院，荷兰的莱顿大学等都在这里设有专门的研究机构。

佛罗伦萨每年都要举办许多文化节日，例如音乐节、歌剧节和视觉艺术节等，也有许多佛罗伦萨人自己的传统节日，如圣母节、圣人节、狂欢节，等等，在这些节日里，人们身着文艺复兴时期的盛装举行各种有趣的赛会和游行，例如狂欢节游行结束时会把某个人挑出来“处以死刑”。

珍贵无比的大卫像和拥挤的乌菲齐美术馆　逛佛罗伦萨最好的交通工具是双脚，因为佛罗伦萨城最值得逛的中心地区是不准排放废气的汽车通行的，我们在这里游览只好步行了。

徐志摩在他的文章里给佛罗伦萨起了个美妙的中文名字“翡冷翠”，说实在的，我不大喜欢这名字，看上去太过小家子气，用它来说说徐志摩自己的诗还差不多，要是用它来形容佛罗伦萨那如火如雷如电的艺术简直可笑。

去佛罗伦萨旅游最好在春秋两季，这时雨水不多，又不特别干燥，天穹经常湛蓝一片，亚平宁山区阳光和煦，美景令人陶醉。

到了佛罗伦萨，可游的地方多的是，这里的建筑大部分都是佛罗伦萨最阔气的文艺复兴时代所建，城内的建筑布局相当有规律，以一个中心区为基点，向四周散射，城市核心大街是卡利马拉大道。市中心上空高耸着两座雄伟的建筑物：一是始建于13世纪末的塔形韦基奥宫，位于西格诺里亚广场，以前一直是市政府和市议会的所在，现在仍是佛罗伦萨市市政厅。这里是佛罗伦萨的中心，里面原来立着也许是全意大利最珍贵的雕塑——米开朗琪罗的巨型大卫像，不过后来鉴于安全理由——把如此价值无法估量的艺术品露天摆在广场上毕竟太过冒险，便将之搬到了阿卡德米亚博物馆，这个博物馆好像专门用来放大卫，除它外没什么了不得的展品。

在西格诺里亚广场之旁还有建于14世纪末的兰齐敞廊，典雅大方，现在作为收藏雕塑珍品的露天博物馆，其中有切利尼的“帕尔修斯”。

敞廊后面、皇宫一侧是后来所建的乌菲齐美术馆，这是世界上最重要的美术馆之一，雄伟的建筑一直伸延至阿尔诺河畔。画廊优美典雅，由瓦萨里设计。16世纪是美第奇家族统治意大利时的办公厅，“乌菲齐”意译过来就是“办公厅”。后来的弗朗切斯科一世大公命人将顶层改为展出美第奇家族珍藏的艺术珍品的场所，这里便成为世界上最早的专业美术馆之一，18世纪时正式对外开放，谁都可以进去参观，里头陈列着曾是欧洲最显赫最富有的家族美第奇家族百年间搜集到的大量艺术珍品。

现在的乌菲齐美术馆是世界上收藏最丰富的、珍品最多的博物馆之一，有从13世纪至18世纪的著名油画，包括许多佛罗伦萨最重要的艺术家的作品，例如达·芬奇的《圣母领报》、米开朗琪罗的《神圣家族》、波提切利的《春》《维纳斯的诞生》等世界顶级名画。总计起来约有10万件名画、雕塑等，分成46个画廊展出。

由于艺术品太多，而画廊面积有限，因此乌菲齐画廊的摆画方式比较特别：就是一幅幅名画被很紧密地挤挂在一起，从走廊到天花板，连每一个角落都是一幅接一幅的名画，令人感觉这主人家大概是暴发户，不是在搞展览，而是在摆阔。

为了表达他们的自豪，佛罗伦萨人决定建一座最大的教堂　高耸于佛罗伦萨上空的另一建筑是多莫教堂。

走近多莫，您会立刻被她的美丽高贵所慑服。多莫极高极大，全部的墙面都由三种颜色的大理石砌成，白色、深绿、粉红。整体的颜色搭配简单而沉静，局部细致地由这三种颜色大理石配成的图案既巧妙又决不喧宾夺主。正面的墙壁上有许多白色大理石雕塑，巧夺天工又毫不奢华。矗立在一侧的钟楼有着和多莫同样的风格，浑然一体。

多莫全名叫菲奥雷的圣玛丽亚大教堂的多莫教堂，花了佛罗伦萨人整整140年时间才建成，先后有三位建筑师把他们的生命耗费在这里。

我们知道，文艺复兴时代的佛罗伦萨以它的财富与文化而傲视意大利诸城，为了表达他们的自豪，佛罗伦萨人决定建一座最大的教堂。他们请了当时的建筑大师坎比奥负责建造工作。工程从13世纪末开始，14年后坎比奥去世了，工程停顿下来。又过了20来年，乔托被请来继续工作，不幸3年后他也去世了，建造工作一停又是20年。后来接着又建，14世纪中叶时教堂的轮廓大致出现。

又过了差不多50年，这时的佛罗伦萨更加强大，他们做出了一个更惊人的决定：为了和城市的地位相称，他们要建造一个世界上最大的穹顶！

通过公开的招标竞赛，佛罗伦萨人把这个艰巨的任务交给了建筑师布鲁内莱斯基。布鲁内莱斯基想出来的办法是：先在内部建一个厚厚的小穹形屋顶作为主要的支撑，然后在此基础上建一个大而薄的穹形屋顶。

穹形屋顶最后于15世纪上半叶建成，并且真的是当时世界第一的大屋顶，现在则名列第二，仅次于罗马的圣彼得大教堂。大屋顶内部离地50米左右，教堂最高处超过百米。大屋顶是可以上去参观的，不过在地面入口分明地写着：“463个台阶，没有电梯。”您气喘吁吁登上穹形屋顶的最大回报是可以饱览佛罗伦萨和托斯卡纳的秀美的风光，还可以看到多莫的大穹形屋顶沉稳地矗立在一片红色屋顶之上。

这个穹顶的另一个特色是它没有沿用当时盛行的哥特式建筑风格，而是大胆采用了罗马古典建筑式样，它们之间的区别是很明显的：多莫没有哥特式风格建筑的尖顶。这在中世纪是一个突破，标志着教堂建筑一个崭新阶段的开始。

在多莫一侧矗立的钟楼同样是杰作。钟楼由三色大理石装饰而成，被称为“乔托之塔”。乔托是它的设计师，仅完成钟楼的底层后就去世了，但他已经绘好了全部图纸，这为后面整个设计施工打下了基础。后继的两任设计师皮萨诺和泰伦提分别花了5年和11年的时间才完成了整个钟楼的建筑，他们都对钟楼的设计进行了一些修改，引入个人风格，但整座钟楼的风格仍浑然一体。

两扇天堂之门和一座先贤之祠　多莫对面的洗礼堂比多莫的历史更早。它的外部也由三色大理石装点而成，它最著名的地方是三道铜门，最古老的是南门，也是由钟楼的设计者之一皮萨诺设计，由28块浮雕组成。更著名的却是南门和东门，它们的诞生还有一个故事。

这个故事源于可怕的黑死病。这是欧洲历史上最恐怖的一次天灾，黑死病是鼠疫的俗称，它在14世纪中期一度横行欧洲，杀死了2500万人，超过当时欧洲全部人口的1/3，文学名著《十日谈》就是以它为写作背景的。

这次可怕的天灾就是北门的成因。

原来，15世纪初，为了庆祝佛罗伦萨终于度过了这可怕的灾难，一些富有的商人们决定为洗礼堂建一扇新的大门，就是现在的北门，在又一次竞赛中，吉贝尔蒂和布鲁内莱斯基同时中标。但布鲁内莱斯基不愿意和别人合伙搞设计，就跑到罗马去了。于是吉贝尔蒂开始独自工作，他花了21年方始完成。北门同样由28块浮雕组成，大部分是按年代顺序的圣经故事。这段时间正是文艺复兴运动在佛罗伦萨兴起的时候，故它被认为是文艺复兴开端的标志。

佛罗伦萨的商人对吉贝尔蒂的工作十分满意，立即请他再为洗礼堂建一座面对多莫的东门。于是吉贝尔蒂又花了27年时间，建造了一座被米开朗琪罗称为“天堂之门”的旷世杰作。这道东门由十块大型浮雕组成，讲述《圣经·旧约》中的故事，除了人物栩栩如生、富有动感外，吉贝尔蒂十分重视画面前后的透视关系，造就了很深的景深。最后吉贝尔蒂把自己的头像也放到浮雕外围的装饰中，对着景仰的人群露出满意的微笑。

在佛罗伦萨古城的周边有建于13世纪的方济各会的圣克罗齐教堂。

圣克罗齐教堂也称圣十字架教堂。这座教堂在装潢上都是文艺复兴艺术的丰碑，内有许多艺术杰作，尤其是有好几幅著名的湿壁画，例如圣马利亚福音教堂内西班牙小礼拜堂里安德烈亚的湿壁画。

在圣克罗齐教堂里还有早期佛罗伦萨最著名画家乔托的重要作品，湿壁画组画。好笑的是，捐资建造这座教堂的人都曾被方济各会诅咒要受一辈子穷，然而他们都是佛罗伦萨最富有的家族。

圣克罗齐教堂还具有重要的历史地位，因为教堂事实上是佛罗伦萨的先贤祠，就像法国巴黎的先贤祠或者罗马的万神殿一样，佛罗伦萨许多著名学者、作家、艺术家和爱国志士都葬于此。

圣洛伦佐教堂内雕刻着米开朗琪罗的痛苦 多莫大教堂北面是著名的佛罗伦萨统治者美第奇家族的地盘，这里有好几处他们的家族建筑。例如米开朗琪罗设计的洛伦佐图书馆，图书馆内的楼梯非常有名，被认为是建筑史上最美的楼梯，堪称完美，馆内收藏着美第奇家族大量弥足珍贵的藏书。

但这里最重要建筑的还是由美第奇家族赞助的圣洛伦佐教堂。它的规模虽然不是很大，却是佛罗伦萨最值得游览的景点之一。它里头有不少艺术珍品，例如多那太罗设计的青铜布道坛、布鲁内莱斯基所造的圣器室，后来米开朗琪罗又配上了一个新圣器室与之相对称。新圣器室里有他所设计的美第奇家族陵墓，里面的每座墓棺都是难得的艺术珍品，包括被认为是米开朗琪罗最伟大的几幅作品《晨》《昏》《昼》《夜》。

《晨》《昏》《昼》《夜》被认为是米开朗琪罗创作盛期最后阶段的作品，它们实际上分为两组，第一组是立在尼摩尔公爵朱利亚诺·美第奇陵墓前的《昼》《夜》，第二组是乌尔比诺公爵洛伦佐·美第奇陵墓前的《晨》《昏》。

这是脱胎于古代河神的四件象征性雕刻。《昼》似乎是一个未完成的男性人体雕像，他好像刚刚从睡梦中被惊醒，右手在背后支撑着身体，眼睛圆睁着，正越过自己的肩头向前方凝视；《夜》是一个身材优美、神情疲惫的女性，她右手抱着头，正在深深地沉睡着，脚下的猫头鹰象征黑夜的降临，枕后的面具象征噩梦缠身，她似乎已经精疲力竭，只有在梦境中才能求得安宁；《昏》表现为一个强壮的中年男子，他也同样显得疲倦，有些苍老的脸沉浸在平静的反省中，也像是由于苦闷或空虚而在发呆；《晨》的形象是处女的化身，她丰满而结实，全身焕发出青春的活力，似乎正从昏睡中挣扎着苏醒过来，但没有欢乐，只有身体和精神上的痛苦。

这四个人物形象被赋予了特殊的寓意，具有强烈的不稳定感，他们辗转反侧，身体扭曲，充满了深邃的痛苦与忧郁。他们既象征着光阴的流逝，也隐喻着展现在时光之中的人类生与死的命运。它们成为后来“样式主义”美术作品的先驱。

在《夜》上，伟大的米开朗琪罗刻下了这样的诗句：

睡眠是甜蜜的，
变成顽石更是幸福，
只要世上还有罪恶与耻辱，
不见不闻，无知无觉
是最大的快乐，
因此，莫要惊醒我啊！

凭一个名胜而天下闻名的比萨　按照预定计划，参观完佛罗伦萨后，我便要去比萨了。

比起佛罗伦萨来，比萨只是一座小城，是我们这次意大利之行中去的最小的地方。

关于这座小城我们没有很多话要说。它位于佛罗伦萨以西，西距第勒尼安海约10千米，周围的地形主要是沿海小平原，有一条不能通航的小河流过。它现在的人口不到10万，主要是意大利的地区铁路枢纽、宗教中心，还有一所著名的大学——比萨大学，建于14世纪，曾是意大利和欧洲最重要的大学之一。

至于它主要的经济行业，不用说，当然是旅游业。

为什么比萨的旅游业发达？因为它有一个举世闻名的古迹——比萨斜塔。

比萨斜塔其实是位于比萨的比萨主教堂建筑群的组成部分，整个主教堂建筑群从11世纪初开始兴建，是典型的罗马式建筑，由一座圆顶的主教堂、主教堂圣坛和比萨斜塔三大部分组成。

主教堂建于11至12世纪，平面呈拉丁十字，墙体巨大而厚实，共分5层5个殿，第一层正殿是半圆形，上面有橄榄状的穹顶，正面有3个大铜门，再往上有逐步缩小的4层凉廊，下面两层用18根大理石柱支撑，上面两层各有8根，第三层和第五层像三角形截了顶角，呈向上收缩状。教堂窗洞是同心多层的小圆拱，以减少沉重感，窗口很窄小，但里面空间相当大，给人一种阴暗神秘之感。

教堂内现在还保存着一些精美的油画、石雕、木雕和青铜的艺术品和祭祀用品。16世纪时这里曾发生过一场火灾，后来内外都得到了整修。

斜塔概况　比萨斜塔位于主教堂圣坛东南20多米处，像前面两部分一样，外墙全用白色大理石贴面，加上周围空气干净，纤尘不染，整个塔一片洁白，很是漂亮。它又有点像一座圆形的塔楼，每一层都是圆溜溜的，从上到下除了顶楼都一般大，直径16米左右。从下到上共8层，第2到第7层是空廊，第8层是钟亭，直径比下面各层要小。

斜塔通体用大理石砌成，总重量超过14000吨，8层中每层外围都有许多的拱形门，共213个。底层周围有15根圆柱，中间6层各31根，顶层12根，它的底层的墙上还有连续的浮雕，螺旋形的楼梯就设在厚墙中，从这里可一直爬到顶层，有点胆战心惊地纵览比萨美妙的市容。

说到这里，您也许会冒出一个长久以来就藏在心里的疑问：为什么比萨斜塔是斜的呢？难道当初的设计者为了吸引眼球、展示他与众不同的天才故意这么做的？

当然不是，关于比萨斜塔和它为什么会斜还有一段故事呢。

斜塔为什么斜？　比萨塔初建于1174年，工程分成好几个阶段，从开工算起历经200余年才建成。

一开始建造者们根本没有准备设计一座什么斜塔，就像现在的建筑师们不会去设计一栋斜楼一样。

建到第三层时发现塔斜了。

若按常理，应当就此停工，然而不知什么原因，也许是因为设计师没来看，工人觉得这反正不关他们的事，有活干就行，就继续建下去了。据说当时工匠们在砌塔身南侧时用了较高的石块，而在北侧用稍矮的石块。想用这法子来矫正，可结果却使塔身像变得像香蕉一样弯。

开工5年之后，由于地基下的土相当松软，受塔的重压就渗出水来，没法儿巩固，工程被迫停止。后来解决了这问题，又开工了，几年后又几次停工。这次也许是由于战乱，比萨在中世纪时虽然一度是强邦，但屡次被更强的邻邦例如热那亚和佛罗伦萨征服，这不能不影响到它的工程建设。

开工100年之后，塔的第七层建完，工程再次停下来，这一停就是好几十年。

就这样反反复复，停停开开，到了1350年，最后一层，第8层钟亭终于封顶。

有人说正是这第8层给整个建筑物带来了“厄运”，因为若没有这层钟楼的重量，塔可能永远稳定在1.5° 的倾斜角上，现在斜度一下超过了5° 。又过了若干年，岁月的流逝使比萨斜塔底层那些雕饰华丽的支柱根部慢慢隐入了地下，一个叫什么卡的建筑师想让它们重见天日，竟然愚蠢到在塔的基座边挖了一条沟，结果几天之内塔身就倾斜了差不多1° ，塔顶向南又斜了差不多1米，并且继续这么斜下去，最大时竟达到了5米多。

因祸得福，比萨人赚了，但斜得过分可不行　这看起来是桩倒霉事儿，不过所谓“塞翁失马，焉知非福”，又如老子说“福兮，祸之所伏，祸兮，福之所依”，这件事最后不但没有让比萨吃亏，反而让他们大赚了一把。须知世界上塔多的是，就是意大利何止千百！其间比比萨这个塔高的美的多的是，但却独有比萨每年都要招来大批游客，不就是因为它斜吗？世界美塔虽多，但像比萨这样既斜且美的可是独此一家，别无分店呢！

然而，凡事不能过分，否则过犹不及。斜也是这样，试想，如果比萨斜塔这么一直斜下去，终究有一天没人再来看它，为什么呢？因为斜到一定程度，它必然会倒将下去，我想没几个人会对一座睡在地上的塔感兴趣吧？

为了避免那个可怕的结果，意大利政府一直在想法子。早在20世纪30年代，独裁者墨索里尼就曾下令把塔矫正。于是，工程师们在地基上钻了好几百个洞眼，灌注了80多吨水泥浆，然而这个法子像墨索里尼的法西斯政策一般愚蠢，不但未能解决问题，反而使塔斜得更厉害了。近年来，工程师们研究了各种历史记载，分析了整个塔的结构特征后，逐渐弄清了比萨斜塔一步步倾斜的整个历程。分析结果表明，比萨斜塔起先是向北倾斜的，然而在竣工之前却已向南倾斜了近1米，自1911年开始测量以来以每年约1毫米的速度不断倾斜。

到了当代意大利，为了保护好这个摇钱树，科学家们使用了120多种仪器来监测比萨斜塔的每一细微运动，例如他们在塔的地基用直径20厘米的标准螺旋钻来钻孔，又用仪器精密测量建筑时要挖出的土方。这倒不失为一次探寻比萨斜塔建筑史与倾斜史的良机。

从这些工作中发现，几千年前比萨斜塔所在地恰好是河流的入海口，年年岁岁，潮起潮落，一层又一层地沉积下来的松软的沙质泥是灾难的隐患，它们根本就无力承受塔身巨大的重量，因此比萨塔在建造初期就下陷了近三米，但当时这种下降几乎是垂直的，因此塔身并未严重倾斜。后来增建的顶部钟楼才是导致整个结构严重倾斜的原因。

经过更深入的研究，科学家们认为，地下水位的季节性涨落是倾斜永远存在的主要原因。地中海式气候以秋冬两季降雨最多，提高了这两季的地下水位。因此他们推测，即使塔身得以加固，也得在地下安置一个巨大的横断层，以控制地下水的流动，从而防止塔身复发移动。

事实上，任何干预措施都是冒险的，也难以一一应付所有的自然因素，例如地震，一旦发生必会给塔基带来相当严重的危害。还有意外的天气变化，如某年，有天比萨一带气温急剧下降，塔周围及地基热胀冷缩的不均衡使它一天之内就向南倾斜了一毫米多。

然而不管怎样，现实是无情的，塔不会因为你在分析原因就停止倾斜，它还在一天天斜下去，这样的结果必然是有一天它真的要睡在地上了。这对于比萨乃至整个意大利的影响是显而易见的。

意大利人和意大利政府都急了，怎么办呢?

意大利人费尽移山心力，扶正了斜塔　唯一的办法当然是想法子纠正它！于是政府再向科学家们求援，科学家们经过再三深入研究，终于认定，经过纠偏，最终能减少约10%的倾斜度，也就是相当于约0.5°，如果能够取得这个预期的结果，就有可能将塔调整回它三个世纪前的状态，之后就有更多时间寻找更先进的方法了。

这样的工程可不是儿戏，为了找到最佳方案，意大利政府在1972年向全世界招标。十多年里意大利公共工程部共收到近千个应征方案。1987年初，政府宣布一个专门委员会已选定了其中之一。

“扶正”比萨斜塔的工程由工程学专家米凯莱·雅苗尔科夫斯基领导进行，主要措施简而言之是将向南倾斜的塔基北侧地基下的土慢慢抽出，这样塔身就会向北扶正，减少整体倾斜了。

事实证明这是个好计划，经过11年的努力，已经成功地将比萨斜塔的倾斜弧度减少了近40厘米，基本恢复到18世纪末的水平。

回想当初，1998年，正式开始纠偏之际，为安全起见，工人们用巨大的钢索将比萨斜塔固定时，整个意大利的媒体几乎异口同声地发出嘲笑，称钢索是“难看的西裤吊带”。

然而现在，比萨斜塔已正式开放，比整修前的倾斜弧度减小了好多。

更让意大利人喜不自胜的是，肉眼并不能发现这些被纠正的偏斜，比萨斜塔的“斜美”不减当年！

也许有人会问：“那干吗不彻底纠正斜塔，使它完全直立呢？”

对此比萨人会咧嘴一笑：“如果比萨斜塔不斜，比萨能成为比萨吗？不斜你还会万里迢迢来看吗？”

第十二章　从威尼斯到米兰

这一章里我要带你去两个地方——“水城”威尼斯和“金城”米兰。

威尼斯的水中之旅　对于我们大家，佛罗伦萨的名字固然熟悉，然而最熟悉的还是另一个城市的名字——威尼斯。

威尼斯位于意大利东北角、亚德里亚海西北角。

威尼斯位置最特别的地方是它处在一个长约50千米、宽8—15千米的新月形泻湖中央，泻湖与亚得里亚海之间隔着一条由岛屿和半岛形成的屏障。威尼斯四周为海洋所环绕，只有西北角一条长堤与大陆相通。

什么是泻湖呢？简而言之，泻湖本来是海湾，后来由于湾口泥沙淤积，从而与海洋隔离而形成的湖。

很早以前，威尼斯是个浅水的海湾，有几条河流注入。河流带来了大批泥沙，慢慢在入海口形成一道屏障，把海湾里的水与外界隔绝开来，这样海湾就变成了泻湖。泥沙又在泻湖里形成了一个个小岛，加上原来就有的小岛，共达100多个，威尼斯就建筑在这些小岛之上，距大陆约4000米。

威尼斯人在这些小岛上建起了房子，又用大量的桥把各个小岛连接起来，这样的桥共有400多座，这几十年里威尼斯人又建了些新桥，桥下大大小小的水巷超过了2000条。它们处处曲径通幽，把威尼斯各岛连成复杂而统一的整体。

一开始威尼斯建筑在长约3000米、宽近2000米的群岛和泥滩上，后来威尼斯人花巨资或者用武力不断扩展，建成了强大的威尼斯商业帝国，再后来又有所缩小，现代的威尼斯除了原来那些岛屿外还包括另外10个主要岛屿以及大陆上的工业城镇梅斯特雷和马格赫拉。

过去的威尼斯全靠船只与外界联系，19世纪时建成了一座连接大陆和主岛的铁路桥，后来又建起了一座与铁路桥并列的公路桥，叫自由桥，使威尼斯与大陆紧紧相连。不过，威尼斯人对于自己古老的交通方式仍情有独钟，游客乘火车到达城市边缘的圣·露琪亚火车站或西北角上的罗马广场就得下来，即使是国家元首也要弃车入市，或安步当车，或搭上每10分钟一班的公共汽船，或多花几个钱雇一条私人快艇，或乘长11米、宽1.4米的“贡多拉”—— 一种单桨平底的木船，遨游水域。总之，威尼斯是全世界唯一没有汽车的城市，在陆地上要靠两条腿，下水靠船，反正家家都备有水上“自行车”——家庭交通船。

在威尼斯，60多米宽的大运河便是“大街”，像朱自清说的一样，它呈S形，“小巷”则是纵横交错的小水道，最窄的地方两岸邻居简直可以在阳台上握手。陆上没有汽车，是步行者的乐园，到处是新奇，到处是迷宫，令人不断地想起“山重水复疑无路，柳暗花明又一村”，因为街道虽然蜿蜒曲折，只要你努力，总能找到到任何你想要去的地方的大桥小桥。街道两旁建筑则古色古香，只几米宽的路面上满是熙熙攘攘的游客。

华妙庄严、内外兼美的水中威尼斯　圣马可广场被称为威尼斯的心脏，是威尼斯最美丽的地方，也最能代表威尼斯的景观。

例如，圣马可广场有一个特点：当潮退时，它是世界上最美丽的广场之一，可是，当潮涨时，它就“水漫金山”了，清澈的海水像一个淑女一样向广场缓步移来，像海滩的白沙一样浅浅地在广场铺上一层。威尼斯的孩子们快乐地在浅水中奔跑嬉戏，看着这神奇的一切，令人如在梦中。

广场边的小码头被称为小广场，小广场的入口旁是高官和贵宾的登陆处，它是威尼斯的“前门”，上面有两根12世纪从东方带来的、高耸的圆柱，顶端有雕像：上面是威尼斯的城徽——飞狮，它左前爪抓着一本圣书，上面用拉丁文写着：“我的使者马可，你在这里安息吧！”

小广场西边是圣马可图书馆，又称国家马可图书馆，图书馆主要用来收藏15世纪时一个阔佬遗赠的有关威尼斯共和国的大量书籍和手稿，现在的珍藏中包括马可·波罗的遗嘱和一份彼特拉克的手稿。我们都知道马可·波罗，也知道他来自意大利，可您知道吗？他的故乡就是这里，威尼斯。

广场不远有座三层的小楼就是马可·波罗的故居，也许因为这个原因，现在的威尼斯对中国仍十分友好，威尼斯大学中文系是意大利甚至欧洲最好的中文系之一，培养了许多的欧洲中国通。

小广场东边是公爵府，就是朱自清先生文中所说的“公爷府”。公爵府一向是威尼斯政治的核心，它雉堞状的巨型建筑似乎浮在水面，其设计是典型的威尼斯宫殿式，把中心放在有一座巨大楼梯的内庭院，它融合了3种伟大的建筑传统——哥特式、摩尔式和文艺复兴式，从前，宫殿不但是当选总督们的豪华官邸，也是强大的威尼斯共和国管理委员会和部长们的会议厅。

在总督府东侧有一条小小的运河流过，河上一座桥通向威尼斯国家监狱，从前它是定了罪的囚犯押往监狱服刑的通道，桥栏超过体高，犯人只能从栏隙中看一眼圣马可广场，同自由告别，这时犯人们难免发出伤心的叹息，于是桥便有了一个极富诗意的名字——“叹息桥”。

有一部著名的电影，叫《情定日落桥》，其中有情人坐着贡多拉，当钟声响起的一刻通过叹息桥，这时两人来了一个情意绵绵的吻。据说如果哪对情人这样做到了就可白头偕老。

圣马可广场的东边就是著名的圣马可大教堂，它是威尼斯宗教生活的中心，11世纪时重建的，里面有圣马可墓。教堂的拱门上部有4匹造型优美的铜马，是公元前4世纪的作品，由威尼斯人从君士坦丁堡搬回来的。

圣马可教堂有五座大拱门，它的前面就是圣马可广场，它是一个宽广的、铺有地面、建有拱廊的广场，南北两侧立着两座办公楼，分别是旧检察官办公处和新检察官办公处，它们就是朱先生文中的“老衙门”和“新衙门”。不过现在两座建筑都用来开店，有时装店和咖啡屋等。

在旧检察官办公处靠近教堂的一端是巴西尼加钟楼，这是一座14世纪的建筑物，楼顶有两个10个真人大小的摩尔人铜像，身着罗马古装，手持锤子，每隔一小时敲一次钟，钟声响亮，往往惊动了正在圣马可广场上觅食的成百上千的鸽子，它们顿时齐齐飞起，势若垂天之云，极其壮观。

以上这些美丽的事物只是威尼斯的外表之美，在这些美的建筑里面的东西也同样是很美的。

威尼斯一度富甲天下，富裕而有品位的威尼斯人将无数钱财用于建筑他们华美的宫殿大宇，并且把里面也装饰得美轮美奂。这些装饰品许多都是名贵之极的雕像与绘画精品。

聪明的威尼斯人　看了上面这些，我想大家也许会把威尼斯看作只是一个玩乐的地方，以为威尼斯人像佛罗伦萨人或者比萨人一样几乎单靠旅游为生，那就大错特错了。事实上，现在的威尼斯除旅游业之外的许多行业也很发达，尤其是它的航海和造船业，过去和现在都举世闻名。

威尼斯另一个了不起的行业就是玻璃器皿制造业。

在西方众多百货公司货架上都可以看到意大利“婚礼杯”“手帕”牌商标的花瓶、灯具、酒杯、装饰艺术品，等等，大者如由数百朵花卉组成的大吊灯、宛如真人真兽的玩具，小者仅针头大的领饰，无不玲珑脱俗，如海水一样清澈，散放出玉髓般的光辉，都以最高档价格出售：精品一件售价达2000美元，古玩一件动不动就是上万美元。这些东西都是威尼斯人用威尼斯的海砂，以秘传手工方法制作出来的。其产地就在威尼斯市区北边1000多米的穆拉诺岛，这个岛有玻璃工艺厂50多家，成千世代相传的手工艺人从事此业，人称“玻璃岛”。

您去了那里不但能到车间目睹威尼斯巧匠用他了不起的舌头吹制各式各样的玻璃艺术品，还能去“玻璃博物馆”看看，包你看得眼花缭乱。

意大利最完美的城市——米兰 意大利我们要去的最后一个地方是米兰。

米兰是一座富有的城市。

米兰的富有与其他地方——如雅典或者纽约甚至罗马的富有是不一样的，乃是一种全面的富有。

什么是全面的富有呢？它是一种历史与现代、经济与文化、时间与地域等诸方位全面的富有。

米兰，有优良文化传统的富裕之邦 米兰很早以前就是一座富庶而有灿烂文化的城市了，这是它的历史。

千年之后的今天，米兰依然是意大利最富有的城市，它的富有并不单靠它的文化——虽然它的文化与佛罗伦萨和威尼斯一样辉煌，更靠它强大的经济实力，今天的米兰乃是意大利最重要的经济与工业中心。

走近米兰 米兰，一座位于意大利最富饶地区的最富有的城市，一座无论在过去还是现在都有着光荣历史与灿烂文化的城市。

相传，公元前400年时，塞尔特人来到此地，他们见到一头母猪，身上一半是羊毛一半是猪鬃，他们认为这是吉兆，便在这里定居下来，将所建之城命名为“平原中央的城市”。米兰这一称呼就是这么来的。

米兰在意大利北部，东经9°、北纬45.5°附近，距意大利与瑞士之间的边界相当近，周围是富饶的波河平原。米兰位于波河平原靠西的地方，占有两条小河——提契诺河与阿达河——之间的广大地区，这里乃是全意大利最富饶的土地。

由于已经离开意大利半岛，进了大陆，米兰的气候带有较强的大陆性，当然，地中海对它仍然有相当大的影响，二者共同作用形成了米兰的气候特征：冬天潮湿寒冷，气温一般在-1℃—10℃之间，夏季炎热湿润，气温在20℃—30℃之间，年降水量近千毫米。由于从白雪皑皑的阿尔卑斯山下来的冷空气与平原上的热空气相遇形成的大量雾气，米兰上空经常云雾缭绕，有如仙境。

米兰历久以来就是一个人口稠密的城市，第二次世界大战后人口更是大规模增长。为战后迅速发展的米兰经济所吸引，也为了摆脱农村惯有的贫穷，大批人口从意大利各地，尤其是穷困的南意大利，迁入米兰。这令得米兰一度出现了通常只有第三世界国家城市才有的贫民窟，拥挤而肮脏。为了改变这一状况，米兰开始了大规模的城市扩张，把附近的乡村逐渐并入城市。这一方面改变了米兰的城市面貌，使它成了一座现代化大都市，另一方面也促进了米兰城市经济的进一步发展，使米兰更加富有。

现在米兰的城市人口近160万，是意大利仅次于罗马的大都市。

意大利最重要的经济中心 对于意大利而言，米兰最重要的是它的经济，它是意大利的经济首都，无论是农业、工业还是商业，在意大利都首屈一指。

米兰的诸经济中，我首先要提的是一个特别的产业——足球产业。

足球产业在经济各门类中也许比较陌生，但它对于许多国家，甚至包括中国，已经是一项相当重要，并且方兴未艾的朝阳产业。仅1999年，全世界的足球产业产值就达约5000亿美元，相当于这年中国国民生产总值的一半。

意大利的足球产业无疑是世界上最发达的，就如同意大利足球甲级联赛是世界上最高水平的联赛一样。

那么在意大利，又是哪儿的足球产业最为兴盛呢？——米兰。

我们知道，米兰拥有两支世界劲旅——AC米兰和国际米兰，一个城市同时拥有两支世界顶级水平的球队，这在全世界是绝无仅有的。

靠着这两支球队，米兰人每年不知要挣多少钱。主要收入来源于收费电视、电视转播、商业赞助、门票、电视转播权的拍卖，等等。例如AC米兰老板贝卢斯科尼和电视台签了一份每年3500万英镑的转播合约，这就是说，为了转播AC米兰的比赛，电视台每年要付给他3500万英镑。再加上其他收入，那总数是相当可观的。

如果再加上同样著名的国际米兰和米兰其他大大小小的几十支球队，那总产值之大可想而知。

其实对于米兰，足球产业所带来的不仅仅是金钱收入，更有盛名与光荣。例如贝卢斯科尼，正是凭着他的AC米兰的出色成绩而扬名意大利，赢得了酷爱足球的意大利人的崇拜，最后登上了国家权力的顶峰——成为意大利政府总理。

也许可以把这看作足球产业的边际效应吧！就如同著名足球运动员所得到的不单是高薪，还有大量漂亮女球迷的崇拜一样。

农业上，由于米兰位于波河平原，周围沃野千里，灌溉条件优越，从古罗马起就是农业发达地区，加之人口稠密，使得这里的土地自古以来就精耕细作，农产品从总产到亩产都很高，加上现代化的农业技术，使这里的农业更上一层楼。

米兰工业更加发达。是意大利、也是西方最早发展工业的地方之一，这正是它得以成为文艺复兴摇篮的前提之一。自从统一于意大利后，米兰又是意大利现代工业发展最早、工业化程度最高的城市。第二次世界大战时它是意大利最重要的武器生产地，虽一度被盟军炮火严重破坏，但战后又迅速复苏起来。米兰人不断引进外资、更新技术，工业发展非常之快，迅速成为意大利经济的火车头，并与周围城市形成了巨大的“米兰—都灵—热那亚三角形工业区”，而且无疑是最发达的一角，被称为“金米兰”。

米兰的工业部门相当齐全，产品复杂多样，轻重工业都很发达。重工业方面，有钢铁、汽车、电子、机床、化工、铁路运输设备和军火制造等。现在，它的电脑、精密机械、仪器仪表等高精尖工业也得到了大发展。

轻工业方面，米兰的纺织工业十分发达，所产的纺织品质量特高。米兰是闻名世界的时装之都，与巴黎并称两大时装中心，许多世界最著名的大时装公司，如贝纳通公司，都设在这里。

米兰还是意大利的出版中心，印刷出版业历来发达，现在它又成了意大利以电子媒体为中心的电子出版业的中心。

与工业发展相配套的是商业，米兰那大量的工业产品当然需要销售，于是，米兰又成了意大利最主要的商业中心，意大利几家最大的商品批发中心都位于米兰，每年4月，米兰都要举行商品的国际样品交易会，世界各地客商云集于此，是全世界规模最大的商品交易会之一。

米兰还是意大利交通中心，有着意大利最大的交通枢纽。米兰周围的交通线，从铁路、公路到水运简直像蜘蛛网一样密。一条铁路线像一个圈子把全城圈在里头，好几条线路向东南西北辐射出去，有的往北越过阿尔卑斯山通向瑞士、奥地利和法国等，有的伸向南方，同国内主要城市相接。米兰市内的火车站达8个。米兰还有更多的公路通向四面八方，而且大多是高速公路，例如著名的“太阳高速公路”。水运方面有运河连接波河支流提契诺河和阿达河。米兰的空运同样发达，它有两个机场，分别叫马尔彭萨和利纳特，可以直通世界各地。

米兰的市内交通也很方便，大量公共汽车、有轨电车和地铁把市内各地连为一体。

这样我们在米兰旅游当然很方便了，至少比前面的罗马、佛罗伦萨和威尼斯方便得多呢。

米兰经济发达，不过我们来这里可不是进行投资考察，而是旅游，追寻名胜古迹。

米兰的特色就是文化与经济同样发达，它的名胜古迹像其他著名的意大利城市，例如威尼斯和佛罗伦萨—— 一样多。

震撼人心的米兰大教堂　我们到米兰第一个要去看的地方是米兰大教堂，又称杜米奥大教堂。

米兰大教堂位于米兰市中心最繁华的地方——杜米奥广场。

与其说米兰大教堂位于杜米奥广场，不如说杜米奥广场是米兰大教堂前面的一大片空地。

当我们走到广场，面对米兰大教堂，第一感觉是什么呢？

是震撼。

米兰大教堂是一幢规模巨大的乳白色大理石建筑，当我们还距它很远时，就会看到它那些巨大的尖顶，它们一个个刺向天空，仿佛要奔向那无形的上帝。这样的尖塔共有135座，它们是哥特式建筑的标志。

在最高的尖塔上耸立着一尊高4米多的圣母像，镀了金，在阳光下金光闪闪，壮丽辉煌。

从外面看去，教堂呈十字形，长约150米，宽近百米，高百余米，教堂正面有6组巨大的方柱，其中4组是两根并列，它们凸出墙外，直升顶部，到最上面变成一个个尖塔。由于4组是两根并列，而且每根上部都形成独立的尖塔，因此共有10座尖塔，从两边往中间依次而上。教堂正面共分4层，从下往上依次有5扇、4扇、3扇和1扇大铜门，其中第一层中间的铜门最大，据说重达37吨。每扇大门从上而下分成许多方格，每个方格里都雕有许多形神兼备的图案，例如大教堂的历史、圣经故事、各种飞禽走兽，等等。

米兰大教堂是欧洲最大的教堂之一，整个教堂面积近1.2万平方米。有的书上说可以容纳3.5万人，有的则说只可以容纳2万多人，关键看如何容纳：如果挤得紧紧的，能装的人就会多点，否则就少点；或者如果装的是胖子，就会少点，如果装的是身材苗条的人呢，自然就多点了。

米兰大教堂最美丽的部分在顶层，从底层上去有900多级台阶，到达顶层后您会发现那里有数不清的精美雕像，这里也是观赏米兰全景的最佳地点，特别是当天气晴好之时，凭栏远眺，满眼都是秀色可餐。

米兰大教堂是从14世纪开始修建的，但开工后就进展缓慢，一直拖了整整300余年都没有完工，直到1806年才有了突破。这年，已经征服了意大利并已称帝的拿破仑要加冕为意大利国王，想在米兰大教堂加冕，便下令加快建设步伐，这样工程大大加快了，8年之后基本建成。但仍没有全部完工，又过了百余年之后，1965年，教堂正面终于安装好了最后一扇大铜门。斯时方算大功告成，距开工之时已经过了近600年。

说到这里，我们不能不赞叹这些米兰人的耐心。

去圣玛丽亚感恩教堂欣赏《最后的晚餐》　在米兰我们要去的第二个地方是圣玛丽亚感恩教堂。

基督教最著名的事迹之一就是最后的晚餐了。据说，耶稣基督知道犹大出卖了他后，举行了“最后的晚餐”，晚餐上，他说了那句流传千年的话：“你们中间有一个要出卖我了。”这事迹因达·芬奇的名作《最后的晚餐》而更加闻名遐迩。那幅名画所描绘的正是耶稣说了前面这句话后门徒们的反应。只见中间的耶稣双手置于桌上，泰然自若地立着，门徒们有的愤怒、有的悲伤、有的惊诧，唯有犹大手捏钱袋，面露惊慌。达·芬奇凭借对人类灵魂及这灵魂在肉体上表现得不可思议的洞察力，用雷霆万钧的力度表现了一切，使这幅画成为整个西方美术史上的巅峰名作之一。

这幅画现在在哪里呢？就在米兰圣玛丽亚感恩教堂内。

圣玛丽亚感恩教堂位于米兰的圣玛丽亚感恩广场，教堂内有一所修道院，修道院有一座餐厅，餐厅里一端的墙壁上就画着这幅不朽之作。

不过，由于长期以来被饭厅的油烟污染，《最后的晚餐》已经严重受损，几乎难辨真容，现在大批顶级古画修复专家正试图让它恢复真面目。

去斯卡拉歌剧院听威尔第歌剧　在米兰，我们最后要去的地方是斯卡拉歌剧院。

喜欢歌剧的人一定知道斯卡拉歌剧院，就像提到悉尼大家都知道悉尼歌剧院一样。

斯卡拉歌剧院与米兰大教堂相距不远，也就200多米，它始建于18世纪。19世纪上半叶，年轻的威尔第来米兰报考著名的米兰音乐学院，因超龄而落第，他便投到当时就职于斯卡拉歌剧院的一个音乐家门下。因此斯卡拉歌剧院算是他的母校。他成名后在米兰创立了“音乐家之家”，专门用来供那些贫穷的音乐家养老。

斯卡拉歌剧院是威尔第的成名之地，大师的许多歌剧都是在这里首演的，如《纳布科》《法尔斯塔夫》《圣女贞德》等。即便到了现在，如果一个作曲家的作品能够在斯卡拉歌剧院演出，那也是一项莫大的荣誉。

斯卡拉歌剧院的观众席由池座、包厢和回廊组成，可容纳3000余名观众。这里一年四季都有出色的演出，您来了米兰，若想享受一下高雅艺术的话，最好的方式就是去斯卡拉听歌剧。这是值得终生回味的事儿呢。

第十三章　自然法国

法国是一个大家都很熟悉的国家，从某种程度上说，它是现代西方文明的代表，就像古希腊和古罗马是古代西方文明的代表一样。

并且，较之一度辉煌的古希腊与古罗马文明、现在辉煌的美国文明，法兰西文明有一个鲜明的特点：就是从它自诞生起直到今天从来是强大的。现在的法兰西从许多方面说，例如文学、艺术等，都堪称是西方文明的最佳代表。

法国中的“法”字是法兰西的简称，为什么法兰西会有这个称呼呢？法兰西之名来自法兰克。那么法兰克这个称呼又是怎么来的呢？原来，古代善战的法兰克武士的主要兵器乃是一种投枪。它们长1米多一点，尖端十分锐利。法兰克武士们膂力强劲，当他们将投枪猛掷出去时，即使罗马人坚强的铠甲也难以抵挡。这种投枪的名字叫“法兰卡”，罗马人恐惧之余，就用它来称呼持有它的部族，这就是“法兰克”这个名字的起源，也是“法兰西”的起源。

法国的领土遍布全球　法国位于地球的西方，欧洲的西部。

法国东面是三大邻国，从南到北依次是意大利、瑞士、德国，阿尔卑斯山和莱茵河是这边的天然边界，但并不完全是按天然的边界来划分法国领土的，由于第二次世界大战的胜利，法国从意大利和德国都捞到了不少便宜，使不少地方法国的领土从天然边界向对方一侧倾斜。

法国北部是两个较小的邻国比利时和卢森堡，这里没有天然的、只有人为划定的边界。

西面的西北，隔着英吉利海峡是英国，西南则是辽阔的大西洋，里头很少岛屿，只是一望无际的大水。

乍看上去，法国的南面只有一个邻国西班牙，比利牛斯山是两国最好的天然边界，但仔细一看，会发现还有一个不是巴掌大，而是针尖大的小国——安道尔。它被法国和西班牙夹在中间，面积不到500平方千米，人口不到4万，但每年去它那里旅游的人超过100万，由它过境到西班牙和法国去的人则要超过1000万。安道尔的一个特点是它自己没有国家元首，却由两个外国人来当国家元首，分别是法国总统和西班牙一个地方的天主教主教。

法国的东南也是一片蔚蓝的大海——地中海。不过，如果您更加仔细地看，会发现这里也还有一个邻国呢，那就是摩纳哥。这个国家虽然小，但有三样宝：邮票、赌博和海洋公园，都举世闻名。

除了欧洲大陆的上述国土外，法国还有几块重要的领地：第一块是距本土不远的科西嘉岛。

科西嘉岛是地中海第四大岛，北距法国大陆地区约170千米，面积近9000平方千米。科西嘉是一个古老的岛屿，3000多年前就有人居住，后来长期属于意大利，先后由教皇、比萨人和热那亚人统治。由于热那亚人的统治极其腐败，科西嘉人起而反抗，在保利的率领下打败了热那亚人。然而，就在他们事实上已经赢得独立，并着手建设国家时，狡猾的热那亚人一看没办法再统治下去了，就把它"卖"给了法国人。于是，有了借口的法国军队大举入侵。科西嘉人哪是对手？几个星期之后就失败了，保利逃往英国。从此科西嘉岛就归属法国所有。这是1768年的事。

第二年，即1769年，这片成为法国领土仅一年的土地上就诞生了一个将对法国乃至世界历史产生巨大影响的人——拿破仑。

拿破仑的父亲就是保利的副官，正是他在紧要关头背叛了统帅，使科西嘉人迅速失败。为此拿破仑恨了父亲好久。

科西嘉岛到处是崇山峻岭，山上的花岗岩色彩斑斓，在阳光照耀下熠熠生辉。许多山峰直插大海，在海边形成万丈悬崖，壮观得令人望而生畏。

除了这个仍属欧洲的科西嘉岛外，法国还有好几块重要而遥远的海外领土。

第一块是太平洋中的法属波利尼西亚，它由上千岛屿组合而成，其中之一是以美女与艺术而闻名的塔希提岛。波利尼西亚从南到北的距离差不多有中国从南到北那么长。

第二大块是法属波利尼西亚之西、澳大利亚之东的法属新喀里多尼亚岛。它面积近2万平方千米，像根棍子。

第三大块是南美洲北部的法属圭亚那，面积约10万平方千米，是南美洲、也是全世界最后一块未曾独立的大殖民地，它现在是法国的火箭发射中心。

除了这些大片的海外领地外，世界各大洋中还有许多岛屿也属于法国。

法国十分优越的地形可以分成三大块　法国的国土近似六边形，从东到西、从南到北的距离差不多，都近1000千米。这六条边加起来总长约5000千米，其中3000千米是海岸，分别濒临大西洋和地中海，这我们前面已经说过了。法国的总面积约55

万平方千米，跟我国的四川省差不多大，是西欧第一大国，在整个欧洲也仅次于俄罗斯。

法国的地形可以比较清楚地分成三大部分。

法国地形的第一大块：三大山脉　法国地形的第一部分是南部和东南部的崇山峻岭，包括三大山脉，即比利牛斯山脉、汝拉山脉和阿尔卑斯山脉。

比利牛斯山脉是欧洲西南部最大的山脉，西起大西洋比斯开湾沿岸，东到地中海岸，长400多千米，一般宽在100千米左右，大体形状像织布的梭子，两头尖中间宽，东端宽仅约10千米，中部最宽的地方有近200千米。

比利牛斯山从西到东可分成三段。

第一段是西比利牛斯山，它从大西洋岸至松波特山口。这个山口是法国与西班牙之间重要的天然通道，有铁路相连。附近还有著名的比利牛斯国家公园，它林壑尤美，望之蔚然而深秀，是著名的旅游胜地。西比利牛斯山脉大部分由石灰岩构成，平均海拔不到2000米，降水丰沛，在山峰之间形成河流，它们南北走向，把山体侵蚀切割，这就形成了那些山口。

从松波特山口往东至法国的加龙河上游河谷是中比利牛斯山脉，这里群峰竞立、山势险峻，许多山峰海拔在3000米以上。

从中比利牛斯山脉再往东直到地中海滨是东比利牛斯山，它也被称为地中海比利牛斯山，是一些像豆腐块的山地，中间夹杂些海拔较高的山间盆地，越近地中海山势越低，到地中海岸时称得上是平原了。

比利牛斯山脉可以看作是阿尔卑斯山脉的延伸部分，是比较年轻的山脉，构造相当复杂，山上多巉岩怪石，因冰川侵蚀而形成的冰蚀谷、冰蚀湖广布，间或高山之巅还有未曾融化的少许冰川，犹如一面镜子反射着阳光。

比利牛斯山脉是座宝库，森林水利资源十分丰富，还拥有大批矿藏，如铁、锰、硫黄、汞、煤，等等。不但如此，这里风光秀丽，是著名的旅游胜地，大家有空有钱的话可以来这里登登山、滑滑雪、泡泡温泉，充分享受自然与人生。

汝拉山脉的另一个名字也许会让您感到更亲切一些，这就是侏罗山脉。斯皮尔伯格的大作《侏罗纪公园》中的侏罗纪就是从侏罗山脉这里来的。当初，古生物学家们正是从这座山里发现了丰富的化石，于是便将地球的这个时期称为侏罗纪。它指的是中生代的第二个纪，时间上从距今约2亿年到1.35亿年，恐龙是这个时期地球的霸主。

汝拉山脉位于法国与瑞士边境，从罗讷河开始往北一直伸展到莱茵河，长近400千米，是一条南北走向的弧形山脉，山势高而险峻，最高峰是日内瓦附近的内日峰。

汝拉山脉有两个特点：一是风景优美，著名的日内瓦就位于山中；二是工农业都发达，这里产的水果味道特好，制造的手表也堪称世界之最好。

第三大山脉就是阿尔卑斯山了。关于阿尔卑斯山我们在前面讲欧洲的自然地理时已经讲过了，这里不再多说。

整个阿尔卑斯山分为西、中和东三段，其中西段大部分位于法国境内，这里到处是崇山峻岭，风光绮丽，位于法国与意大利边境的勃朗峰海拔近5000米，是欧洲最高峰——如果不算位于欧洲与亚洲边境的厄尔布鲁士山的话。

法国地形的第二大块：过渡地带　法国地形的第二大部分是一些相对低矮的山地、丘陵和高原，包括孚日山脉、中央高原、阿摩里卡丘陵等。位于法国中部，南部的比利牛斯山之北，东部的汝拉山和阿尔卑斯山之西。

这一块其实是一个过渡带，是从高耸的山脉向低矮的平原过渡的地形，主要组成部分是中央高原。

中央高原有时也称中央山地，在法国中部，面积广大，近10万平方千米——这里的山地可不是前面的山脉，要低得多呢，类似于丘陵。

由于它那过渡的性质，所以同西边的平原和东部的山地界限都相当朦胧。从地质结构上看，中央山地在古时曾是高山，后来由于长期严重侵蚀而变得低矮。正所谓“瘦死的骆驼比马大”，虽然给侵蚀得低矮了，它的地势仍然较高，成了高原。

中央高原的东部是一些南北不相连的山地；中间是一片低平的洼地，既是交通要道又有丰富的矿产资源；西南又是一大块山地；西北则是一片面积相当大的高原，名叫高斯高原，侵蚀严重，分成若干地块，各地块之间山谷幽深，悬崖壁立，蔚为壮观。

法国地形的第三大块：最重要的低洼地带　法国地形的第三大部分是西部和北部的平原与盆地。

整体上而言，这部分可以看作是辽阔的西欧平原的一部分。又可分为巴黎盆地、亚奎丹盆地、卢瓦尔平原三部分。

巴黎盆地是以巴黎为中心的一大块。这里到处是石灰岩，地形起伏不大，塞纳河从中间流过。自从法兰西诞生以来，这里就是法国的心脏地区，是法国历史的主要舞台。

亚奎丹盆地位于法国南部，它的东面就是中央高原，西边直到大海则是一片广大的平原。从形状看，亚奎丹盆地像三角形，这里有的地方土地肥沃，是富裕的农业区，但也有的地方只有贫瘠的石灰岩，是人烟稀少的落后乡村。

卢瓦尔河平原在我们下面就要说的卢瓦尔河两岸，是由卢瓦尔河形成的冲积平原，比较窄小，平原上种植着大量葡萄，酿出著名的法国葡萄酒和香槟酒。

从卢瓦尔河往北，一直到比利时是一大片的平原与丘陵相间的地区，这里是中欧平原的一部分，在丘陵地带有相当丰富的矿藏，是法国仅次于巴黎盆地的重要地区。

以上就是法国的地形，总结起来它有两个优越之处：

一是三大部分中第三部分的平原与盆地是法国国土的主体。在这里，海拔低于250米的平原和丘陵占了法国总面积的2/3。我们知道，在山地、高原、平原、丘陵与盆地等地形之中，最前面两个，即山地与高原，对于人类的生存与发展无疑是相对不利的，后面几类则有利，其中又以平原为最佳。因为它往往土地最肥沃，交通最便利。而这样的好地方占了法国总面积的2/3。

二是法国的地形西低东高。这样，从大西洋上吹来的湿润海风可以不受阻拦地进入内地，因此，法国绝大部分地方雨量充沛，这又是一个大大的优越之处。

塞纳河　法国水量充沛，大小河流遍布全国，主要的大河有卢瓦尔河、罗讷河、加龙河、塞纳河。

我们这里只讲最重要最著名的塞纳河。

塞纳河发源于一个叫朗格尔的小高原，它位于汝拉山脉之西，属法国地形的第二大块，塞纳河具体的发源点在法国中部大城第戎西北30千米处。

自源头后，塞纳河就往西北方向奔去，从高原进入了平原地带，在一个叫罗米伊的小镇附近折向西南，这一路地势低平，两岸沼泽密布，直到一座叫蒙特罗的小城，从这里起塞纳河又改了方向，转向西北，一路往巴黎而去。

巴黎市内的塞纳河我们后面游巴黎时再好好说。在巴黎城内塞纳河就拐了一个大弯，从此它好像被巴黎的美景迷醉了一样，东倒西歪、七弯八拐地流了起来，一直要拐到最后，它在法国一个重要的海港勒阿弗尔附近注入英吉利海峡为止。

塞纳河这一路流来，全长近800千米，流域面积近8万平方千米。

在法国的五条宝河之中，塞纳河无疑是最有名的一条，也是最重要的一条。它之所以如此有名而重要，有两个主要原因：

第一，塞纳河大部分河段水量丰富，水流平缓，利于航行，是法国最重要的内河航道。

前面我们讲塞纳河时没有讲它的支流。塞纳河虽然不长，但有多条大支流。例如过了罗米伊不久，它就在右岸汇入了第一条大支流奥布河；在蒙特罗附近的左岸汇入了最大的一条支流约讷河，使它水量剧增；进入巴黎不久在右岸汇入了另一条大支流马恩河，就是第一次世界大战中进行过马恩河血战的那条河，在巴黎之北；流出巴黎后不久，塞纳河还在右岸汇入了最后一条大支流瓦兹河。这些支流像塞纳河一样，所流经的地方降水相当丰富，是法国最湿润的地区。

这样的结果当然是塞纳河的庞大水量，在巴黎一带，其流量平均约250立方米/秒，到了入海口更高达500立方米/秒。

塞纳河所流经之处，除了上游一段是高原外，其他都是平原地带，水流平缓。

为了更好地利用这条黄金水道，法国人在沿河修建了许多运河，例如在其支流约讷河的支流勃艮第河上修建了直通罗讷河的勃艮第运河，这等于说把塞纳河同罗讷河甚至地中海联结起来了；在马恩河上修建了马恩河-莱茵河运河，将塞纳河与欧洲水运最发达的莱茵河也连接起来了；我们说过，莱茵河同多瑙河之间是有运河的，这样也等于把塞纳河同注入黑海的多瑙河连通了；在瓦兹河上有瓦兹-桑布尔运河，由此从塞纳河可以直通北海。

塞纳河航道的具体情况是：在约讷河汇入前，由于水量尚小，塞纳河只能通行载重400吨以下的小船，在蒙特罗附近汇入约讷河之后，水量大增，从这里直到入海口，成为法国最重要的航道。这段以巴黎为中心的内河航运干线可通行近5000吨的轮船，载重3000多吨的船只则可直达蒙特罗。

塞纳河之所以重要的第二个原因是：它不但航运发达，所流经之处更是法国最富庶的地区，是法国最重要的工业与农业区，还有法国的政治、经济与文化中心巴黎。

在法国东北部还有一条更大的河——莱茵河。我们在第二章中已经比较详细地讲过了它，这里就免了罢。

很难说法国的气候与地形哪个更好　从整体上说，法国气候的特点是受海洋影响比较大，属于海洋性气候类型。但由于法国国土相当广阔，因此各地之间有比较明显的差异，根据这些差异可以分成四个气候区。

第一个气候区是温带海洋性气候区。

该气候区位于法国西部，大西洋沿岸和亚奎丹盆地都包括在内。

我们知道，法国西临大西洋，且地势西低东高，因此很有利于海风自西向东吹入，又由于法国从纬度上而言处于北温带，造成了这一带地区典型的温带海洋性气候。这个气候带的特点是冬天温和而夏天凉爽。又由于西风常年从海上带来湿润的海风，这个气候带里的降水相当丰富，一般每年约1000毫米，足够为生活生产提供充足的水源。不仅如此，它的降水一年四季相当均匀，这就更是难得了。

这个气候带唯一美中不足的是日照不充分。这是海风经常带来云雾水汽遮挡了阳光的结果。不过这对法国的农业生产并没有太大影响，日照少对农作物，例如小麦水稻之类的开花结籽确实不太有利，但这一带的法国农民们并不干这行，他们主要的工作是养牲畜，发展畜牧业。因为这种气候之下牧草长得十分好，真是“风吹草低见牛羊”。

第二个气候区是温带大陆性气候区。

这个气候区位于上面的温带海洋性气候区之东，包括巴黎盆地在内的法国中部和东部大部分地区都是这种气候类型。较之前面的温带海洋性气候，这种气候的特点是冬天冷一点，夏天热一点，冬夏之间温差大一点，降水也要少一点，而且比较集中在夏季。不过您可不要以为这里的温带大陆性气候同我们中国北方的温带大陆性气候一个样。比起咱们的北方各省，例如河北、河南、内蒙古，法国的温带大陆性气候夏天要凉爽一点、冬天要温暖一点、降水更是要多一点。

比起上面的温带海洋性气候区来，温带大陆性气候区的最大好处是日照时间更长，加上雨水集中在夏季，有利于庄稼的生长与成熟，因此这个区是法国主要的农业区。

第三个气候区是南部的地中海式气候区。

关于这个气候区的特色我们在讲意大利和希腊的气候时已经讲得不少了。其主要特点是夏天炎热干燥，冬天温和多雨，您可以去前面参考参考。法国这个气候区的面积很小，我这里就不说了。

第四个气候区是高山气候区。

这个气候区位于法国的东部和南部几座大山一带，例如比利牛斯山和阿尔卑斯山的山区。这个气候区的特点是山上山下垂直温差大，无论冬夏，越往上气温越低——这不用说大家也明白。这个区总的来说气温比前面几个区都要低些，常有冰雪。不过降水丰富，到处林木茂盛，一派郁郁葱葱。

关于法国的自然地理我们要讲的最后一项是森林与可耕地。大家知道，我国的森林覆盖率不到14%，可耕地只占国土面积的10%。法国的森林覆盖率则为25%，可耕地竟占国土总面积的60%。吓人吧！光是这两项就占了法国总面积的近九成，至于其他地方则是草地、河流、湖泊、池塘，等等，反正都是些好地方。

事实上可以这样说：除了少数高山顶上一丁点儿的冰川外，整个法国压根儿没有沙漠、戈壁之类的不毛之地，全是绿油油的森林草原和清澈澈的湖塘河川。

在我国，沙漠戈壁等不毛之地占了国土总面积的近一半！

或许你会感觉上帝真是太不公平，不过静下来再一想，还有生活环境更艰苦的地方，像撒哈拉沙漠或者北极荒原，那里不一样有贝都因人和因纽特人住着吗？

第十四章　人文法国

法国现在的总人口近6000万，是欧洲第三个人口大国，仅次于俄罗斯和德国。

法兰西民族的起源　这6000万人中绝大多数都自称法兰西人，并且认为法国是单一民族国家，所有非法兰西人都是外来户。

这样的话也没错，因为这些人的祖先许多许多年以前就住在这片六角形的土地上了，大家说着同一种语言，有大致相同的历史与文化背景，在千年之前就被认为是同一个民族了。

然而，到过法国的人都会发现，这个单一的法兰西民族却有一个显著的特色，就是各地的人种差别相当大。例如我们在法国南部看到的法国人大都肤色浅黑、身材也比较瘦小，同北非的阿拉伯人相像；到了西北部布列塔尼半岛上的人们则身材矮小、肤色较黑，这些布列塔尼人乃是古代生活在不列颠岛上的布列吞人的直系后裔；从布列塔尼往北是一片叫诺曼底的地区，第二次世界大战中盟军的诺曼底登陆就在这里进行，这个地方的法国人金发白肤、身材高大，是典型的欧洲白人，这些人乃是古代维京人的后裔；在法国东北，就是大家都听说过的阿尔萨斯和洛林地区，那里的人们长得同诺曼底人差不多，乃是一支很古老的日耳曼人的后裔。

法国人就是许多这样的古代民族的融合，其中主要是古日耳曼族的法兰克人的后裔，也包括古代的高卢人、罗马人等，上面这些一一加起来才形成了今日之法兰西民族。

其他民族占去了法国剩下的一成人口。主要包括少数民族和外来移民两大系列。少数民族有住在比利牛斯山区的巴斯克人和北部的弗莱芒人等。移民则来自世界各地，主要是从法国现在和以前各殖民地、海外领地来的移民，像北非的阿拉伯人、中非的黑人等，也有不少华人。我记得以前看过一本书，就是一个法国华人写的，他是一位国民党将军之子，后来成了法国国家电视台台长，娶过三个老婆，都是法国人。

法国人坚信法语是世界上最优美的语言　法国人之所以称为法国人，主要标志就是他们说着共同的语言——法语。

从语言学上说，法语属于印欧语系罗曼语族的西支，我们在《西方通史》中讲法兰西的诞生时曾说过，法语是从罗马人的拉丁语演变而来的，巴黎方言乃是它的基础。现在的法语不仅是法国人的语言，也是一种相当重要的国际语言。特别是奥运会的主要语言。国际奥委会会议上，各申办城市，不管它是土耳其的伊斯坦布尔、日本的大阪、加拿大的多伦多，抑或是咱们的北京，说的大都是一口法语。这是为什么呢？这是因为法国乃是现代奥运会主要的创始国，因此它的语言就成了国际奥委会的正式用语。

此外，法语还是联合国6种工作语言之一，其余5种分别是：汉语、英语、俄语、西班牙语、阿拉伯语。现在不但法国人说的是法语，就是欧洲的瑞士、比利时、卢森堡、北美洲的加拿大乃至非洲的扎伊尔等许多国家，法语也是它们的官方语言或者官方语言之一。全世界说法语的人加起来超过了1亿。

由于英语在如今世界大行其道，有一段时间英语词汇大量涌入法语，甚至一度出现了一种所谓的“英式法语”，这令一向认为法语是世界上最伟大最优美的语言的法国人感到很没面子。因此，20世纪60年代后，法国政府和法国人开展了一场“纯洁法语”运动，把那股歪风一下刹住了。现在的法国人，虽然大都能说英语，但据说如果你在巴黎街头同他们说英语，他们八成会装聋作哑，顾左右而言他。

法国人什么宗教都想尝试一番　法国是一个宗教信仰完全自由的国家。

传统上法国是天主教国家，法国人的主要信仰是天主教，而且历史上法国就是天主教的主要基地之一。就是现在，形式上来说3/4的法国人还是天主教徒。为什么说“形式上”呢？这是因为在现代法国社会，浪漫的法国人对宗教的信仰程度较之他们的祖先已经大大下降了。据说现在星期天到教堂去做弥撒的人往往不到教区教徒人数的一成，城市里则更少。

除了天主教外，法国第二大宗教是基督教新教，全国有近百万的新教徒，他们主要生活在巴黎。这些新教徒人数虽少，然而在法国社会中扮演着与其人数不相称的重要角色，无论在工业界、银行界还是科学界，新教徒们都有着重要的影响。

法国第三大的宗教是犹太教。我们知道犹太人的标志就是信仰犹太教，法国乃是欧洲除俄罗斯外第二大犹太人聚居区，但历史上它也一度是最反犹的国家之一。现在法国全国有近百万犹太人，他们在法国社会中像新教徒一样居于重要地位，特别在银行界，犹太人更是呼风唤雨，不可一世。

除了这三大宗教，其他宗教，从伊斯兰教到佛教或者印度教，法国都有信众，而且不少还是地道的法兰西人。这主要是因为法国人的浪漫，有时他们尝试信仰新的宗教就像尝试新的恋人或者菜肴一样。

法国人能够制造最快的飞机，烹调出最好的菜肴 法国是世界上经济最发达的国家之一，经济各个部门都相当发达，农业、工业、商业等无不如此。

前面讲法国的自然地理时，我曾经称法国是全世界自然条件最优越的国家，的确如此，这在主要靠天吃饭的农业上表现得最为明显。

法国拥有世界上最肥沃的土地之一，而且雨量充沛，这就为农业生产提供了最基本的保障，加上其地形主要是平原，土地平整连片。把这些条件结合起来，使法国成了世界上农业最发达的国家之一。

法国的可耕地占了国土面积的一大部分，实际开垦成为耕地的约占国土面积的四成，主要种小麦，因为法国人最爱吃面包，面包对于法国人就像米饭对于中国人一样。

法国的农业虽然发达，然而劳动生产率并不是特别高，也就是说农业机械化程度不高。这主要是因为法国的农田传统上被分成许多小片，形成一个个家庭小农场，有点像中国农村经济，这对于提高农业的机械化程度可不那么有利。现在这种情形已经有所改善，农庄数量在减少，每个农庄的耕地面积在增大。

法国的畜牧业很怪。虽然其西部是优良的牧场，也拥有西欧最多的牛只，其他如猪羊鸡兔等也养得不少，但法国的肉制品还是不能自给，每年都要进口，我猜这是由于法国人吃肉太多的缘故罢。

林业也与畜牧业的情形相似。法国的森林覆盖率达25%，按理说不需进口木材了。但事实上法国依然是木材净进口国。这是为什么呢？一是因为法国的木材消耗量相当庞大，但主要原因在于法国政府并不鼓励大量砍伐本国的森林，因此便去砍别国的了。

同样类似的是法国的渔业。尽管法国有漫长的海岸线，但渔业并不发达。也许是由于自己近海的鱼比较少，而又没有建立远洋捕捞船队的缘故吧。不过法国人在一个方面是十分出色的，那就是牡蛎的养殖与捕捞。法国人特爱吃牡蛎，法国的牡蛎之美味也是世界有名的。据说好吃得要命。

总的来说，法国像几乎所有西方国家一样是贫矿国。一度储量丰富的洛林的铁与煤，还有比利牛斯山北侧发现的大型天然气田都已经开采殆尽，现在法国唯一还可以用上一段时间的重要矿藏是铀矿，它埋藏在中央高原。发现了这个宝库后，法国人便兴建了大批核电厂，现在法国是世界核电第一大国，核电竟占全国总发电量的大半。

法国现在是世界第五大经济强国，这其实也就是说它是世界第五大工业国。现在的法国工业门类齐全，如机械、冶金、化工、电子、电器制造乃至纺织、服装、化妆品和食品等，都相当发达。

在这些工业各部门中，制造业是最重要的。大家都看到过在中国的大地上奔驰的神龙、标致等牌子的轿车，它们便是法国汽车制造业的骄子。

现在法国主要有两大汽车公司：雷诺和标致–雪铁龙，每年生产数以百万计的各型汽车，且大量出口。主要汽车工业中心是巴黎和图卢兹。

除汽车制造外，法国的船舶和武器制造在世界上也很有名气，法国是世界上最大的造船国之一，能制造大型油轮和专用船，还能制造先进的战舰，包括航空母舰。大西洋岸的圣纳泽尔—南特是最重要的造船区，马赛则是最大的修船中心。

法国还是世界上主要的武器出口国之一，向世界各地出口各种轻重武器。其幻影战斗机是世界上最厉害的战斗机之一。

法国生产武器的公司叫达索公司，像几乎所有特大型企业一样，属法国政府所有。

法国的航天工业和飞机制造业也很有名，火箭卫星样样能造。现在法国是仅次于美国的西方飞机制造大国，其中最有名的产品是法国同欧洲几国合造的协和式客机。

协和式客机是一种四引擎喷气式飞机，机身长60多米，机翼长约26米，是世界上体积最大的客机之一，1969年3月首次试飞。

协和式客机的最大特点是快，它能够以音速的2倍在18 000多米的高空飞行，这个速度是多快呢？举个例子吧，它从巴黎飞到纽约只要3个半小时，比普通客机快一倍。1995年时只用31小时27分49秒就完成了环球飞行。

我记得曾看过一个电影，叫《新龙凤配》，结尾时有这样的镜头：莎比娜被富家公子莱纳斯玩弄感情，伤心之下从纽约飞回了巴黎。而实际上莱纳斯这时候已经深深地爱上了莎比娜，当他在办公室里意识到他不能背叛这种感情时，莎比娜的飞机已经起飞了。于是，他立即收拾行装，直奔机场，赶上了下一班协和式客机。当莎比娜满怀伤心地下了飞机，走到自己的公寓门口时，发现莱纳斯已经在那里等他了。他们紧紧拥吻在一起，一对有情人终成眷属。

这幕场景说明了两个问题：一是协和式客机的航行速度快。二是它的乘客们可不是普通工薪阶层。因为协和式客机的速度快，所以机票的价格也相当高，从纽约到巴黎的票价是9000美元，只有莱纳斯这样的阔佬才坐得起。

当然，由于成本太高又出过大事故，现在已经没有协和式飞机了，这个机型已经全部退出市场，不能不说是一个遗憾。

法国的轻工业，尤其是纺织工业很发达。巴黎是世界时装之都，法国当然也是世界时装的中心了，这大大促进了它的纺织工业的发展。不过，由于一些劳动力廉价的国家大力发展纺织业，因此现在法国的普通纺织业已经衰退了，它现在的着眼点是那些技术含量高的高档纺织品和高档时装，这些方面法国还是世界第一。皮尔·卡丹、香奈儿·羔羔等，都是法国的时装设计大师。

事实上，法国人不单时装质量好，所有的化妆品都是世界顶级品牌。像香水、唇膏、眉笔之类，都是法国产的最好，也最贵。

法国经济另一项必须要提的是每年都为法国人带来滚滚财源的饮食业。它包括两大项：一是法国大餐。世界上有两大美食之国——中国与法国，法国是西餐的代表，世界一流大饭店里的厨师长大都是法国人，供应的最高档饭菜也是法式大餐。如果你逛遍全世界，几乎在所有的城市里都会看到中国餐馆，然而最高档的餐馆很少是中餐馆，而是法国餐馆，法国人的拿手菜有牡蛎、青蛙腿、鹅肝、蜗牛等，其中最昂贵的是配了松露菇的菜肴。

松露菇被称为全世界最珍贵的食品，有“餐桌上的黑钻石”之称，产量极其稀少。它们深藏于地下数米至十多米处，只有经过特殊训练的狗才能找出来，而且最好的松露菇仅仅产于法国一小块地方。法国所有大菜中，最昂贵最著名的是两味：一味是由现在已经八十高龄、连续三十四年蝉联米其林三星名厨头衔、被尊为法兰西厨艺界“教皇”的保罗·博古斯所制作的黑松露酥皮汤；第二味是另一位米其林三星名厨，作为现代法国大餐代表的米歇尔·基拉得的青蔬松露鸭肝沙拉。

法国饮食业的第二大项是酿酒业。

法国的葡萄酒和香槟酒举世闻名，是世界第一的名酒大国。像人头马、拿破仑、XO、轩尼诗，这些东西的名字大家八成听说过，它们都产自法国，每年法国人靠出口这个就要赚无数的外汇。这些酒的特点一是价格特高，一瓶动不动就在千元以上；第二个特点呢，我也不知道准不准，就是虽然有名，但味道未必合乎咱们中国人的口味。

最早建设高速列车的国家　法国的运输业也十分发达。在诸运输方式之中，最闻名于世的除了协和式飞机外就是高速火车了。法国是世界上最先开发成功高速列车的国家，曾经有世界上最先进最快捷的火车。早在1981年，法国就开通了从巴黎到里昂之间的高速火车，时速高达近300千米，也就是说，如果坐这样的火车从北京到上海，1200千米的路程只要4小时就够了。

当然，这是过去的事了，现在中国的高铁才是最好的，是我们国家的名片之一。从这也可以显示出中国的进步有多快。

法国的火车不但快，车票还很便宜，因为铁路公司是国有的，由政府的国家铁路公司来经营，因此它采用了十分低廉的票价，好让广大普通老百姓也坐得起车。

法国的公路网是世界上最稠密、最多样化的公路网之一，它早在罗马时期即已筑成并相当完善，此后，从中世纪末直到拿破仑时代都得到了不断发展，到目前法国公路的总长度达约200万千米，密布全国。

法国是世界上最早建立国际航空业务的国家之一，早在1920年时就开通了巴黎至伦敦和巴黎至布拉格的航线。

现在的法国素有“空中中转站”之称。这是因为如后面将会说到的，巴黎是世界上最美丽最浪漫的都市，因此全世界的人们都喜欢到这里来一游，哪怕是顺道中转一下也好。于是，世界上仅与巴黎有空中往来的城市就有500来个。这就是说，如果您想到世界上几乎任何一座有国际机场的城市，只要来巴黎就行了，这里必可以找到去那里的飞机。

法国最大的航空公司是法国航空公司，简称法航，始建于1933年，是欧洲第一大航空公司，也是世界上最大的航空公司之一。其他一些较小的国际性与地区性航空公司还有法国联合运输航空公司、法国国内航空公司、阿尔卑斯航空公司等。

世界第一旅游大国　您知道世界第一旅游大国是哪个吗？不是西方文明之祖的希腊或者意大利，不是最发达的美国，也不是咱们中国，而是法国。法国是全世界人民都想到此一游的国度。这给法国带来了滚滚财源。此外，法国国内的旅游业也很兴旺，每年全国出门旅游的人数占总人口一半以上。从华发苍苍的老者到怀抱婴儿的母亲，从普通职员、工人、农民到富豪大款，都爱到处跑。

法国发展旅游业的优势条件有许多，我总结出来有三条：一是高雅文化；二是美景美食；三是浪漫美人。

法兰西文明是古希腊罗马文明之后第一个诞生的新型西方文明，从诞生之日起就一直是西方文明的正统。这就是比法国人在经济、军事上更强大的英美人也不会否认的，因此西方人来法国就像进行文化朝圣一样。至于非西方国家的人民呢，如果想了解西方文明，最好的地方当然也是法国了。例如去看看巴黎那些了不起的文化胜景，像卢浮宫、凯旋门、埃菲尔铁塔、蓬皮杜艺术中心，等等。这就是法兰西的高雅文化。

第二是法兰西的美食美景。我们前面说过法国的饮食业。一般来说，西方国家在吃上是不怎么在行的，都不如中国人，但法国是唯一例外的，它的饮食像中餐一样享誉全球。

法国烹饪界有一句名言：“发现一道新菜，要比发现一颗新星给人类造福更大。”由此可见法国人是多么地爱做菜并且以他们的烹饪技术自豪。法国菜的特点似乎是在菜的色香味中间加入了文化，无论对于烹调菜肴的人还是食客们而言，吃法国菜似乎是在吃一种文化呢：在那些格调高雅、充满文化气氛的法国餐厅里吃东西，男士还必须身着西装或者燕尾服，女士则一袭长裙，手捏着那些精美异常、闪烁着金光银光的餐具——我想，至少对于我们中国人而言，吃的似乎不是美味的法国菜，而是高雅的法兰西文明！

至于法国菜好不好吃，我不敢妄加评议，不过法国菜不但注重味道，更注意科学，务必使食物不但好吃，而且益于健康。这是我们中餐应当学习的。

像法兰西的美食一样，法国的景色也是美的，这等到我们后面畅游巴黎时您就可以看见了。

法国女人的浪漫是有名的，她们成群地徜徉在巴黎街头，令游客们眼花缭乱。像法国女人一样，法国男人也是浪漫冠于全球，吸引着全球美女们的秋波，例如咱们中国的邓丽君和宁静，都爱上了浪漫的法国男人。

有了这几样，法国想不成为世界第一旅游大国也难！

极不均衡的经济格局　法国也不是样样都好，一个主要的缺点是全国经济格局十分不平衡。

历久以来法国的经济就集中在以巴黎为中心的巴黎盆地。这里占据了全国经济活动的一半以上，而占全国人口与面积绝大部分的其他地区却长期得不到发展。这对于法国成为经济强国十分不利，为了缓解这个情况，法国政府采取了一系列措施：

早在1963年，法国政府就成立了一个机构叫“国土重整委员会”，并设立了“国土重整实施基金”，用来解决各地经济发展不平衡的局面。具体措施包括税收优惠、特别融资等，促使企业家们把企业办到相对落后的地方去。此前，政府已经按照各地的实际情况把全国分成了若干个经济特色区：第一是北部区，包括巴黎盆地和北部低地。它仍是法国最重要的经济区。这里既是全国最重要的农业区，也是最大的工业区，汽车与飞机及船舶的制造、炼油、化工、轻纺和化妆品等工业都领先全国甚至世界。

第二是罗讷河谷地区，以东南部的里昂为中心，重要性仅次于北部区。这里有索恩河和罗讷河南北纵贯，交通便利，谷地土质肥沃、气候温暖，盛产小麦和甜菜，还有大量的葡萄园和果园，法国最好的香槟酒就出自这里。该区还在丰富的水力资源基础上发展起了耗能高的冶金和化学工业。

第三个是东北区，也就是阿尔萨斯和洛林为中心的区，这里有着丰富的煤铁资源，是采矿和冶金工业为主的老工业区，又与卢森堡、比利时、德国、瑞士接壤，东临莱茵河，与各邻国交往方便。莱茵河谷平原和孚日山山地农业生产也相当发达。南锡和斯特拉斯堡是本区最重要的经济中心。

第四个区是西北区。这里是最重要的畜牧区。我们前面说过，这一带临海，受大西洋影响，气候温和湿润，牧草茂盛，养牛业特别发达，是法国主要的乳品和肉类供应地。水果和蔬菜生产也相当有名。

第五是地中海沿岸区。这里的地中海式气候有利于发展水果、蔬菜、花卉等园艺作物。此外还有西南部区，以盛产葡萄酒闻名，又是航空工业中心之一。还有以山地、高原地形为主的东部和南部山区，这里风景优美，以发展旅游业为主。

通过因地制宜进行经济分区和制订经济发展战略，法国政府很好地解决了经济发展的不平衡问题，使法国成了真正全面发展的世界经济大国。

左派和右派同时执政的国家　我们最后来谈一谈对于法国你可能并不了解的东西：它的现行政治制度。

法国现在的全名叫法兰西第五共和国，成立于1958年。

现在法国全国的行政区划分成公社、省、大区、中央四级架构，传统上法国一直实行中央集权制，不过现在地方上也分得了一定权力。

公社是一个比较特别的分类，全法国共被分成36000个公社，它们小者只是一个村子，大者却是一个城市，公社的首长一般称为市长。每个公社都有一定的自治权，由市长和议会共同治理，通常市长权力更大。

省是中级政府，全法国共被分成96个省，大部分都是按照地理特征来命名的，例如在罗讷河附近就称为罗讷省，北部靠海就称为北滨海省等。

最大的地方行政机构是22个大区。大区由几个省合并而成，主要是为了整合以利于发展经济，它们也大都以过去的大地名为基础，例如勃艮第、阿尔萨斯，等等。

对于中央政府而言，最重要的一环是省，法国的省长不像一般西方国家是由选举产生的，而由中央指派，省长直接对中央负责。

这种方式由拿破仑确立，并且一直沿用下来，成为现代法国的“花岗岩基础”之一。不过由于它明显与现代民主潮流不符，慢慢有了一些改变，例如省议会有了更大权力。但中央集权的基本制度并未从根本上改变。

像所有西方国家一样，法国的最基本政体是多党制民主国家，但法国也有自己的特色。

总体上而言，法国也实行立法、行政、司法三权分立。

立法权由国会掌握，法国的国会分成上院与下院，上院即参议院，下院为国民议会。参议院的议员由一个选举团选举产生，共有321名参议员，任期长达9年。

国民议会议员则由全国所有年满18岁的选民直接选举产生，一届任期为5年。

行政机构包括总统与总理。总统像国民议会议员一样由全国普选产生，原来的任期是7年，现在的任期则是5年，可以连任一届。

总理由总统任命，与总统共享行政权，向国民议会和总统负责，一般由在国民议会占多数的党或集团选出代表出任总理。

法国的司法系统包括各级法庭。民事案件由初审和大审法庭审理，刑事案件由轻罪法庭审理，轻微违法行为则由治安法庭审理。

这三权之中哪个权力最大呢？是行政，尤其是总统的权力最大。

第五共和国的宪法规定，总统有权解散国民议会，虽然每年不能超过一次，但每年有一次这样的机会也够了。总理也是由总统来任命的，政府各部部长由总理提名，由总统任命。另外，传统上外交与国防两个关键部门由总统直接负责。最后，由于总统是全国人民直接选举产生，他当然享有更广泛的民意基础，权力基础也较总理雄厚。

法兰西第五共和国的宪法中还有一条，一旦国家处于危急存亡之秋，总统可以拥有无限的特别权力，即独裁权。

总理虽然权力不如总统，但仍然是国家第二号实权人物。首先，大部分行政权力是由总理而非总统直接掌握，总理也有权提名各部部长，总统只能根据这些提名来任命。在总理与国会的对比中，由于国会每两年才召开一次，平时当然是总理说了算。如果总理想，他可以随时要求召开临时国会。还有，国会可以通过对总理的不信任案，如果那样的话，总理就得辞职，但由于总理由议会中占多数的政党集团成员担任，因此不信任案很难通过。此外，国会的议事日程也是由总理来控制，对于一些政府与国会有不同意见的事项，总理虽然不能使之成为法律，但可以通过行政命令使其得到实际的执行。

至于国会两院，参议院的权力最小，就是通过法律时，即使它不同意，只要国民议会与政府都通过了，它反对也是白搭。国民议会作为主要的立法机构，权力当然也不小，例如它可以制订法律，也可以通过不信任案罢免总理，但由于以上那些原因，它的权力受到总统和总理相当大的掣肘。

法国国会中党派林立，左中右都有。这种体制下法国政治最有意思的一个特点是：由于总统和议会均由全民直选，就会形成两个独立的多数派，即总统多数派和议会多数派。总统作为宪法的“保证人”，任免总理并主持内阁会议，而总理领导的政府“决定并指导国家的政策”，向议会负责。这二者都有很大的权力。于是就可能出现这样的情况：左翼政党在总统选举中获胜，于是由它的人当总统，而右翼政党在国民议会选举中获胜，于是总理得由它的人来担任。这样，在法国就出现了左右两翼同时执政、同时掌握行政权的局面，这在诸西方大国中是极少的。

第十五章　走近巴黎

对于西方文化而言，如果有唯一一座城市可以称为文化之都的话，那选择只能是巴黎。正如倘若有一位作家可以被称为西方文学史上最伟大的作家的话，那只能是莎士比亚一样。

2000年前，塞纳河中央有一个面积不到1平方千米的小岛，岛上有一个叫“吕代斯”的小村子，“吕代斯”的意思是“被水围绕的地方”，公元前1世纪，恺撒征服了包括吕代斯在内的高卢地区，此后吕代斯慢慢发展起来，将地盘扩展到了塞纳河岸，成了一座小城，被命名为“巴黎”。这个名字起因于原来小村子的居民们乃是高卢人中的一支“巴黎人”。

这就是巴黎的起源。

巴黎优越的地理位置　巴黎之所以能成为法国乃至西方的文化之都，一个基本前提就是其自然地理条件十分优越。

从经纬度看，巴黎处于北纬48.5°、东经2°交点附近，这里是法国最富庶的巴黎盆地的中心；英吉利海峡在其西300多千米的地方，它的北边，400千米左右是北部邻国比利时、卢森堡、德国等；盆地边缘有几处开口，与邻近地区往来便利：向北可方便地到达比利时与荷兰，向东不论从孚日山的哪一端都可到达莱茵河流域和德国，向东南经由勃艮第可到隆河谷地、瑞士及地中海区，向西南可到亚奎丹盆地和西班牙。

也许您会说：这不是废话吗！条条大路通罗马，这地球上从哪点不可以到哪点呀！

当然，这话是对的。但巴黎的优势是它可以很方便地到达这些地方。例如巴黎盆地内有许多河川流经巴黎：塞纳河由东南而来，马恩河从东而来，瓦兹河自北而来。在古代，这些河流可以使巴黎方便地从水路到达它的南北东西各地。现在，由于开凿了许多的运河，例如在马恩河上修建了马恩河–莱茵河运河，将塞纳河与莱茵河连接起来；在瓦兹河上有瓦兹–桑布尔运河，把塞纳河同北海连接起来；在卢瓦尔河与塞纳河的支流卢万河之间，在塞纳河支流的支流勃艮第河上与罗讷河之间，都有运河相连。

如此，巴黎可以通过塞纳河及其支流与运河、不借助大海而直达法国全境，乃至整个西欧。

巴黎的四季　巴黎属于温带海洋性气候，夏无酷暑，冬无严寒。

现在我们来具体地看看巴黎的四季吧。

每年12月至来年2月的冬天，巴黎虽地处北纬49° 附近，但却毫无严寒之意，流经市区的塞纳河长年不冻，冬季各月平均气温都在0℃以上。只在寒流袭来的时节偶尔有较冷的日子。

巴黎的春天最美丽。4月平均气温约为10℃，这时春风拂面，阳光明媚，整洁的街道两旁绿树成荫，风姿绰约，公园里鲜花盛开，到处花香飘溢，各处大小喷泉含珠吐玉，令人感叹巴黎真是世界花都。

从6月至8月，巴黎的气候也相当凉爽，就是最热的7月，有时最高气温虽可达近40℃，但这样的日子一年之中屈指可数，而且炎热大多集中在中午短暂的一刻，很快就过去了。这个季节每到夜晚，香榭丽舍大街的露天咖啡座上处处是夜游的人们，往往一坐就是两三个钟头，边饮咖啡边欣赏街道两旁迷人的景致，还可以泛舟塞纳河上，观赏塞纳河两岸醉人的夜色。

夏天也是法国最热闹的旅游旺季，但每年到这时都会出现令人头痛的“8月病”，因为每到这时，好像全世界的人都涌到了巴黎，就是高速公路上汽车也慢如蜗牛，交通事故一桩接一桩。这时各行各业的老板们往往匆匆解雇临时工，使失业人数一时骤增。

到9月，天气仍是那么美好。风和日丽之时，人们可以登上举世闻名的埃菲尔铁塔俯瞰巴黎市容，或者漫步在繁花似锦的卢森堡公园，都是极美的享受。

进入10月后，直至12月，巴黎的天气就变了，阴云来了，雨水也多了，这样的天气要到明年的春天方可结束。

巴黎人素描　以上就是巴黎的自然地理了，现在我们来谈谈巴黎的人文地理。

历史上，巴黎是由塞纳河冲积而来的，塞纳河以一种缓慢的速度流过法兰西岛的石灰岩高原，河里的泥沙慢慢沉积，千万年之后就形成了河心的一些岛屿，其中一个叫城岛，巴黎最初就建于这里。后来巴黎把它的领地远远地延伸，将塞纳河两岸大片土地囊括在内。到现在，巴黎城区总面积约100平方千米，包括郊区在内的巴黎大都市区面积则达2000多平方千米。城区人口约220万，巴黎大都市区人口则超过1000万。

在巴黎还有一个特点是，大批人既属于郊区，又属于市区。出现这样的情况的原因有二：一是现在的巴黎与许多其他西方大都市一样，人们把住在郊区当作时尚，有钱人都会在郊区买栋别墅型的宅子，平时在城里工作，下班后就回到郊外的家。第二个原因是自20世纪50年代起，大量外来人口涌进巴黎，造成住宅极为短缺。怎么办呢？最后，官员们想出了一个最笨的法子：由政府花钱在郊区建了大栋的高层住宅楼，把那些买不起别墅的穷公民们一股脑儿塞了进去。只有没富到能在郊区买房，又没穷到可以从政府那里弄房子的市民们才住在市中心。

这样的结果是：每天早晨，滚滚车流像洪水一样往市中心涌去，这是住在郊区的人们去市中心上班做生意了，而一到黄昏，那同样的"洪水"又从市中心往郊区涌去，这是他们下班回家了。

在巴黎的千万人口中，尤其是市区人口中，法兰西人虽然仍牢固地占有大多数，但没有达到全国平均90%的比例，全巴黎大约有20%居民是外国人。他们主要是来自北非的阿拉伯人；其次还有不少黑人，他们主要来自加勒比海地区和法属奎亚那这些法国海外领地；再就是犹太人，法国曾经有欧洲最多的犹太人，第二次世界大战中被杀了不少，但还剩下不少。他们在法国的日子不太好过，甚至比不上黑人，例如在20世纪80年代巴黎还发生过轻微的反犹运动。

法国人有一个貌似古怪的特点，就是他们不像其他西方国家一样歧视黑人，在巴黎，一个法国女人挽着个黑人大家觉得很正常。

巴黎的外国移民中还有一个特别的群体，就是艺术家们。由于巴黎是西方文化之都，被艺术家们看作是创作和学习创作的天堂，他们从世界各地来到巴黎求名求学，他们中的大多数根本不进艺术学院的门，而是在一个个的美术馆流连。没有钱就在街头替人画像，巴黎有一条街，好像是蒙马特尔的丘顶广场，满是这样的街头艺术家。我听一个去过那地方的人说，许多这样的街头艺术家们的画一点也不比咱们在美展上见过的所谓名家大作差。

巴黎是世界购物之都　巴黎是法国的中心，不但是政治与文化中心，也是经济与商业的中心。

作为法国的经济中心，主要表现在以下几个方面：

一是巴黎拥有全国约1/4的企业，其工业产值也约占全国总产值的这个比例。

以前，巴黎在法国工业中的分量是这个比例的两倍，后来法国政府为了解决地区之间经济的不平衡，采取了一系列措施让工业企业离开巴黎，迁到其他地方。这样才使得巴黎作为工业中心的地位略有下降，这个趋势正在进一步加强，可以想象，再过几十年，说不定巴黎的这个比例又要降一半呢。

二是巴黎的工业部门相当齐全，包括大规模的机械、化学、电子、有色金属等，汽车、飞机、武器等制造工业尤其发达。

三是即使许多企业不将工厂设在巴黎，一般也会将总部设在这里，以便于开拓市场及同银行和政府等保持灵敏的接触，寻找商机。

目前留在巴黎市内的工业主要是一些不产生污染或市内不可缺少的食品工业、高档服装和化妆品制造等，其他工业都在市区之外。例如巴黎的北郊和西郊有许多新兴大企业，沿着通往鲁昂的塞纳河谷有大型的汽车和飞机制造厂，西北沿塞纳河湾有大型军工厂、重型机械厂、大化工厂。南郊和西南郊有制革厂、水泥厂、酿造厂、烟厂和其他传统工业。

巴黎的法国商业与金融中心地位并没有像工业中心的地位一样受到挑战，仍是法国绝对的商业与金融中心。法国主要的银行、保险公司及其他金融机构等都以巴黎为中心，塞纳河右岸为主要金融区，法国证券交易所和法国的国家银行法兰西银行都设在那里。全世界的每一个稍微重要的国际性银行，包括中国银行，都在巴黎设立了分支机构。事实上，作为某种程度上的世界之都，一家世界性的公司或者银行，不在巴黎设个办事处似乎是很没面子的事呢。

巴黎有着世界上一些最豪华的商店。漫步巴黎街头，到处可以看到规模庞大的商城。弗布尔圣特诺勒路和蒙田大道一带是世界名牌商店云集的地区。有些商店门面并不大，外表看上去也没什么了不起，甚至藏在小巷子里，但依旧是世界有名的豪华商店，在里头进出的购物者冷不丁就是一个阿拉伯石油富翁或者体育、电影明星，这些人往往趁周末坐专机来巴黎购物。

这样典型的例子是圣·奥诺雷街上的赫尔墨斯商店了。

圣·奥诺雷街位于爱丽舍宫前，离协和广场很近，街道没有什么特别，窄窄的，里面有不少商店，家家商店里的东西都贵得惊人。赫尔墨斯名店就在这里，它门面小小的，即使在这条外表普通的街上看上去也是一般，甚至里头商品的摆放和其他商店也没什么两样。但它有一样却与一般商店迥然不同——价格奇贵无比。有朋友去看过，说一瓶香水要7980法郎、一双鳄鱼皮鞋1.86万法郎、一件麻质西服上装1.03万法郎、一个鳄鱼皮小手箱10.76万法郎、一套西装一般在1.5万法郎以上，就是一把牙刷也要390法郎。据工作人员介绍，这还只是一般的售价，要是个人定做的话，那价格可就不好说了。

或许就由于它的贵，才吸引了满世界那些钱多得手痒的名门望族、绅士淑女及明星显贵，他们到此一掷千金，有时不为别的，只为摆摆阔。

虽然赫尔墨斯店面并不很大，也没有顾客盈门，但每年的营业额达60亿法郎，这是许多大商场都望尘莫及的。

巴黎最重要的行业还是服务业，特别是旅游服务业。现在巴黎每年接待的国内外游客都在2000万以上，其中一半是外国游客，当他们在这个购物天堂尽情购物，或者迷醉在巴黎的美景美人名画之中时，也让巴黎人迷醉在他们带来的摞摞钞票之中了。

最完善的交通体系 巴黎拥有一个被称为世界大城市中最完善的交通体系。

首先，巴黎是法国最大的交通枢纽，也是欧洲最重要的交通中心之一。在著名的巴黎圣母院前面的人行道上有一块作了标记的砖头，它就是法国全国高速公路的起点，所有高速公路的里程就是从这里开始计算的。

法国的铁路、公路和航空线都以巴黎为中心呈辐射状分布，联系全国和世界各地。在巴黎的城外有一条环城高速公路，即环城林荫大道。它是整个巴黎交通系统的中枢，外联巴黎的郊区公路以及全法国的国道交通系统，内接巴黎市内诸通道。规模宏大的巴黎铁路终点站也是拥有世界上最先进的铁路系统的法国铁路网之枢纽。

巴黎拥有3个大型机场和11个中小型旅游和军用机场。3个大型机场分别是戴高乐机场、奥里机场和布尔热机场。戴高乐机场面积最大，每年起降飞机超过100万次，旅客吞吐量5000万以上。南部的奥利机场建成时间比较早，目前主要用于国内航班和包租飞机的起降。

巴黎与全世界几乎所有重要城市有直接的航班联系，像北京至巴黎，每天都有往返航班。

巴黎市内的公共交通系统由一个国家控制的集团来经营管理，早在20世纪70年代就开始了大规模现代化。其中特别重要的是地铁。巴黎大都市区地铁有16条路线，速度快，车次多，可远达郊区，有些地方其线路已经与全国铁路网的主干线衔接起来，沙特莱—莱萨莱站被认为是世界上最大、最繁忙的地铁网的中枢。

巴黎的市内交通以方便著称，现在巴黎已经成了一座月票城，大家拿着月票可以满城自由又快速地逛，而且费用十分低廉，因为地铁费用由政府补贴，乘客付的只是实际费用的一半。

巴黎市长是世界上权力最大的“基层干部” 最后我们来谈谈巴黎的政府。上一章我们已经讲过法国地方政府的架构有公社、省和大区三级，巴黎当然也是如此。

巴黎城市行政一个最有意思的特点是市区与市郊行政体制截然区分。

巴黎城区自成一个政治单元即一个公社，由一个民选市长和议会进行管理，这与任何其他法国最小的公社，例如一个最小的乡村都是一样的。巴黎市郊则由大小1000多个单独的公社组成。这些公社与巴黎城那个大公社加上另外七个省又共同组成一个大区——法兰西岛行政区。法兰西岛行政区面积约12 000平方千米，远远超过巴黎城区和巴黎大都市区的面积。

由于大巴黎的城区和郊区不是一个政治单元，于是二者之间便产生了相当多的不协调，在总共超过一千个的公社之间，有的由左翼政党（例如共产党）执政；有的由右翼政党（例如保卫共和联盟）执政，于是便经常在各公社之间产生激烈对立。这样，大巴黎从来没有能像世界其他主要城市一样按一个统一的模式进行管理，形成一个有机统一的大都会。

法兰西岛区是法国22个大区中人口最稠密的一个，下辖8个省，分别是：上塞纳省、塞纳圣但尼省、瓦勒德马恩省、埃松省、伊夫林省、瓦勒德瓦兹省、塞纳马恩省和巴黎市。现在，像其他大区一样，有一定的自治权，例如它有直接选举产生的议会，能自行增加赋税，能直接管理本地区的成人教育，对文化、旅游、公路建设、城市规划以及工业发展的某些方面也负有部分责任。大区所辖8个省也被授予更多权力：它们掌管福利救济和社会服务各项事业。至于下面各公社，它们可以管理自己的城镇规划及建设事宜。每一个省由国家任命的省长进行督导，法兰西岛则由一名大区行政长官负责监督，省长或行政长官的权力较改革以前已经减小。这我们在上一章中谈法国的行政区划时都已经谈过了。

但巴黎城区有一个同别的公社不一样的地方，就是从1871直到1977年，市议会从来没有选出过市长，市政完全由中央派来的省长直接控制，所以巴黎城——这其实就是我们平常谈的巴黎——比起任何乡村来，都没有那么多的自治权力。

为什么法国中央政府要这么做呢？这岂不大违法国人自己在大革命中为之奋斗的自由与民主原则？那原因其实很简单：法国中央政府深知这些巴黎人桀骜不驯、爱搞暴力对抗的禀性，作为法国人谁能忘记始于1789年的大革命、1848年革命和1871年的巴黎公社运动呢？因此中央政府想通过限制巴黎民众的权力来扼制他们那爱用暴力的坏习惯。

不让巴黎人有自己的市长毕竟有违最根本的民主原则，因此，1975年通过一纸法令，准许巴黎市议员再次选出自己的市长。现在巴黎市长的地位与权力同法国其他市镇首脑已完全一样。

1982年，巴黎城又推行分区选举制，规定巴黎城下面的20个区各自可拥有自己的议会和“市长”，这当然不是真正的市长，因为巴黎城自己就只是一个最底层的公社而已，首长自己也只是一个市长，巴黎市真正的管理权仍牢牢地掌握在与村主任“平级”的市长大人手中。

您说这市长之职称得上是全法兰西、全世界最牛的一个“基层干部”吗？

第十六章　浪漫之都

《大英百科全书》介绍巴黎时说：“多少世纪以来，巴黎一直是世界上最重要和最有吸引力的城市。”这是对巴黎切中肯綮的评价。

在我们已经谈过的几个国家中，法国的一个特点是：法国就是巴黎。或者用一个流行的说法就是：法国是巴黎的大郊区。因此，我们这次的法国之旅中只有一站：巴黎。

在巴黎，我们首先要去的就是塞纳河。

诗一般的塞纳河　由于整条的塞纳河我们在讲法国的自然地理时已经讲过，现在只要谈谈巴黎段的塞纳河就是了。

从许多角度上说，塞纳河都是“巴黎之母”。例如，最早的巴黎城就是从它里面的一个小岛——城岛——发展而来的。千年之前的巴黎还只是塞纳河中一个小岛上的小渔村，虽然如今的小渔村早已湮没在历史的洪流里，但她的故地依然是巴黎的心脏。

塞纳河从巴黎城中蜿蜒而过，犹如一条玉带，或者一个酷哥强壮的臂弯，把盖世美人巴黎轻轻地搂在怀里，这对恋人一路漂流，一路欢唱，如诗如画，充满浪漫色彩，是浪漫的巴黎、巴黎的浪漫之基石。没有塞纳河就没有巴黎，没有塞纳河的迷人就没有巴黎的美丽。

白天，立于塞纳河边，俯视川流不息的河水，它仿佛时刻泛着无尽的诗意：逝者如斯，这柔美的清波携去多少人间悲欢离合？只遗下滔滔河水和巴黎谜一般的浪漫温情。两岸垂柳依依，绿茵茵的草坡上缀满无数鲜花。

沿着河畔鹅卵石小路信步而去，曲径通幽，许多穿着坦露的少男少女躺在水边树荫之下，玻璃的“苍蝇船”缓缓驶过，犹如漫步，激起淡淡的浪花拍打着两岸，真是一泓令人无限遐思的河水，多像一位美丽浪漫的法国少女，在耳畔悄悄地诉说巴黎与法兰西的浪漫。

每当夜晚时分，一对对情侣、一群群游客乘着漂亮的“苍蝇船”荡漾于清波之上，犹如进入梦一般的幻境。河流仿佛变成了一条水晶之河，无边无限，令人想起了李白“疑是银河落九天”的句子。

塞纳河上的桥也值得一提。

巴黎市区塞纳河上共有35座桥，这些桥分别架在市内长达13千米的河道上，平均约500米就有一座。它们的历史长短、规模大小、建筑式样都不尽相同，百年以上的就有26座。

这些桥中最有名的要数“新桥”了。新桥建于16世纪，距今已有400余年，其名虽曰“新”，其实是巴黎现存最古老的一座桥，因为其他早于新桥的都已被推倒重建了。对于巴黎而言，新桥的坚固已成了谚语，巴黎人习惯说“固若新桥”，就像我们说“固若金汤”一样。新桥的中部正好由城岛作为支撑，由此有5个桥拱延伸至左岸，7拱延伸至右岸。托梁的护墙上饰有250多个怪诞的人面装饰。在200来年里，新桥曾是巴黎主要的街道和集市。虽然新桥一直在定期修葺，但总的来说一直保持着本色。无论是晴天还是下雨，附近都有许多画家、摄影家们以新桥为对象写生和摄影，使“新桥”频频见诸报刊、画册，风姿不减当年，美名也长盛不衰。

巴黎的许多桥都是根据历史上的重大事件命名的，有的则与历史著名人物或重要建筑物联系在一起。如为纪念拿破仑在奥斯特里茨战役中的伟大胜利而命名的“奥斯特里茨桥”。还有5拱的耶拿桥，横跨在埃菲尔铁塔和夏乐宫之间，它则是为了纪念拿破仑于1806年战胜普鲁士人的耶拿之役而建。

巴黎圣母院：拿破仑在此加冕　大凡看过大作家维克多·雨果不朽的长篇小说《巴黎圣母院》的人，都会对书中美丽的吉卜赛女郎艾丝米拉达和丑陋却善良的“敲钟怪人”卡西莫多留下深刻的印象。虽然小说中描写的具体人物和曲折的故事情节是大师想象力的产物，但那里头人物活动的舞台巴黎圣母院，却是实实在在的。

我们早就说过，巴黎圣母院就在塞纳河中的城岛上，它称得上是巴黎所有名胜的圣母，就像塞纳河是“巴黎之母”一样。

据古老的传说，巴黎第一任基督教主教名圣但尼，当时基督教还是罗马帝国政府的大敌，受到残酷迫害。这位主教被斩首之后，拣起自己的头颅，阔步走出刑场，他的教堂原址就是巴黎圣母院，后来他就成为巴黎的主保圣徒。

12世纪时，莫里斯担任了巴黎主教，他决定把这个地方年久失修的圣艾蒂安大教堂和一个圣母院并为一座哥特式建筑风格的新教堂，几年后工程开始了，历时近200年才告完成。

圣母院在法国大革命中遭到破坏，甚至准备拆开来当建筑材料，幸好拿破仑上台了，他废除了这笔交易，并下令把圣母院装修一新，因为他要在这里加冕称帝。关于1804年12月26日发生在这里的富有历史意义与戏剧性的一幕，

巴黎圣母院整个建筑全部由石头砌成，是一座典型的哥特式教堂，所有屋顶、塔

楼、扶壁等的顶端都用尖塔作装饰，仿佛整座教堂正竭力要挣脱一切尘世的束缚，飞向天堂呢。

圣母院占地面积5000余平方米，两侧支撑物面积800余平方米。院内进深100余米，宽50米，高35米。正面从上至下共分三层。最下面一层是并排三个尖形拱门，门上刻有表现《圣经》故事的浮雕，自左向右依次为《圣母和圣婴的故事》《最后的审判》《圣母与圣安娜的生活》。这些享有盛誉的浮雕故事是专为当时那些不识字的信徒们雕刻的。在三个拱门上面是一长条壁龛，也称"列王长廊"，排列着犹太和以色列诸王的雕像。中间一层是三扇窗子。两边的窗子分别雕有亚当、夏娃的塑像。中间是一扇圆形大花窗，称"玫瑰门"，直径约10米，由37块大玻璃组成，窗的前面有圣母怀抱圣婴像。最上面一层是由许多美丽的白色雕花栏杆组成的一条走廊，连接南北两座各高近70米的巨型钟楼。南钟楼上悬挂着一座重达13吨的巨钟，铸造者在这座钟的铸料中加入了金、银成分，这些金银来自巴黎的妇女们为了表达虔诚之心而奉献出的首饰。北钟楼则设有一个近400级的阶梯。两座钟楼后面还有座高近百米的尖塔，高耸入云，塔顶是一个细长的十字架，远望似与天穹相接。据说，耶稣受刑时所用的十字架及其荆冠就在十字架下面的球函内封存着。尖塔虽比两座钟楼还高出21米，但从正面看高低却好像一样，从中可见建筑师的独具匠心。整个建筑象征着基督教的神秘，给人以庄严华丽、神秘莫测而又和谐美观之感。

从正门进去是长方形大厅，堂内大厅长100余米，宽约50米，可容纳近万人同时祷告。堂前祭坛上供奉着天使环侍殉难的耶稣基督的大理石雕塑。这些，加上进去后所看到的那哥特式的高耸然而两面相对狭窄的空间，还有那透过五彩玻璃漏进来的有些阴暗的光，更一方面令人产生对神的敬畏之感，另一方面又不能不折服于它的壮观。

数世纪以来，巴黎圣母院一直是法国宗教、政治和人民生活中的重要场所，各种全国性的重要典仪一般都在这里举行，例如路易十四（1660年）在这里举行了婚礼，拿破仑的加冕仪式也在这里举行，他的儿子"罗马王"，即拿破仑二世和后来的赖希施塔特公爵的洗礼也于1811年在这里举行。当然，对于普通法国人而言，巴黎圣母院之亲切主要仍来自它是一座教堂，每逢星期日，成千上万的人来到这里做弥撒，而教堂著名的风琴演奏也吸引着普通的游人。

先贤祠里安葬着法兰西的伟人们　从巴黎圣母院往南不远，过了塞纳河，穿过圣米歇尔林荫大道，往左拐进苏夫洛街，在街道的尽头矗立着另一座著名的教堂——先贤祠。

先贤祠建于圣吉妮维耶山的山顶，是由路易十五委托一个叫苏夫洛的人设计的，原来准备作为巴黎一座主要的教堂，后来这位国君得了一场病，病愈后就想把它献给圣热内维埃夫，好像是他治好了他的病似的。

教堂从1755年开始动工，最初完成于1789年，不久法国大革命暴发了，革命政府便略加改造，拿来作为法国伟人们的长眠之所。

先贤祠是法国新古典主义建筑的代表作，坐飞机从顶上俯瞰下去，会发现它的整体轮廓呈十字形，十字的交叉处有一个大圆顶。正面看起来颇像罗马的万神庙，连名字也像，万神庙叫“Pantheon”，它叫“Panthéon”，只是在“e”上增加了个变音符而已。为了使它适合这个作灵堂和墓地的目的，许多窗子被堵塞，内部很多装饰被去掉，而代之以象征主义壁画家夏凡纳的作品，这样，原先设计的宽敞明亮的效果就大大降低，这里成了一个阴郁而庄严的空间。

先贤祠的外面种植着郁金香等许多花草，还装饰了优美的雕像，这一切之上但见通体洁白的先贤祠衬托在蓝天之下，两边林木森森、花草掩映，将庄严肃穆与宁静和谐融为一体，令人感觉严肃而不刻板，庄严而不压抑。也许这就是法兰西伟人们的独特精神吧。

葬在这里的法兰西伟人有雨果、伏尔泰、卢梭、左拉等作家与哲学家，还有第二次世界大战期间抵抗德国占领法国的领袖穆兰。

先贤祠门口柱廊横楣上雕刻着这样的铭文：

> 国之伟人，永膺感戴。

荣军院与拿破仑之墓　由先贤祠往西，沿着圣日耳曼大道过去，在圣日耳曼大道与拉斯派伊大道的交叉口再往西不远，就是我们下一个要去逛的景点——荣军院。

荣军院本来是由太阳王路易十四建造以收容7000名老兵与伤兵的，起初就是几排巨大的宿舍，从1671年开始，历时5年便告竣工。在这些著名的景点之中算是耗时最短的了。不过当时并没有全部完工，其中医院大楼的镀金圆顶直到18世纪初才完成，它原来并不属于荣军院，而属于一所教堂，圣路易教堂。

从外面看上去，荣军院远没有巴黎圣母院那么辉煌，底下是两层的小楼样，上面又有两层，不过小多了，呈环形，再上面罩着个圆顶，门前飘扬着法国的三色旗，如是而已。门前也没有宽阔的广场，只是条马路。

荣军院值得一看的不是它的外面，而是它的里面，在圣路易教堂，埋葬着一个我们熟悉的人——拿破仑。

滑铁卢之败后，1821年5月5日下午6时，拿破仑艰难地咽下了最后一口气，在半昏迷中离开了这个世界。

此后他怎样了呢？

死前一个月，拿破仑口述了这样的遗嘱：

我希望能够把我的骨灰安葬在塞纳河畔，安葬在我如此热爱的法国人民中间……

拿破仑死后，他的遗体被穿上了他所喜爱的近卫轻骑兵制服，上面覆盖着一件灰大衣，埋在圣赫勒拿岛鲁珀特河谷一条小溪的岸边。他的墓碑上甚至连名都没有署，据说因为英国人不许写上“拿破仑·波拿巴”只许写“N·波拿巴”，于是拿破仑的母亲宁肯什么也不写。只写了“Ci-GîT”两个词，意思就是“长眠于此”。

拿破仑死后，他不但没有被法国人民遗忘，反而成了一尊神，他们写了无数的著作来回忆与歌颂他，并强烈要求让他魂归故里。

于是，在1830年七月革命中上台的七月王朝顺应人民的要求，要求英国归还拿破仑的遗骸。

十年之后，路易·菲利浦国王派他的儿子F.儒安维尔亲王乘坐军舰到了圣赫勒拿岛，将拿破仑的遗体运回了万人空巷的巴黎，以最隆重的仪式穿过凯旋门，并按照他生前的愿望安葬在塞纳河畔的荣誉军人院里。

在荣军院圣路易教堂的圆顶下面放置着一具雕刻精美的红色斑岩石棺，中间还装着6层木棺，一个套一个，最里面是拿破仑的遗骸。拿破仑的戎装、个人武器和病榻都陈列在荣军院前面的军事博物馆里。

除了拿破仑的灵寝外，圣路易教堂还有一些小礼拜堂，里头安葬着拿破仑的4位元帅，两个兄弟，即西班牙国王约瑟夫和威斯特伐利亚国王杰罗姆，还有他的儿子罗马王。

这里我顺便谈几句这位可怜的王子。

他几乎一生下来就成为神话，但一生却那么不幸。父亲失败后，他被母亲带到了她的祖国奥地利，奥地利全心全意地想把他培养成世界上最恨拿破仑的人，他不但失去了父亲给予的一切，而且不能继承母亲的领地，只被给予了一个“赖希施塔特公爵”的空号。他的母亲从来不爱他，也根本不管他。尽管法国人从来没有忘记他，甚至把重获荣誉的梦想寄托在他身上，但他脆弱的肩膀无法承担。从小被疏于照管使他染上了肺结核，死时年仅二十，被埋在奥地利。直到两百余年之后，1940年，才由希特勒将他的尸体从维也纳送还巴黎，让他回到祖国与父亲的怀抱。

埃菲尔铁塔的沉思　离开荣誉军人院继续西行，顺着布尔多奈大街，不久就可以到达我们的下一站：埃菲尔铁塔。

1875年，法兰西第三共和国建立以后，决定为隆重纪念1789年法国大革命100周年，将于1889年在巴黎举办一次轰动世界的国际博览会。其中一个重要项目就是要在巴黎建造一座千尺高塔。为此向全球征集建筑方案，在送来的百多个应征方案中，经精心选择与严格复审，最后确定了一个方案，那就是建筑工程师居斯塔夫·埃菲尔的设计方案。

铁塔于1887年1月26日破土动工，位置定在塞纳河左岸的战神广场。开工之初便遭到当时一些文化艺术界名流的反对，铁塔工地附近的居民也被吓坏了，有人甚至跑到法院对埃菲尔进行起诉。

埃菲尔力排众议，始终坚定自己的信念，他精打细算，一丝不苟，尽量杜绝一丝一毫的偏差。他在勒瓦卢瓦工地上搭起的巨大“积木”，精确度几乎高达0.1毫米。1888年春天，4根倾斜的塔柱开始合拢，第一块板安上去时，每个孔洞都相当精确以至铆接时都不用锉一下。铁塔的安装工作于1889年4月5日彻底竣工，全部工程仅费时21个半月，耗资也低于预算，不到800万法郎。

1889年5月15日，埃菲尔为国际博览会开幕式剪彩，亲手将法国国旗第一次升到了300多米的高空。

然而它仍曾遭到国内不少社会与艺术界名流的粗暴反对，他们认为这种结构既不安全又不美观，必欲拆之而后快。1909年，博览会的租地期限到了，由于埃菲尔铁塔就是建立在租来的地皮上的，地皮的所有者要求将它拆除，这当然是他的权利。眼看埃菲尔铁塔就要消失，幸好这时它有了一个新用途——可以充当无线电发射塔！而且没有比它更好的发射塔了。这样埃菲尔铁塔才侥幸得以保存下来。

随着时光的流逝，越来越多的人发现了埃菲尔铁塔的美，甚至将它当成了巴黎的象征。为了纪念它的设计者，人们称之为“埃菲尔铁塔”，并在塔下为他塑了一尊半身铜像。

以下是埃菲尔铁塔一些基本的数据：塔基平面为方形，长100米，占地面积约1万平方米。4座塔墩为水泥浇灌，塔身全是钢铁镂空结构，总重约1万吨，由近2万个部件组成，250万个铆钉联结。

塔原高约300米，后来出现了电视，埃菲尔铁塔又成了电视发射塔，为了利于电视讯号发射，又把它加高了近20米，所以现在的总高约320米。在近40余年里都是世界上最高的建筑物。站在塔顶远眺，视野可达近100千米之外。

外表看上去，埃菲尔铁塔呈苗条的A字形或者一个倒写的Y，具有优美的曲线型轮廓，最底下的拱门高40多米，4个巨大的支架在塔身中央逐渐收成方形，在距地面近300米处猛然收缩，直指苍穹。铁塔在离地约57米、116米、276米各处设有瞭望平台，供游人欣赏巴黎全景。平台上有咖啡厅、餐厅、音乐厅等设施，有电梯直通顶部，当然，您也可以用双腿攀爬——如果有这个力气与意志的话——总共有1710级台阶。

铁塔在1980年底被关闭，开始大整修，例如将第二层原来的混凝土平台改为更轻、更牢固的钢板，仅这就使铁塔总重减少约1000吨。其他改造还包括将原设在第二层的豪华饭店移到第三层，原地则开了一家大众啤酒馆，又建设了开会用的“居斯塔夫·埃菲尔接待厅”和一个视听博物馆，等等。1982年重新开放。

一直以来，埃菲尔铁塔被看作是近代建筑工程史上的伟大创举，不仅如此，它产生的实际效益也是令人叹为观止的：它成了巴黎的新象征，吸引着来自全世界的游人，上面各样让人花钱的消费设施也很齐备，例如第一层有酒吧和餐馆，第二层和第三层有休息室、瞭望台、小卖部，甚至还设有邮箱，供游人向亲友寄送明信片或传递登塔感受之用。铁塔建成后的第一年，参观人数近200万，仅门票收入便为全部建筑费用的七成。到现在，参观的总人数已近2亿了！可以想象它为法国人带来了多少钞票。

当然，对于法国人而言，埃菲尔铁塔最重要的意义在于它乃法国文化与法兰西精神的钢铁象征。

我们在巴士底广场休息一会　埃菲尔铁塔就在塞纳河边，我们就从这里过塞纳河吧。按照计划，下一步要开始塞纳河右岸之游了，我们将同样从它最东边的一个景点——巴士底广场——开始。

巴士底广场位于巴黎略偏东的地区，在巴黎圣母院东北方不远处，圣安托万市郊街、亨利四世大道、里沃利街、奥斯曼大道等在这里交汇，沿着亨利四世大道可以直通塞纳河。

巴士底这个名字大家不会陌生吧？我们在中学“世界历史”课中就已经知道，1789年7月14日，法国人民起来反抗路易十六，攻占了作为封建统治象征的巴士底狱——虽然是时巴士底狱早已不用，里头只关了七人，其中两个是精神病患者，四个是造假者，最后一个是性变态者，由他的父母交给巴士底狱代为照管，并且支付照看费。但它依旧是波澜壮阔的、也是血腥的法国大革命爆发的象征。

“巴士底”的法文就是城堡的意思，它最初是一个军事要塞，14世纪查理五世时建筑，百年战争中用以抵御英军，后来改成王家监狱，专门关押各种重要犯人，包括那些自由思想家们，因此它成了波旁王朝专制的象征，这才惹得革命群众去攻打它，从此，对于法国人，巴士底成了一个象征，象征法国人民为自由而奋斗的精神。

攻克巴士底狱后，革命政府下令将之拆毁，把这里变成了巴士底广场，40年之后，政府又通过法令，在巴士底广场为1830年“七月革命”的牺牲者们竖立纪念碑，这就是七月圆柱。

比起其他名胜来，巴士底广场算不上很有名，不过由于它在法国与世界的历史之中有着重要地位——是西方开始推翻封建专制的象征，因此在这里我仍然要仔细讲讲它。

到巴士底广场去有两样东西可以看：第一是七月圆柱，它高约50米，矗立在广场中央，顶端是一尊自由女神像，她张开双臂，仿佛要在天空自由翱翔，正象征法兰西人民的自由精神，基座上也有精美的雕刻。周围青草翠绿，树影婆娑，在我们逛了这么久之后，这里不失为一个稍事休憩的妙处。

巴士底广场现在还有个值得一去的地方，就是巴士底歌剧院，它也建在巴士底狱的旧址上，1989年7月14日法国大革命200周年纪念日启用。它耗资3亿美元，有近3000个座位，设备相当先进，如果有空的话，在巴士底广场踱了一圈后，大可以进去享受一番，票价并不贵。

当然，如果想看剧的话，最好还是去巴黎歌剧院看，我们前面的总介绍中说过它的地址，它是世界上最有名的歌剧院之一，有近2000个座位，装饰极尽豪华，连天花板上都是伟大的现代派画家夏加尔那如梦一样充满幻想的作品呢。

关于巴士底广场我们就说到这，其实我们来这儿主要是为了休息一下，免得看花了眼、看晕了头。现在，休息好了后，我们又要出发。

蓬皮杜文化艺术中心，法兰西当代文明的象征 与以前那些相对古老、动辄百年千年高龄的名胜不同，蓬皮杜文化艺术中心非常年轻，恐怕比我们大多数读者都要年轻，现在只有20多岁。

讲蓬皮杜文化艺术中心，也许先要谈谈蓬皮杜。

蓬皮杜是前法兰西第五共和国总统，曾担任法国政府总理连续6年多，这是法国历史上前所未有的，后来又担任总统5年。前面我们说过，法国一届总统任期是7年，他怎么只当了5年呢？那是因为他没有任满就猝然而逝。

在蓬皮杜刚刚当上总统的1969年，建议兴建一座能体现法国和世界当代科学与文化成就的博物馆，他的建议得到了赞同，第二年开始征集建筑方案，实行的也是全世界公开招标，共收到来自几十个国家的近700个方案，最后经过层层筛选，择定了由意大利设计家朗佐比阿诺、吉安弗朗哥、弗兰西尼亚和英国设计家理查·罗杰斯共同提出的方案。

为什么他们的方案能中选呢？因为他们的方案实在太新奇了，在富于现代感的法国人眼中这就是最好的。

1972年开始动工，1977年建成，这时提出创建它的蓬皮杜总统已经在3年前辞世，为了纪念他，就命名为蓬皮杜文化艺术中心。

然而，从外表看起来，它怎么也不像是一座文化中心，既不像我们常见的博物馆，也不像一般的歌剧院、图书馆，倒像是一个地地道道的大型化工厂或者一座还没有撤掉脚手架的新建筑——它的整个外形就是许多纵横交错的管道和钢架，上面涂着各种色泽鲜艳的油漆。这些管道都有各自的作用，其中红色的是交通运输设备，蓝色的是空调设备，绿色的是给水、排水管道，黄色的是电气设施和管线。面对广场一侧的建筑立面悬挂着一条巨大的透明圆管，里面安装有自动扶梯，作为上下楼层的主要交通工具。设计者把这些布置在建筑外面，目的之一是使楼层内部空间不受阻隔。

这正是其设计师的匠心独具之处，他们认为，建筑物中起最重要作用的乃是结构，而那些内部管道之类正是结构的组成，于是一改过去忽视那起决定作用的结构，特意将它们加以突出与颂扬，成为建筑中第一个落入参观者眼帘的东西。

蓬皮杜中心主要包括四个部分：公共图书馆，建筑面积约16 000平方米；现代艺术博物馆，约18 000平方米；工业美术设计中心，约4000平方米；音乐与声响研究中心，约5000平方米。连同其他附属设施，总建筑面积10万平方米。除音乐和声响研究中心单独设置外，其他部分集中在一幢长166米、宽60米的六层大楼内。大楼的每一层都是一个长166米、宽约45米、高7米的巨大空间。整个建筑物由28根圆形钢管柱支撑，中间除去一道防火隔墙以外，没有一根内柱，也没有其他固定墙面。各种使用空间由活动栅栏、屏幕、家具等临时划分，内部布置可以随时改变，使用极为灵活方便。设计者曾设想连楼板都可以上下移动，来调整楼层高度，可惜由于对建筑技术的要求脱离了当时的发展水平，未能实现。

整个中心由先进的电子计算机控制，它们还协助管理，如检索文献、统计出入人次等。

文化中心门前的空场地呈坡形，可容纳自发性娱乐活动及露天表演，使传统的街头艺术得以恢复，成为卖艺者自由活动的“天堂”。它周围中世纪街巷密如蛛网，完全禁止机动车辆通行，使游人得其所哉。

在中心内经常不定期举行各种展览会和文化活动，仅1978年就举行了近50个展览、上千次文学及哲学讨论会，还有电影放映、戏剧表演等，成为当代艺术最前沿的舞台。

在这座新型的知识、艺术与生活相结合的宝库里，人们可以通过现代化的技术和手段，吸收知识、欣赏艺术、丰富生活。我们说过，蓬皮杜文化艺术中心分“工业美术设计中心”“公共参考图书馆”“国家现代艺术博物馆”“音乐和声学研究所”四大部分，除此而外，中心还专门设置了两个儿童乐园。一个是藏有2万册儿童书画的“儿童图书馆”，里面的书桌、书架等一切设施都是根据儿童的兴趣和需要设置的；另一个是“儿童工作室”，4岁到12岁的孩子可以到这里来学习绘画、舞蹈、演戏、手工等。工作室有专门负责组织和辅导孩子们的工作人员，以培养他们的兴趣与智力、帮助他们提高想象力和创造力。

在“工业创造中心”中，主要通过各种展览会和图书资料向观众介绍有关市政建设、生活环境及各种工艺产品的发明和创造情况，同时还提供各种日常消费品的资料与咨询。

“公共参考图书馆”完全不是传统意义上那种旧式图书馆，它拥有约30万卷各种最新书籍、2000多种期刊、数十万张幻灯片、一万多个微缩胶卷、上万张唱片，以及各种电影、录像、地图、磁带等，一律开架使用。读者可随意翻阅图书；也可以通过录像机随意选看介绍各国文学、艺术、科技、民俗等情况的电影、录像；音乐爱好者可以戴上耳机自由欣赏自己挑选的曲目。馆内到处都设有放大阅读机和复印机，读者可随时用以查阅微缩胶卷和复制资料。该馆还附设有语言学习室，有40个小房间和40种语言的有关教材、资料，人们在此可以听录音、看教材，选学各种语言。所有这一切都是开放的、免费的，无论对法国人还是外国人都是如此。

“国家现代艺术博物馆”也与那些旧的艺术博物馆不同，集中突出了“现代”二字，专门介绍20世纪以来西方各种造型艺术。包括立体主义、抽象主义、超现实主义、结构主义、概念艺术等各种现代流派的数千幅作品。馆内藏品的陈列方法也是现代的：一条主要线路按时间顺序排列着各个流派艺术的代表作，周围分设许多小展室，分别介绍某流派某艺术家的作品，使观众既可以了解现代西方艺术的概貌，又可以深入观察某个感兴趣的流派或艺术家。馆内还设有可以升降移动的板架，挂有那些未出展的作品，一按动电钮，这些自动板架便可将观众所需而未展出的藏品展示在他们眼前。

唯一独立于建筑主体的“音乐——声学协调研究所”为避免噪音干扰建于大厦旁边的地下，主要功能是让音乐工作者能够利用现代化设备和技术来从事创作，此外它还从事研制新乐器和各种音响设备的工作。

蓬皮杜文化中心像一个夺目的瑰宝，镶嵌在巴黎市内。开始时，也像埃菲尔铁塔一样，因为与众不同而遭到许多非议甚至谩骂，许多人要求法国政府推倒这个怪物，以延续巴黎原来优雅的建筑风格。然而，随着时光迁移，正是这种突破传统的大胆创新不久便引起人们强烈的兴趣。现在它成了巴黎、法国也是全世界最受欢迎的文化纪念馆，每天吸引的游客都在万人以上。从1977年2月揭幕后的两年内共接待了约1400万参观者，远远超过了埃菲尔铁塔，游客数量居法国首位。现在它已不仅是名副其实的文化中心，而且是巴黎一大名胜，是“表现了法兰西的伟大的纪念物”。

世界第一艺术宝库　离开蓬皮杜中心，我们先南行到了里沃利街，然后西行，不久就可以到达下一个景点了，这就是大家最久仰大名的巴黎名胜卢浮宫。

卢浮宫位于巴黎市中心的塞纳河畔，距城岛不远，是世界上最有名的博物馆之一，藏品之精美举世闻名。

中世纪时，卢浮宫原是法王的一座旧离宫，最早的建筑者是腓力·奥古斯都，12世纪时，他在塞纳河右岸建筑了一座城堡，16世纪时，喜欢收藏艺术品的国王法兰西斯一世委派一个叫莱斯科的人把旧城堡完全拆除，并在原址上建造了新宫。设计采用16世纪法国流行的文艺复兴建筑样式，平面是一个带有角楼的封闭式四合院，50余米见方。但莱斯科只建了西面的一部分，这就是现在卢浮宫的西南一角，其立面装饰由下而上越来越丰富精致：第一层檐壁有稍许浮雕；第二层檐壁上的浮雕比第一层更深，窗子上也有精致的浮雕，就是阁楼的窗间墙上也布满雕刻，檐口还有纤巧精妙的装饰。17世纪时，路易十三又扩建了，面积扩大到120米见方，但他只是延长了莱斯科方案中已建成的西侧面，照原样建起对称的一翼，加了中央塔楼，完成了西面的主体建筑。

到路易十四时期，当时著名的建筑师L.勒沃又设计了南、北、东三面的建筑。后来又在卢浮宫东面正西修起了古朴典雅、庄重肃穆的柱廊，就是现在著名的卢浮宫东柱廊。其中东立面总长约180米，高近30米。整个立面在横向可分成五部分，占主导地位的是两列长柱廊，柱高约12米，贯通二、三两层，底层则作为基座，这样便更增加了雄伟感。

这个东立面是皇宫的标志，它摒弃了烦琐的装饰和复杂的轮廓线，以简洁严肃的手法取得了很好的效果。此后又用同样的手法重建了卢浮宫的南、北两个立面。后来，路易十四将王宫迁到了凡尔赛，卢浮宫的修建工程也暂时告一段落。

从18世纪末开始，卢浮宫作为国立博物馆向公众开放，两年后，在卢浮宫的大画廊举行了开馆典礼。19世纪初，拿破仑再次下令扩建卢浮宫，决定将其北端向西延伸，并建了一条与亨利四世的大画廊平行的新长廊，这时卢浮宫一度被称为拿破仑博物馆。拿破仑的工程耗费了巨额时间与金钱，直到19世纪中叶拿破仑三世执政后的第五年才告竣工。

过了没几年，巴黎公社运动爆发，与卢浮宫襟连的杜伊勒里宫毁于一炬，后来在原址上辟了一个新公园，这就是现在卢浮宫前面的大片绿地。

到20世纪80年代，卢浮宫又由杰出的华裔建筑大师贝聿铭主持进行了大规模的扩建。为什么要如此呢？

原来，卢浮宫馆藏虽丰，但过去观众却难一观其全貌。一是因为它的收藏规模实在太大，藏品实在太丰，要看完全部藏品何其难矣。二是它的6个展馆仅在星期一、三两天全部开放，其余四天轮流开放，星期日只开一半。更加严重的问题是，就是你有那份闲心天天去看，也不能全都看见，因为展品只占全部馆藏的大概1/3，其余2/3都“锁在深闺人不识”。

对于这种情况参观者们十分不满，但馆方并非舍不得把精品拿出来示人——它们本来就是给人看的，他们这样做自有难处：一、卢浮宫仅有225个展室，7万多平方米展出面积，根本不可能将洋洋40万件藏品都摆出来。二、更为严峻的问题是，卢浮博物馆缺少必要的服务设施。现代博物馆的服务设施一般要占全部面积的40%，而卢浮宫还不到10%。在以车代步的西方世界，它甚至没有停车场。在自动传送梯普及的今天，它的观众得依靠步行上下。如想由南到北参观，首先必须具备步行几千米的勇气。同时它还缺乏一般博物馆所必备的与本馆相适应的、用以传播和介绍有关知识的图书馆、电教馆等。

所有这一切都大大影响了卢浮宫藏品的展出，使它们不能够尽情呈现在参观者面前。这样的情况也损害了卢浮宫的声誉、削弱了它的影响。例如它身为法国乃至世界第一大艺术宝库，每年接纳参观者人数只有200多万，只及新建的蓬皮杜文化中心的1/3。

法国人意识到，整治与扩建卢浮宫已势在必行。然而卢浮宫毕竟是法兰西最大的宝库，是神圣不可侵犯的。对它的任何改动、如何改、由谁设计等问题都必须慎之又慎，绝不能有丝毫纰漏。

卢浮宫要扩建的消息传开后，全世界最有名的建筑设计师哪个不想将这百年不遇的重任揽在自己手里？且不说巨额的设计费，仅这个工程的意义就远非金钱所能计算得了——它将使设计者的名字如同卢浮宫一般不朽。

对于这个甚至比埃菲尔铁塔和蓬皮杜文化艺术中心更加重要的建筑设计，法国人并没有按惯例向全世界公开招标，而是由密特朗总统亲自选定了当代世界最伟大的建筑大师——美籍华裔的贝聿铭。密特朗总统明白地说：贝聿铭是中国血统，他懂得卢浮宫对于法国人和法国历史的意义。

贝聿铭也深深知道要尽量保留卢浮宫原有的外观，他也明确表示说："我不动卢浮宫。我是中国人，我懂得传统的含义。"

最后，他想出了一个奇特、大胆且赢得了法兰西举国赞同的设想：所有服务设施都建在地下。其中包括接待厅、问询处、休息室、托儿所、图书馆、电影厅、音乐厅、视听中心及咖啡馆和一条商业长廊。此外在小凯旋门西面的地下还建造一个可以容纳1000辆小汽车、50辆大轿车的地下停车场。

贝聿铭另一个更为大胆的设想是：把地下设施的出入口建成一座高20米、底宽30米，80%透明，20%反射的玻璃金字塔。金字塔西侧底部的大门宽8米、高2.5米，成为卢浮宫的主要出入口。而东、南、北三面各立一座5米高的小金字塔，分别指示三条通往主要展馆的地下自动楼梯。在大金字塔的周围还交叉设置3个静水池和4个喷水池，与大小金字塔相映成趣。

现在，这个玻璃金字塔已经成了卢浮宫的新象征，许多人来看卢浮宫的主要目的之一就是要看看这个奇妙的金字塔，它将古代埃及文化与现代建筑科技完美地融合在一起，在周围古色古香的建筑背景下既显得标新立异、令人耳目一新，又并不刺眼或不和谐。特别是当华灯初上，塔内灯火通明时，更显处处晶莹剔透，恍若天府琼宫！

扩建后的卢浮宫在1989年重新开放，这时其总面积为15万多平方米，成为世界上名副其实的最大的博物馆之一。

扩建之后的卢浮宫仅画廊就长约300米，藏品包括从古代艺术到印象主义直至最新的现代派艺术作品，共达40余万件，为举世之冠。从1932年起，卢浮宫就根据科学原则对藏品进行了全面规划、整理、修改，并在此基础上做出了全面分类。

现在的卢浮宫展品共分七大部分，分别是：希腊罗马艺术部、埃及艺术部、东方艺术部、绘画部、素描部、雕塑部、艺术品部。

希腊罗马艺术部由拿破仑创建，以建筑、雕塑、镶嵌工艺、青铜器、珠宝和陶器为特色，也收藏有伊特那斯堪艺术品，他们是意大利半岛最早的居民，比古罗马人还要早，曾做过罗马人的王。

埃及艺术部主要展出拿破仑远征埃及时掠夺来的艺术品，许多是古埃及文物中不可多得的珍品。

东方艺术部收藏了美索不达米亚、北非、波斯等地的艺术品，1945年又附设了一个伊斯兰艺术分部。

绘画部包括从中世纪到当代欧洲各种流派的绘画，几乎把代表作尽收囊内。其他素描部、雕塑部、艺术品部等与此相类。

此外，卢浮宫另设有地下绘画储藏室，绘画修复车间、实验室及艺术、考古图书馆，等等，并建有卢浮宫博物馆学院，专门培养博物馆管理人才。

卢浮宫博物馆的艺术珍品每年吸引着几百万的国内外观众，对于参观者们而言，最不可或缺的恐怕就是卢浮宫的三件镇馆之宝了：一是断臂美人“米洛斯的维纳斯”雕像；二是无头折臂但似欲乘风仙去的“胜利女神”雕像；三是达·芬奇的永远露出神秘微笑的《蒙娜丽莎》。

协和广场：巴黎第一广场　卢浮宫往西不远处就是协和广场。

协和广场位于塞纳河畔，它的西侧有协和桥，这是塞纳河中一座著名的桥梁，由一个叫贝豪奈的人设计，颇富特色。它主要的建筑材料是拆毁巴士底狱时所得的砖石。

协和广场是巴黎最大的广场，建于16世纪，但并没有完工，一直被断断续续地修建着。后来被命名为“路易十五广场”，广场中心曾立着一尊路易十五的骑马像，大革命时期像巴士底狱一样被拆了，革命者们还在这里架起了“革命的剃刀”，不知多少法兰西贵族把血洒在了这里，广场的名字也被改为革命广场，几年后正式称“协和广场”。后来经一个叫希托弗的建筑师主持，又整修了4年才在1840年最后定型为今日的模样。

协和广场最引人注目的是广场中央矗立着的方尖碑，它仿佛是历史的象征，瘦骨伶仃地立在喧嚣的车马中，像准备行侠仗义的堂·吉诃德，看上去有些孤独，也颇有味道。

以前在罗马我们也曾看到过方尖碑，不过这块方尖碑可不一般，它乃是不折不扣的埃及货，是法国人费尽千辛万苦从埃及运来的。它原来处在埃及的卢克索。这个地方不知道您听说过没有，是埃及也是世界上最伟大的古文明遗迹之一，是古埃及文明遗迹最集中的地方。那位七月王朝的路易·菲力普国王正是在1831年从卢克索移来了这块方尖碑，碑身的楔形文字记载着拉美西斯二世法老的事迹。方尖碑两侧不远处各有一眼喷泉，泉水中的雕像十分精致，水像瀑布一样从中间那个有如古老烛台的大盘中涌出，流到下面如正在淋浴的天使与仙女身上。广场的四角另有8座雕像，据说是法国八大城市的象征。

对于今天的巴黎人，协和广场是市民们休息的好地方。被城市的忙乱与喧嚣弄得筋疲力尽的人们，如果得到了一点闲暇，最好的去处不是埃菲尔铁塔或者卢浮宫，而是来到这广场，在苍松翠柏之中静坐、在清澈的水池边嬉戏，洗尽疲累的感觉。

在协和广场休憩一会儿之后，我们要去的下一个地方是在广场西北不远处的爱丽舍宫。

爱丽舍宫像美人怀里藏了一把枪　爱丽舍宫这个名字您应该听说过，只要留意新闻，有关法国的新闻有相当一部分是在爱丽舍宫里发生的，为什么这样？那原因最简单不过了，爱丽舍宫乃是法国总统的官邸，就像白宫之于美国总统一样。

爱丽舍宫位于巴黎香榭丽舍大街东端，爱丽舍田园大街北侧，地处巴黎最热闹的市中心。不过，作为总统一家子的住宅，也不能太热闹，因此它的背后有一个2万多平方米的阔大花园。这样闹中取静的地方只有总统才有条件享受。

由于这样的位置，我们要去爱丽舍宫是很容易的：到了卢浮宫或者协和广场，往西一点就成了；到了香榭丽舍大街呢，往东一点就是了，塞纳河也在它的南边不远。可惜的是，我们就是到了门边，也顶多不过在门外瞅上一眼而已。

不过，爱丽舍宫也不全是这样，从1989年开始，每年9月份的法国古堡节它都向公众开放，供普通老百姓参观。

说起爱丽舍宫的历史来，那可有着一个个悲欢离合的故事呢。

爱丽舍宫最初兴建于18世纪初，迄今已有近300年历史。它原来是一位名叫戴弗罗的伯爵的私人府邸，时人称为戴弗罗公馆。此后的爱丽舍宫可谓饱经沧桑，屡易其主。

最初，它的第一个主人死后，著名的蓬皮杜夫人买下了它，她是路易十五的情妇之一，在法国野史上是个有名的人物，是路易十五时代的幕后专制君主，她为法国建筑了许多壮丽的宫殿，对文学艺术也奖掖有加。她死后大厦转到了情夫路易十五手里。后来路易十五又把宫殿卖给了金融家博让。过了10多年，它被新国王路易十六买下，他把它送给了侄女波旁公爵夫人，原来的戴弗罗大厦现在也改名为波旁大厦。

1789年大革命爆发后，大厦从断头鬼路易十六手里出来了，几经转手，最后不知怎的改名叫爱丽舍宫。据说“爱丽舍”法文的意思是“天国乐土”，难道是因为这名字好听？拿破仑称帝后，他的内兄，也是他妹妹的老公缪拉元帅买下了爱丽舍宫。3年后他被封为那不勒斯王，要去意大利上任了，行前把这座宫殿送给了拿破仑，从此成了拿破仑皇帝的家，直到他被赶下帝位。

1815年百日复兴中，拿破仑又回到了爱丽舍宫，但他好景不长。滑铁卢战役失败了，他只能在爱丽舍宫内宣布第二次退位，把宫殿同国家一起还给了路易十八。不久路易十八又把它送给了侄子贝里公爵，就是后来的查理十世。

1830年查理十世被七月革命赶下台后，这座宫殿就被抛弃了，20多载无人居住。1848年二月革命后，拿破仑的侄子路易·拿破仑当选总统，他学习他的叔叔，住进了爱丽舍宫。1851年他登基称帝，称拿破仑三世，爱丽舍宫便成了皇宫。

1870年拿破仑三世倒台，法兰西第三共和国建立以后，爱丽舍宫又成了共和国总统府，从此100余年，历届法兰西共和国总统都在此工作和生活。

总的说来，爱丽舍宫是一座建筑总面积达1万多平方米、由大石块砌成的二层楼房。门口高高飘扬着法国的红白蓝三色国旗，门楣上骄傲地雕刻着两个大字母：“RF”，即法兰西之缩写。进门后，迎面是一个大庭院，两边是两座对称的平台，庭院对面就是主建筑了、那座二层楼房了。从外表看上去，它相当平凡朴素，至少谈不上豪华，再往后，过了这幢主建筑就是那座幽静、秀丽的大花园了。

不过，作为堂堂法兰西总统的府邸，当然不会真的寒碜，只要您进得门去，那里头的豪华就会让您大开眼界了。

爱丽舍宫里共有近400个大小不等的房间，主楼第一层是客厅、会见室、餐厅等，第二层就是总统的住所和办公地点了。无论是第一层还是第二层，每个房间都金碧辉煌，例如客厅里，四壁都用镀金钿木装饰，墙上悬挂着精致挂毯和名画，四周陈设17、18世纪的镀金雕刻家具，甚至地面都是巨幅绘画作品，厅内还陈列着珍贵艺术品、许多金光闪烁的座钟和大吊灯，宛如卢浮宫的展室。

据说这里仅17、18世纪——这个时期是法兰西家具的黄金时代，就像中国的明朝一样——镀金雕刻家具就有约2000件，各种名贵挂毯逾200幅，还有数百只精致的各式座钟，金银餐具有8000多套，水晶酒杯3000只，还有2600件镶金瓷碟。这种瓷碟由巴黎南郊著名的塞夫勒厂生产，据说一旦不小心打碎了，宫内要派专人将碎片送至塞夫勒，以回收瓷碟上镶嵌的黄金宝石之类。

在爱丽舍宫的几百座挂钟中，有一座双面钟，它还有一段典故呢。相传当年拿破仑召开内阁会议时，经常看到大臣们把怀表掏出来看时间，这种举动让他十分恼火——大约就像今天官老爷们做报告时看到下面有人打手机一样，拿破仑就命令工匠制造了一架双面挂钟，让他们再没有借口掏怀表。

爱丽舍宫另一个不凡之处是这里还是法国总统的秘密军事指挥部。

我们知道，法国是世界五个核大国之一，核武装力量居全球第三。在爱丽舍宫奢华的水晶灯和金色的雕花门后面竟然还有法国核武装力量的指挥中枢。据说经由一条宫内的秘密通道可到达一间称之为丘比特的地下室。它的门由夹层钢板特制，四周是厚达数米的混凝土墙。室内装置了3个荧光屏，另有一部摄影机对准总统办公室，使总统和空军战略部队随时保持联系。总统和基地指挥官的通讯采用密码，并以电子签名来验证身份，万无一失。

这味道像不像一个绝色美人在怀里藏了把左轮枪?

全世界最漂亮的大街——香榭丽舍大街 香榭丽舍大街是很容易走的，从协和广场直接往西就是了，我们在前面已经介绍过，它位于协和广场与戴高乐广场之间。

法国人爱称香榭丽舍大街为世界上最美丽的大街，这也许有点夸张，但承认这个说法的非法国人也着实不少呢。

香榭丽舍大街只是音译，意译出来则是“福地大街”。即便不是全世界最漂亮的大街，它也是巴黎最漂亮的大街。

香榭丽舍大街最初建于17世纪，当时这里还属于巴黎的郊区，是一片田野和荒地，附近有一条王后大道，当时一个叫安德烈·勒诺特尔的宫廷庭院设计师负责修建了一条长近2000米、宽达100多米的林荫大道，大道一直延伸到当时还是山坡、现在是凯旋门的地方，他又在林荫大道两边修建了一些景色优美的园林。

18世纪时，根据一个叫科尔贝尔的工程师提出的设计方案，那山被挖掉弄平，形成八角形，就是今日戴高乐广场所在地。这样，从今天的协和广场直到戴高乐广场就连成一体了，它就被总称为香榭丽舍大街。

最开始时，这里的位置还比较偏僻，街道冷冷清清，沿路只开设了很少几间旅店。到路易·拿破仑以奢华著称的第二帝国时代，香榭丽舍大街就大大地繁荣起来，它优美的环境使许多阔佬将住宅修到了这里，促使这个本来离市中心较远的街区迅速变得富裕而优雅，到处是漂亮的宅子。

第一次世界大战后，许多巨富失去了财产，法国与巴黎的经济也发生了变化，接着1929年的经济危机使这条街作为富人住宅区的地位受到致命打击，富人们要么穷了，要么把宅子用来开铺子赚钱，这样来的人就多了，沿街出现了许多咖啡馆、夜总会、奢侈品商店、电影院，等等。不过大街仍然保持着它的豪华气派，加上浓荫蔽日的人行道、宽阔壮观的路面，使这里成为人们散步购物的好去处。再往后，从20世纪50年代起，许多银行、汽车制造商、航空公司等又将他们豪华的办公楼搬到了这儿，许多甚至把总公司设到了这里，这又增强了香榭丽舍作为巴黎商业中心的地位。所幸的是，这些商业功能的加强并没有削弱它作为人们休闲好去处的地位。因为如前所言，它以中间的香榭丽舍广场为中心分成明显的两段，西段从戴高乐广场至香榭丽舍广场，东段从香榭丽舍广场至协和广场，两段彼此之间的差异一直是明显的：西段是商业中心，东段是休闲中心。

东段的休闲中心长700多米，这段大街百余年来面目依旧，两侧是成排的栗树，树后面有很多花园，到处花团锦簇、鸟语花香，一派恬静的自然风光。但见翠绿的公园里、长椅上，带着小孩的夫人、老年夫妇还有年轻人尽情地享受悠闲与浪漫，这里又是儿童游戏的乐园，每天都有许多家长带着孩子来尽情玩耍。花园里有许多由凉亭或楼阁改成的茶室、餐馆、小剧场，逍遥漫步之余还可以去饮饮茶看看剧什么的，让人体会到“偷得浮生半日闲”的惬意。

西段的商业中心全长超过1000米，街道两边店铺林立，橱窗里商品琳琅满目，这里集中了许多大公司的展厅与办公大楼，汇聚了许多著名的香水店、夜总会、时装店、大型快餐店，等等，终日人潮汹涌、热闹非凡。

我举几个具体的例子：这里仅电影院和电影发行公司就达50余家，著名的高蒙、巴黎、乔治五世等都在这里；法国航空公司、法兰西商业信贷银行、奔驰、雪铁龙等大公司大银行都在这里设了分部或展台；这里是法国主要的新闻中心，著名的《巴黎竞赛画报》和《费加罗报》的总部设在这里；许多各国驻法外交机构也是如此，像中国驻法大使馆就设在香榭丽舍大街与乔治五世大道的交会点附近。

街上最多的是夜总会和咖啡馆。最著名夜总会是丽都夜总会，它称得上是全世界最有名的夜总会，它的“丽都秀”对游客们的吸引力几乎不亚于任何景点。

“丽都秀”在我们保守的中国人看来有类于色情表演，但实质上并非如此；丽都也绝不是色情场所，是任何高雅之士都可以去的地方。“丽都秀”的特色是无上装，只见富丽堂皇的舞台上，美丽的女郎裸着上身唱歌、耍杂技、花样滑冰，甚至跳芭蕾舞，那技巧之高不亚于专业比赛。至于她们裸着的上身，也只是增加了艺术感染力，并不给人色情的感觉。

香榭丽舍大街最著名的咖啡馆是福盖世咖啡馆，它与中国大使馆隔马路相望，据说当初一对夫妇开设这个咖啡馆时，为了不致将巴黎高贵的小姐夫人的冰肤玉肌晒黑，特意将铺面建在背阴处。

前面所讲这些，再加上东段的田园风光，不难说明为什么短短的香榭丽舍大街能具有如此的魅力。

香榭丽舍大街完美地表达它的魅力的还是夜晚。

每当夜幕降临，香榭丽舍大街微风轻拂，处处异香扑鼻，有的是昂贵的香水店里发出来的香水味，更多的是来自巴黎著名的浪漫美人之玉体。酷爱夜生活的法国人这时三五成群地聚集在街边的咖啡馆或酒吧前的小桌旁，促膝而谈，年轻时髦的金发女郎倚在橱窗边悠闲地欣赏里头漂亮的展品。一对对恋人们，男的英俊，女的靓丽，在街边相拥漫步。不用去丽都夜总会，就是这些街道两边五光十色的、使人如在梦乡的霓虹灯下的一切就足以使人迷失了。

也许更令人叫绝的是，即使看上去如此热闹，但一切都只是眼中所见，对于我们的耳朵呢，除非你去夜总会里欣赏表演，否则你在这里只能看到车流疾驶而过划出的道道弧光，还有人影、展品与霓虹灯，你的耳朵里却几乎听不到什么，根本没有平常在大街常听到的嘈杂与喧闹。

如此的繁华之中也呈现出一派静谧祥和之美，也许这就是人们认为香榭丽舍大街是世界上最美丽大街的缘故吧。

巴黎最美的一扇门——凯旋门　香榭丽舍大街是巴黎最美的大街，凯旋门是巴黎最美的门。

巴黎不止一座凯旋门，世界上就更多了，据说有100多，但最为壮观、最为著名的是我们现在要讲的这座凯旋门。

前面我们已经多次提过这座凯旋门了，我们知道了它位于香榭丽舍大街的最西头，在这里它与拉格朗达尔梅大街连成一线，是12条大街的交汇点。

建筑这座凯旋门的起因是这样的：1805年12月2日，拿破仑在奥斯特利茨战役中大败奥俄联军，这是拿破仑一生之中、也是西方历史上最伟大的军事胜利之一。拿破仑得意之余，翌年2月下令建筑一座凯旋门来庆祝胜利，他选定著名的建筑师沙尔格林主持工程。这年八月破土动工。由于工程浩大，又逢战事频仍，施工进度相当缓慢，又时建时停，经过了整整30年，直至1836年7月才举行了落成典礼。

对于法国人而言，凯旋门有双重意义：它既是法兰西民族最耀武扬威的一段历史的象征，直到现在都激励着他们的民族自豪感；同时又是精美的艺术品，是法兰西民族艺术创造精神的最佳表达之一。

凯旋门高约50米、宽约45米、厚约22米，四面各有一扇门，中心拱门宽近15米，五辆坦克可以并排通过。

凯旋门内设有电梯，可直达50米高的拱门，腿脚好的人也可以沿着近300级的螺旋形梯子拾级而上。到上面后有两样东西可看，一可以看那座小型历史博物馆，里头陈列着许多有关凯旋门建筑史的图片和历史文件，还有介绍下令建筑它的拿破仑生平事迹的图片。另有一间配有英法两种语言解说的电影放映室，专门放映一些反映巴黎历史变迁的资料片。

第二可以看风光。博物馆顶部是个平台，游人们从这里可以远眺巴黎圣母院、协和广场的卢克索方尖碑、埃菲尔铁塔等，特别是，当俯瞰凯旋门下由环形大街向四面八方伸展出的十二条放射状的林荫大道时，这些大道就像一颗巨星放射出十二道灿烂的光芒，因此凯旋门又被称为“星门”。

凯旋门上的雕刻也是很有名的，它的内壁雕刻着曾跟拿破仑东征西讨的数百名将军的名字，还有宣扬拿破仑赫赫战功的上百次胜利战役的浮雕，外墙上是取材于1792至1815年间法国战史的巨幅浮雕。所有雕像各具特色，同门楣上的花饰浮雕构成一个有机整体，是力与美的完美融合。其中最有名的是刻在右侧石柱上，面向香榭丽舍大街的“1792年志愿军出发远征”浮雕，即著名的《马赛曲》。它是吕德的作品，是世界美术史上的不朽杰作之一。

凯旋门建成后，由于它的辉煌，也由于它的位置，它成了某种象征，象征法兰西民族的自豪感。因此，1920年11月，在凯旋门下方又建造了一座无名烈士墓，墓基本上与地相平，里面埋葬的是在第一次世界大战中牺牲的一位无名战士，他代表着在那次大战中死难的150万法国官兵。

无名战士墓前点着一盏长明灯，自1921年点燃后一直在燃烧，每天晚上都准时举行一项拨旺火焰的仪式。它是法国最有名的一盏灯了，许多法国人都会来这里献上一束鲜花。

但由于这盏灯就像搁在地面的一支蜡烛，火也不大，常常不由使人产生要弄灭它的冲动。例如某年一名澳大利亚人竟然想把神圣的长明灯当火炉来煮鸡蛋；还有，1998年法国世界杯足球赛期间，一名喝得烂醉的墨西哥球迷不知道用一杯什么水成功地把它浇灭。这等于在法国人脸上掴了一巴掌，那还了得！结果差点酿成外交风波。最近一次是某位男士一屁股坐到它上面，想一举将之弄灭，结果反被灼伤了屁股。

每逢节日，就有一面长达10余米的法国国旗从凯旋门顶垂下来，在无名烈士墓上空高高飘扬；更重大的节日时，一名身着拿破仑时代戎装的战士就会手持劈刀守卫在

《马赛曲》雕像前；在最重要的节日，每年7月14日国庆节，都要举行阅兵式，这时法国总统要从凯旋门下通过，每位总统在其卸职的那天也要来此向无名烈士墓献上一束鲜花。

最为奇特的是，据说每当拿破仑周年忌日的黄昏，从香榭丽舍大街向西望去，一团落日恰好映在凯旋门的拱形门洞里。

凡尔赛宫有世界上最美的园林 至此，我们已经逛完了巴黎城内所有景点，下一步要去巴黎郊区了。

在巴黎郊外，西南20多千米的地方，安卧着凡尔赛宫。

在有凡尔赛宫以前，那里只是丛林中一个小村子。这里是法国最美丽的森林之一，林子里有许多兔子、狐狸、野鸡等野味可供狩猎，17世纪初，当时的法国国王路易十三就在那里造了一栋小猎舍，有时就从巴黎城内跑出来打一阵猎。后来到了路易十四时代便开始兴建凡尔赛宫。

为什么他要把这个小猎舍变成大凡尔赛宫呢？这里还有一个小故事。

路易十四开始执政时，他的宫殿相当朴素。有一次，他的财政大臣富盖请他去做客。他去了一看，发现大臣的府邸竟然比他的王宫还要富丽堂皇得多，心中不由大怒，不久后就找个借口把他逮了起来，关进了巴士底狱。他又下决心建造一座比富盖的宅子还要漂亮、企图成为欧洲之冠的新宫，并且将原来替富盖造房子的人都召集起来，替他建新宫。这大约是1661年的事。

主持凡尔赛宫设计建筑和室内装修的人先后有不少，其中有著名学院派建筑大师孟萨，负责林园设计的主要是著名的林园设计师A.诺特雷。

现在凡尔赛宫所在的地方，那时候除了原来小小的旧宫，只是一片片丛林和沼泽，工人们从远处运来大量泥土，把沼泽里的水排干，把泥土填充进去，又砍伐了成片的树林，从莽莽深林中开辟出一大片空地来建筑宫殿。

因这里水源不足，路易十四下令使附近几条河流改道，把河水引至凡尔赛宫。

经过近30年的施工，宫殿终于在1689年基本竣工，当时的富丽豪华就称欧洲之最。

但还没有完，路易十五即位后，又在凡尔赛宫的北端造了一座歌剧院，整个宫殿的建设才算基本完成。再往后到路易十六上台时，他又对凡尔赛宫进行了一番大规模装饰，让它富丽堂皇、奢侈豪华得无以复加。

路易十六被推上断头台后，凡尔赛宫在相当长的一段时间里无人理睬，几被荒废，直到七月革命后，路易·菲利普上台，才重新修理了已经有点破败的宫殿，并把它改为法兰西历史博物馆，展出法国的历史和艺术珍藏。后来，戴高乐总统又对凡尔赛宫进行了一些改造，使之更适应现代人的需求。

现在的凡尔赛宫是举世闻名的游览胜地，参观人数每年达200余万，除作为旅游景点外，它还是法国重要的外交活动场所和国宾馆，法国总统和政府首脑常在此招待各国驻法使节和宴请来访的各国国家元首和政府首脑。

凡尔赛宫总的占地面积超过1.1平方千米，其中园林约1平方千米，宫殿建筑约10万平方米。

凡尔赛宫以美丽的园林著称。它位于宫殿西侧，在约1平方千米的面积里，可以从南至北分成三部分，南北两部分都有艳丽考究的大花坛。从南面的花坛再向南是景色开阔的橘园和人工湖；北面的花坛则为密林所包围，处处树影婆娑，风光旖旎。

一条林荫道从南向北穿越密林，尽头是大水池和海神喷泉。中央部分有一对水池，从这里开始的中轴线长达3000米，向西穿过林园。这里的林园又分两个区域，较近的叫小林园，被纵横交错的道路划分成12块丛林，每块丛林的中间都设有回纹迷路、水池、剧场、岩洞、喷泉、亭子等，个个独具特色。远处的大林园全是高大的乔木。中轴线穿过小林园的一段叫作王家大道，中央是草地，两侧排着精美的雕刻。王家大道东端有一些装饰得十分漂亮的喷泉，例如拉冬娜喷泉内饰有海龟、青蛙、拉冬娜女神等雕像，对面的阿波罗喷泉中有一个真人大小的阿波罗雕像和几位刚升出水面的光明女神，女神们坐在一辆由三匹马拉的四轮马车上，神态娴雅而优美。

我们知道，阿波罗是太阳神，而路易十四号称“太阳王”，因此这些雕像都是用来歌颂他的。

凡尔赛宫的水也是很美的，宫殿的正后方有两个明镜般的小湖，一条长长的十字形水渠伸向远方，巨大的喷泉蔚为壮观，这些喷泉的用水存贮在专门的湖泊和水库中。这些湖泊和水库有一系列水渠和导管，它们将水从凡尔赛宫附近的高地上引下来，而这些高处的水又是通过改道河流等引来的。

总之，凡尔赛宫的园林规模宏大，造型考究，布局上有明显的几何特性，造成了强烈的节奏感，产生出多变的景观，使凡尔赛宫的园林成为欧洲园林中独一无二的杰作，也成为后来大部分欧洲皇家园林的模仿对象，例如俄国沙皇的夏宫就是模仿凡尔赛宫的，只是没有哪一个真正能与凡尔赛宫媲美。

凡尔赛宫的宫殿建筑作为凡尔赛宫的核心更加宏伟。

宫殿建筑主要用奶油色砖石砌成，以东西为轴，南北对称，南北距离约400米。中央是国王和王后居住的殿宇，北面住着王子和亲王等王族成员，南面则是政府各部、教堂和歌剧院等，建筑占地面积超过10万平方米。

宫顶的建筑不是用我们以前常看到的巴洛克式圆顶或巴黎圣母院的尖顶，而是平顶，显得庄重威严，有与教堂不同的特别的帝王威仪。宫殿外壁上端立着许多大理石人物雕像，许多是艺术精品，出自名家之手，造型优美，栩栩如生。

凡尔赛宫最精彩的另一部分在它的内部。

凡尔赛宫的内部装修极其华丽，里面有宽大的厅堂，气派非凡的巨大楼梯。厅堂的墙面和大楼梯都用彩色大理石贴面，镶成方形、菱形、圆形的几何图案，配上彩色镶边，灿烂夺目。许多内壁又饰以浮雕、壁画，挂着巨幅的油画和挂毯，天花板上是向上凸得很深的，雕镂精细的几何形格子，悬着巨大的枝形吊灯。室内陈列着胸像、立像等雕刻作品，配有17、18世纪造型美观大方、工艺精湛的家具，此外还有来自世界各地的珍贵艺术品，其中有中国古代的精美瓷器。

在这些豪华宫室中最有名、最富丽堂皇的要算镜廊了。

镜廊长70多米，宽10米多，高12米多，一头与和平厅相连，另一头与战争厅相接。拱顶上布满了描绘路易十四最初18年征战功绩的彩色油画。吊灯、烛台与彩色大理石壁柱和镀金盔甲交相辉映，排列两旁的有8座罗马皇帝雕像、8座古代天神雕像以及24支光芒闪烁的火炬，令人眼花缭乱。最令人拍案叫绝的是长廊左侧面对着花园而开的17扇巨大拱形窗门，这些窗门对着另一边17面巨大的镜子，这17面大镜子每面均由近500块镜片组成。白天在室内可通过镜子观赏园中美景，如果在廊中行走就恍若走在百花争妍的花园中央。

最特别的是花园中夜宴时，宴席上几百支蜡烛的火焰一齐跃入镜中，镜内镜外烛光辉映，更是如梦如幻。

总之，凡尔赛宫内外都极其华美，尽显王家风范，甚至显得铺张而奢侈，但既是帝王之家，所以并不显得过分，没有暴发户的感觉。

枫丹白露：拿破仑在此签署退位诏书　枫丹白露位于巴黎东南65千米、塞纳河左岸3000米的枫丹白露森林内。

“枫丹白露”的意思是“美泉”，因为这个地方有一眼八角泉水，“枫丹白露”就是法语“美泉”的音译。不知您注意没有，我们看到过许多译名，例如前面的卢浮宫、埃菲尔铁塔等，这些景点本身无疑是美的，但它们音译的汉语名读来并不特别美。现在的“枫丹白露”就不一样了，一读起来就令人感觉其味无穷，余香满口。这多亏了我们那位浪漫诗人徐志摩，“枫丹白露”这个绝妙的译名正是由他译出来的。

也许是因为有这么一眼可以解渴和饮马的美泉，远在12世纪时，法王路易六世就在泉边修建了一座城堡供打猎休息之用。以后，16世纪时法兰西斯一世对它进行了全面整修，只保留了原来的一座塔楼。此后的枫丹白露更加受到诸位君王的喜爱，亨利二世、亨利四世、路易十四、路易十五、路易十六和拿破仑等都根据各自的爱好，再三对之进行改建、扩建和装饰，使它日臻豪华富丽。

枫丹白露的修造中间还有另一个特色，它是法国与意大利建筑师合作的结晶。原来，当初法兰西斯一世重建枫丹白露时，召来了最好的建筑师，为了让它尽善尽美，又特意从意大利请了著名的画家罗索·菲奥伦蒂诺来法和普利马蒂乔、雕刻家切利尼，由他们三个人负责枫丹白露的内部装饰。如此，修建枫丹白露时往往是这样的顺序：先由法国建筑师建好，然后那几位意大利画家便来装饰。这样使得枫丹白露成为法国与意大利建筑与艺术的完美结合。

特别是那三位意大利艺术家，他们创造了一项新的绘画技术，能将木板上的画同灰泥的裸像、花环等浮雕装饰结合起来，使之浑然一体。由于用这种方法画出来的作品十分美，后来便成了一个著名的新画派，即“枫丹白露画派”。

枫丹白露现存的建筑中包括最早的那座城堡、六个朝代国王修建的王府、五个不等形的院落、四座代表四个时代特色的花园，等等，另有一条运河自花园中穿过。

这些建筑中的主体是那五个卓有特色的院落，其他部分可以说是这五个院落的一部分，它们的有机结合共同组成整体的枫丹白露。

五个院落分别是：白马院、源泉院、椭圆院、官员院与王子院，自西向东而列。

白马院长150多米，宽110多米，正门朝东，门前有一巨大的马蹄形台阶。院子北部是建于16世纪带顶楼的弗朗索瓦一世配殿，又叫大臣殿，南部是路易十五配楼，这是一座由建筑师加夫列尔在18世纪修建的多层楼房。

源泉院南面有一个鲤鱼池，北面有著名的法兰西斯一世长廊，廊内有许多漂亮的寓言画和雕塑。西面有各朝王太后和教皇寝宫，教皇曾在此驻跸。正南方也是加夫列尔建造的宫殿，它东面的配楼外有漂亮的双排台阶。

椭圆院内保存着整个城堡中最庄严肃穆的部分——圣路易纪念塔。其余建筑均系法兰西斯一世时期建成。东面是多芬门，与之相对有一条赫梅斯廊，通向官员院。

官员院由三组砖石结构的楼房环绕而成，建于17世纪。王子院则位于椭圆院北面，四周是亨利四世和路易十五时期的建筑物。

枫丹白露的花园也很有名，例如在五院西面的迪亚娜花园，拿破仑在枫丹白露时所住的宫殿就在花园上面。还有在枫丹白露南面的“英式花园”，面积约300亩。园内水渠纵横，中央有蒂布雷池，还有十分漂亮的“丽水”喷泉，“人像柱”岩洞也别有风味。

据说阿奈德法兰斯曾说过:“要想了解法国历史，与其啃书本，不如亲自来这里走一遭。”他的“这里”指的就是枫丹白露。的确，枫丹白露可以说凝缩了从中世纪封建时代起直到拿破仑三世的法国史。究其原因，无非因为枫丹白露得到自法兰西斯后历代君王的垂爱，把这里当作他们的王宫或者行宫，由此在这里演绎出法国历史上一幕幕悲剧与喜剧。

例如，1814年4月，在巴黎郊外的枫丹白露，拿破仑签署了退位诏书。

这时，我眼前仿佛浮现起这样的情景：已经日暮途穷的拿破仑，在百万反法联军的刀剑威逼下，执起了鹅毛笔——依旧动作从容、仪态威严地签下了也许是他一生中最痛苦的命令——宣布他以及他的家族成员永远放弃法兰西和意大利的王位。

在退位文告上写下“拿破仑”的赫赫大名后，他慢慢走向那些曾经跟随他南征北战、横扫欧洲、老泪纵横的将士们。在一片“皇帝万岁”的悲壮的呐喊声中，他说完了简短的告别辞，吻过了军旗，黯然挥别枫丹白露、挥别法兰西，开始他前往流放地厄尔巴岛的新旅程。

第十七章　自然英国

“英国”这个中文名字其实是不合理的，只是一个我们习惯了的错误。

英国的国名即使简称也应当是“联合王国”，因为它的全名乃是“大不列颠及北爱尔兰联合王国”。联合王国包括四个组成部分：英格兰、苏格兰、威尔士和北爱尔兰，英国中的“英”仅仅是英格兰的简称而已，怎么能简称整个联合王国呢？说起来，称联合王国为英国就像称法国为巴黎一样——巴黎诚然了不起，诚然法国其他地方可以称为巴黎的大郊区，但法兰西毕竟是法兰西，不是巴黎。

不过，像中国一句成语所言：约定俗成。由于英格兰在整个联合王国中的地位太高，其余三个部分远不如英格兰，所以不知从什么时候起人们就把联合王国称为英格兰了，我们也称为英国了。

但我们也应当记住，英国真正的国名应当是联合王国，英文是“United Kingdom”，查英文的辞典或百科全书的时候，如果您想查“英国”，那必须打“U”字头查，否则打“E”字头是查不出来的。

英国是“四合一”国家　为了以后讲解的方便，我得先把组成英国的这四个区简单讲讲。

首先是苏格兰。苏格兰还有一个称呼：喀里多尼亚。

苏格兰位于不列颠岛北部，面积近8万平方千米，占有整个不列颠岛约1/3。南与英格兰接壤，二者之间并没有明显的界线，大约以切维厄特丘陵为界。

威尔士是不列颠岛西部的一块高地，东与英格兰相连，就像从不列颠突出的一个小半岛一样，从它往东地势就低了，这可以看成它与英格兰的界线。它的面积相当小，只有约21 000平方千米。

除了上面的苏格兰和威尔士，不列颠岛的其余部分就全是英格兰了。它的面积占了整个不列颠岛的大部分，共约13万平方千米。

北爱尔兰位于爱尔兰岛东北部，南面就是爱尔兰共和国，二者之间并没有特别的自然边界。北爱尔兰面积约14 000平方千米，是联合王国四个组成部分中最小的一个部分，但却是问题最多的一部分。这就是所谓的“北爱问题”，我们到后面再讲吧。

作为一个岛国，英国是由许多岛屿组合起来的，共有5400多个，其中最大的是不列颠岛，另外就是不列颠岛西边的爱尔兰岛的北部了，这就是为什么英国叫“大不列颠及北爱尔兰联合王国”的缘故，也就是说它主要是由不列颠岛和北部爱尔兰联合而组成的。除这两大块外，其他比较大的还有不列颠岛北面的设德兰群岛和南面十分靠近法国海岸的海峡群岛、西北与不列颠岛靠得很近的外赫布里底群岛，等等。

所有这些加起来的总面积约24万平方千米，比中国的湖南省稍微大一点。

不过这只是英国本土，像法国一样，英国还有一些海外领地。我们知道，英国曾是世界上最大的老牌殖民帝国，号称“日不落帝国”，曾经在各大洲拥有海外殖民地55大块，面积大大超过2000万平方千米。这些殖民地现在绝大部分已经独立了，但还有大洋上的一些小岛在英国的控制之下，它们遍及全球：在大西洋有百慕大群岛、阿森森岛以及拿破仑生活过多年的圣赫勒拿岛等；在印度洋有查戈斯群岛等；在太平洋有迪西岛、亨德森岛等；在欧洲，地中海与大西洋之间的咽喉要道直布罗陀也在它的控制之下。

还有一个概念我也要讲清楚，就是英联邦。我们知道，英国曾有广大的殖民地，这些殖民地除很早就独立了的美国外，大部分直到第二次世界大战结束时还是英国的一部分。但此后掀起了独立高潮，英国根本就无力让它们继续当其殖民地了。于是英国人想出了一个既让他们独立，又让它们同自己保持一定特殊关系的法子，就是成立了英联邦。这些前殖民地国家独立后一般仍留在英联邦内，联邦内的国家之间在许多方面仍然有特殊的关系，并且每4年举行一届英联邦运动会。

现在属于英联邦的国家遍布全世界，有几十个，主要有加拿大、澳大利亚、新西兰、南非、印度、巴基斯坦、马来西亚、尼日利亚、坦桑尼亚、孟加拉国等。

我们后面谈的英国并不会涉及其海外领土或英联邦，只谈英国本土。

就地形而言，英国地形的大趋势是西部和西北部地势较高，东南部地势较低。

英国地形的第二个特征是海岸线十分曲折。英国的海岸线曲折绵长，沿海轮廓简直像刺猬，到处是大大小小的半岛、海湾、岬角等，错综复杂。其海岸线总长超过1万千米，就英国小小的面积来说够吓人了。

英国地形的第三个特点是：它没有什么大河，但这些河都挺管用。

英国领土狭小，不可能有大江大河，但由于英国降水比较丰富，这些小河的流量却不小，不但利于航行，还有颇为丰富的水力资源。英国最长和最著名的是泰晤士河，其次有一条塞文河，是第二大河。

以上就是整个英国的地形大势，要论详细的情形，我们还是分别从苏格兰、英格兰、威尔士来讲吧。至于北爱尔兰，面积比威尔士还小得多，甚至算不上是完全属于英国的，地形也十分简单，就不多说了。

我们先讲最北的苏格兰。

苏格兰和尼斯湖　苏格兰的地形以高地为主，约占总面积的七成以上，其他约三成的是低地。它们是这样分布的：最北是高地，然后是低地，再南又是高地。

最北的高地名叫西北高地，海拔在600到1000米之间，主要是些相当古老的岩石，因长期以来受雨水等的冲蚀，犹如一把锉刀在刻一样，千万年之后终于形成了许多既深且窄的山谷。最大的是南面的摩尔峡谷，长达160千米，中间形成了一个湖。

这个湖如果我说出名字来，您就会"啊"的一声叫出来，说："原来是它！"您猜猜是哪个呢？就是尼斯湖呀！

记得我小时候读过一本书，叫《世界四大怪》，分别是：UFO、百慕大三角、野人和尼斯湖怪。据说，在尼斯湖里生活着一种水怪，它们有时把头伸出水面，样子活像我们在《侏罗纪公园》中看到的最大的恐龙蛇颈龙，这就是尼斯湖怪了。尼斯湖怪也许是世界上最出名的怪物了，自从1934年发表了一张它那将头伸出水面的照片以来，已经有无数人自称目睹到尼斯湖怪，而且拍摄了不少有关它的照片。这吸引了全世界的目光，许多专业或业余人士组队去寻找怪物，想拍摄到它清楚的照片，最好捉一头来瞧瞧。然而都失败了。因为一方面怪物行踪飘忽不定，有如鬼魅，另一方面尼斯湖湖底有如大迷宫，地形极为复杂，许多地方水深千尺，湖水又混浊，只能看到几尺开外，怎能拍到清晰的照片呢？捕捉就甭提了。但也正因此尼斯湖怪激起了更多的好奇心，人们从全世界赶来看这个从来没人见过、他也必定见不到其真面目的怪物。这一切让尼斯湖成了举世闻名的旅游热点。

然而，事情几年前风云突变。一位名叫克里斯蒂安·斯堡林的先生，临终之前把一场惊天骗局公之于众。原来，1934年时，他和另外几个人改装了一艘玩具潜艇，又制作了一个长着蛇头的怪物模型，然后把它带到尼斯湖，放进湖里拍照，并把照片卖给了《每日邮报》独家发表。他们本来只想开个类似愚人节的玩笑，顺便捞几个钱。可万万没料到，他们这个小小玩笑会在世界上引起如此巨大的反响。

他们的这张照片就是有关尼斯湖怪那张最有名的照片：湖面上朦朦胧胧地升起一个蛇头样的东西，正在四处窥视。

然而他们的揭露黑幕并没有就此打消人们对尼斯湖怪的好奇，毕竟还有那么多人自称目睹之，一个例子的虚假并不能说明他们全都是骗子啊！

这也许是一个永远解不开的谜，不是人们不能解开，而是不愿解开。

尼斯湖十分的长而窄，像根棍子，它长近40千米，是宽的若干倍。平均深度超过

200米。尼斯湖是个古怪的湖，不但湖底地形复杂，就是水也复杂，例如它有所谓的“湖震”，就是湖里的水有时像地震一样自己剧烈波动，而事实上并没有发生地震。

尼斯湖也是英国最大的淡水湖。

现在，尼斯湖的两端已经开凿了运河，名为喀里多尼亚运河，人可以坐船经尼斯湖横穿不列颠岛。

从苏格兰的西北高地向南，越过摩尔峡谷就是东西走向的格兰扁山脉了。它的绝对海拔虽然不高，但在英国可是首屈一指的高山了，最高峰本尼维斯峰海拔1300多米，是英国最高峰。

在格兰扁山脉与西北高地之间还有一片过渡性的台地，这里由于地势比两边都要低平一点，雨水把两边的泥土都带到了这里，因此土地肥沃，适于农耕，是苏格兰两个人烟稠密的富庶地区之一。

从格兰扁山脉往南，地势就低了下来，因为位于苏格兰的中央地带，被称为中央低地，南北宽约50千米，这里不但地势低平，且土壤肥沃，又有许多小河流贯其间，水源充足，加之东西海岸之间凿通了运河，交通方便，两边的海湾还有几个有名良港，这些优势加起来使这里成了苏格兰人口最稠密、经济最发达的地区，苏格兰两座最重要的城市爱丁堡和格拉斯哥均位于此。

从中央低地再往南地势又高了起来，这里又是一片高地了，名为南部高地。它海拔并不高，平均只有600来米，且地形起伏平缓。它是一片古老的土地，千万年以来也深受侵蚀，形成了许多小河，小河与大海相连的地方多形成谷底平原。由于侵蚀将高处的泥土带到了低处，因此高处比较贫瘠，而低处则比较肥沃。这片土地主要用来放牛牧羊、植树种草。

从这个南部高地再往南呢?

再往南就是英格兰了。

英格兰的地形以平原为主　　英格兰是英国的主体，总面积占了英国的一大半。英格兰的地形与苏格兰最大的区别是：后者以高地为主，前者则以低地为主。总的说来，英格兰的地形主要是大片相当低矮的丘陵、平原加一小部分高原山地，总的趋势是西和北高、东与南低。

在英格兰北部有英格兰最重要的山脉——奔宁山脉。奔宁山脉是地道的南北走向，北面从英格兰与苏格兰交界的切维厄特丘陵南下，一直延伸到南面一个叫特伦特河谷的地方，它东边的坡比较平缓，西边的坡则相当陡急。中间有一个山口将奔宁山脉一分为二，北段比南段高而且宽。

奔宁山脉平均海拔只有600来米，最高峰也不到900米，它相当古老，在漫长的岁月里山体表面被冰川雨水等不断侵蚀，山顶变得扁而圆，许多山顶更变得平如地毯，形状与一般山脉大不相同，加之山脉底部有许多小河、运河、人工湖泊之类，使这里湖光与山色交相辉映，风景独特且秀美。英国政府在这里设立了好几个国家公园，例如山峰区、约克谷和诺森伯兰等，还有长达400千米的“奔宁小道”，蜿蜒在山间湖畔，有本事的健步家或幸福得忘记疲累的有情人可以尽情漫步。

英格兰最险峻的山脉乃是坎布里亚山脉，它位于英格兰西部，南北走向，大体是英格兰与威尔士的界山。

“坎布里亚”这个词您可能不大熟悉，它的另一个名字叫寒武山脉，这就比较熟悉了吧？地质史上的寒武纪，其名称就来自于它，这是一个距今近6亿年的地质时代，那时候地球上还是一片荒凉，恐龙的爸爸都没有进化出来呢。

从这个名字就可以知道坎布里亚山脉是很古老的，因此更深受侵蚀，被弄出许多深深的峡谷，里面积水成湖，长且水深。

从坎布里亚山脉往南，越过一道海湾，是康沃尔半岛，它也位于英格兰西部，在英格兰同样是地势比较高的地方。这里的独特之处是前面苏格兰和英格兰许多高地都受到了严重的侵蚀，它却几乎毫发无伤。其地势总的来说是从东北向西南倾斜，起伏较平缓，到处是不高的山丘，偶尔有些深谷。康沃尔半岛虽然雨量充足、森林密布，依然相当荒凉，也许是因为它称得上是英格兰位置最偏僻的地方的缘故罢。

我们前面讲过，英格兰总的地势是西和北高、东与南低，刚才我们谈过了地势高的西和北，现在来看看地势低的东和南。

这东和南大致可以分成三部分：东北部的丘陵、中间的中央平原、南部的冲积平原。

在英格兰的东北，也就是奔宁山脉之东的地方，有许多零星的小丘陵和小平原，例如克利夫兰丘陵、林肯沃丘陵，等等，丘陵之间是一片片的小平原。

不相连的奔宁山脉与坎布里亚山脉之间有一片起于英格兰西部海岸的平原地带，从这里开始，一直往东，直到北海，就是中央平原了。这是一片略呈弧形的地区，也布满了小丘陵，只是这里的丘陵更加低矮、只是广阔的中央平原中一些小山包而已。

很久很久以前，这里是一片广大无边的森林，人烟稀少，罗宾汉和他的绿林英雄们就在这茫茫林海里游侠。遗憾的是，就像我们在《西方通史》第二十二章“工业革命”中所言，从前英国人炼铁是用木炭的，而烧木炭要耗费大量木材，使得英国的森林被砍伐殆尽，这些被砍伐殆尽的森林就是中央平原的，自从森林被砍后，这里主要就是草地和耕地了。

从中央平原往南就是南部的冲积平原了。

这里是一个由泰晤士河冲积而成的大三角洲，也被分成了许多小平原，如伦敦平原、萨福克平原、诺福克平原、英吉利海峡沿岸平原等。这里地势低平，土地肥沃，交通便利，是英格兰，也是整个英国的心脏地区。

这片平原还有一个有趣的特点就是，它一直延伸到海边，然而许多地方并没有如我们常见的那样是地势慢慢降低，在海边形成浅滩，人可以在海滩漫步，任由海水拍着脚背。这里的海边乃是吓人的悬崖绝壁。当我们沿着地毯般的、翠绿的浅草地走到海边时，但见：从草地的边缘，白色的悬崖几乎垂直坠下，高逾百丈，朝下望去但见惊涛拍岸，令人耳晕目眩。

这些白色的悬崖就是所谓的“白垩”。这个名字您听说过吧？在地质史上也有一个时期，叫白垩纪，距今6000多万年，就是从它们来的。

英国所有主要的河流都位于英格兰。

前面说过，英国没什么大河，所谓英国主要的河流对于我们中国而言也只是些小河罢了。但这些小河水量足，水利资源丰富，又利于航行，还是挺有用的。

此外，这些河流的入海口往往十分宽阔，涨潮时海水可以冲入河道很远。这就形成了一个特点：英国的海港一般并不位于海边，而是要从海边进去相当远，这样对沟通海陆很有好处。

这些河中第二长的是塞文河，长近300千米，流域面积1万多平方千米。它的河道相当曲折，发源于威尔士，先向东南流，后转向东北，进入英格兰，后来又先后转向东、东南，最后直向南流，注入大西洋。它的入海口如上所言，广阔而漫长，形成了一个小海湾，叫布里斯托尔湾。

英格兰，也是英国最长、最重要的一条河是泰晤士河。

泰晤士河我们是久仰大名了，例如英国最重要的一张报纸就叫《泰晤士报》。但所谓《泰晤士报》只是一个汉语的音译而已，并不是因泰晤士河而命名的。《泰晤士报》的英语原名乃是“The Times”，汉语意译只能是《时报》。

泰晤士河发源于英格兰西南部的丘陵地带，向东蜿蜒而流，沿途经过牛津、伦敦等名城注入北海。泰晤士河有一个漫长的入海口，以伦敦桥为界，从河源到伦敦桥长近260千米，伦敦桥至海长近80千米，全长约340千米。泰晤士河的流域面积约15 000平方千米，其河床倾斜甚微，流速缓慢。流域多石灰岩和白垩岩，透水性较强。降水秋冬较多，春夏较少，流量以冬季1月最大，秋初9月最小。只在特别寒冷的冬季才偶有很短的冰期。在牛津时泰晤士河河面宽近40米，到伦敦塔桥时宽就超过了200米，这时起就是泰晤士河那宽阔的喇叭形河口了，到入海口时宽近10千米。

泰晤士河是英国最重要，也是世界上最繁忙的航道之一，干流通航里程近300千米，海潮可上溯至伦敦西部特丁顿水闸，涨潮时高近10米，海轮可趁潮汐直抵伦敦城下，由于修建了许多船闸，大船一直可以开到牛津。

威尔士和它的“黑山” 威尔士在英格兰西边，东面大体以坎布里亚山脉与英格兰接壤，其他三面都是爱尔兰海。

在不列颠岛上英国的三个组成部分中，威尔士无论从面积还是人口都是最小最少的。其地势较高，可以分成四个地形区：第一是坎布里亚山脉区，它南北纵贯威尔士，是威尔士的山区，平均海拔在600米左右；又可以分成南北两部分，南部叫布雷肯比肯斯山区，北部是斯诺登山区，这里有威尔士的最高峰斯诺登峰，海拔近1100米。

第二个地形区是高原和丘陵区。它就在山区周围，有许多小河流过，环绕群山。

第三个地形区是一些位于沿海的台地高原，这是一系列面积很小的沿海高原。

最后一部分是谷地。位于威尔士中部，这里有几条比较大的河流，例如塞文河的上游和畏河，这些河流的周围就是谷地，随着它们流量的增加，谷地也随之变宽。这些谷地是威尔士人的主要聚居区。

威尔士南部的黑山还有一种比较特殊的“人工地形”。原来这个地方到处是广大的煤田，但煤炭的质量不大好，开采出来后常常无法利用，就被一座座堆积起来，有的高达数百米，这也许就是“黑山”地名的来源吧！这些人工的“黑山”地形成为威尔士南部一个特色景观，只是不太美丽罢了。

威尔士地形的另一个特色是，虽然它有超过1000千米长的海岸线，但几乎到处是悬崖绝壁、怪石嶙峋，不能成为良港，然而是观光的好去处。

英国的气候并不好 虽然英国所处的纬度比我们的东北还要往北，但它的气候却是相当温和的，降水也很丰富。其原因我们已经说过多次，就是靠了大西洋的帮助。

英国位于大西洋中，又位于大西洋的东侧、欧洲大陆的西侧，地势也不是很高，因此西来的温暖湿润的海风可以吹遍它的每一个角落。就冬夏来说，英国的气候是冬暖而夏凉，大部分地区七月的平均气温在15℃左右，一月在4℃左右。降水全年比较均匀，不过降水分布十分不均，年降水量从西到东明显递减，西部有的地方年降水量竟达5000毫米以上，东部有些地方则不到500毫米。

虽然有不少优点，但英国的气候总体上并不好，尤其与法国比起来是这样。它主要有以下几个缺点：

一是湿气太重，有时候空气中仿佛可以拧出水来，生活在这样的空气中人怎么会舒服？

二是虽然这里的冬天就气温而言还比较暖和，但由于太靠北了一点，所以有些地方，尤其是内地，冬天还是相当冷的。且由于空气湿度大，冷起来特难受，对身体也不好。您看《简·爱》了吗？里面有多少可怜的小姑娘就是被这种潮湿寒冷的天气害死了！

三是雾太多。我们知道，伦敦有“雾都”之称，这不仅是伦敦的特征，也是整个英国的特征。主要是因为空气湿度太大，那些悬浮在空气中的小水滴与空气中的小灰尘很容易结合，一结合就形成了雾。英国也许是世界上雾天最多的国家。

第十八章　人文英国

英国虽然是一个国家，但并不是一个民族，依据他们自己的说法，英国历来就是“一个国家，四个民族”。

英国的四大民族　这四个民族分别是：英格兰人、苏格兰人、威尔士人、北爱尔兰人。其中英格兰人占绝大部分，约八成。其余苏格兰人、爱尔兰人、威尔士人分别约占：10%、4%、2%。四者加起来只有96%，其余4%则是一些外来移民。这些人的情况就复杂了，简直什么人都有，非洲人、阿拉伯人、印度人、巴基斯坦人，等等。

以上这些人加起来近6000万，就是英国的总人口了，其中92%的人生活在城市里，特别是几个大城市里，例如伦敦和曼彻斯特，这些大都市里人潮汹涌，广大农村则地广人稀，这就是英国人口分布的大致情况。

英国人口的另一个特点是历史以来就女性多于男性，因此英国很早以前就以“老处女”多而闻名。我们在英国的文学作品中经常可以看到这些脾气古怪、然而心地善良的单身老婆婆。如《大卫·科波菲尔》里，科波菲尔的第一个妻子小朵拉的两个像两只小鸟的姑母就是这样的老处女。

前面我们讲过了英格兰、苏格兰、威尔士和北爱尔兰四部分的自然地理，现在我要来讲讲这四个民族。

就历史而言，不列颠的历史就是一部不断被外来异族征服的历史。最开始时，不列颠岛生活着凯尔特人，也就是后来的不列吞人，他们被罗马人征服，但并未被消灭。后来，属于日耳曼人的盎格鲁人和撒克逊人侵入不列颠，他们的到来才毁灭了凯尔特人这个种族。这两个新的日耳曼民族后来慢慢融合而成盎格鲁–撒克逊人，这也就是今天的英格兰人。

不过他们并非纯粹的盎格鲁–萨克森血统，后来又掺杂进了一些新征服者的血缘，例如丹麦人、诺曼人和法兰西人，不过总的来说仍然是盎格鲁–撒克逊人。

苏格兰人长久以来与英格兰人共同生活在不列颠岛上，从语言到文化都已与英格兰人大体一致，但他们这个民族仍顽强地独立着，成为一个不折不扣的独立民族——

苏格兰人。

据说，苏格兰人主要由古代的皮克特人和斯科特人两个民族结合而成，并吸收了不列吞人和盎格鲁-撒克逊人的血统。皮克特人属于凯尔特人之一部，罗马人未能征服他们，并且，当罗马人统治不列颠时，他们还经常侵扰罗马的不列颠行省，罗马人在拉丁语文献中称他们为“喀里多尼亚人”或“涂颜色的人”，音译就是“皮克特”人。斯科特人同样属于凯尔特人部落，他们在5世纪末时大批从爱尔兰进入苏格兰，后来击败了皮克特人，建立了统一的苏格兰王国，两个民族的结合就形成了苏格兰人。

从外表上看，苏格兰人最大的特征是男人穿裙子，而且总是穿方格子花纹的裙子。

威尔士人在四大民族中人数最少，总共不到100万。威尔士人的祖先很早以前就住在现在的威尔士，那时他们叫金姆里人，后来，当盎格鲁-撒克逊人入侵时，不列吞人被打败，一部分西逃到了金姆里人住的地方，由于两个民族均属于凯尔特人，因此逐渐融合，慢慢形成了一个新的民族——威尔士人。他们虽然人数很少，但很勇敢，一度建立了独立的国家。后来终被盎格鲁-撒克逊人征服，他们的国家消失了，很多方面被英格兰人同化了，然而仍顽强地保持着自己的民族特性，并且自命为与英格兰人不同的威尔士人。

我在这里把爱尔兰当作英国人的一部分实际上是不大对的，北爱尔兰虽然是英国的一部分，但只是因为这里生活着许多从不列颠岛上移民来的英格兰或者苏格兰人，他们要求将北爱尔兰并入英国，至于生活在这里的爱尔兰人，他们可认为自己应当属于南部的爱尔兰共和国。既然事实上有许多爱尔兰人现在还是英国公民，北爱尔兰也是联合王国国名的一部分，我们暂且把他们当作英国人吧。

爱尔兰人常自称“盖尔人”，他们的祖先主要是属于凯尔特人的盖尔人，后来掺入了伊比利亚人、诺曼人、盎格鲁-撒克逊人等的血统而成为爱尔兰人。其中伊比利亚人是爱尔兰岛上最早的居民，来自现在的西班牙，盖尔人后来同化了伊比利亚人，这就是现在爱尔兰人的民族基础。像不列颠岛一样，爱尔兰受到了北欧诺曼人、法国诺曼底人的入侵，这些入侵者后来又逐渐与盖尔人同化，形成了今日的爱尔兰人。

以上就是英国四个主体民族的起源，这些民族发展到今天，除爱尔兰人外，其余三个民族彼此之间的差别已经很小了，不过他们每一个都顽强地维持着自己民族的某些特性并引为自豪。

他们主要的民族特性就是有自己的民族语言。英格兰人自不用说，有英语。

英语在世界上的地位也不言而喻——它是真正的“世界语”。如果说有任何一种语言基本上能在全世界通行，那就是英语。例如一个中国人到了北欧的瑞典，或者一个埃塞俄比亚的外交家去俄罗斯访问，没带翻译，又想交流，那能说的唯一语言就是英语了。现在，英语不但是英国、美国、加拿大、澳大利亚、新西兰这些由英国人建立起来的前殖民地国家的国语，也是世界上其他一些重要国家——例如巴基斯坦和印度——的官方语或全国通用语。至于其他国家，例如我们国家，几乎都无一例外地将英语视为第一外语。这也正是英语能通行全球的原因。就人口而言，将英国作为国语的人口大约有三亿多，作为官方语言的也是这个数字，而把英语当全国通用语的仅印度就有十亿。

苏格兰人也有自己的语言——苏格兰语。苏格兰语有两种，一种叫苏格兰盖尔语，这是古老的苏格兰语，是苏格兰人的祖先从爱尔兰到达苏格兰时使用的语言，不过这种语言现在已经基本消失，即使在苏格兰能说的人也没几个了。现在苏格兰语主要是苏格兰人日常生活中所说的语言，这种语言同英语差别不大，可以算作是英语的一种方言。

威尔士人所说的是威尔士语，与苏格兰人不同的是，威尔士人虽然人数较少，却较多地保留了自己语言的特性，并成功地使威尔士语成为威尔士的“官方语言”。在威尔士的中小学中都讲授威尔士语，地方政府又不遗余力地支持威尔士语的文学与艺术创作，出版威尔士语书籍等。不过，由于英语的力量实在太大，即便威尔士的民族精英们竭尽努力，仍只有不到20%的威尔士人懂得威尔士语，其他绝大多数人只能说英语。

至于北爱尔兰，这里生活着许多英格兰人和苏格兰人，他们说英语。爱尔兰人有自己的与南方的爱尔兰共和国一样的爱尔兰语，但他们平时也常说英语，连南部的爱尔兰共和国都一样。

英国人复杂的宗教信仰与北爱问题　英国是一个宗教信仰比较复杂的国家。

在英国信徒最多的宗教是英国国教，也就是英国的基督教新教，信仰它的人口约占了总人口的60%。此外的教徒就可谓五花八门了：在基督教之内有长老会，还有什么循道宗、浸礼宗等，另外约1/8的人是天主教徒；其他宗教，如犹太教、伊斯兰教、印度教、锡克教等在英国也都有相当多的信众。这主要是由于大量移民从前英国殖民地——如印度、巴基斯坦、孟加拉国、加勒比海等——移民英国的结果。

组成英国的几个部分情形大体相似，只是在苏格兰长老会的信徒要多一些，在威尔士圣公会的信徒多一些。

到爱尔兰事情就复杂多了！

我们知道，现在有所谓的“北爱问题”，给英国带来了很大麻烦。

北爱问题，即北爱尔兰问题，由来已久，是英国历史上长期存在的爱尔兰问题的延续，也是一个典型的民族与宗教问题。

爱尔兰人是我们提过的凯尔特人的后裔，世代生活在爱尔兰岛上，6 世纪时接受了罗马天主教。12世纪中叶，英国开始入侵爱尔兰。到1801年，根据《英爱同盟条约》，爱尔兰被正式并入英国版图，成立了“大不列颠及爱尔兰联合王国”。事实上是爱尔兰成了英国的殖民地。爱尔兰人在政治、经济、文化、宗教各方面深受压迫，终于揭竿而起，发动了民族独立斗争，反抗殖民。在爱尔兰人与英格兰人都比较多的北爱大城贝尔法斯特斗争尤其剧烈，不断发生骚乱。1916年终于爆发了都柏林的复活节起义，起义是由激进的新芬党领导的，目的是争取爱尔兰独立，由于英军武装镇压，起义最终失败，几千名起义者牺牲。

1918年，英国举行大选，爱尔兰选出的议员大部分是争取民族独立的新芬党人，他们不去伦敦参加议会，在都柏林成立了自己的爱尔兰议会，并在次年初宣布成立爱尔兰共和国，组成临时政府，又组成了爱尔兰共和军，到处开展反英斗争，解放了大片土地。他们同时派出代表与英国政府谈判，要求承认爱尔兰独立。这时已经被第一次世界大战弄得虚弱不堪的英国无力再打一场国内战争，被迫在1921年与爱尔兰临时政府签订和约，承认爱尔兰南部26郡为自由郡，北方 6 郡仍留在英国，英国国名“大不列颠及爱尔兰联合王国”也改称“大不列颠及北爱尔兰联合王国”。

又过了十多年，爱尔兰“自由邦”宣布独立建国，但仍留在英联邦内。1948年，爱尔兰终于宣布正式脱离英联邦。次年英国承认爱尔兰独立，但拒绝归还北方 6 郡，由此便产生了北爱尔兰问题。

问题的关键倒不是英国人赖在别人的土地上不走，而是因为当时的北方6郡由于英国几个世纪的移民，英格兰人和苏格兰人的后裔已经占了多数，他们坚决主张北爱留在英国。而6郡中的爱尔兰人则坚决要求回归爱尔兰，这样二者之间就产生了不可调和的矛盾。

英国自然不能无视北爱这些英裔人的主张，将北爱6郡分离开来，留在英国，这也获得了新成立的爱尔兰政府的同意。

但爱尔兰内部，特别是新芬党内部，产生了尖锐的分歧，部分领袖和共和军士兵坚决反对1921年和约，因为和约同意把北爱6郡从爱尔兰分离出去。于是，爱尔兰共和军宣布自己不再属于自由邦，并迅速展开了志在统一爱尔兰的武装斗争。

以上就是“北爱问题”的起源。

但我们还要搞清楚，北爱问题一方面固然是民族的不同而导致的：在北爱尔兰生活着爱尔兰人，他们要求与南部的爱尔兰同胞统一，而那里的英国人同样想留在英国人的国家里。

但上面的原因只是表面现象，在一个国家的边境生活着另一个邻国民族人民的现象可谓比比皆是，例如中国，中国与哈萨克斯坦边境也生活着近百万的哈萨克族人，中国与朝鲜边境有上百万的朝鲜族人，中国与蒙古边境更有几百万的蒙古族人。

一个主要原因就是宗教。中国历来就不存在宗教冲突，因此生活在我们这个国家的各个民族，无论信仰什么宗教，都能和睦相处。英国就不同了，英国一直有宗教冲突的传统，其中最严重的就是自从1054年基督教分裂以来就不睦的天主教与基督教新教之间的冲突，北爱问题其实就是这种冲突的一种新形式的延续。这有点像俄罗斯人与其他大部分欧洲国家的矛盾，这种矛盾的根源之一实际上是同属于基督教的天主教与东正教千年以来就有的深刻矛盾。

现在的北爱尔兰正是这样的情形：生活在北爱尔兰的两大族群英国人和爱尔兰人，前者信仰英国国教，而后者却是天主教教徒，这两个民族之间的民族不同更加上宗教信仰的严重差异，于是不可避免地产生了冲突。

英国经济：瘦死的骆驼比马大　英国向来是最老牌的经济强国，工业革命就是从它这里开始的。然而，正所谓三十年河东，三十年河西，渐渐地，英国有点像40岁的美女——人老珠黄了，再也不是什么世界经济首强。尤其在第二次世界大战后，其经济地位日益下降，被日本、德国、法国先后赶超过去。不过，所谓瘦死的骆驼比马大，英国虽然今不如昔，但仍然是世界七大经济强国之一。

总的说来，英国是工农业都很发达的国家，并且是公、私营混合型经济，也就是说，英国像前面的意大利一样，很多经济部分为国家所控制，像煤炭、宇航、军事、钢铁等工业都部分或全部在国家的控制之下。

我们先来看看英国的农业。英国农业产值在国内总产值中仅占2%，也只占用相同比例的劳动力。从这就可以看出农业在英国经济中可以说是无足轻重的，因此它有时被称为“过度工业化”国家。

对英国人来说，农业主要是畜牧业。前面我们说过，英国气候潮湿多雨，日照相对较少，不利于农作物成熟，因此英国人不大种粮食，而是养牛羊，这是英国农业的主要特色。畜牧业产值占了整个农业产值的七成以上，因此，英国一方面每年大量出口牲畜，另一方面又要大量进口粮食。

与粮食一样，英国每年的木材也需要大量进口。英国是欧洲森林覆盖率最低的国家之一，只有10%，连中国都比不上。这主要是工业革命的“成果”，如我们前面所言，工业革命中为了炼钢铁，英国的森林被砍伐殆尽。

作为有漫长海岸线的岛国，英国的渔业相当发达，生产技术先进且高度机械化。从小船到大船都有：小船沿着海岸捕捉美味的鲱鱼、青花鱼、海贝，大型拖网渔船则远赴世界各地，什么好东西都捕。就捕鱼总量而言英国人没有挪威人多，但就质量而言英国在世界上都数一数二。

英国工业一向发达。工业技术自工业革命起就称雄世界，第二次世界大战后开始落后，现在还是落后于美日德等国，且发展相当缓慢。

但英国的工业并非满盘都落后，在几个领域内它还是十分先进的。

首先是发展迅速的石油和天然气工业。

英国以前是贫油国家，要进口大量石油。20世纪60年代时来运转，在北海发现了大油田，从此英国成了欧洲、也是世界上最大的产油国之一，原油和液化天然气年产量超过1亿吨，石油也带动了英国石油化学工业的大发展。它的帝国化学工业公司是世界最大的石化公司之一。

与石油一样是能源工业的煤炭工业就不一样了，英国曾是世界第一大产煤国，煤炭为它的工业革命做出了关键性的贡献，煤炭一直以来也是英国主要的能源，但现在煤的地位可谓江河日下。生产规模日益缩小，政府不断关闭矿井。我们可以将之作为英国经济风光不再的象征。

英国第二个特色工业是航空与航天工业。

我们都听说过空中客车公司，这个世界第二大飞机制造公司就是由英法等国合资建立的，著名的协和式飞机和空中客车都是它的产品。此外，英国的军用飞机制造业也很有名，例如它生产的装在航空母舰上的垂直起降战机“鹞式”就很厉害，是全世界第一代能垂直起降的飞机，当然直升机除外。

英国的汽车工业虽然久已式微，但仍然相当厉害，著名的罗尔斯·罗伊斯超豪华轿车就是英国人产的，不过现在卖给德国人了。那原因很简单：像罗尔斯·罗伊斯这样的汽车，虽然质量好，名气大，但厂家却赚不了钱，卖一辆亏一辆，最后只得卖了拉倒。

英国主要的工业中心有三个：一是以伦敦为中心的最大工业区；其次是以曼彻斯特和利物浦为中心的传统工业区；第三个则是以苏格兰的格拉斯哥和爱丁堡为中心的工业区，也是一个传统的老工业区。

英国的交通十分发达。作为工业革命的成果之一，英国建立了世界上最早的铁路，到1875年时已经长达25 000千米。到现在，经过百余年建设，英国的铁路网之密简直吓人。只是物极必反，现在英国许多铁路实际上已经形同虚设，既没人坐，也没货物可运，成年累月在路基上闲置着。

英国有发达的航空工业。英国航空公司是世界上最大的航空公司之一，它的国际航班年载客人数常居世界第一，航线之长也可称世界之最，听说它最大的机场——伦敦的希思罗机场，是世界上最忙的空港，每3分钟就有一架飞机起降。

不过，像其他西方国家一样，在英国交通中占最主导地位的仍然是公路。一是因为它方便，用不着专门跑去等火车飞机，二是几乎家家有小车，所以当然开车方便。

对于英国而言，海运也至关重要。我们知道，英国是岛国，本国每年都要输出和输入巨额商品，它们中的绝大部分都只能通过大海运输。英国的商船队像它的舰队一样，历来是有名的，由它们组成了英国的海上“生命线”。英国有许多大海港，如伦敦、利物浦、朴次茅斯、多佛等，都是一流的港口。

对于英国的交通线，有个地方特别值得一提，那就是英吉利海峡海底隧道。

英吉利海峡位于英国和法国之间，最宽处180千米，最狭处34千米。修建海底隧道的梦想早在19世纪初的拿破仑时代就已产生，经过无数次反反复复的论证，英吉利海峡海底隧道1987年正式全面开工。

海底隧道由英、法两国财团共同开发，工程由三条隧道组成，两条直径近8米的火车隧道和一条直径近5米的服务隧道，全长53千米，其中有38千米要在海底40米深的岩层中穿过。英法采用两岸同时掘进的方式，并借助精确的激光导向，使两边的施工方向准确无误，所用的设备也是世界上最先进的。1993年年底竣工，次年5月正式通车，耗资150余亿美元。每年可通过约3000万名旅客，1500万吨货物。高峰时间隧道内两条铁路可同时容纳2万名乘客。隧道中使用高速电气火车，不但人，轿车、卡车等都可由列车运送过海。从伦敦到巴黎全程约400千米，坐高速火车加上等待摆渡的时间要花费5个多小时，飞机也要4个小时，火车通过隧道全程则只需2个小时。

海底隧道也十分安全，两条铁路隧道完全隔开，列车单向行驶，消除了对撞的风险。列车车厢由高强度耐火材料制成，车厢两端是防火门，车厢内有烟火和油气探测器、灭火器等。为了防止恐怖分子破坏，进入隧道的乘客和车辆都要接受严格检查，确保万无一失。

有国王的资本主义国家　英国政治制度有三个特点：君主立宪、多党制、三权分立。

君主立宪是英国政治制度一个鲜明的特色。

1689年2月光荣革命后，英国国会通过了一系列法案，为英国的整个政治制度奠定了基础。其中心是限制国王权力，彻底根除君主专制。例如每年只向国王拨款一次，如果没有得到国会同意，国王不得中止法律的实施。后来还通过了一个《权利法案》，明确规定了国王的权限和王位的继承制度：国王必须服从国会的决定，必须在国会同意下才能征税或招募常备军。国王必须是新教徒。天主教徒，哪怕是前任国王的子女，也不能成为英国国王。

这样的制度就是君主立宪。即国家虽有君主，但君主没有专制权力，必须依据宪法进行统治。

现在的英国仍是如此。伊丽莎白二世女王是国家元首，名义上的，英国政府的一切都是用她的名义进行的：政府是女王的政府、军队是女王的军队、所有大臣都是女王陛下的忠仆，一切公务信函上都印有“为女王陛下效劳”字样，连国会反对党都是“女王陛下的反对党”，邮票和钞票更是无一例外地印有女王的图像。各种迹象看去令人觉得英国什么都是女王在做主，国家与政府的一切都是在为女王，而非人民效劳。

事实上根本不是这么回事，女王并没有实际的权力。这也不能说明在英国当女王真的就这么可怜。事实上，英国女王日子过得滋润着呢！首先，她虽然没有实权，但至少名义上是堂堂君主。全国每一个公民，从普通民众到首相都是她的臣民，见了她都得脱帽鞠躬，诚惶诚恐地称“陛下”。其次，她有钱。女王是英国最有钱的女人，也是全世界最有钱的女人之一。国家每年拨给她几千万英镑的款项，她名下还有巨额的动产和不动产，每年仅投资收入就有几百万英镑。她每次国内巡游、出国访问的架势真是王气十足。第三，她的位子可不像首相之类一样要由人民来选，选不上就完蛋。她是终身的君主，母亲死了儿女继位，世世代代永远做王。世界上还有比这更美妙的事儿吗？

英国的另一个基本政治制度是多党制，这在西方任何一个国家都是一样的，是西方民主制的象征。现在英国主要是两大党轮流执政：一个是保守党，另一个是工党。选民通常是看这个党不行，就投另一个党，基本上没有第三党的余地。目前在台上的是工党，前面我们说过，工党是信仰所谓“民主社会主义”的政党。

三权分立在任何西方国家也是一样的，就是立法、行政、司法三权相互独立，互相制衡。

英国的宪法相当特别，它没有一部正式制订的成文宪法用以规范国家的根本大计，而是所谓的不成文法，即没有明白的文字表述宪法，而是一些议会制定的法律、法院的判例或者纯粹的传统与习惯等，甚至就是这些也并没有明白地颁布过，因此英国的宪法具有相当大的灵活性，这与一般国家颇为不同。

当然，这并不意味着英国没有国家的根本大法，更不意味着英国没有明确的根本国家制度，恰恰相反，那些制度事实上是明确而不容违反的。

在英国占有最高权力的是议会。英国的议会又分上院与下院，上院即贵族院，由英国的终身贵族和世袭贵族组成，终身贵族一辈子都是上议员，但死后儿子就不是了。世袭贵族的议员资格则是老子死了儿子当，把议员资格像家产般代代相传。

贵族院的缺陷与不公是显而易见的：在民主制国家，国会之中怎么能够有世袭的成员呢？这简直是开玩笑。

可英国就是这样，怎么解决这个弊端呢？英国人没有采取废除上议院或者干脆也将之进行民主选举这类极端措施，而是逐步剥夺其权力。现在的上议院几乎没有任何实际权力了。它唯一的任务似乎是审议下议院通过了的法律，并且只是走过场式的审议。不能否决，顶多只能将法律的实施延宕一年。

不久前英国上议院又进行了一次重大改革：废除了世袭议员席位，做出这项决定的正是国会下院。

在英国政治生活中，下院具有无上的权力，由于英国没有成文宪法，因此下院通过的法律就等同于宪法，这更显示了下院的权力之重。

英国下院，即平民院，共有议员650名，由全国选民直接选出，任期5年，可以连选连任。正因为下院有这种民意基础，是人民意志的代表，也是英国权力机构中唯一由人民直接选举产生者，它才具有无上的权力。下院的主要职责是立法，法案通常由下院议员提出，只要在下院获得通过就成为法律。

英国的议会虽然有限期，但极少是满期后才进行新选举的。这是因为首相有权力随时宣布大选。这样往往是，首相一看自己形势不错，选民支持率高，就会立马宣布举行新大选，好胜利后又开始新的五年任期。

首相是英国最有权势的人物：他是行政首脑，掌管国家从内政到外交的一切事务，又是军队的实际统帅，相当于法国的总统与总理权力之和。此外首相还是执政党首脑，什么是执政党呢？就是在下议院占多数席位的党。这就是说，即使首相想通过什么法律，一般而言也能得到议会的支持，这是一种间接的立法权，或者说立法能力。如果首相觉得下院不配合他的施政，可以随时宣布解散议会，实行新大选。

这个执掌大权的首相不像一般西方国家一样经全民选举产生，而是哪个党能在下议院占有多数席位，就由这个党的领袖出任首相。

英国的社会福利制度：穷人至上 以上就是英国的政治制度，现在我再来谈谈这个政治制度下一项基本的国家制度：国家的社会保障制度。

从1870年开始，英国政府采取了一系列措施，大力促进有利于下层人民的社会改革，其领域遍布教育、卫生、住房等。这一年通过了初等教育法，规定适龄儿童必须入学，否则父母受罚。又大力兴办学校，其经费由国家、地方和父母共同分担，以国家为主。对于贫穷地区则兴办免费学校，学生免费入学。6年后又进一步通过法案，规定父母有义务使自己的子女接受初等教育，在全国任何地方，如果父母贫穷，都可以到国家福利机关去领钱交学费。以后又通过法案，令地方筹建技术学校，培训穷人家的孩子，让他们掌握一技之长后再去工作。

卫生方面，也在这个时期，政府建立了相当完善的公共医疗保健体系，使身无分文的穷人也可以接受完全免费的治疗。

当时，英国的各个城市都还存在贫民窟，1890年，议会通过了“工人阶级住宅法”，勒令各市政府购买那些贫民窟，拆掉破房子加以重建，再交给穷人们住。不久又建立了劳动局，广泛调查穷人们的生活状况，寻找改善的法子。

这些改革措施极大地提高了英国工人和广大普通民众的福利。后来这些措施得到了进一步的加强，可以说现在的英国已经是一个不折不扣的福利国家。所有英国公民，无论他出身如何的贫穷、如何有先天或后天的缺陷，甚至不能工作，其一生都将得到保障：他不会没有饭吃，不会没有房子住，不会病了因无钱而得不到治疗，不会老了因无子就无人赡养，更不会死了无人替他安葬。因为这一切国家都已经为他安排得妥妥当当。

我们就现在英国的福利情况举几个具体的例子吧。

在英国医院没有收费的概念，因为一切医疗，无论它多么昂贵，都是100%免费的，即使你是来自中国的留学生，只要在英国上了6个月学，也可以得到这种免费医疗。

在英国你不用担心没房子住，如果很穷，买不起房子，政府已经替你盖好了，你只要付象征性的一点房租甚至免费就可以住进去。

在英国父母都不用担心自己的孩子因为没钱交学费上不了学，因为所有公民从小学到中学都是免费的——这是一种完全彻底的免费，不但不用交学费，国家连课本和纸、笔、练习簿都替你准备好了，只要去个人就成。就是上大学也不用发愁，虽然大学不是免费的，但收费并不多，而且你有很多机会得到各种资助，总之只要大学录取了你，你根本用不着怕没钱上不了学。

看了这些，我不由想，英国这个老牌资本主义强国很像一个老人呢，感到自己已经老了，力不从心了，想尽力安排好孩子们——英国广大民众——的生活，让他们过得舒服点。不管怎样，这算得上一个慈祥的父亲吧！

第十九章　从曼彻斯特到牛津与剑桥

与法国有所不同的是，游法国时我们只有巴黎要去，游英国就不同了，伦敦固然是最紧要之地，但并没有重要到像巴黎对于法国一样。伦敦之外的其他地方也有不可错过的好去处。因此，在这章英国之旅里，我们将先去看看伦敦之外的那些好玩的地方，下一章再去伦敦。

曼彻斯特与足球　在英国要看的第一个地方是曼彻斯特。

曼彻斯特的名字是与足球联系在一起的，曼彻斯特联队的名字在许多球迷心目中的地位大概跟太阳月亮差不多。我在这里就先跟大家聊聊曼彻斯特联队吧。

曼彻斯特联队成立已有100多年了，最初是由一些铁路工人组成的业余球队，取名叫牛顿赫斯队，后来转为职业队并加入英国足球联盟，1902年改名为曼彻斯特联队。

曼彻斯特联队简称曼联，成立一个多世纪以来，经历了无数的胜利与失败，还经历过一场可怕的世纪大劫难。

曼联的第一个鼎盛期出现在20世纪初，在1908年到1911年四年间，曼联队在主教练查普曼的带领下夺得两次联赛冠军和1次足总杯冠军。成为当时英国足坛最受球迷欢迎的球队，因为它的球队队服是红色，球迷们便给曼联取了一个绰号“红魔”。

然而好景不长，接下来的日子里曼联表现越来越差，最后竟降到了乙级队。

到了50年代中期，曼联在教练巴斯比的调教下迎来了第二个高峰期。这时曼联花重金买进或留住了沃勒特、泰勒、维兰等一批著名球星，并且在1956年和1957年两度在联赛中折桂。在1956—1957年赛季和1957—1958年赛季两届欧洲冠军杯比赛中进入半决赛，第一次输给了西班牙皇家马德里队。当他们第二次冲击欧洲冠军杯时，一场史无前例的空难发生了。

当时在欧洲冠军杯四分之一决赛的第二轮赛事中，曼联做客南斯拉夫，以3：3逼平主队贝尔格莱德红星队，以总比分5：4淘汰了对手，在返回英国途经慕尼黑加油时，飞机不幸坠毁，结果8名球员、3名俱乐部官员和8名记者遇难，教练巴斯比也身负重伤。

曼联眼看就要彻底瓦解，但这时英国人的爱国心起了决定性作用，英国社会各界，从英格兰银行到球迷纷纷解囊相助，在短时期内便筹集了巨款，重建了一支曼彻斯特联队，幸存者和新加盟球员组成的曼联队在半决赛中主场2：1击败前来挑战的意大利AC米兰队，但在客场以0：4失利，最终曼联队再次与冠军无缘。

20世纪60年代中期，曼联队迎来了它迄今为止最辉煌的时期。这时的曼联拥有博比·查尔顿、乔治·贝斯特和丹尼斯·劳三位世界级球星，在主力阵容中有6名球员身价超过30万英镑，这在当时可是天文数字。在巴斯比的指挥下，1968年5月29日，球队在伦敦以4：1战胜葡萄牙本菲卡队，为英国首次赢得了欧洲冠军杯。查尔顿、贝斯特和丹尼斯还在1966年为英国夺得了第一个世界杯冠军，这时的曼联队可谓如日中天。

然而，曼联队不久便又犯了老毛病，表现越来越差，再一次降到了乙级队的行列中。

1986年11月5日，弗格森来到英格兰执教曼联队，他给曼联队带来了又一个春天。弗格森面临巨大压力，毫不退缩，他调整了队伍的战术打法，给队伍溶入了更多的技术成分，而不再一味地踢传统的英式足球，在他的苦心经营下，曼联队在1990年获得了足总杯冠军，1991年获得了欧洲优胜者杯和欧洲超级杯冠军，结束了英国球队长达23年与欧洲三大杯冠军无缘的历史。1992年获联赛杯冠军，1993到1994年赛季曼联队再夺联赛和杯赛两项冠军，成为英国足坛上第6支在一个赛季夺得两项大赛冠军的球队，弗格森也被英国《足球世界》评为当年的“最佳教练”，这也是英国教练员首次获此殊荣。

自20世纪90年代以后，曼联队一直在延续着她的辉煌历史，在英国，曼联包揽了几乎所有联赛冠军。1999年，曼联更是创造了三冠王（联赛、足总杯、欧洲冠军联赛）的奇迹。

我们再来看看这个伟大球队的故乡吧。

曼彻斯特位于英国中西部的内陆平原地带，奔宁山脉从它的东边跨过，西去好远才是大海。

曼彻斯特一度是全世界最有影响的工业城市，20世纪初时其城市人口达200余万，是它发展的顶点。但此后，它也如昨日的英帝国一样，人老珠黄，每况愈下。城市规模不断缩小，在世界上的地位更是一落千丈。现在的曼彻斯特已经不是有世界影响的工业城市了，不过依然是英国最重要的地区性工业城市，现在市区居民只有40多万，只及当年的1/5。

说老实话，曼彻斯特虽然过去有名，但过去的盛名并没有给它留下什么名胜古迹。现在到曼彻斯特没什么东西好看，它的城市轮廓依然是19世纪繁荣时的模样，还是那些老房子老工厂，不过好多工厂已经被抛弃了，空荡荡地待在那，似乎眼巴巴地等着对工业革命史感兴趣的游客去参观呢。不过我想，对不冒烟了的旧烟囱和不住人了的旧贫民窟感兴趣的游客大概不多。

“钢都”谢菲尔德与“技术之都”伯明翰　从曼彻斯特往东南，不远就是谢菲尔德了。

谢菲尔德有一样我们大家都很熟悉的产品——钢。谢菲尔德的钢堪称举世闻名。远在中世纪时，这里优质的铁矿石与丰富的森林相配合使谢菲尔德成了刀具制造中心。此后，到18世纪初，它已经是英国、也是整个西方一个主要的刀具制造地了，在这方面它几乎有了垄断的地位。这并非是菲尔德人有什么搞垄断的权力，而是由于谢菲尔德人开发了许多新技术，例如“坩埚制钢法”，制造了当时最好的刀。后来谢菲尔德人又发明了不锈钢。这样，谢菲尔德成了世界钢铁、特别是优质钢的生产中心。到现在，谢菲尔德的地位虽不能跟以前比了，其钢铁工业依旧发达，仍是英国的钢铁工业中心。

还有，谢菲尔德人用特殊方法制成的“谢菲尔德镀银器皿”，就是将银镀在黄铜器皿上，以精美与光芒灿烂著称，已经成为各国收藏家的精品。

像谢菲尔德一样，伯明翰也是内陆城市，它位于英格兰中部，两边距海都很远，虽有运河，水路交通并不发达，但它是英国的铁路交通中心之一，好几条铁路在此交轨，往南北东西坐火车去都很方便。

伯明翰早在12世纪就成了市场，6个世纪后这里成了英国工业革命的中心，工业革命中的重要人物如蒸汽机的发明者瓦特、著名化学家普里斯特里和印刷商巴斯克维尔等都住在这里，也把他们的工厂开在这里，伯明翰成了当时整个英国和世界的工业技术核心，成了工业革命的领导者。

现在的伯明翰依然是英国最重要的工业中心之一，轻工业在英国属最发达之列。本来它还是世界自行车工业中心之一，后来由于竞争不过价廉物美的中国自行车，这个行业快要消失了。

由于曾贵为工业革命中心，伯明翰一度是十分阔气的，在市内建立了许多辉煌的建筑，例如它古典风格的市政厅和文艺复兴式的市议会大楼都相当漂亮雅致，值得一看。

莎士比亚故乡行　从伯明翰往西南方向不远，有座比前面的大城小得多的小镇，却是我们这次旅行的重点，而且要下飞机来看才是。

这个小镇就是斯特拉特福，莎士比亚的故乡。

斯特拉特福是一个小镇，它位于英格兰真正的地理中心，从它出发，到英格兰东、西、南面的大海的距离与到北面英格兰与苏格兰边境的距离大致相等。

斯特拉特福的居民只有2万多人，每年来这里的游客是这个数目的上百倍。人们到这儿来当然是想看看莎士比亚的故居，看看是什么灵秀之地能养育如此伟大的天才。

斯特拉特福的确是个美丽的地方，这里虽然不是通都大邑，然而那风景之优美简直有如仙境：镇边是一条清澈无比、水流平缓的小河，常有雪白的天鹅静静地浮在河面，两岸林木扶疏，或高或低，错落有致，林木下翠绿一片的芳草地有如绿毯。

当我们远远走近时，就会发现丛林之中有一座尖塔跃然而出，并不高耸，如此地的风光一般纤美。

这就到了莎士比亚故居了。

莎士比亚故居有好几个景点，分别是：莎士比亚的诞生地、“新寓”、霍尔园、莎士比亚墓、皇家莎士比亚剧院、安妮·哈瑟维的茅舍。

莎士比亚故居位于斯特拉特福镇中心的亨利街上。这是一栋几乎整个儿都是木头做的两层小楼，是典型的英格兰乡舍：墙壁刷成白色，尖尖的屋顶是棕色的，全屋的最高点是烟囱。外面墙根下围着一圈子红艳艳的花圃。

从底下一个门廊通进去就可以瞻仰莎士比亚的故居了。重点在楼上，那里的一个房间据说是莎士比亚的诞生之处，里面甚至有一个摇篮，也许莎士比亚呱呱坠地时，睡的就是这个小篮子呢。房间里的墙上有许多与我们中国在名胜处常见的“××地××人到此一游”之类的句子，奇怪的是，英国人不但没有把这些有碍观瞻的东西弄掉，好像还堂而皇之地展览它们。如果您仔细一看，就会发现为什么了，原来，这些名字都是大有来头的，从司各特、狄更斯到萨克雷、白朗宁等，都把他们的大名签在这里，敢情这里是莎士比亚故居的名人留言簿呀！

出了屋子，在后面会看见一个花园，里面的花草树木只要您认真读过莎士比亚的作品就会知道它们的名字，因为它们都是在莎士比亚作品中出现过的各种植物。如在《哈姆雷特》中有一段话，里头就有好几种植物的名字。

那是奥菲利娅将死之时的情景：

> 小溪之旁，斜生着一株杨柳，它毵毵的枝叶倒映在明镜般的水流之中；她编了几个奇异的花环来到那里，用的是毛茛、荨麻、雏菊和长颈兰。

不用说这些植物花园里都有。

与莎士比亚故居相距不远的右侧有一栋风格与故居迥然不同的现代化大厦，它是“莎士比亚研究中心”，由美国、加拿大等国的富翁们捐巨资兴建的，供莎士比亚的研究者们使用，里头收藏了大量有关莎士比亚研究的图书、实物以及各种文字的莎士比亚剧作。

离开莎士比亚故居后，出了门，沿着大马路往前走，不久就会到达另一所房子，名叫“哈佛居”。从这个名字大家可以猜到谁是它的主人，他名叫托马斯·罗杰斯，是约翰·哈佛的外祖父，约翰·哈佛就是现在美国哈佛大学的创建者。

离开故居后，我们去“新寓”。所谓新寓就是莎士比亚成了富翁后在故乡买的大房子，莎士比亚的晚年就在这里度过。不过现在这里您已经看不到房子了，它已经成了一片废墟，只剩几块砖瓦和一个花园。据说，莎士比亚死后200年，某一位牧师从莎士比亚后人手里买下了这幢房子。这时莎士比亚已经有大批的崇拜者了，一些人老是侵入他的房子来“寻找纪念品”，使他不得安生，他一怒之下，就把房子给拆了。还砍倒了园子里一棵莎士比亚栽的桑树。不过有好事者把枝条重插，又长成了一株大桑树，现在还看得到。

第三个景点是“霍尔园”，就是莎士比亚的大女儿苏珊娜和她那作为著名医生的丈夫约翰·霍尔住的地方，所以叫“霍尔园”。这是斯特拉特福保存得最好、最美的伊丽莎白时代的房子。室内各种陈设同400年前还是一个样，充满了莎士比亚时代的气息。

附近的下一个景点是莎士比亚墓。莎士比亚死后葬在家乡那条小河畔的“圣三一教堂”。他的坟墓相当俭朴，与他今日的地位殊不相称。这倒不会影响来这儿来瞻仰的人们的崇敬之心，经常有人把鲜花奉上。墓地有一尊莎士比亚的胸像，据说是其同时代人雕刻的，大体能反映莎士比亚的真实相貌。

从莎士比亚墓往北，穿过一座美丽的花园，再继续北行一段时间，就来到了被称为“莎士比亚的活的纪念碑”的皇家莎士比亚剧院。这是一栋红墙的朴素建筑，1932年时进行了第一场演出，从此终年不断地演出莎士比亚的剧作，其演出水平世界一流。到这里如果有时间的话最好去看一场——如果买得到票的话。

看完莎剧出来后，下一个景点就比较远了，它就是莎士比亚的妻子安妮·哈瑟维的茅屋。

现在，安妮住的房子还在，这是一栋典型的英格兰乡间茅舍，坡度很陡的屋顶上铺着茅草，屋子分成三大间，每间的屋顶上都竖着个烟囱。周围鸟语花香，风光美得令人迷醉。据说这里的一桌一椅都是真品，是莎士比亚亲手使用过的。

到这里我们就参观完莎士比亚的故居了，这里是英国最值得一看的名胜之一，相信您要是去了也会感到不虚此行。

牛津大学　牛津这字眼大家听得够多了吧？尤其是对于我们这些知识分子，学生也好，老师也好，如果能去牛津读上两年或者教上两年书，那才是美事呢。

“牛津”这个词译得有点怪，它不是像平常英译汉一样的音译，而是意译。牛津的英文是“Oxford”，它是由两个词连缀而成的，一个是“ox”，另一个是“ford”，“ox”即“公牛”，“ford”有“渡口”之意，而渡口在古汉语中称“津”。这样，ox和ford合起来就是“公牛渡口”，用汉语意译就成“牛津”了。

牛津大学在牛津城内，因此我们讲牛津大学之前先来看看牛津城。

牛津城是英格兰牛津郡内的一个市或者说一个区，位于泰晤士河畔，距首都伦敦近80千米。这里很早起就有人居住了，后来为了对付丹麦人的攻掠，建立了城堡。诺曼人主政时，在牛津周围建起了相当长的一段城墙，到15世纪牛津已经发展成为一个主教区，有相当多的居民了。在民风上，牛津是以保守著称的，因此在英国内战期间，他们是查理一世的铁杆支持者。

牛津从来只是一座小城，人口即使到了现在也不过10万左右，它之所以会占有一席醒目之地，仅仅因为这里有着举世闻名的牛津大学。

牛津大学的起源要追溯到12世纪中叶。那时英法正沉陷于百年战争之中，由于战争，原来大批去巴黎大学求学的英国学生断了门路。于是，这群学生和一些学者开始聚集在牛津，牛津大学就这样诞生了，这大约是1168年的事。

由于这批新来的文化人年轻气盛，很快同当地的居民发生了矛盾，那打架斗殴、头破血流是常有的事——就是因为这个原因，不久后，大约是1209年，一些受不了的学生就离开了牛津，往东迁移到剑桥，在那里讲学，这就是剑桥大学的起源。

一方面为了管好这些爱闹事的学生，另一方面也为了使日渐增多的学生有一个固定的栖身之处，牛津大学渐渐地有了学院。学院是管理学生的一种方式，就像部队把团分成营一样，牛津将学生分成学院，这个传统一直保留着现在。

学院的命名也各有各的特色与历史，有的同宗教有关、有的是为了纪念某位重要人士或某次重大事件，有的则纯粹是因为某件不起眼的小东西。例如取“基督教堂学院”为名并不是因为这里是牛津大学的神学院，或者专长于研究基督教教会史，而是因为在这个学院里有牛津最古老的大教堂；王后学院是为了纪念爱德华三世的妻子；万灵学院是为了借此以慰百年战争中牺牲的国之英灵；奥里尔学院是因为学院初建时买了一所名叫“奥里尔”的房子，“奥里尔”在英语里是“黄莺”的意思，大概是因为这家主人养了只黄莺或者屋后有黄莺的窝、天天听得见两只黄莺在门前的翠柳上鸣叫；还有一个学院叫“布拉斯诺兹”，这个词的意思就是“铜鼻子”，这是因为该院大门上原来有个铜门环，样子像鼻子，现在这个“神鼻”还供奉在学院餐厅的神龛里呢。更有意思的是，还有所“新学院”，它建立于14世纪，也许当初建立时因为它是新的，所以就叫新学院，但现在过去都6个多世纪了，早就旧得发霉了，可还叫“新学院”！

牛津这些学院虽然不以研究科系来划分，但各个学院并非完全相互独立，都是“麻雀虽小，五脏俱全”，都像单独的大学一样，文史哲数理化样样都有。事实上是，各个学院虽然没有刻意局限自己，但还是各有各的特色与传统，因此各种学生想在这许多的学院之中根据自己的爱好选择一个喜欢的并不太难，例如那些贵族子弟可以去基督教堂学院，那里的贵族气氛是有名的；来自威尔士的学生一般去耶稣学院，那里聚集着大批威尔士人；苏格兰人则会选择同样聚集着苏格兰学生的王后学院；奥里尔学院是想当牧师的学生的首选之地；如果你曾经当过运动员，又取得过好成绩，那最好去圣埃德蒙大厅学院，那里最喜欢收这样的学生；如果你想做一名诗人，那就去默顿学院吧，那里诗意最浓，出诗人最多。

各学院成立的时间许多也很不相同，前后相隔可能有好几个世纪。例如最早的大学学院成立于1249年，圣凯瑟琳学院成立于1963年，二者相差700多岁。

到1979年，牛津大学的学院共达37所，各个学院之间在权利上是平等的、相互独立的，各有各的校长，各管各的事，只是在颁布学位等时候才冠以统一的牛津大学之名。

牛津大学是一座“散漫”的大学，说它散漫，是因为它的校园没有围墙，三十多个学院随意地散布在整个牛津城，这里一座，那里一座，好像根本没有什么牛津大学，有的只是三十几所独立的学院。

这些学院都有自己的房子，房子的结构通常是这样的：一个四方的框框，四面都是楼房，有教堂、教室、图书馆等，中间是庭院或者花园，有时也有建筑。每个学院就是由一个或者几个这样的四边形院落组成的。

各学院之间的布局大体是这样的：从牛津城的车站出来是博特利路，步行不久便可以看到前面的路分成了三条。从中间这条路过去不久便到了菲尔德学院，到这里街道略微左拐，继续往前是牛津郡的议事厅，再往前走一会后就到了博特利路与圣阿尔代茨街的交会点，两条街呈十字交叉，交点附近有市政厅。过了交点后博特利路就成了海伊街，它的南边有莫里尔学院，又前面一墙之隔的是大学学院，它是牛津大学历史最悠久的学院。

在大学学院的左首是万灵学院，前面是默顿学院。从默顿学院再往前就是植物园了，到处林木茂盛，品种繁多。沿着植物园，从默顿学院往回走，不经过旧路，而是顺着左边走，就到了基督教堂学院，它就在圣阿尔代茨街东边。

这样就从另一条路回到了圣阿尔代茨街，从街往南就是城外了；往北走，过了刚才经过的交叉口后，不久在路的左边，即西边，就可以看见耶稣学院，路的东边是博德莱安图书馆。

再往北，过了一个三岔口，就变成了圣贾尔斯路，这里的西边有阿什莫利恩博物馆，东面一字儿排开四个学院，从南到北依次是：巴利奥尔学院、三一学院、圣约翰学院、基布尔学院。

英国有句俗话“老的就是好的”，最好地说明了英国人那极其尊重传统或者干脆说是守旧的民族特性，这个特性在英国文化精神的凝聚之地牛津表达得特分明。以下就是牛津一些古老的传统与仪式：

14世纪时的某一天，牛津大学的学生又同牛津城里的居民因在酒馆里打口水仗引发了大冲突，全城全校成千上万的市民与学生都参加了，一直打了三天三夜，好几个学生被打死了。后来经国王裁决，市民们应负主要责任。于是下令每年这一天，2月10日，要在圣玛丽教堂为被打死的学生举行追悼仪式，牛津市长和士绅们都要参加，而且每次要捐款40便士。此后，几乎整整500年里，爱德华国王连同他的金雀花王朝早已灰飞烟灭，牛津人却仍每年都要举行这个仪式，由此可见牛津人尊重传统有多厉害。

16世纪的某一年，这时牛津大学基督教堂学院的学生总人数是101，是时这里的许多贵族纨绔子弟学生经常外出喝酒玩乐，甚至彻夜不归。为了解决这问题，学院便在每天晚上9点过5分时把钟连敲101下，提醒他们回校。自此以后，这钟便连响了400多年。

还有，当600多年前王后学院创办并设立管理委员会时，那位创办人思量应该有多少个委员呢？他突然想起耶稣有12个门徒，便规定了12个委员。他又深知学院的钱来之不易，每逢新年就让管钱的司库送给他们每人一根针和一些线，给时说一声：“拿着这些勤俭度日。”现在，几百年过去了，院长和管理委员不知换了多少届，但每逢新年，院长仍要司库向依然是12名的管理委员给同样的东西，并说一声“拿着这些勤俭度日”。

女王学院每年的圣诞聚餐会上有一道特别的菜——野猪头。这风俗起源于16世纪，据说那年有个学生在山上与一头野猪遭遇，两个打了起来，学生打不过，情急之下顺手操起一本亚里士多德的著作，嚷道：“这是希腊文。”把书塞进了野猪的嘴巴，这头野猪果然怕难懂的希腊文和亚里士多德，给噎死了。那个学生事后把他的惊险故事告诉了同学们，为了纪念这位勇士和亚里士多德的“显灵”，学院从此便在每年圣诞餐会上吃个野猪头。

我猜事情的经过也许是这样：野猪死后，这个学生将之拖了回去，这时正值圣诞节前夕，它顺势成了一味圣诞佳肴。席上，就餐者们发现，野猪，特别是那野猪头，原来这般好吃，从此每年圣诞节聚餐便少不了这道好菜。这是可以理解的，圣诞节时已经是冬天，那时正是野味——野猪也好，野鸭也好——味道最好的时节。还有，为什么牛津人不吃猪身子只吃猪头呢？这是因为野猪头不但大而且好吃啊！头上面最好吃的就是那张大嘴了，我们中国不是有句古话吗？“三百斤的野猪——就只一张嘴”。

牛津大学之所以久负盛名，其主要原因可不是这各种古老的传统，而是它的确是一所了不起的大学——有了不起的师资，也出了许多了不起的学生。出自牛津的英国历史名人可谓多矣，仅在本丛书中出现的就有：《西方通史》中克里特文明的发现者伊文思、文艺复兴时期伟大的思想家托马斯·莫尔；《西方文学通史》中出现的雪莱；《西方哲学通史》中有洛克；此外还在讲洛克时提到过近代化学与物理学这两门自然科学主体学科的奠基人波义耳，数不胜数。

在牛津的名人中有一位比较特别，就是道奇森。

这位道奇森的名字您可能不大熟悉，他本是牛津大学基督教堂学院的一个数学教师，另一个名字叫刘易斯·卡罗尔，《爱丽丝漫游仙境》的作者。这本书您看过吧？真有意思。据说，一次他偶然带院长的小女儿外出，为了逗她玩，给她讲了许多故事，小姑娘喜欢得不得了。于是他灵机一动，将这些故事编成了一本书，就是《爱丽丝漫游仙境》。书出来后受到空前欢迎，像现在的《哈利·波特》一样，连大人都喜欢看。这时的君主乃是把英国带上繁荣巅峰的维多利亚女王。她看过后也十分高兴，让人告诉作者下次再出书时尽快送她一本。

不久，她果真收到了《爱丽丝漫游仙境》的作者寄来的新书，书名是《行列式——计算数值的简易方法》。

在牛津，学生们的生活被照顾得相当好。学校给大部分学生提供宽敞的宿舍，里头各种生活、学习设备十分齐全，单间套间都有，套间里有厨房，连咖啡壶都给你准备好了。学校甚至还给你配备了仆人，替你铺床叠被、打扫房间。不过，你可不能像仆人一样待他，因为他还负有学校给他的特别使命：监视你。例如看你有没有睡懒觉、在不在学校、到哪儿去了，如果不在，他们就会上报。所以学生们都管他们叫“侦察兵”，为了过得自在点，可以时常溜出去玩儿，学生们往往反过来讨好“侦察兵”，请他们喝喝咖啡，玩玩台球，增进友谊。

除了“侦察兵”外，牛津大学还有古老的“学监”。他们负责监督学生们日常的一切行为是否有违校纪。他们经常在校园巡游，这时身旁总跟着两条“牛头犬”，往往是两个膀大腰圆的校园警察似的人物，如果看到谁有违纪行为，这时年老腿软的学监当然逮不住他们，因为他们往往撒腿就跑，这时就靠“牛头犬”了，他们会像猎狗撵兔子一样穷追不舍，直到逮住逃跑者为止。

轻轻的我走了，
正如我轻轻的来；
我轻轻的招手，

作别西天的云彩。

……

但我不能放歌，

悄悄是别离的笙箫；

夏虫也为我沉默，

沉默是今晚的康桥！

悄悄的我走了，

正如我悄悄的来；

我挥一挥衣袖，

不带走一片云彩。

这首诗您读过吧？它就是《再别康桥》，我的校友徐志摩先生之佳作。徐志摩1916年考入北京大学，1920年赴英国，就读于剑桥大学。这首诗写于1928年11月6日，是时他已归国，一年多后再任北京大学教授。

剑桥大学　这里的康桥就是剑桥，英文叫“Cambridge”。我也不知道为什么会译为剑桥，其实康桥更符合原音。不过，无论康桥还是剑桥，都既非音译又非意译，而是二者的混成。剑桥中的“剑”其实乃是“Cam”的音译，而“桥”就是“bridge”的意译了。合起来“Cambridge”就是“剑桥”了。

剑桥大学在牛津大学东北方向一百多千米的剑桥市，西南距伦敦约80千米。这里有一条小河流过，叫“Cam”，这就是剑桥那个“剑”的起源，所以“剑桥”的英文原意就是“Cam河的桥”。卡姆河，按徐志摩的说法称康河，就从剑桥市流过，剑桥市的大部分位于康河东岸。现在剑桥市的总人口约10万，总面积41平方千米。

剑桥这个地方最早是康河上的一个渡口。远在古罗马时代就有人住了，到11世纪时建起了几座修道院，从这时起一直是英国精神生活中一个颇引人注目的地方，剑桥大学建立后就更不用说了。

现在的剑桥是一座风光十分秀丽的小城，有许多美丽的建筑、公园与绿地，处处林木葱郁，青草萋萋，特别是当人们走过那些古老美丽的建筑，例如教堂、图书馆等时，在感叹那建筑的古色古香之余，还为那建筑前一片片碧绿如毯、修剪得整整齐齐的草坪而倾倒，叹息着说：“剑桥人呀，真是生活在天堂！”

剑桥最美的地方是康河两岸，不过我在这里不多说了，您读读上面徐志摩的诗就行了，从“那河畔的金柳”直到“在星辉斑斓里放歌”都是，读了后，您是不是也甘心在康河的柔波里做一条水草？

上面这些美景：花草、建筑、康河的柔波，大都属于剑桥大学。

剑桥的位置很简单，就位于剑桥市内，像牛津在牛津市内一样，它的校舍也散布全市。

剑桥校园的结构比牛津的要清楚得多。它大体是这样的：中间从西北到东南一条长街纵贯，两边三条弧形从西到东穿过长街。各学院就在这几条街的两边。

那条从西北到东南的长街并不是一整条街，而是一段就有一个街名。我们从北到南来看：最北段叫卡斯尔街。在它的东南端与最北的一条弧形大街相交，过了交叉口就叫大桥街了。在交叉口之东有莫德林学院，之西有福克郡博物馆。大桥街的名字来源于这条街在这里同康河相交，河上建有一座桥。在大桥街的中段，西有圆形教堂，东边稍过去一点，在康河与大街之间有著名的三一学院。

大桥街的终点在与第二条弧形街的交叉处，此后直到它往东南与最后一条弧形大街相交为止，中间有比较长的一段，它又被分成了三条街，从北到南分别是：锡德尼大街、圣安德鲁斯街、里真特街。基督学院在锡德尼大街和圣安德鲁斯街的交点附近，唐宁学院在里真特街之西。

其实，剑桥学院最多的不是这条长街两侧，而是康河两岸，在康河两岸青翠的丛林与草地间，一个个学院一字排开，从北到南分别是：圣约翰学院、三一学院、冈维尔和凯恩斯学院、克莱尔学院、国王学院、圣凯瑟林学院、女王学院。

因为河边有了这么多学院，于是便也有了许多的桥，其中最有名的是两座：叹息桥和数学桥。

叹息桥的上面盖了顶，像条隧道似的，两边有一排排像窗户的小格，过桥的人可以伏在上面尽情地看河上那些累得脸红脖子粗的划船者。

关于叹息桥名字的来源，有人说是因为当年剑桥女学生经常从这座桥外出同恋人幽会，回来晚了，被校方发现，就会被责令闭门思过。于是，每当她们经过此桥时，便不由感叹爱的艰难，叹息桥便由此而来。也有人说是借用了威尼斯叹息桥的名字。不知道哪边是对的。不过前面的说法更牵强一点。因为剑桥可不只有叹息桥边的圣约翰学院有女生呢，为什么只有它叫叹息桥？难道这里的女生特别喜欢谈恋爱吗？

剑桥最有名的还是数学桥，它位于女王学院前。从外表上看这只是一座普通不过的桥。它之所以有名，有点像比萨斜塔，因为有一个独一无二的特征。它这个特征甚至还比不上比萨斜塔，因为斜塔的特征是实实在在的，而它的特征不过是一个传说而已。这个传说就是：一、据说这座桥最初是由牛顿设计的；二、根据牛顿的设计建造好的桥通体竟然没有用一颗钉子，全是依靠木板的互相借力而成桥。为什么说它们只是传说呢？因为：一、牛顿是不可能建造这座桥的。据考证，数学桥始建于1749年，而牛顿则在1727年就死了；二、因为现在这座桥是用了钉子的。又据说是因为女王学院的学生们想弄清楚它到底是怎么构建起来的，于是便拆了它，结果怎么也装不上去了。我觉得这个说法大有问题。因为英国是最尊重古迹的，怎么可能因为想弄清楚一个古迹的独特结构就把它拆了呢？何况它是由伟大的牛顿，这位所有剑桥人、所有英国人最引以为自豪的伟人所设计的！

所以这传说只要我们用脑子想想，就会发觉它多么荒谬了。

实际情形是：这座桥是英国的桥梁设计大师威廉姆·埃斯里奇在女王学院就读时的杰作，但他只是作了设计，负责建造的则是詹姆斯·小埃塞克斯。因为它的桥身相邻桁架之间均构成11.25度的夹角，在18世纪时，这种设计被称为几何结构，所以这桥就被称为“数学桥”。

与这座数学桥的传说相类的是剑桥的一棵苹果树。据说牛顿当年就是躺在这棵树下，被一个苹果砸中了脑袋因而灵感大发发现了万有引力。

这就更荒唐了，因为牛顿发现万有引力时根本就不在剑桥呢，而且，这只是一棵碗口粗的树，树龄顶多也就几十年，而牛顿已经死了两百多年了呀，您看到过能活两百多年的苹果树吗？

不过我们也不要太在意，因为名胜，尤其是与名人有关的名胜，许多就是这么一回事，它只是寄托了人们的一些思念或者崇敬而已，像我们写诗时用鲜花香草来比喻恋人一样，鲜花香草何尝是恋人？我们不过以物寄情啊！

前面讲牛津大学的历史时我们已经讲过，剑桥大学始创于1209年左右，是年牛津大学一批学生因为受不了同牛津市民之间的打斗，离开牛津而来到剑桥，创办了一所新大学。

一开始，当地政府害怕学生们像在牛津一样同市民们打成一片，要求他们的导师严格监管。好几十年之后，一位名叫雨果的主教终于给了师生们一个稳定的学习环境：他按照牛津大学的模式在剑桥也创建了一所学院，这就是以后剑桥大学许多学院中的第一所——彼得豪斯学院。此后许多学院陆续建立起来，例如1546年建立了三一学院、1441年建立了国王学院、1800年建立了唐宁学院，等等，最新的是1977年建立的鲁滨孙学院。现在剑桥共有29所学院，其中3所是女子学院。

1318年，由教皇亲自下谕，正式承认剑桥大学是一个“综合学科研习（之学府）”。不过，直到16世纪初，剑桥的声誉依然无法同牛津相比。

后来，伊拉斯谟来到了剑桥，讲授文艺复兴以来新的科学成就，剑桥开始腾飞。16世纪是剑桥的关键时代，1546年亨利八世建立了三一学院，现在仍是剑桥最大的学院。后来，伊丽莎白一世亲自给剑桥大学颁布了校规，第二年，英国国会正式通过法案把剑桥置为大学，并且规定大学的管理权隶属于各学院院长。至此，剑桥大学在管理体制上已经相当完善了，至今也没多大改变。

到17世纪时，剑桥的学术声望开始突飞猛进，进入了英国和世界一流学府之行列，一些太阳般光辉灿烂的巨星在这里发出璀璨的光芒。

剑桥大学地位最崇高的一个讲座是卢卡斯讲座，这是17世纪时根据一位教师的遗嘱设立的，第一个担任卢卡斯讲座教授的是号称“欧洲最优秀的学者”的巴罗教授，六年之后退休时他推荐的继任人乃是牛顿，时年仅26岁，四年前刚刚从剑桥大学三一学院毕业。

牛顿担任卢卡斯讲座教授长达30余年，令剑桥大学成为欧洲科学研究特别是数学研究的中心。

19世纪时，剑桥大学又设立了卡文迪什实验物理学讲座教授，并建立了卡文迪什实验室，令剑桥大学在物理学上也走到了世界的最前沿。只要看看下面这几任讲座教授的名字，我们就知道它如何了不起了：麦克斯韦、汤姆逊、卢瑟福，三人都是物理学史上有数的大师。

后两人都是诺贝尔奖获得者，关于第一个麦克斯韦，另一个伟大的物理学家，诺贝尔奖获得者普朗克说过这样的话：“麦克斯韦光辉的名字将镌刻在经典物理学家的门扉上，永放光芒。从出生地来说，他属于爱丁堡；从个性来说，他属于剑桥大学；从功绩来说，他属于全世界。”

那么他为什么没有获得诺贝尔奖呢？原因很简单：他死的时候诺贝尔奖还没诞生。

除了上面这些，剑桥还出过一些我们熟悉的伟人，如克伦威尔，诗人弥尔顿和拜伦，哲学家培根、罗素与维特根斯坦，进化论的提出者达尔文，经济学家凯恩斯，等等，都是在他们的领域中太阳一般的人物。

正是因为这些巨人的光芒，让剑桥大学成为世界上最了不起的大学之一，其光辉，尤其是科学上的光辉全世界无出其右。

我还想补充另一位剑桥校友，他就是新加坡的领袖李光耀。

李光耀于1946年进入剑桥大学三一法学院，三年后毕业，获得“双重第一荣誉学位”，名列所有学生的榜首，是那年唯一的“特优奖”获得者。他的妻子柯玉芝同时在法学院毕业，并获一等荣誉学位，而且提前一年毕业，即本来规定三年的学习时间她只用两年就完成了。

在他们毕业那天，李光耀的导师说：如果他们将来生了孩子，请送到剑桥来。

1971年，他们的长子李显龙真的去剑桥了，他没有接受早在他出生时父亲就为他在三一法学院定好的学额，进入了牛顿曾经就读的最崇高的三一学院，且像牛顿一样选择了数学。他仅仅用两年就完成了三年的学业，获一等荣誉学位，名列榜首。他的成绩比获得第二名的学生高了足足50%，这是剑桥大学的历史上从来没有过的事。

几年之后，李光耀的次子李显扬也进入了三一学院，他读的是工科，毕业时像他父亲一样获得了“双重第一荣誉学位”。

第二十章　伦敦行

伦敦是英国的首都，当英国被称为“日不落帝国”时，它曾是世界上最大的权力中心。

伦敦城里生活着野狐狸　伦敦位于英国的东南部、与海洋相近的地方，它的东面距海不到100千米，南面要远一些。

地形上，伦敦位于伦敦盆地的中央，这个盆地东西走向，狭长且有点偏斜，南北两面是一些丘陵。

伦敦最重要的地标是泰晤士河。以前，由于工业革命带来的大规模工业污染，泰晤士河曾经变成了臭水沟，后来英国政府痛下决心制止污染，还泰晤士河以清冽。由于措施得当，实施有力，泰晤士河水果真日益变清，现在的泰晤士已经河清水冽，水下鱼儿畅游，水面鸟儿嬉戏了。

伦敦属典型的温带海洋性气候，冬暖夏凉，降水的季节分配也比较均匀。

伦敦天气的主要特点是雨天多。全年差不多有一半天数要下雨，因此伦敦人日常出门都要带把雨伞，女士们握在手上，男士们则把它当拐杖用，这成了伦敦人甚至英国人的标志。

又由于雨天多，日照少，蒸发不强，因此伦敦的空气湿度相当大。以前工业革命时大量从工厂排放的废气充斥在城市上空，这些废气中的小颗粒同水蒸气凝结，就形成了雾。过去伦敦几乎天天早晨大雾弥漫，有时到了白天也是雾气朦胧。甚至出现了有毒的黄雾，它在1952年曾夺去4000人的性命。

第二次世界大战后，伦敦人认识到了这种多雾天的起因与危害，采取了许多措施来防止雾的形成。特别是1956年，议会通过了《空气净化法案》，对汽车排放废气进行严格控制，又将大批工厂从伦敦迁往外地，燃料也采用了不产生废气的天然气等。种种措施发挥了十分显著的作用。现在伦敦上空早已看不到黄雾，就是普通的雾天也少很多了。

现在伦敦自然环境的主要特色是动植物种类繁多，与市民和谐相处，成为特别的一景。

在伦敦，从公园、广场、工地到路边荒坡、断壁残垣，处处都可以见到野生植物，而不是像一般大城市一样只有人工栽培的草木。这些野生植物生长在伦敦这繁华大都市就像生长在野外一样，其种类达数千种之多！我们知道，城市人工栽培草木虽然很漂亮，但缺点之一是品种单调，不用说几千种，就是几百种也没有啊！

像野生植物一样，伦敦城里生活着许多野生动物。在伦敦您随时可以看到天上飞鸟成群，共有约250个品种，其中一百多种就住在伦敦市内，花草间、树林里、摩天大楼上都可以看到它们的巢儿。

这些看起来似乎有些不可思议吧？但更不可思议的是伦敦的市区里竟然有狐狸。

这些可不是动物园笼子里的狐狸，而是地地道道的野狐狸！这就是伦敦特有的城市狐狸。

这些狐狸们就生活在伦敦，白天躲在自己的城中狐狸窝里，黄昏时就出来在垃圾箱之类的地方找东西吃。虽然一张狐狸皮值不少钱，但伦敦人似乎对它们不感兴趣，从来不抓它们。

三个伦敦　伦敦实际上有三个，分别叫伦敦城、内伦敦、外伦敦，它们从里到外一个套着一个，像同心圆一样。

中心的伦敦城面积近3平方千米，是一个相对独立的行政单位，有自己的警察、市长等行政机构，其市长地位相当崇高，甚至比整个大伦敦市长的地位还要高。据说即使女王想进这个伦敦城也要先经过他的批准，当然他照例批准，这时他会献给女王一把“市长之剑”，女王也不会要，只摸一下就还给他。

这个伦敦城是伦敦市的经济核心，被世人称为“用黄金铸就的心脏”，是世界上最主要的金融中心之一，地位仅次于美国纽约的华尔街。这里云集着近千家银行，拥有世界上最大的货币市场、保险市场和黄金市场。在这个弹丸之地上商人们可以做成任何一笔大交易，从几亿、几十个亿到几百亿美元都没有问题。这里有著名的劳埃保险公司，它成立已经有300多年，是世界上历史最悠久、信誉最好的保险公司；还有英格兰银行，它是英国的国家银行，英镑就是由它印的；伦敦股票交易所也在这里，它是世界上历史最悠久的股票交易所。

伦敦城外的内、外伦敦实际上是一个整体，共分32个区，里面的12个区是内伦敦，外面的20个区是外伦敦。

传统上还有一个分法，就是把伦敦分成五个区。第一个区就是伦敦城。从伦敦城往西直到特拉法加广场称为西区，这里是伦敦的政治、文化和商业中心，王宫、首相官邸、议会和政府各部门都集中在这个区，伦敦最繁华的商业大街牛津大街也在这个区。

从伦敦城往东的地区称为伦敦东区，从地图上看去这里几乎是一片空白。事实上这里也没什么，它过去是伦敦的贫民区，现在贫民区已经消失了，但住在这里的依然是普通工人大众，这里有他们普普通通的住宅，还有一些他们做工的厂子和码头。

以上的东区与西区都在泰晤士河以北，从泰晤士河往南就是另外的几个区了。泰晤士河南岸的内伦敦地区被分成了两个区：北区与南区。北区是商业与文化区；南区是住宅和工商业的混合区。

塔桥：请从这里走进伦敦　在伦敦，我们要去的第一站是塔桥。

塔桥有时被称为“伦敦之门”，我们通过它即进入了伦敦。

塔桥其实也是一座桥，是泰晤士河上近30座各式桥梁中最漂亮的一座。它的功能同普通的桥没什么两样：桥面让行人或车辆通过，桥下让船只通过。

塔桥最独特的是它的形式：远远望去，它不大像桥，更像两座塔，上面有一根横梁似的东西连着。高塔两边各垂下一根链子，它们分别通向两边两座低得多的小塔。在这链子的下面还有一层，它比上面那层要长得多，一直通向泰晤士河两岸。

上面一层是人行道，人们可以从塔里上楼，然后走过去，到那头，再下楼，这样便过泰晤士河了。当然，这法子很笨、很累也很费时。不过还是有很多游客选择这样过河。当你站在塔桥的高塔上时，可以看到方圆十里的无限风光。还有，在高塔里设有博物馆、咖啡馆，你可以在这里一边看美景，一边休息，一边吸收知识，顺便还过了河，真是一举四得。

塔桥建于19世纪末，1894年正式通车。据说当时伦敦泰晤士河上的桥梁都建在西边，但东边这时已经得到初步开发，人口众多，过河很不方便，因此有人建议在东边也建一座桥。那时英国国势昌盛，英国人决心建一座最美丽的桥。一番努力之后，他们想出了这个美妙的主意，设计建造了美轮美奂的塔桥。

塔桥两座高塔间的距离近80米，高塔本身约60米，上面建有5个小尖顶，中间一个，四角各一个。高塔共分五层，桥分两层，上层是人行道，距水面40余米，下层是车行道，有6个车道。现在塔桥是伦敦最繁忙的桥梁之一，平均每天经过这里的车约4万辆，每年专门到这里观光的游客达300余万，每张门票是5英镑，总数超过1500万英镑，换成人民币就有近2亿元了！

如果我说塔桥下面可通行万吨巨轮，你相信吗？也许您不会信吧，因为下层的车道同水面的距离好像并不是很高。

确实这样，如果高达几十米的巨轮就这么从下面冲过去，不弄个桥毁船亡才怪呢。为什么实际上不会呢？这就是塔桥最奥妙之处了。

原来，塔桥下面那层车行道是可以活动的。当巨轮来时，桥面便会从中间往上打开，像个“八”字，这样巨轮当然能够大模大样地通而过之了。等它过去之后，这两块巨大无比的板子又会慢慢落下来、接好，汽车又可以通过了。

这两块活动桥面超过1000吨重，开启时间只需一分钟。最初启动是用蒸汽驱动水泵，1976年后改用了电动机。不管用什么法子，一百多年以来从来没有哪次不能升起。

从塔桥出来，我们就到了泰晤士河北岸，这时只要往左边稍微转一点，就可以看到另一座著名的建筑——伦敦塔。

伦敦塔里关押着一个个悲惨的故事　伦敦塔称为塔，实际上是一个大城堡，所以它的另一个名字叫“伦敦古堡”。

伦敦塔紧挨泰晤士河，远远望去，那或方或圆的建筑十分坚实，傲然屹立，仿佛在扬扬得意地告诉想来犯者：一、非经我的允许你甭想进来；二、如果你进来了就甭想出去。据说，如果你乘船从泰晤士河上经过伦敦塔时，会在它紧靠着河的那堵墙下发现一个门洞。它有一个不祥的名字——“死亡之洞”，那些失宠的王妃或得罪了国王的大臣甚至被夺了位子的国王就被从这里送进伦敦塔，从此在世界上销声匿迹。

伦敦塔始建于11世纪，从英国的历史我们可以知道，1066年“征服者”威廉征服了英国，成为英国国王。他看中了伦敦塔所在的位置，决心在这里建造一座堡垒，好拱卫首都。由于工程相当大，威廉一世生前没有完工，直到接下来的威廉二世才建成。这时的伦敦塔是威廉一世的家乡诺曼底式的建筑，分三层，东西长约36米，南北宽约33米，高约28米。这便是伦敦塔最开始时的样子。后来，到了亨利三世时，他把塔涂成了白色，因此伦敦塔又名白塔。这时的白塔四角都有塔楼，除东面角上的塔楼是圆形的，其他三个都是方形的。

从12世纪开始，英国许多君王都对伦敦塔进行了扩建，这些扩建以白塔为中心，在它四周筑起了内外两层城墙。在内城墙内有13座塔楼，卫护着中心的白塔，其中有著名的血塔，内城墙与外城墙间还有6座塔楼和2个棱堡，它们完成于爱德华一世时期，大部分是圆筒形。最外沿是护城壕。

一开始伦敦塔的主要作用是防卫用的大型城堡，其建筑设计的目标也是这样：壕沟用来阻挡敌人的攻击，各个城堡其实都是碉堡，上面有射击孔和箭垛之类，棱堡是具有强大杀伤力的堡垒。

除了这些塔楼碉堡之类外，伦敦塔里还有许多其他建筑，特别是教堂，这里有著名的圣约翰教堂，在伦敦现存的大堆教堂中，它是历史最悠久的一座。

伦敦塔是英国最大的城堡之一，从12世纪起伦敦塔就成了英国国王居住的宫殿，许多国王在这里生活过，直到17世纪时的詹姆斯一世。不过自此之后它就被君主冷落了，他们不但不在这里住，还将之当成了关押甚至毁灭仇敌的地方。由此，在这里演绎出了一幕幕令人毛骨悚然的人生悲剧。

首先是亨利六世，他两次被爱德华四世囚禁在伦敦塔里，最后在这里被勒死。爱德华四世还把他的弟弟克莱伦斯公爵监禁在伦敦塔，将他淹死在一桶甜酒里。据说这是因为爱德华四世念在兄弟的分上，让弟弟选择死法，弟弟便宁愿死在自己喜爱的甜酒里。

爱德华四世也遭到了报应，他的两个孩子，即12岁的爱德华五世和9岁的理查德，也被他的弟弟，就是后来的理查三世，暗杀在伦敦塔里。不过这是一桩悬案，因为当时并没有找到两个孩子的尸体，好久之后塔里曾发现过两具孩子的尸体，只剩下骨架了，不知是不是那两个可怜的王子的。

此外，亨利八世的第二和第四个王后安妮和凯瑟琳·霍华德都是在这里被斩首的，罪名是通奸。

这个亨利八世是英国历史上一个有名、有影响但绝不伟大的人物，他先后娶过6个王后，离婚一个，处死了两个。他为了让自己成为英国国教首领而大开杀戒，以叛逆罪砍了几十个英国贵人的头，其中就包括伟大的托马斯·莫尔。

他的女儿，即伟大的伊丽莎白一世女王也曾经被她的异母姐姐、有“血腥的玛丽”之称的玛丽女王关进伦敦塔，只是由于她的机智与运气才没有遭受她母亲的命运。她的母亲就是被亨利六世处死的第二个王后安妮。

还有一位简·格雷的故事也令人心碎。

简·格雷郡主是亨利七世的曾孙女，美丽而聪慧，精通多国语言，也是王位可能继承人之一，不过顺序排在亨利八世的女儿玛丽和伊丽莎白之后。但当亨利八世的儿子、身体孱弱的爱德华六世死后，一群野心勃勃的贵族不顾她意愿，硬将她扶上了英国王位。然而英格兰人不服从她的统治，群起反抗。不久，亨利六世的女儿，就是上面那位“血腥的玛丽”，胜利进入伦敦，登基称王。她上台后立即报复，格雷先被关进伦敦塔，接着被处死，虽然在这场叛乱中她完完全全只是一个傀儡。

可怜的简·格雷只在王位上坐了9天，死时不过17岁，在塔里画廊中我们还可以看到描绘这次行刑的悲惨场面的画作。

这就是伦敦塔令人恐怖的过去，现在的伦敦塔早已不再是监狱了，也不再是君王居住的宫殿了，它完全成了一个博物馆，里面陈列着英国和其他国家的古代兵器、盔甲、王冠、王袍等，这些都是它的特色收藏。

伦敦塔最了不起的收藏在“皇家珍宝馆”，那里收藏着17世纪以来英国君主的象征——王冠、权杖和许多王室特藏的珠宝，每一件都是无价之宝。特别是英王加冕时戴的镶有3000多颗宝石的“帝国王冠”和嵌有一颗重达530克拉钻石的权杖。

这颗钻石名为“非洲之星”，是世界上最大最贵重的单颗钻石。

看完这颗巨钻后，我们该离开伦敦塔了，伦敦还有六个地方等着我们去逛。

大英博物馆是昔日殖民帝国的缩影　离开伦敦塔后我们往西北方向走，这次要走得久一点，要经过圣保罗大教堂和霍尔木街，一直走到新牛津大街，在它的北面有一个大罗素广场，广场上那幢气垫恢宏的大厦就是我们的第三站——大英博物馆了。

大英博物馆是根据英国议会的法令于1753年筹建的，但这只是表面，背后还有一个长长的故事呢。

汉斯·斯隆爵士是英国著名医生和科学家，1727年担任皇家学会会长，并在这年成为当时的英王乔治二世的首席御医，在此职位长达14年。此前，斯隆随出任总督的阿贝玛公爵到了牙买加，公爵给他的报酬十分优厚，加上他善于投资，很快积累了不少财富。后来他又与一位罗斯小姐结婚，得到了一笔数目惊人的陪嫁。有了这些财富后，斯隆开始实施一个伟大的计划——收藏。他收藏的内容十分广泛，从古代文物、珍本书籍直到动植物标本。当他在1689年回到英国时，携带了大批收藏，包括数千件珍贵的植物标本。回国后收藏条件更好，他的收藏规模也急剧扩大。这时，斯隆立下了第一份遗嘱。规定他的收藏不得分散，要完整地保存在伦敦市内或近郊民众聚集的地方，好发挥最大的功用。

1753年，斯隆离开了人世，享年93岁，这时他的全部收藏总数达 7 万余件，此外还有 5 万册各类图书。

得到这批珍贵的捐赠后，英国国会经过好一阵子商议，最后决定为它们建立一座博物馆，同时加进另外两位捐赠人，第一代牛津伯爵和科顿爵士的收藏。博物馆的地点设在大罗素街的蒙太古宅第，后来经过屡次扩建，终于成了规模宏大的大英博物馆。

还有另一种说法是，当初斯隆并不是将自己的收藏无偿捐献给国家，而是要作价两万英镑卖给国家。那时的两万英镑是一笔巨款，就是国家也不敢贸然同意。后来，经过包括在任皇家学会会长等专家仔细鉴定，证明这批收藏的价值远在两万英镑之上。加之这时俄罗斯圣彼得堡科学院提出了购买要求，国会才同意出钱，与此同时也购买了另两个家族，就是上面的牛津伯爵和科顿爵士家族的丰富收藏，另外花了一万镑买下蒙太古宅第，这才构成了最初的大英博物馆。由于当时的财政大臣不肯出钱，便通过在全国发行彩票募集了这笔巨款。

后来，由于大英博物馆越来越大，而且所有藏品都放在一个地方也不大合适，

1881年，便将大英博物馆的自然史方面的收藏品转移到了南肯辛顿的一幢建筑里，那里就成了现在的不列颠自然史博物馆，位于海德公园南边一点的克伦威尔路北面。附近还有3个其他博物馆，即科学博物馆、地质博物馆和维多利亚—艾伯特博物馆。

又过了近百年，即1973年，大英博物馆又被分割了，这次分割出去的是图书。也是由于原来博物馆收藏过大，而且将图书馆与博物馆混同起来的做法有些不合时宜。因此这之前的一年，1972年，英国国会颁布了《英国图书馆法》，次年7月1日正式成立了不列颠图书馆，其图书主要来自原大英博物馆的图书馆。现在这里收藏了1300多万册印刷本图书、几万种期刊和近400万卷缩微胶卷，此外还有12万册古手抄本图书和大量名人手稿，甚至还有3000余册珍贵之极的古埃及纸莎草书。

如果说这个不列颠图书馆——就是原来的大英博物馆图书馆——不是世界上最大的图书馆，也是珍品最多的图书馆。

这个图书馆还有一个优势就是，由于它是英国国家图书馆，因此有法律规定，凡英国境内出版的任何一种图书，都要送给它一本，这是各国国家图书馆的通行做法。

虽然自然史和图书馆被分开了，但这对大英博物馆并没有构成多大的损害，特别是图书馆，虽然被分开了，但实际上只是管理机制变了，图书馆的地点和看书借书等的方式都还是一样的。

现在英国人又新建了一座不列颠图书馆新馆，被称为世界上最现代化、最大的图书馆，不过我们暂且不管它，还是来参观作为名胜的大英博物馆吧。

我先给大家讲解一下大英博物馆的结构，然后再去欣赏那里如海洋般的珍藏。

大英博物馆的藏品多达600余万件，可以分为三大部分：古代世界，包括埃及、亚述、古希腊、古罗马；西方世界，包括史前欧洲、凯尔特人、罗马不列颠、中世纪、文艺复兴直到20世纪；东方世界，包括伊斯兰、中国、印度和日本。不过这只是对文物的分类而已，各个馆的编排并不是按这个顺序而来的。我们还是分别来看各个大馆吧。

大英博物馆共分三层，第一层是地下室，我们且不管它，只来看看地上第一、二层。

从外面看去，博物馆的大门上面是扁扁的三角形门楣，门楣下是一列八根高耸的大理石柱，很像我们游览希腊时去过的帕特农神庙大门。进去后，迎面是一个大厅，从大厅一直进去就是著名的圆形阅览室。

这个阅览室之所以那么有名，不但因为里头的书多，还因为许多伟人曾在这里皓首穷经并创造出伟大的精神财富。其中最有名的是卡尔·马克思。

1852年马克思弄了张大英博物馆的阅览证，从此就经常泡在这里了，而且每次总坐同一个座位，座位号是07，桌旁木板上的字码是AA．G，背后书架上放的大都是历史著作，不知道是否还是有幸被马克思读过的那些。

从圆形阅览室右边出去是国王图书室；从前面出去后又可以往两边走：左边是书库，右边出去是分类目录室。再穿过它们继续往前是北图书室，穿过北图书室是爱德华七世画廊。

最右边与正门平行的角上还并列着两个馆，分别是抄本馆和英国大宪章馆。从它们的名字就可以知道里头藏的是什么：抄本馆珍藏的当然是手抄本，大宪章馆藏的是英国各个时期的大宪章。所谓大宪章就是国会与英国人民同君主签订的分权协议，包括著名的《自由大宪章》。这也是大英博物馆引以为自豪的收藏之一。

上面我们从圆形阅览室的前面与右边都出去过了，现在我们要从左面出去，那里有我们这次来大英博物馆的主要目标，即它的各个展馆。

这里一共有6个馆。从圆形阅览室左门出去第一个就是埃及雕刻馆，一直往前过了埃及雕刻馆可以看到这里被分成了左中右三排，左边是青铜器馆；中间是中石器时代馆；右面的两个馆，分别是希腊馆和罗马馆。再从这三排间往前去就是帕特农神庙馆了，顾名思义，里头的东西是从帕特农神庙弄来的。

以上是一楼的情形，现在我们再上二楼去看看。二楼一共有8个大馆，从中间上去后，迎面是原始时代馆，从它往左是希腊和罗马艺术馆——它与一楼的希腊馆与罗马馆同在左边，有楼梯相通，可以看作是同一个大馆。往右是民族学馆和文艺复兴初期馆。从它们往里，也就是与原始时代馆遥遥相对的，是四个从外往里并列的馆，依次是玛雅文化馆、埃及后期馆、西亚艺术和东方艺术·书法·绘画馆。

以上就是各个大馆的名称与大致位置了，在各个大馆里还有不同的展厅，例如希腊和罗马馆就有20多个展厅，而东方馆又包括中国、印度与日本等分馆，这里就不一一说了。

至于其展出的内容，从它的名字我们就知道其大概了，这里我们也没时间一一去逛，只去看看几个藏品最丰富珍贵的馆，分别是：古埃及馆、希腊馆和东方馆。

埃及馆是大英博物馆的骄傲　埃及馆是大英博物馆藏品最珍贵最丰富的馆之一。在它的入口处立着著名的古埃及法老阿梅诺菲斯三世的两尊黑花岗岩坐像。在这尊雕像的脚后跟上刻有“贝尔佐尼”的名字。贝尔佐尼是意大利人，是他负责把几尊最重要的埃及雕像从埃及运到了伦敦。在雕像的左后方是著名的罗塞塔石碑，它被尊为大英博物馆的镇馆之宝。是拿破仑的士兵1799年在尼罗河三角洲发现的。碑文是公元前196年孟菲斯的僧侣颁布的一项训令，上部是埃及文，包括埃及象形文字和通俗文字，下部是希腊文。正是由于它，后来伟大的商博良才能释读古埃及象形文字，现在我们才能读懂许多古埃及文献。接下来，我们见到的是一座彩绘砂岩头像，它双目圆睁，头戴一顶高耸的白色王冠，这就是古埃及中王国的缔造者门图霍特普二世。同一展厅的尽头有一座精美的绿页岩头像，它全然一副东方菩萨模样，泰然安详，高深莫测，以至失去一切性别的特征。边厅的尽头墙上是底比斯出土的一幅辉煌的墓画，它绘制于公元前1400年，讲的是一名贵族男子在沼泽地里捕捉飞禽，与他为伴的是衣着华丽的妻子和衣着简朴的女儿，还有已经捉到了三只鸟的猫。此画生动幽默，人物刻画细致入微，实属珍品。从边厅进入主厅可以看到塞索斯特里斯三世的三尊与真人一般大小的花岗岩雕像。

在中央大厅里还有一排大型雕像，都是古埃及珍品。在一个玻璃展柜中有一只金猫，雄健有神，威风凛凛，它代表长着猫头的女神贝斯特，古埃及人的战争女神和护家女神。她戴着金鼻环和金耳环，颈上套着银护符。在金猫旁边是猫的木乃伊。

大厅里最突出的还是拉美西斯王那巨大的头像，传说他活到了100岁，有150个子女。雕刻家非常巧妙地选用一块双色花岗岩巨型石料，用原料本身的色彩将人物的头与身躯区别开来。头戴王冠，宽厚的巨肩显得很有力量，右肩上有个洞，据说是法国士兵为了搬运这尊雕像而凿出来的，但没有搬成，后来被贝尔佐尼运到了英国。

另外一个边厅里陈列着一副镀金内棺，棺主是一位叫亨努梅赫希特的贵妇，她在拉美西斯统治时期是阿蒙神的女祭司。另一口棺材是孟菲斯祭司内西苏特的大型石棺，石棺两侧雕刻着举行宗教仪式的队伍，棺盖一端刻有女神伊西斯的像，她双翅展开跪于地上。边厅里靠墙的展柜陈列的是长着鹰头的代表下埃及的神何露斯的雕像。

这是一楼，在楼上的后埃及馆里还有大量的木乃伊和木乃伊棺材。其中有一具5000年前的尸体，没有做成木乃伊，而是在沙中自然风干的。

希腊馆里有从帕特农神庙拆下来的中楣 与埃及馆一样，希腊馆的收藏也十分丰富。

在这里我们首先看到最早期的原始希腊文物，还有青铜器时代包括克里特和迈锡尼文明的文物，接着就进入了古希腊馆。

古希腊馆的中央展柜里陈列着一个雅典的双耳陶瓷瓶，上面绘有两位正在格斗的人物：全身着黑的阿喀琉斯手持宝剑刺杀亚马孙女王。旁边是一顶青铜盔，大约是公元前6世纪的作品，出土于科林斯，造型很别致。展厅里还有一些精美的浮雕，大都出自小亚细亚的希腊城邦吕底亚。在另外的展厅里有一座先被破坏，后来得以复原的大墓。墓主是桑索恩的一个统治者，人们称这座墓为海神的孙女涅瑞伊得斯纪念殿。

展厅里还陈列着公元前4世纪的卡里亚国王摩索拉斯的陵墓之一部。它是一座宏伟的圆柱建筑，被尊为古代西方世界七大奇迹之一。陵顶有一乘战车，极为华丽壮观。后来这个陵墓的名字被欧洲人用来作为帝王陵墓的代名词，即“mausoleum”。

另一个被尊为古代西方世界七大奇迹之一的阿尔忒弥斯神庙一根高大雄伟的鼓形刻石圆柱也陈列在这里。

以上的古希腊文物已经看得人叹为观止了，但这还不是大英博物馆里古希腊文物的最精品呢，最令人叹赏的是一楼帕特农神庙馆的展品。

这些来自雅典娜神庙的雕像足有长长的一列，表现的是“泛雅典娜节”庆典上的热闹景象，人物百人百态，无一不是旷世精品。我们在本书第六章“希腊之旅”（上）的雅典卫城之旅中已经介绍过它们，在《西方艺术通史》中还要讲，真是了不起的艺术品呀！

这些就是所谓的“埃尔金石雕”，这些石雕的来历我们在前面游雅典时已经说过了，它们本来属于帕特农神庙，是神庙的中楣。19世纪时英国人埃尔金来了，他是掠夺文物的老手，把最后几块好点儿的雕刻全拆走了，将它们放到了大英博物馆，成为又一件镇馆之宝。

这也是希腊人永远的痛，他们从来没有停止索回的要求。今年，2001年，希腊文化部长还提出了这个要求呢，英国人理都没理他们。

东方馆里收藏着中国文化的精华　最后是东方馆了。刚刚说过，东方馆包括好几个分馆，主要是中国馆、印度馆和日本馆，其收藏也十分丰富。

在中国馆内，我们各个朝代的文物几乎无所不有，而且大多是精品名品，国内都是少有的。

当我们走进中国馆，最先看到的是新石器时代大量的陶器和玉器，接着是商周时代大量的青铜器，像礼器、酒器、钟、武器、车具，等等。其中有一个双头羊樽，造型极美，保存完好，是商代青铜器中不可多得的名品。不少青铜器上面还刻有铭文，是极重要的历史文献。例如有一件“康侯盅”上记载着周武王在其弟康侯击败敌人后给他封邑的经过。

展柜中还陈列着汉朝的各种漆器精品，其中有一只公元 4 年制造的酒杯，杯底刻文记载了工匠的人数、姓名以及监制官员的姓名。展柜中还有汉朝人陪葬的各种建筑模型，像鱼塘、羊圈、屋舍等，虽然是民间艺术品，但质朴而生动，别有一番韵味。

我国历史上的鼎盛时期唐朝的文物为数也同样多，像精美的唐三彩、银器、织物，等等。宋朝是中国瓷器臻于完美的时期，这里展出有极精美的越窑和定窑瓷器，更珍贵的是汝窑青瓷碗，这种瓷器仅在北宋时期为宫廷生产过20年左右。明朝是瓷器的鼎盛时代，其中以青花瓷最有名，艺术水平也是最高的，这里竟然有好多，有一个青花瓷瓶非常精细美观。

最珍贵的是一个白红瓷高脚杯，真是薄如纸、清如水、明如镜，如果退后一步，对着光线，就能看见杯上用釉料绘制的龙，活灵活现，乃是皇家所有的极品佳瓷。

如此等等，举目所见都是中国文物的菁华。

除了这些，这里还有大量中国书画，仅其目录就被编成了厚厚一大本。其中最有名者例如大家听说过的顾恺之的《女史箴图》真迹，这乃是中国古代绘画举世无出其右的至尊之宝啊！

敦煌藏经洞的写经存世40 000余件，大英博物馆就藏有13 000多件，且都是精品，不但数量比现存在中国的多，质量更是远胜之。因为，这些现在留存国内的都是当初西方人挑剩下来的呢。

不光这些名品有，就是一些不那么著名的艺术品大英博物馆也藏有。例如这里有清朝的体仁阁大学士刘墉（即刘罗锅）的草书真迹。我们有位学者甚至在这里发现了大量清代早期苏州木版套色年画，那些年画虽然只是民间艺术品，但其精美令人叹为观止。

至于这大量的文物是怎么给弄到了英国的，原因不言而喻，一部国之衰弱史矣！

若问我们能收回这些文物吗？答曰：不能！历史就是历史，到现在它已经成为无法改变的现实。

我们能做的也许只是像某位参观大英博物馆的同胞，他看到如此多的国之瑰宝被人家拿出来扬扬得意地炫耀，不由义愤填膺。于是，当他看到里头那些捐款箱时——大英博物馆是免费的，但希望参观者们自愿捐些钱来贴补它浩大的开支。这位同胞，不是吝啬而是出于义愤——一个便士也不捐！

在所有景点之中，大英博物馆是最费时间也最累的，终于也逛完了，怀着沉重的心情出来后，我们下一个目标是哪里呢？

寒碜的首相官邸 英国国家权力的核心、政府首脑的老巢——唐宁街10号。

唐宁街10号在大英博物馆之南，特拉法加广场附近的唐宁街上。从外表看上去，唐宁街并不突出，不但不突出，简直平凡之极：一条只有百来米长的小街，走路几分钟就过去了，宽10多米，两部汽车对开就排满了，路也没有任何特别之处：黑色的路面，两边高一点的是人行道，上面竖着几杆街灯，街边连树都没有。

唐宁街10号的外表也一样平凡：一栋三层楼房，外墙连粉刷都没有，一块块砖砌起来，中间的白灰泥清晰可见。墙外边还围了一道人那么高的难看的铁栏杆。门也很普通，一不宽二不高，谈不上半点气派。这是一扇木门，上面有个狮子头的铁门扣。门顶部有一个阿拉伯数字“10”，下面是一个信箱，再下面有一个开门的球形捏手。如此而已，看得出同一个普通的伦敦市民之家有什么区别吗？

当然作为首相的官邸，它也不是完全没有一点特别：一是它临街的窗口永远挂着厚厚的窗帘，从外面看不到里头的任何东西。二是那扇普通的木门前一天24小时，一年365天永远站着头戴黑色高帽的警察。

唐宁街因英国外交家乔治·唐宁爵士而得名，唐宁街10号原是1680年建造的一所私人住宅，后来归属英国政府，英王乔治二世把它赐给财政大臣罗伯特·沃波尔爵士，当时英国政府尚无首相之职，财政大臣是实际的政府首脑。后来英国议会通过“国王大臣法”设了首相一职，唐宁街10号就一直作为英国首相官邸，成了英国政府的代称。从那以后，唐宁街10号内部曾进行过多次整修，不过除增加了国宴厅和早餐厅外，房子基本上保持原样：它一直是一幢样子普通的三层灰砖建筑，共有60多个房间，楼下是内阁会议室，通向会议室的楼梯旁悬挂着历任首相的油画像，二楼是首相及其家属的住所。整栋楼里最值钱的东西是几幅还算名贵的油画，大都是从博物馆和画廊借来摆摆的。

看了这样的首相官邸您有什么感想？前面我们在讲英国的人文地理时说过首相是英国最有权势的人物：他是行政首脑，掌管国家从内政到外交的一切事务，又是军队的实际统帅，相当于法国的总统与总理权力之和。此外，首相还是执政党的首脑。而且我们不要忘了，英国还是世界上最发达的国家之一，一个如此强大的国家的首脑竟然住在如此平凡的地方！

简而言之，在英国做首相真寒碜哪！可又有多少国家能如此呢？

大本钟和威斯敏斯特宫是伦敦的标志　您听说过“大本钟”吧？在伦敦它算得上是鼎鼎有名的。这个大本钟就是我们下一步要参观的项目。不过，我们可不是专门去看大本钟，我们是顺便去看看大本钟！

从唐宁街10号往南不远，有一座庞大而高耸的建筑群——威斯敏斯特宫，就是我们这次伦敦之旅的第五个目标了。

威斯敏斯特宫依泰晤士河岸而建，当我们乘船自泰晤士河缓缓游过时，看到威斯敏斯特宫仿佛是漂浮在水面上，可它又是那样庞大，仿佛是漂浮在水面上的一座城市呢。它与大本钟是伦敦的标志。

据说最早在威斯敏斯特宫所在地建宫殿的是11世纪早期的克努特大王，他是丹麦人，后来做了英国的国王。威斯敏斯特宫最早的建筑者则是“忏悔王”爱德华，他与克努特大王是同一个世纪的人。他所建的威斯敏斯特宫规模已经相当巨大，被称为“无双的建筑”。继爱德华一世之后英国国王“征服者”威廉又对它进行了扩建。

自从爱德华一世以来它一直是英国的王宫，直至16世纪的一场大火把它烧了个体无完肤，王室才被迫迁离。

这次大火还没有把它烧光，经过一番修葺之后，不久这里又成了英国议会的会址，从此该功能就再也没有变过了。不过这可不意味着威斯敏斯特宫从此太平。又过了300来年，1834年，一场大火又起，据说是因为有人在炉子里大量焚烧政府文件而引起的，这一场大火更厉害，将威斯敏斯特宫几乎烧成白地，只保住了最重要的威斯敏斯特大厅和圣斯蒂芬教堂。

两年后，古典主义建筑师C.巴雷爵士受命设计新的威斯敏斯特宫，1840年开始动工，经过近30年的施工后才完成。

又过了几十年，第二次世界大战爆发了，为了征服英国，希特勒对伦敦狂轰滥炸，目标突出的威斯敏斯特宫自然不能幸免，一颗颗巨型炸弹落在了它的头上，最严重的一次是1941年5月10日，那一次它接连被十多颗炸弹击中，并引发了灾难性的大火，大批建筑被炸毁烧毁。

第二次世界大战结束后，顽强的英国人再一次重建威斯敏斯特宫，1950年时重建工作完成，议员们又在这里商议国家大计。这已经是威斯敏斯特宫第三度重建了，但愿是最后一次。

现在，整个议会大厦占地约3万平方米，全长近300米，有上千个房间，仅走廊长度就达3000米，还有100多处楼梯、10多个内院与10多座大厅。

威斯敏斯特宫的结构大体如下：整个建筑呈南北走向，南北长而东西宽，沿泰晤士河西岸而建，因此它的东面濒临泰晤士河，占了一长段堤岸。其主体建筑共分东西走向的三排，每一排都有高耸的哥特式塔尖，中间以七座横楼相连。最南边一排的主要建筑是高耸的维多利亚塔，它高100余米，是威斯敏斯特宫最高的建筑，用来存放议会重要的文件档案，塔下面有一扇王门，专供国王或女王进议会时用。

从王门进去后，就是皇家走廊了，过了走廊就是议会上院，上院的建筑与布置均十分华丽，长近30米，以红色为基调，像里头贵族议员们的打扮一样。穿过上院继续往北是中央大厅，这里是中排建筑了，除了中央大厅还有圣斯蒂芬门、圣斯蒂芬教堂和威斯敏斯特大厅。威斯敏斯特大厅长60余米，高近30米，以橡木为梁，是现存威斯敏斯特宫中最古老的部分，白天举行议会例会时，它上面的塔尖便飘扬起一面英国国旗。这里也是下院的所在，下院没有上院那么华丽，以绿色为基调，长只及上院的2/3，幸好它的权力比上院大3倍还不止，否则议员们说不定不服气呢。

最北面的一排里有威斯敏斯特宫最有名的建筑——大本钟。

大本钟在威斯敏斯特宫最北端，外面看上去是一座高耸的塔，上面有尖顶，最特别的是尖顶下面的那个大钟，这就是有名的大本钟了。

大本钟称得上是全世界最有名的一口大钟，它以巨大与准确而名闻世界：装它的钟楼高近百米，钟本身重达13吨，钟盘直径达7米，用300块乳白色玻璃拼镶而成，时针长近3米，分针长4米多，下面的钟摆重300多公斤。

它由E.贝克特设计，由本杰明·霍尔爵士主持建造，于是人们便称它为本杰明钟，又由于它大，便成了大本杰明钟，简称“大本钟”。

每走完一小时，大本钟都会发出深沉而铿锵的报时声，袅袅余音，全伦敦都可听到。

不，全世界都可以听到，因为英国广播公司会将这个声音通过无线电传向四面八方，如果你收听BBC，说不定也会听到呢。

威斯敏斯特教堂安葬着牛顿、达尔文、狄更斯　我们中国人，尤其是香港人，习惯把威斯敏斯特教堂称为西敏寺，它与大本钟就隔一条马路，名字也差不多，简直是一体。

威斯敏斯特教堂是英国国教圣公会的教堂，正式名称为“圣彼得联合教堂”。它的最前身是9世纪时撒克逊国王塞伯特所建的本笃会隐修院，10世纪时英王埃德加在这里正式建造了一所教堂，由本笃会修士主持。11世纪时“忏悔王”爱德华下令扩建，后来建成耳堂，又建成中殿。现在的哥特式风格教堂是13世纪时由亨利三世重建的，为此他拆毁了旧教堂的大部分。后来经过历代不断扩建，渐渐成了今天宏伟的样子。18世纪时建成的两座钟楼是最后添加的建筑物。

今天的威斯敏斯特教堂有圣殿、翼廊、钟楼等，若从飞机上看下去，整个教堂平面呈十字架形，长近160米，宽20余米，中间的大穹顶高30余米，外面的钟楼高近70米，是典型的哥特式建筑。

从外表看，威斯敏斯特教堂并不特别突出，我们也用不着特意介绍它，它的特点在于里面及其功能。

威斯敏斯特教堂是英国最高贵的地方之一，它有两个主要功能。一是英国历代君王的加冕处；王室成员的婚礼也一般在这儿举行。例如1947年女王伊丽莎白二世与她的远房表兄、希腊与丹麦王子菲利普就是在这儿举行了婚礼，50年之后，她的长子查尔斯王储同戴安娜王妃也是如此。

它的第二个功能是，自从“征服者”威廉之后的历代君王中，除了连尸体都找不着了的爱德华五世，都葬在威斯敏斯特教堂。

在重建于1557年的圣爱德华小教堂内，有英王加冕宝座，它高踞于大祭坛前面的高台上，宝座下有一块被称作“斯库恩”的圣石，原是古苏格兰国王传统的加冕宝座，后来英格兰人征服苏格兰后，就把它抢了过来，放在君主的加冕宝座下，作为镇国之宝。这里还为1940年的英德空战中牺牲的皇家空军战士建了一座小教堂，彩色玻璃上绘有当年参战的68个空军中队的队徽。在教堂地窖中还有一个博物馆，陈列着安放在无盖棺材中的国王、王后和贵族们的雕像，其中有爱德华三世古老的雕像，他变形的嘴巴与脸部好像在告诉参观者他是突发中风而死的，十分传神，只是有些恐怖。前面谈过的特拉法加海战中战胜拿破仑并以身殉职的纳尔逊的雕像也在这里。

比国王们的墓室更值得瞻仰的是另外一些人，这些人不是因为他们高贵的血统，而是因为他们伟大的成就而得以长眠于此。

一块块洁白的大理石墓碑上镌刻着许多我们熟悉的名字，如牛顿、达尔文、瓦特、丘吉尔等，特别地，教堂里还有一个“诗人角”，是诗人和作家们的墓地，如乔叟、狄更斯、哈代等都在这个角落安眠。这些人有的我们已经在“西方通识丛书”各卷中说过，有的将要说。

女王的住处：白金汉宫　离开威斯敏斯特教堂后，往西走没多远就到了白金汉宫。

白金汉宫也许是最受游客们青睐的地方，因为这里居住着一个大家最想一睹风采的人物——英国女王。

白金汉宫于18世纪初由白金汉公爵始建，故名，后来英王乔治三世为他的王后买下了它，从此又称“女王宫”。19世纪时乔治四世自己搬了进来，改作王宫，并加以改建。从1837年维多利亚女王登基起，英国的君主们，包括现在的伊丽莎白二世，都生活在这里。

几乎每一代君主都要根据自己的喜好把王宫加以扩建改造，幸好这些君主们都是些有品位的人，因此现在的白金汉宫虽然各处色调与情调都不尽一致，小地方建筑式样五花八门，好像打了补丁一样，但总体来说依旧富丽堂皇，气派十足。

总的来看，白金汉宫是一片四方形的大房子，四周围着修饰得挺漂亮的铁栅栏。正面主体宫殿长100多米，其余三面各有三幢附属宫殿，中间形成一个大院子。当外国的国家元首和政府首脑们访问英国时，女王就在这个院里陪同他们检阅海陆空三军仪仗队。

正对大门的主宫顶上经常高高飘扬着一面英国国旗，这表示女王正在宫内，否则就只有旗杆。

在白金汉宫前面有一个宽敞的广场，中央屹立着伊丽莎白二世的高祖母维多利亚女王的镀金坐像，金光闪闪，周围辅以四组石雕群。纪念碑的正前方是一条宽敞、平坦、笔直的咖啡色柏油大道。

白金汉宫不但外表相当壮丽，里面的装饰更是豪华，有宴会厅、典礼厅、音乐厅、画廊、图书室等600多间。面向大门的正殿是宫廷的办公室和国宾馆，北殿是王室成员居住的地方，南殿有女王美术馆，美术馆画廊长近50米，陈列着王室收藏的大量价值连城的艺术珍品，伊丽莎白二世也因此成为世界上最富有的女性。

许多游客来白金汉宫的目的之一是要看看著名的皇宫卫队换岗仪式，从4月到9月的每天上午11点半，那些身着黑色或红色华丽军服、戴着高高的黑熊皮帽或金盔、骑着白马或黑马、有的还披着大红袍的御林军，踏着正步，吹着号子，用一整套复杂的、甚至花里胡哨的仪式来交接班，这成了伦敦最有名的景致之一。

如果您想进到白金汉宫去，这也是可能的，现在白金汉宫已经开放，不过您要有耐心，由于想参观的人实在多，要大排长队才行。

当然啦，如果您没时间，也有一个办法——偷偷溜进去，这种可能性当然微乎其微，不过也不是没有可能。例如1982年的某一天，一个精神有问题的男人不知怎么竟然躲过了戒备森严的禁卫，一直溜进了皇宫最深处——女王的寝宫。像在大街上同一个普通陌生女士搭讪一样同女王聊了起来，女王呢，不愧是女王，没露出丝毫不安、愤怒与蔑视，而是耐心地陪这个不速之客聊天，还拿出点心招待他，直到半小时后卫兵过来将他请了出去。

马克思墓最后的凭吊　　逛完白金汉宫之后，本来我要走了，但突然记起了一个地方，这个地方西方游客一般不会去，作为来自中国的游客却是应该去凭吊一番的。

它就是马克思墓。

马克思墓在海格特公墓内，海格特公墓位于伦敦西北一座山丘上，1883年3月14日，马克思去世后就被埋在这里。马克思的墓不难找，进了公墓，顺着一条铺着沙石的主道前行，未到拐角的地方赫然出现在面前的就是马克思的头像。

当初，马克思刚去世时，他对于历史的影响还没有充分显示出来，他的墓也没有得到特别的保护，如今只剩下一块普通的碑石。后来，为了纪念这位全世界无产者的导师，英国共产党于1954年为他建了一座新墓，选了墓区最醒目的位置，据说包括中国共产党在内的各国共产党都为之捐了款。

新墓的墓碑高约3米，是一根坚固的花岗岩方柱，顶端放置着马克思的青铜头像：大胡子，毛发蓬蓬，一双深邃智慧的眼睛凝视前方。墓碑两侧各镶一个青铜花环，正面上方镌刻着马克思和恩格斯合著的《共产党宣言》中的名句——“全世界无产者，联合起来！”下面刻着马克思的名著《关于费尔巴哈的提纲》中的结束语：“哲学家们只是用不同的方式解释世界，而问题在于改变世界。”

墓碑前有一块绿地，用护栏精心围了起来，背后则是高大挺拔的常青树，金色的阳光穿过枝叶的缝隙射下来，洒落在花岗岩的碑体上，分外肃穆。

在伦敦，海格特公墓是最大公墓之一，占地相当广，有5万多座墓碑，埋葬了十多万人，其中不乏名人，但只有卡尔·马克思墓前终年有人献花。现在我们也来了，在告别伦敦之前，我们来这里，在这个改变了世界，也改变了千千万万中国人命运的人的墓前，徘徊良久，沉浸在对历史与命运的思索之中。

第二十一章　自然德国

德国是一个美丽而有点奇特的国家，它在西方诸国中有着许多同其他几国迥然不同的特点。举一个最简单的例子吧，如果我请您想想法国，您首先会想到什么？八成是巴黎和它的浪漫；英国呢？会想到女王或者伦敦；美国呢？会想到它的富有与发达；关于德国，您头脑中冒出来的第一个概念恐怕是“纳粹”吧？

这就是德国的“特色”：当我们想到英美法等国时，第一印象往往是一些美好的东西，但想到德国时，却很可能是那人类历史上最邪恶的东西——纳粹。

这不能不说是德国的悲哀，然而德国人却不能有半点抱怨，他们同样只能为自己有那样的历史时常地感到耻辱与悲哀。

然而德国又实在是一个美丽的国家，德国人民也实在是勤劳、智慧、勇敢、慷慨的人民。您知道有哪个国家在对中国提供先进技术或给予财政援助时最大方吗？是德国。

这就是德国，一个充满矛盾的国家：有着一段丑陋的历史与美丽的现在。不过，幸好，那丑陋属于历史，现在的德国则是美丽的。

德国处于地球的西部，欧洲的中部，其纬度还是同我们东北三省差不多，不过它的最北比东北三省的最北还要北。

德国的总面积约36万平方千米，比中国的云南省稍微小一点。地理上与前面属于南欧的希腊与意大利、西欧的英国与法国不同，它是中欧国家。

由于位于欧洲的中部，德国拥有相当重要的地理位置和许多邻国：

德国的东面有三个邻国，自北而南分别是波兰、捷克、奥地利。其中奥地利人与德国人同文同种，都是德意志人。捷克和东面的斯洛伐克原来是同一个国家，几年前分开了。波兰历史上是德国的受气包，经常受这个强邻的欺侮。

德国的南边有两个邻国：一是奥地利，它像一条擀面杖，大的一头在德国的东南，小的一头伸到了德国南面；另一个则是瑞士。无论奥地利人还是瑞士人，就民族而言大部分都是德意志人。

德国西边有四个邻国，从南到北分别是：法国、卢森堡、比利时、荷兰。法国是德国的老冤家，彼此之间既爱又恨。两个经常大打出手，单打独斗时法国人往往吃亏，但法国人经常能找到有力的盟友，尤其是海峡对岸的英国。这样德国人就吃不消了，普法战争和两次世界大战就是最好的证明。

德国的正北面突出去一个半岛——日德兰半岛，这里有德国最后一个陆上邻国丹麦。半岛的左右德国分别濒临北海和波罗的海。

德国地形可以分成明显的三大块 德国地形总的特征是北低而南高，从北至南可以分成三个部分，分别是北部的平原、中部的高地、南部的高原与高山。

北部的平原从北部沿海地区往南，一直延伸到德国与捷克边境的厄尔士山脉，往西包括莱茵河下游地区，约占全德面积的1/3。

这一大片地区又叫波德平原或者中欧平原。我们讲欧洲的自然地理时已经讲过：从东欧平原往西直到莱茵河之间的这块被称为中欧平原，因为它主要位于中欧地区，又由于这个地方有两个大国波兰与德国，所以又被称为波德平原。这里的平均海拔不到100米，面积广阔，但并不十分平坦，地势起伏绵延，许多大小湖泊与沼泽散布其间，都是冰河时期冰川消退而形成的。南部有一片地方被称为“沃野”，这里是名副其实的千里沃野，地表是冰川消退时堆积起来的十分肥沃的黄土，是德国、也是整个欧洲最富饶的地区之一。

从北部平原往南就是中部的高地了，它仿佛是从平原地区突然跃起，地形与北部平原形成相当强烈的对比。它由一条东西走向的相对高海拔地块构成，西边从莱茵河中游起，到中部的哈茨山脉，往东也到厄尔士山脉，整体看起来像向北凸起的弧形。

这中部高地是重要的分水岭，被一些南北或北南流向的河流所切割，有的形成高深狭窄的河谷，如莱茵河谷，有的形成不那么高深的河谷，如威悉河与莱纳河。

虽然同属中部高地，但其各处的差别相当大，海拔低者300米，高者1200多米，有的地区土壤贫瘠，有的地方则十分肥沃。

南部高原位于美因河以南，从法国东部的孚日山脉起往东直到德国的最东部，包括德国整个南部，其面积差不多占了全德面积的一半，是三大部分中最为广阔，地形也最为复杂者。

大体来说，南部高原包括三大部分：最西部是黑林山脉；中间是施瓦本山和弗兰克山，两座山脉连成一线，可以看作是一整条山脉，它从德国与瑞士的边境起往东北方向延伸；东部则是巴伐利亚高原。

上面这几条山脉总的趋势是朝向地势相对较低的西面或北面的一侧山坡很陡峭，朝向南面高山地区的一侧山坡则比较平缓。

巴伐利亚高原从德国最南面的阿尔卑斯山脉北坡起往北直到多瑙河河谷。它海拔较高、地势平缓，土地不太肥沃，有许多泥炭田。

从巴伐利亚高原往南是阿尔卑斯山脉，只有北侧的一段斜坡在德国境内，长不过200多千米。此地群山高入云霄，悬崖壁立，更兼森林茂密，中间有不少大小湖泊，清澈的湖面倒映着森林，美不胜收。这里的楚格峰海拔近3000米，是德国的最高峰。

德国的三座名山　德国没有什么大山，只有三座虽然不大、但比较有名的山，它们就是哈茨山、厄尔士山、黑林山。

哈茨山在德国中部靠北的地方，是中德高地的一部分，它的两边有两条大河：西边是威悉河，东边是易北河。

哈茨山呈东南—西北走向，长度不过100多千米，最宽处也只有约30千米。最高峰是布罗肯山，海拔超过1000米，以之为界将哈茨山分成西北部的上哈茨和东南部的下哈茨。上哈茨主要是呈波状起伏的高原，它的西部平均海拔达1000米，从低平的北部长驱直入的北风在这里遇到阻碍，也找到了大逞威风的地方，因此这里的气候相当阴冷潮湿，山顶也有些秃。由于上哈茨山挡过了冷风，下哈茨山就要暖和得多，这里不但山上山下植被茂密，农作物收成也很好。

哈茨山水利资源相当丰富，有好几条河流从这里发源。

千百年以来，哈茨山给德国人民带来无限的浪漫遐想。

由于它是德国最北面的一座山，那些生活在北部平原地带的德国人，特别是诗人和作家们，经常来到这里体验“会当凌绝顶，一览众山小”的感觉。尽管哈茨山海拔不高，然而较之下面的茫茫平原，它就高得很了。

德国许多诗人、作家和音乐家们都为哈茨山留下了美妙的创作。例如海涅有名作《哈茨山游记》，伟大的音乐家勃拉姆斯也曾依据歌德的《冬游哈茨山》创作过曲子，等等，举不胜举。据说希特勒梦想当画家时也画过几幅有关哈茨山的蹩脚油画呢，例如《在哈茨山无忧无虑的日子》。

德国的第二座名山是厄尔士山。

我们刚刚讲过，厄尔士山既是北德平原的东端，也是中德高地的东端。这是因为厄尔士山呈西南—东北走向，它的东北是北部平原的终点，西南部则是中部高地的终点。

厄尔士山还山是德国与捷克的天然边界线，沿着德国—捷克边境延伸约160千米，平均宽度约40千米。靠近捷克一边的山势比较陡峭，靠近德国一边的则平缓一些。在德国境内的最高峰是克利诺韦茨山，海拔1200多米，它位于山脉的中心地带。

厄尔士山是座矿产宝库，它的山名“Erzgebirge”音译是厄尔士山，意译就是“矿石山”。厄尔士山的矿藏品种和数量都很丰富，很早以前就有大批采矿者来到这里了，他们成群结队，到山里采金、采银、采铜、采铅，甚至采铀矿。这大大促进了厄尔士山地区的发展，使这里成为人口稠密、经济发达的地区。

原来那些采矿者几乎全是德国人，后来，第二次世界大战后，德国战败，捷克人便将这些世世代代居住在厄尔士山的德国人统统赶走了。

我们介绍的第三座山是黑林山。

黑林山位于德国西南部，它是多瑙河的发源地，我们在本书第一章中就讲过：多瑙河是欧洲仅次于伏尔加河的第二长河，源自德国西南部的黑林山。

黑林山并不高，呈南北走向，自南至北全长约160千米，宽10～20千米，山区总面积约6000平方千米。它与法国境内的孚日山脉紧邻，且相互平行，形成两国之间的天然边境。黑林山的西边是莱茵河，由于莱茵河两岸地势低平，因此黑林山靠它的一侧山势陡峭。

黑林山一个主要特点是山里的林木历史以来就保护得很好，现在仍满山都是原始森林。黑林山也因此得名，这里的“黑”其实就是“茂密”的意思，黑林者，即茂密的森林也。

“黑森林”是黑林山的另一个大名，这是黑林山另一个更有名的译法。我们在《西方通史》第六章“罗马尼亚的征服”中曾经提到过，奥古斯都派遣他一个叫瓦鲁斯的将军去打日耳曼人，在黑森林遭遇日耳曼人埋伏，全军覆没，从此奥古斯都再也不去想日耳曼人的伤心事了。罗马帝国东北边境也就停在了原来的莱茵河、多瑙河以西以南一线，“罗马和平”从此来临。

德国的三大名河　德国有许多河，遍布全国。这些河有的我们很熟悉，例如莱茵河和多瑙河。有的不那么熟悉，例如奥得河、威悉河、易北河。第二章我们讲欧洲的自然地理时已经比较详细地说过了多瑙河和莱茵河，大家可以去那里参考参考。现在我们来看看另外三条，它们是德国仅次于多瑙河与莱茵河的大河。

威悉河、易北河、奥得河自西向东并列而立，最西边的是威悉河。

威悉河是德国西部的主要河流，发源于中德高地，上游叫威拉河，它与另一条富尔达河汇合后成为威悉河。威悉河是相当纯粹的南北走向，发源之后就一路奔腾北上；它的河道相当曲折，尤其在中段，扭来扭去，称得上是九曲十八弯；下游稍微好点，在德国西北部的不来梅港注入北海，全长400多千米。

由于沿途支流众多，威悉河的水量相当丰富，河道也比较宽，特别到了下游更是如此。

威悉河由于河道太曲折，本来不适于航行，后来德国人在下游疏直了河道，又建了近10座水坝，使1000多吨的大船可以上溯100千米。

威悉河的经济价值相当高。由于其流域是德国工业最发达的地区之一，是这些地方输出工业品的重要通道，加之修建了多条运河，例如中部运河通过威悉河西与埃姆河相连，使威悉河可以直通德国最重要的工业区鲁尔区，又东与易北河相连，可以一直到达柏林。另外在威悉河的入海口也修建了运河与易北河下游相连。这样，通过威悉河实际上将整个德国北部和中部都连成了一体。

也许正由于经过这些繁忙的工业区，大量的工业废水把威悉河污染得相当厉害，以前河里有一种威悉河鲑鱼，是著名的美味，现在已经灭绝了。

不过，说实话，比起我们国内许多发臭发黑的河来，威悉河还是相当干净的，河水也不混浊。

威悉河之东是易北河。

易北河在德国的历史上扮演着重要的角色。在漫长的时光中，德国人曾经失去过、也曾经得到过许多领土，然而易北河永远是它们国家与民族的心脏地带，因此，说易北河是德意志人的母亲河也不为过呢。

易北河是欧洲主要的大河之一，全长近1200千米，河水宽阔，最宽处达14千米，流量也相当大，年均流量约700立方米/秒，流域面积超过14万平方千米。

易北河源于捷克与波兰边境的克尔科诺谢山，先向南流，然后折而向西北，成为一个弧形，在捷克的西北角出了境，进了德国。此后一直坚持往西北去，一路奔腾，沿途接纳许多支流：左岸有伏尔塔瓦河、穆尔德河等，右岸有伊瑟河、阿尔斯特河等，最后经过著名的大城汉堡，在库克斯港附近注入北海。

与威悉河一样，易北河对于德国的经济与交通十分重要，而且更加重要。它位于德国的中心地带，方便联结东西，而且它流程长，是威悉河的近三倍，流量大，河道宽阔，比较平直，且是国际水道，这些都使它能成为天然的黄金水道。

在易北河上有更多的运河：在东北方向，易北-吕贝克运河将易北河同波罗的海连通；在东南方，易北-哈弗尔运河使易北河同德国的首都柏林相连；在西边，通过中部运河，易北河连通了威悉河，并可以直通鲁尔工业区。在这些地方，上千吨的轮船可以通行无阻，甚至越过德国边境直达捷克首都布拉格。

在三大名河中，奥得河是最国际化的河流，它全程几乎都在德国与波兰边境之间流淌，担当德波的“楚河汉界”。

奥得河源于捷克北部的奥得山，全长约900千米，流域面积约12万平方千米。由于支流大都属于波兰，流程也以波兰境内最长，因此流域面积的九成在波兰。

奥得河的流量也比较大，近河口处的平均流量约500立方米/秒，最大达3000立方米/秒。春季冰雪融化时流量骤增，常导致春汛，这时上游水位升高好几米，洪水如猛兽冲来，不过由于堤防坚固，很少泛滥成灾。如果天气冷，河面可能结冰，但只是偶一为之。

从它的源头起，奥得河向东北流经狭窄的森林谷地，这时它是山地河流，进入波兰后折向西北，这时河谷骤然宽阔达10～20千米，成为低地河流。到达德国边境后与支流之一尼斯河汇合，成为德国与波兰边境，从此担当“边境卫士”角色，直到距河口80多千米处，这时奥得河分成两支——西奥得河和东奥得河，平行注入德波两国共有的什切青湾，然后通向波罗的海。

奥得河航运价值很大，轮船可一直上溯至捷克，沿途有捷克、斯洛伐克和波兰等国的重要工业区，还有运河连通易北河与柏林。

对于德国，奥得河有重要的历史意义，它在德意志和波兰的历史与文化上它都扮演了重要角色。

9世纪波兰诞生时，它是德国与波兰之间的传统边界。13世纪德意志开始扩张后，奥得河不久便成了普鲁士的内河。从此一直是德国的固有领土。然而，整整700年之后，1945年，希特勒完了。英美苏的领袖们在雅尔塔会议上商讨战后事宜，苏联要求扩大它的领土，那当然只能从与它相邻的波兰那里拿，波兰怎么办呢？它受尽了德国的欺侮，现在也是战胜国之一，总不能让它吃亏吧！于是领袖们找到了一个简单的办法：把原来属于德国的大片领土划归波兰！这样，波兰的边界线直往西奔，一直到了奥得河和尼斯河。此河以东的辽阔领土尽归波兰所有。

战胜国做得更绝的是，不但将土地划归波兰，还把原来世代住在这里的德意志人通通赶走了，就像前面他们在厄尔士山所做的一样。

过去的东德和西德，现在统一后的德国，都同波兰签订了条约，承认奥得-尼斯河线是波德之间不可更改的边界。我想，德国人恐怕是永远不能收复他们的领土了！

我这可不是替纳粹鸣冤叫屈，他们干过那么多坏事，理当受到天谴。我只是想到德意志人本想从邻居那里抢东西，结果反纷纷被从自己的家园赶走，惶惶如丧家之犬，真是历史的黑色幽默！

德国的气候和环境可以用“纯净”二字来形容 关于德国的气候类型，我不说大家也知道：像前面的法国一样，主要是温带海洋性气候和温带大陆性气候，这是它的地理位置所决定的。此外，在它的阿尔卑斯山区还有一些地方是高山类型的气候。这些气候的特征我们也都说过几遍了，这里就不再重复。

我们具体地去德国看看，感受感受那里的气候特色吧。

每一位到过德国的人都有这样一种感觉：德国气候凉爽、空气湿润，一年四季山林青翠、鲜花盛开、绿草如茵，是一个风调雨顺的好地方。美中不足的就是阳光少了些，所以每逢阳光明媚的日子，不论是公园、河边的草坪上，还是在各家房前屋后的凉台上、花园里，随处可见沐浴阳光的男女老少。

平稳温和是德国气候的总体特征，但就其各个地区看，还是有一定差异的。

由于属温带海洋性气候，德国一年到头温差不大，几天之间温度大起大落的情况也很少。

德国一年四季都有降水。夏季，特别是7月，相对多一些。

虽然德国的气候相当好，用从前那位到德国踢球的足球明星张效瑞的话讲："德国的气候和环境可以用'纯净'来形容，在这里生活时间长了甚至会让人觉得自己精力越来越充沛了。"然而德国政府却并不满足，他们现在仍然致力于改善德国及全球的环境，以减少由环境恶化带来的灾害性天气，使地球的气候更适于人类的生存。

德国堪称欧洲乃至全球环境保护的模范，它致力于使《京都议定书》得到实施，这个议定书的目的就是要减少使全球气候变暖的废气的排放。德国计划到2010年时其温室气体的排放量将比1990年减少21%，实现欧盟对《京都议定书》所做的承诺。

我想，这也许是德国人认识到自己祖辈所为的恶，想用这种方式来赎罪吧。

第二十二章　人文德国

我们知道，德意志人是日耳曼人，然而这并不说明日耳曼人就是德意志人，它的范围要广泛一些。因为古代日耳曼人有好多分支，例如西哥特人、东哥特人、汪达尔人、勃艮第人等，他们原来住在易北河与莱茵河之间，后来匈奴人将他们驱赶进了罗马帝国，他们又终结了罗马帝国。再后来法兰克人建立了查理曼帝国，843年查理曼的三个孙子瓜分帝国，其中日耳曼路易获得了帝国东部，那就是今天德国的雏形。

德国的诞生也就是德意志民族诞生的开始，这是一个漫长的过程。到6世纪德语出现后，加上长期以来生活在同一个地方，有了共同的历史与文化传统，德意志民族也就慢慢地形成了。

历史上，当德意志还是帝国时，它曾统治许多其他民族。第二次世界大战后，战胜国对德国领土进行了重新划分，原来属于德国的领土，只要有邻国的少数民族，就被从德国划出去，就像上章厄尔士山地区的情形，加上原来生活在这里的大批犹太人几乎被灭绝，这样就使德国几乎成了单一民族的国家。

话虽这样说，但并不绝对如此，因为德国还有一个地道的少数民族——索布人。

这些索布人是一个古老的斯拉夫民族，自古以来就生活于现在德国的东部地区，早在中世纪时他们就已经被德意志人征服了，被包围在德意志人的海洋之中，然而他们以惊人的毅力维系着本民族的个性，顽强地保持着自己独特的语言、文化甚至种族的相貌特征。现在他们的总人口不到10万，就像德意志人海洋中的一个孤岛，不，简直像一叶孤舟。他们是德国唯一真正的少数民族。

稠密而不均衡的人口　德国领土只有区区30多万平方千米，人口却有8000多万，人口密度达每平方千米200多人，是世界上人口密度最大的国家之一。

德国之所以在这么小的区域内集中了这么多人口，其主要原因与其说是自然的，还不如说是人为的。

先是二战后，像前面所言，德国许多领土被分割出去，原来生活在那些领土上的德意志人几乎全部被驱赶到了新的、比原来狭小得多的德国领土内。还有，由于仇视德国人，原来生活在欧洲许多国家，特别是东欧诸国的德意志侨民也纷纷被驱逐到了德国。仅这两项就使德国人口剧增1200余万，这也是历史上最大规模的人口迁移之一。如此一来，德国的国土面积大减，人口却大增，因此它的人口密度如此之高。

至于令一般国家人口增长的出生率，这在德国也是一个问题。但现在的问题不是它太高，而是太低。德国人普遍不愿意生小孩，这使得德国成为世界上人口出生率最低的国家之一。自从20世纪90年代以来，一方面由于出生率太低，另一方面外来移民减少，使德国人口一直呈现负增长，也就是说人口一年比一年少。

人口数量减少的同时也直接导致了德国人口结构的另一个现象：人口老龄化。就是国家的老人过多，年轻人太少。

德国人口分布相当不均匀，在现代化的大城市及工业区，如柏林、法兰克福、城市密集的莱茵河和鲁尔河畔工业区等地，人口密度相当大，尤其是鲁尔区，每平方千米达1000多人，而在北德低地的草原和沼泽地区、巴伐利亚高原等地，则人烟稀少。

在德国，人们最喜欢的是生活在小城市里，因此德国的小城市特别多，这些地方兼具城市与乡村两者的好处。人口10万以下的小城镇里生活着全国一半以上的人口。在德国旅游时我们到处可以看到这样的小城，绿树掩映之中一栋栋精致的两三层小楼拔地而起，风格各异，鳞次栉比，令人赞叹不已。

德国人口特征之一也是男女比例失衡，女多于男。

德国似乎历史以来就如此，我给您讲个故事吧。希特勒当初为什么能上台呢？他可不是靠枪杆子打上去的，而是当时的德国人选上去的。据说主要原因之一就是希特勒在竞选演说中答应给所有德国人两样东西：让每家都有一辆小轿车，帮每个姑娘都找到丈夫。这样他赢得了几乎所有女性选民的选票，当上了总理。上台后希特勒为了兑现诺言，下令替人民开发了一种价廉物美、家家都买得起的小轿车，这就是“大众”车。它在希特勒上台后的第二年开始设计，1938年时投产，德文取名为“Volks Wagenwerk”，意为大众使用的汽车。这个名字大家也很熟悉吧！上海大众就是德国大众汽车公司在中国的合资企业，它生产的桑塔拉和帕萨特等一度占据了中国轿车市场半壁江山。

希特勒实践了他的第一个诺言，但第二个就是扯谈了，他的罪恶政策使德国又失去了几百万青壮年男子。二战后，对于无数德国姑娘，找对象已经不再是难事，而成奢望了。

现在德国人口中，女性约占52%，这就是说，每100个人里面，女人比男人多4个。所以在德国，只有找不到男朋友的漂亮姑娘，没有找不到女朋友的丑小伙。这同咱们中国相反吧！不过这在西欧国家已经是一种普遍现象，我们见惯不怪了。

全面发达的经济 我们都知道，德国是世界上经济最发达的国家之一，总量仅次于美国、中国与日本，常居世界第四，当然人均比中国高多了。

德国经济总的特征是农业、工业、服务业等各部门都十分发达，服务业以及工业中的制造业是其经济的两大部门。

按传统我们还是先说说它的农业。

农业的重点是畜牧业　德国农业的一个显著特点是畜牧业十分发达，其产值占农业总产值的60%以上。

对于德国这是一种合理的结构。我们前面说过，德国雨水丰沛而日照较少，山地和沼泽多，不利于耕种，却适于牧草和饲料作物生长，因此种植牧草和饲料，发展畜牧业是发展农业的最佳选择。此外，以畜牧业为主的这种生产结构能大大提高农产品附加值。我们都知道，就是现在中国农村也将大量的粮食用来喂猪，然后卖猪肉，为什么要这么做？因为粮食的附加值太低，仅仅卖粮食挣不了多少钱，养猪还能赚一些。同时，肉多了，也有助于生活的水平提高。

种牧草或饲料还有一个好处：有利于生态环境的保护。草儿们像毛毯一样覆盖着大地，既能涵养水源、保持水土、净化空气，又能美化大地，请看：牧草地上一片绿草如茵、花儿烂漫，多美呀！

德国畜牧业的另一个特征是十分重视科技。例如重视栽培优质牧草，用好的牧草喂出来的牛羊都膘肥体壮，肉质顶呱呱；又致力于良种牲畜的繁育，德国有专门的良种猪、良种牛等协会，培育新品种。

重视科技的结果是这样的：在德国的耕地中，只有约1/6是牧场，然而生产出来的牛奶、黄油、奶酪等不但够自己用，还能出口。

农场中美妙的生物圈　德国的种植业，就是传统的种粮食，相当少，粮食也大量依赖进口。主要作物是小麦、玉米、土豆、大麦等。其中玉米种植面积最大，主要是为所养的大量牲畜提供饲料，因此这一块也可以放到上面的畜牧业去。

土豆和大麦称得上是德国的“特产”。德国人有称得上世界之最的两大爱好：最爱吃土豆和最爱喝啤酒。土豆是用来烧牛肉的，大麦是用来酿啤酒的。

德国农业另一个最大的特征是：农场绝大部分都是畜牧业和种植业并举。这是为什么呢？原来，聪明的德国人搞种植业的目的之一就是要利用畜牧业的“副产品”——牛羊的粪便等——用来作肥料肥田。德国的许多农场只施用这样的有机肥，这样一来，种植业与畜牧业下的生物们形成了一个完整的生物链：猪牛羊吃玉米、苜蓿等饲料后产生粪便；粪便用来作肥料，施到种着玉米、苜蓿等的饲料地里；玉米、苜蓿等收获后又用来喂猪。

如何？这过程科学之极、干净之极吧！而且吃这样的自然食品长大的猪、牛等，肉质特别好。

还有，玉米、苜蓿地里由于用猪牛的粪便作肥料，就用不着或很少要用化肥了，这又能大大减少因施用化肥而产生的对土壤与环境的污染，同时没有施化肥的玉米和苜蓿，那质量与味道都是最好的，这样的饲料用来喂猪，猪当然长得好，肉的质量也更好了！

这是一个多么完美而和谐的过程呀。

超级工业大国　工业是德国经济的最强项，德国之所以能成为今日经济发达之强国，靠的就是工业。

德国的工业门类齐全，且所有门类都很发达。

小者如森林工业，德国面积的近1/3为莽莽森林所覆盖，有许多著名的大森林，例如黑森林。因此德国有发达的森林工业，每年生产大量木材。与之相适，德国的胶合板、刨花板、造纸等行业都很发达，尤其是胶合板，德国产的胶合板是有名的质量好，做成地板后大象在上面走都没有问题。

制造业是德国经济的龙头老大，包括汽车制造、机械制造、电器和电子产品的制造等。其中汽车制造更是德国的著名产业，是德国工业中销售额最大的部门。现在生产各种汽车上千万辆，大量出口。世界十大汽车企业中德国占了3个：戴姆勒—克莱斯勒、大众、宝马。

德国的机械制造业有几千家企业，上百万职工。

与汽车工业不同的是，德国机械制造业有众多的中小企业，近九成的机械制造企业职工不足300人，然而它的技术先进、工艺精湛，在世界上有强大的竞争力。

德国的电子工业有几千家企业，最著名的当然是西门子公司了，它是德国最大的电子集团，也是世界上最大的电子企业之一，还有也很著名的罗伯特–博世公司。

德国的化学工业同样举世闻名，是世界上最大的化工产品出口国之一，世界十大化工企业中德国有3个：巴斯夫、拜耳和汉高。

德国还有一项工业也值得一说，就是环保产业。德国十分重视环境保护，并以法律的形式将保护环境作为国家目标，全德有上百万人专门从事环保。德国的环保产品技术也领先世界，占据了世界市场很大的份额。

除了上面这些外，德国的许多其他工业也同样发达，例如德国是世界船舶制造大国，是欧洲阿丽亚娜火箭的主要生产者之一，是生产协和式飞机的重要参与国，有著名的钢铁和军工企业蒂森—克虏伯公司，生产的武器装备以质量精良著称，有蔡斯公司，生产着世界上最好的望远镜，等等，全部是世界一流。

总之，德国的工业是一个字——牛。

对于德国经济来说，还有一个行业也十分重要，那就是第三产业。

最近几十年来，德国经济像几乎所有西方国家一样，第一、二产业在国民生产总值中所占比重逐年下降，而第三产业的比重日益增加。这并非由于工农业发展停滞了，而是第三产业的发展太迅速了，逐步成为国民经济的老大。现在德国第三产业在国民生产总值中占了近六成。在全部就业人员中也占了半壁江山。

第三产业的领域十分广泛，主要包括商业、交通运输业、电信、银行、保险、旅游、教育、文化、医疗卫生等许多部门。德国在这些行业中像在工业中一样发达，我们这里就说说它的旅游业和交通运输两个最大的行业吧。

德国是一个富有魅力的旅游之国，旅游业十分发达，为旅游者提供了丰富多彩的内容。这些我们在后面两章中可以尽情体味，那时您就会相信我所言不虚了。

不过，德国人并不是像法国一样能靠旅游业发财的国家，相反，德国旅游业向来就是出超：德国人到国外旅游花的钱远远多于外国人来德国旅游花的钱。

这也是正常现象，要是像德国这样的工业大国还要吃旅游饭的话，那些经济依赖旅游的国家，如希腊，吃什么呢?

德国已经无处可修新路　早在第二次世界大战以前，德国人就以他们特有的效率建立了质量一流的全国公路网，由于建设质量非常高，那些路许多到现在还畅通无阻，目前全德国跨地区的高等级公路网总长达20余万千米，其中1万多千米是高速公路，这是仅次于美国的世界第二大高速公路网。此外还有地方公路近40万千米，所以，德国现在几乎无处可建、也无处需建新公路了，所要做的只是维护和完善现有的公路网。

德国的公路被分为联邦级、州级和乡镇级三等，对不同的路段有不同的车速限制。通常规定的最高车速为每小时100千米，市区内减半，住宅区内一般只允许每小时30千米。但有的高速公路干脆没有车速限制，好让飙车族们飙个痛快。

在德国，轿车就像我们的自行车或者摩托车一样，是家庭必备之物，由于车辆密度实在太大，现在公路上越来越多地出现交通阻塞，尤其在下班或者节假日出游的日子更是如此，堵车少则半小时，多则数小时。此外，随着汽车数量的增加，车祸、城市噪音和空气污染等也开始影响人们的健康。

于是，热爱环保的德国人开始重新思考他们的汽车文化，如今，翻阅德国的报纸杂志，打开广播电视，便会发现对于汽车文化的讨论充斥其间，一个自发的“抵制汽车阶层”正在形成。

由于政府大力推行一系列优惠措施，公交车正越来越为人们所喜爱。自行车也开始悄悄融入城市交通。

德国的火车以准时、方便、舒适、安全著称，特别是现在高速列车的问世标志着铁路运输跨入了一个崭新的时代，进入20世纪90年代，火车日益受到德国人的垂青，大家出门稍微远一点，都喜欢既便宜又快捷的火车。

除了客运服务外，铁路始终是德国陆上大宗货物运输最主要的形式，又因它有助于保护环境，中央政府投入巨资推动铁路网的现代化。现在德国的新型城际特快车时速达近300千米，与法国的高速火车不相上下。

德国航空业同样十分发达，它的汉莎航空公司是全世界最大、最著名的航空公司之一，总部所在地法兰克福机场是德国最大的机场，它地理上居于欧洲中心，是整个欧洲的空运枢纽。

德国交通还有一个特点就是联运十分方便，空中交通与陆路交通的耦合可谓巧妙之至。例如在德国的法兰克福机场，在它的地下就有火车站，有电梯与上面的机场相通，这样给由飞机换乘火车或由火车换乘飞机的旅客带来了极大的方便。

前面我们讲德国的自然地理时说过，德国有发达的内河水系，便于航行，加之修建了大量运河，这些运河的总长度近2000千米，几乎将全德国都贯通了起来，如此，全德国形成了四通八达的内河水运网，航道总长超过7000千米，船只可以从西部的鲁尔不经过大海一直航行到位于东部的首都柏林。

德国的河流及运河不仅是客货运输的重要航道，还是重要的旅游线路，在河上常见五彩斑斓的游艇载着悠闲的旅客，在水道上悠闲地航行。

中央政府权力有限　　德国的国家政治体制与前面几国相当不同：法国是中央集权的共和制，英国是君主立宪制，德国则实行联邦议会共和制。

在德国，联邦总统是国家元首，他并非由全国普选产生，而是由联邦大会选举产生，任期5年，可以连任一次。联邦总统对外代表国家签署条约、任命驻外大使和接受外国大使递交国书。总统有权向联邦议院提名总理人选，经议会选举后任命。联邦各部部长、联邦法官、高级联邦官员也先由总理建议再由总统任免。总统有权签署和颁布法律，但须经联邦总理或有关部长签署后才能生效。因此，德国的总统虽然有一定权力，但实质上仍像英国的君主，是虚位总统，并不掌握国家最高权力。

在德国掌握国家实际领导权的是总理，不过这种掌握是相对的，远没有英国的首相或法国的总统拥有的权力大。德国的联邦政府由联邦总理和联邦各部部长组成，联邦总理为政府首脑，总理决定政府的政策方针，各部部长依照方针独立领导各部的业务，并没有义务完全服从总理——这是德国政府的又一特色。联邦总理虽不受总统的领导，但他有义务经常向总统或书面或口头报告政府的政策及各部的工作。和平时期军队由国防部长掌握，战时则由总理掌管军队，担任总司令。

德国的立法机构，即议会，由联邦议院和联邦参议院组成。德意志联邦议院是全体人民的代表机构，由人民每4年选举一次。联邦议院的任务是立法、选举联邦总理和监督政府。联邦议院的议员是全民的代表，因此具有无上的权力。联邦参议院是16个联邦州的代表机构，参与联邦的立法与行政，其议员由各州政府成员或其全权代表组成，每州有3～6个席位。

德国中央与地方的关系也颇有特色：德国共有16个州，依照德国的《基本法》，联邦各州不是如法国或中国的省一样隶属于中央，而是本身具有准国家权力的相对独立的实体。各州有权制定自己的州宪法，除外交、国防、货币、金融等权归联邦外，其他方面的立法权都属于各州。而且，由于各州都根据自己的需要制订相应的法律，因此在德国各州之间法律常有所区别。

这并不说明各州的权力真的大到了半独立状态，事实上，这种权力受到多方面无形的制约。例如，各州有权制订自己的许多法律，但在制订这些法律时必须考虑到从中央到其他各州等方方面面，且不得违反一些基本的政治制度，例如共和制、民主制、法治和福利社会等，这些都是德国的国家原则，地方是不能有违的。

在州下面，还有市、县、乡或镇，根据《基本法》，这些行政单位有权在宪法的范围内对地方事务独立自主地做出决定，市长、县长、乡长、镇长等都必须经民主选举产生。

德国的司法机构是法院，法院有独立的司法权。司法体制由五部分组成，即普通法院（包括民事法院和刑事法院）、行政法院、财政法院、劳工法院、社会福利法院。此外还有特殊的联邦宪法法院，它负责监督《基本法》的执行情况，负责裁决联邦与州之间或联邦各机构之间的纠纷，是德国的最高法院。

自从第二次世界大战结束以来，德国就由两大政党轮流执政，分别是基督教民主联盟（简称基民盟）和德国社会民主党（简称社民党）。

“老吾老，以及人之老”　像现在的英国一样，德国也是福利国家，所不同的是英国虽然有心搞好全国人民的福祉，然而能力有限，英国毕竟没有从前那般阔了。德国就不同了，它是世界上最富有的国家之一，有力量来达成其福利国家的计划。

德国的福利制度是广泛的，我这里只举几点吧。首先是医疗，在德国所有公民都能享受到国家提供的医疗保险，有钱人自己要交点保险费，穷人则一文钱也不用交，有了这个保险后看病从抓药到住院就不用花一个子儿了。

在我国，生多了孩子的家庭是要受罚的，但德国就完全相反了，德国政府制订了《联邦子女补助金法》，给生孩子的家庭进行补贴，而且生得越多补贴就越多。除此之外，如果父母收入不高，那么每个孩子还可以得到政府额外的抚养费。

还有，在德国产假可长达3年，如果打算自己抚养孩子，父亲或母亲还可另外申请多达三年的抚育假。也就是说，父母中随便哪一个可以专职在家里养育孩子，直到孩子满6岁。在这段时间里等于由国家来养你。

所有陷入困境的人都能领取临时社会经济。包括生活费用补助，如果是伤残或者得了病需要特殊照料，还会有特殊的救济。

德国政府不但对本国人民照顾得无微不至，即使对在德国的外国人也是一样，哪怕你只是一个临时的旅游者，同样可以享受上面的医疗、临时社会救济等。

总之，无论你陷入了什么困难，无论你是哪国人，只要你身在德国，都可以受到德国政府的照料，使你不受饥寒之苦。真可谓“老吾老，以及人之老；幼吾幼，以及人之幼”。

第二十三章　从慕尼黑到汉堡

同法国与英国都不同的是，在德国首都柏林并不享有如巴黎在法国、伦敦在英国的霸主地位。诚然，柏林是首都，也是全德最重要的城市，但除它而外，德国还有许多同样十分重要的城市，也许是同德国历史上长久分裂、诸侯争霸有关吧，在德国，这些城市无论现在还是过去都独树一帜，形成了自己独特的文化与城市风貌，在国家生活中有着强大的经济与政治地位，在国际上享有盛名。

这些地方许多都相当有名气，例如哲学之城弗莱堡与海德堡、马克思的故乡特里尔、爱因斯坦的故乡乌尔姆、纳粹曾经的老巢纽伦堡等，但这些地方我们在这里都不介绍了，只介绍那些更大更有名的，就是慕尼黑、法兰克福、汉堡、科隆，还有著名的鲁尔工业区。

德国的秘密首都、超级乡村慕尼黑　我们第一个要看的是慕尼黑。

慕尼黑是德国第三大城市，位于柏林和汉堡之后，又被称为“不公开的首都”，它在德国历史上的地位之重要可见一斑。

慕尼黑位于德国东南部，南距阿尔卑斯山脉近50千米，是巴伐利亚州的首府。“慕尼黑”是城市名的音译，如果意译的话，即“僧侣之乡”。这里的僧侣当然不是咱们中国的唐僧、沙僧之类的和尚，而是基督教的修士，由此可见它的历史同基督教会密切相关。大约8世纪时，基督教会的一派本笃会在一个叫泰根的湖边建立了一座修道院，三百余年后当时的巴伐利亚公爵“狮子”亨利在伊萨尔河上建了一座桥，大大便利了两岸的交通，德国广大地区的货物由此可以方便快捷地运到南面的奥地利。同时，亨利还授权修士们可以在附近修建一个市场，这里由此迅速发展起来。成了市镇后因原来的修道院而命名为慕尼黑，现在的慕尼黑依然是德国教堂尖塔最多的城市之一。

此后慕尼黑由于其得天独厚的地理位置——在广阔而富裕的德国东南仅此一座大城，而得到继续发展，直至今天的规模。现在慕尼黑人口约130万，市区面积超过300平方千米。

慕尼黑还有一个绰号“超级村庄”。这也是其市容市貌最大的特色。

如果您到了慕尼黑，就会发现同其他国际化大都市相比，慕尼黑的形象迥然不同。一个最明显的标志是在慕尼黑你看不到用钢筋混凝土堆起来的幢幢摩天大楼，也没有外面用玻璃幕墙围起来的现代风格建筑。慕尼黑的法律明文规定市内建筑高度不得超过36米。这样规定的结果是，你到了慕尼黑后，好像不是到了德国最大的城市之一，只是到了人口比较密集的乡村。但见这里到处是一大片一大片的草地、树林，一个个的公园，简直数都数不清，城外不远就是大森林。正因为这样，慕尼黑才赢得了“超级乡村”的名号。

慕尼黑的重要性不但因为它经济发达，而且因为它是一个文化之都。它一向被称为德国的音乐与戏剧之乡，特别与伟大的瓦格纳关系密切。1864年，当瓦格纳因欠债而面临坐牢的威胁时，巴伐利亚公爵路德维希二世雪中送炭，邀请他前往慕尼黑，从此慕尼黑成了瓦格纳的第二故乡。他的大部分作品都是在这里首演的。

在这个一百多万人口的城市里，有10多所大学，2座歌剧院，42座话剧院，45个博物馆，公共图书馆更是多达136个。

慕尼黑的市区分为新城和老城，新城在伊萨尔河东岸，主要是住宅区和商业区。老城在西岸，慕尼黑的名胜古迹大多在这里。老城的中心是玛丽广场，广场边上有老市政厅，是典型的哥特式建筑，中间高耸的尖塔里装有一个很大的机械木偶报时钟，木偶有真人那么大，每天上午11点都会敲钟报时，这时广场上总有许多游客像鸭子似的仰起头看稀奇。

广场另一侧有圣母教堂。它是慕尼黑的象征，建于15世纪，塔顶有两座圆形的尖塔并列，北塔高达百米，南塔内装了电梯，可以登上塔顶饱览全城。它们的圆形屋顶与一般哥特式建筑很不一样，是巴伐利亚特有的式样。

在伊萨尔河中的一个小岛上有座德国博物馆，建于20世纪初，分30个馆，展示各个时期的自然科学和工业技术成就。它的展示面积达4万平方米，是世界上最大的科技博物馆。只是这里的展示中国人看了会生气，它对我们中国伟大的科技成就介绍少且不说，有的甚至是一笔抹杀。例如毕昇发明的活字印刷术在它那里完全成了谷腾堡的功劳。

去慕尼黑旅游的最佳季节是每年10月，这时要举行慕尼黑啤酒节，它号称世界上最大的民间节日，来自五湖四海的百万游客边喝世界最佳的德国啤酒，边载歌载舞，着实热闹。

您知道世界上哪个国家的人最爱喝啤酒吗？是德国，而德国人中又以巴伐利亚人喝啤酒最多。据说这里平均每人每年要消费掉两百多公升啤酒，按中国算法应该是四百多斤，如果除去喝得不怎么多的小孩和妇女等，一个德国成人平均一天要喝两斤多呢，够意思吧！

慕尼黑郊区有70多座各具特色的卫星城，其中有一个我们得去看一下，就是达豪。这里有一个“名胜”应该一看，就是达豪集中营。据说这是纳粹建立的第一座集中营，比起波兰那屠杀了数以百万计犹太人的奥斯威辛集中营，达豪的规模是小巫见大巫了，不过我们也由此可以看出当年纳粹之残暴。

走向达豪，远远映入眼帘的是环绕集中营高墙上的铁丝网。走进大门后就能看到围绕集中营四周的7座高达8米的监视塔。上面曾经有许多党卫队士兵手持冲锋枪监视着下面的犹太人，有时他们会像《辛德勒的名单》里的德国军官一样，拿犹太人当靶子练习射击。

这些犹太人为什么被关押在这比监狱还要悲惨的地方？仅仅因为他们是犹太人？现在想来真是天大的荒谬！

说到纳粹，慕尼黑在德国现代史上之所以居于重要地位也与此有关。

20世纪20年代，希特勒就是在慕尼黑加入了所谓的民族社会主义德国工人党，简称纳粹党，并成了党魁。1923年11月他与同伙在这里发动了一次反对巴伐利亚当局的叛乱，即“啤酒馆政变”。失败后希特勒被关进牢里，在狱中他写下了“名著”《我的奋斗》。在其“序言”里希特勒就提到了慕尼黑：“一九二四年四月一日，我受慕尼黑法庭判决，被囚于莱希河畔兰茨堡要塞的监狱里。”1938年9月30日，也是在慕尼黑，英法德意在这里签订了罪恶的《慕尼黑协定》，希特勒不费一枪一弹得到了一大片领土。正是这个协定令希特勒坚定了法西斯扩张的决心。

与纳粹关系密切也称得上是慕尼黑的“特色”之一，它也因这个特色受到了惩罚：第二次世界大战中，仅最后两年城市就受到了盟军66次大规模轰炸，全城有一半地方被彻底破坏，成为一堆堆瓦砾。

慕尼黑历史上最后一件悲惨的事发生在1972年。

这年要在慕尼黑举行第20届奥运会。9月5日，一群蒙面人端着冲锋枪、拿着手榴弹，直扑奥运村中心以色列选手居住的一幢31号，不久那里传出了枪声。原来这些人是巴勒斯坦恐怖组织“黑九月”的成员，他们要以绑架以色列运动员的手段来交换被以当局扣押的巴勒斯坦人。

结果，有11名以色列人在这场恐怖事件中被杀，这也是历届奥运会最大的悲剧。

慕尼黑人本想通过举办奥运会来赎他们历史上作为纳粹老巢、迫害犹太人的罪孽，却反而使更多的犹太人失去了生命，这真是慕尼黑的不幸啊！

未来欧洲的首都　离开慕尼黑后，我们第二个要去的是法兰克福。

法兰克福的正式名称叫“美因河畔的法兰克福”，法兰克福是简称。这样很容易使人想到还有另一个法兰克福，所以要给这个法兰克福来个定语。的确如此，除了这个法兰克福外，在德国的奥得河畔还有一个法兰克福呢，它的全名叫“奥得河畔的法兰克福”，它是个只有8万多人口的小城。

法兰克福大致位于德国的地理中心，美因河与莱茵河相会于它的西边30千米左右，它现在的城市面积约250平方千米，人口60余万。

法兰克福是一座有悠久历史的古城。考古发现，公元前便有古凯尔特人和日耳曼人在这里定居，后来罗马人也在这里建立了城镇。法兰克福是城市名的音译，意译则是“法兰克人渡河的地方”。这说明了两点：一是古代的法兰克人曾在这里生活过，二是这里最初是一个渡口，后来逐渐发展成为城镇。确实，这就是法兰克福的历史：最初它是法兰克人在美因河畔设立的一个渡口，后来慢慢地来这里的人越来越多，成了集市和小城，到9世纪时它已经是东法兰克加洛林王朝的都城了，9世纪时神圣罗马帝国第一次皇帝选举就在这里举行。以后它一直繁荣着，有时是某个大公国的首都，有时是自由市。19世纪初建立松散的德意志联邦时，它是联邦议会所在地和德意志首都，直到被普鲁士兼并。第二次世界大战时它像许多德国城市一样遭到盟军毁灭性的轰炸，战后重建，成了今日现代化的新法兰克福。

与我们前面讲过的其他德国城市比起来，法兰克福有一个鲜明的特点：虽然它也有许多的名胜古迹，但它主要不再是一个古都，也不是凭它的古迹吸引人，它之所以在德国乃至欧洲与世界有重要地位凭的是它的现代魅力。

当我们到达法兰克福时，还在飞机上，从空中就可以看到城市中高耸的摩天大楼，与在纽约和上海看到的没什么两样。

这些高楼多半是法兰克福各大银行。法兰克福市内共有350多家银行，世界上主要的银行都在这里设有分行，德国的中央银行德意志银行坐落在市中心，它犹如中枢神经影响着德国乃至世界的经济。

也许更为重要的是，这里是未来欧洲的中央银行所在地。我们知道，现在欧盟正加紧其一体化进程，尤其是经济一体化。经济一体化后的欧洲需要有一个统一的经济首都，虽然德国与法国为这个首都的地点争论了许久，但最后德国凭它强大的经济实力胜利了。

除德国的中央银行外，德国证券交易也设在法兰克福，它是与纽约和伦敦的证券交易所齐名的世界最大证券交易所之一，因此法兰克福又被称为“美因河畔的曼哈顿”，是欧洲主要的金融中心。

现在，法兰克福证券交易所已经同伦敦证券交易所合并，此后在两家上市的股票中传统的蓝筹股在伦敦交易，高科技股则在法兰克福交易。

法兰克福是一个有多重身份的城市，除了作为欧洲金融中心外，它还是具有800年历史的著名的博览会之城。每年这里要举办十多次大型国际博览会，如每年春夏两季举行的国际消费品博览会，两年一度的国际“卫生、取暖、空调”专业博览会、国际服装纺织品专业博览会、汽车展览会、图书展览会、烹饪技术展览会，等等。每逢展览季节，法兰克福呈现出一片繁忙景象，参加博览会的人数平均每年超过100万，博览会已成为德国了解世界及世界了解德国的一个主要窗口。

法兰克福的第三重身份是它还是一个历史文化名城。市内有许多的名胜古迹，有近20家博物馆，里面荟萃了许多西方艺术精品。此外它还有十分厚重的哲学与文学传统。

由于时间关系，这些名胜古迹我们只去看一个地方，就是歌德故居。

“1749年8月28日中午，时钟敲了十二下，我在美因河畔的法兰克福降生了。”这是歌德杰作之一、也是其自传的《诗与真》中的第一句话，开门见山地道出了他的来历。

如果您到了法兰克福，见到最多的不是银行，而是“歌德”。这里到处徜徉着歌德的影子，从房子、博物馆、图书馆到大学的名字，许多都被冠以歌德的大名，例如法兰克福大学的正式名称是约翰·沃尔夫冈·歌德大学，这是德国规模最大的大学。至于在商店里出售的旅游纪念品，几乎是歌德的专利了。

歌德故居位于市中心，这是一幢用莱茵河畔特有的红褐色砂岩所建造的豪宅，共分4层：一楼有厨房和客厅等，陈列着精致的铜制炊具，墙上还挂有油画；二楼是钢琴室和宴会厅；三楼有歌德父母的卧室，歌德幼时住过的小房间也在这里。走廊上有一座可显示日月盈亏的大钟，至今依然嘀嘀嗒嗒；四楼是歌德的书房，名为“诗人坊”，有一张古老的木桌，一副老成持重的样子，仿佛要模仿歌德创作的神气。

其实这一切都并非歌德用过的原物了，原物在1944年盟军猛烈的轰炸中已经灰飞烟灭。战后，顽强的法兰克福人花了7年时间在原来的地点重建了一座与原建筑模样完全相同的房子，里面的展品也与原来的一模一样。

除了文学的歌德外，在哲学史上法兰克福也是名城。例如从1833年到1860年，孤独的叔本华在法兰克福生活了整整27年，狗是他唯一的朋友，它的名字叫“宇宙精神”。

此外，现代西方哲学有一个重要流派“法兰克福学派”也诞生在这里，它将马克思主义与西方实际相结合，产生了许多伟大的哲学家、哲学思想与哲学著作。

欧洲第一尖塔——科隆大教堂　科隆是德国第四大城市。它略呈正方形，南北东西之间的距离都是近30千米，面积近900平方千米，人口约100万。

在所有这些城市中，科隆的地理位置可谓得天独厚：莱茵河从此流进德国北部的平原，远洋巨轮可以从北海一直开到这里。它北距德国最大的工业中心鲁尔区只有几十千米，西面不远就是比利时和卢森堡，南则扼守从北德平原进入中德山地的跳板，交通极为便利。

也许正因这样的位置，科隆很早以前就有人居住了，公元前1世纪时就有一个日耳曼人部落被罗马人迁居于此。不久在这里诞生了罗马皇帝克劳狄之妻，根据她的请求，这个地方被命名为科洛尼亚·克劳迪亚·阿拉·阿格里皮内西姆，简称科洛尼亚，再简称科隆。从此科隆一直是一座重要的城市，有时是大小王国的都城，有时是大主教辖区，15世纪时成为自由市。

19世纪时科隆成为新兴的德意志帝国重要的工业中心，许多人来这里当工人，也有的人来向工人们宣传新思想，其中就包括马克思和恩格斯，他们在这里主编过《莱茵报》和《新莱茵报》。

像前面几座城市一样，科隆在第二次世界大战后期遭到盟军200余次猛烈轰炸，整个城市基本上沦为废墟，市民大批逃亡，战争结束时全城只剩下4万人。但不久市民们纷纷回家，掀起了重建高潮，科隆迅速崛起。

现在的科隆是一座美丽的城市，像德国其他城市一样，到处是花园与绿地。这些我们都不说，只说说举世闻名的科隆大教堂。

到科隆最好是坐火车去，有六七条铁路从四面进入科隆。还距离科隆相当远时，你就会看到两座高耸入云的巨型尖塔并肩而立，气势磅礴，这就是科隆大教堂了，那对尖塔高近160米，是欧洲最高的教堂尖塔。

待走到大教堂近处时，你会更加体味到它的壮丽——使人感到在它或者上帝面前是如此卑微渺小。

教堂分成上下两大部分，下面是两层，每一层都很高，第二层比第一层更高。第二层以上，本来一体的教堂突然分开成两支，从左右拔地而起。每一个也分成两层，第二层上面一个尖塔凌空而起，直插蓝天。最顶端有个十字架，仿佛是一个天使在张开双臂召唤人们皈依基督呢。

整个教堂全部用磨光的石块砌成，规模之大在西方历史上亘古少有。由于它规模如此巨大，而且每一步的建筑与装饰都极尽精美之能事，加之中间屡受阻碍停工，建筑历时之久也旷世少有：从13世纪起开始修建，到19世纪才全部完工。不到百年之后又受到盟军轰炸，部分损毁。

现在的大教堂是经过再次整修后的样子，东西长140余米，南北宽近90米，相当于一个大足球场，周围绿草如茵、繁花似锦，美景令人陶醉。

进入教堂，里面高达100余米的中厅空顶令人仰之目眩，堂内陈列的历史文物和所有的金工、石工、木工都巧夺天工，特别是总面积达1万多平方米的窗户全部装上了描绘有《圣经》人物的彩色玻璃，在阳光的映射下，五彩缤纷，华美异常。就连供信徒就座的长坐凳也全部用极厚的巨木制成，经过几百年使用后露出发光的木纹，似乎比从前更美。

教堂高祭坛上供奉着一个巨大的纯金神龛，由著名金匠凡尔登的尼古拉费时近40年才制成，被认为是整个欧洲中世纪金饰中最精美的。

还有著名的基督受难十字架，它是11世纪日耳曼人的作品，雕像十分真实感人：耶稣憔悴的面容显示出他经过垂死的挣扎对生命已经感到绝望，余下的只有等待死亡的降临了。他全身骨瘦如柴，只有腹部下垂，这令人惊奇地增加了我们对基督痛苦的体会。

教堂内还有500多级的台阶，约有30层楼高，如果你有这个脚力的话，拾级而上可以到达专门的瞭望台，台上可以俯瞰莱茵河像一条玉带自脚下绕过，更远处是苍茫的群山，景色如画。

世界最大的工业区——鲁尔区　离开了令人流连忘返的科隆大教堂，我们又要起程往下一站了。这一站比较奇特，它不再是哪座城市，而是一整个的地区——鲁尔区。

听说过鲁尔区吧！这是世界上最大、最有名的工业区。

鲁尔区位于德国西北部略靠中部的地方，南距科隆只有几十千米，西边距比利时和卢森堡也就这么远，行政上属于北莱茵—威斯特法伦州。

鲁尔区之所以取这个名字，是因为这里有鲁尔河流过，鲁尔河是莱茵河的重要支流，在鲁尔区内最大的城市杜伊斯堡流入莱茵河。除了杜伊斯堡外，鲁尔区还有杜塞尔多夫、埃森、多特蒙德等大城市，还有数十个小城小镇，其中的武珀塔尔是恩格斯的故乡。它们共同构成了整个鲁尔区，其范围大致是西起莱茵河东岸，东到哈姆城，南起杜塞尔多夫，北至利珀河，总面积约5000平方千米，人口近600万，约占统一后德国总人口的7%，人口密度每平方千米达3000多人，是德国人口密度最大的地区。

虽然分出了这么多地名，但事实上，当你在鲁尔区行走时，很难看出这些城市之间的距离，因为它们已经连成一体，使鲁尔区成为一个统一的区，一个巨大的“城市带”。

鲁尔区之所以成为巨大的工业区，主要原因有二：一是这里有莱茵河、鲁尔河、埃姆斯河、利珀河等流过，构成稠密的水网，提供了便利又便宜的航运手段和巨大人口所需的生产、生活用水；二是这里的煤炭资源十分丰富，而且是质量上乘的硬煤，储量200余亿吨，占全国硬煤总储量的绝大部分。煤田遍布区内各地，是鲁尔区工业发展最好的原料和动力。

我们前面说过，德国的煤炭虽多，但主要是质量不好的褐煤，这可不是说德国只有褐煤，它当然也有质量好的硬煤，其中绝大部分在鲁尔区。

煤炭和钢铁工业是鲁尔区工业的主导部门，全国硬煤和焦炭产量、钢铁产量的绝大部分都集中于此。不过，由于鲁尔区不产铁，因此铁矿石全部要从巴西、利比里亚、瑞典等国进口。区内有6个年炼钢能力在400万吨以上的超大型钢铁企业。机器制造业和化学工业也是这里的大工业部门，前者以重型机械为主，主要为区内其他工业部门服务，为它们生产采矿、冶金、化工设备、建筑机械、铁路机车等。这里的化学工业就是以煤和焦炭为原料的煤化学工业，生产多种基本化工产品以及化肥、染料、药品，等等。由于工业用电巨大，这里的电力工业也十分发达，以用煤发电的火电为主，总装机容量约占全国的三成。

事实上，由于这里的工业部门齐全，鲁尔区业已形成了两条完整的工业链，第一条是：采煤→炼焦→发电→炼铁→炼钢→钢铁加工→机器制造，第二条是：采煤→炼焦→煤化学工业。

这个链条看得懂吧！真是绝配。这样做的优势是显而易见的，各种工业在这里就像一条先进的自动化生产线一样，一头是煤炭进去，另一头出来的已经是闪闪发光的汽车、机器和各种化工产品了。由于各个环节的工厂之间距离很近，可以大大降低成本，提高效益。

第二次世界大战期间，鲁尔区的重工业和资源对德国纳粹发动侵略战争起了重要作用。这里最大最著名的企业克虏伯公司就是二战中军火生产的龙头老大，为纳粹制造了大量武器，蒂森公司则是希特勒政府的财政支柱。因此，从1943年至1945年，这一地区成为盟军轰炸的首要目标，整个鲁尔区的工业能力基本上被摧毁。

战后，鲁尔区进行了大规模重建，又迅速形成了上面所说的完整而科学的工业体系。

说到这里，我记起了曾看到过的一幅照片，这是我一辈子看到过的最感人的照片之一。

在介绍它之前，我先说说它的背景：二战结束后，原来的工业大国德国的工厂已经基本上被摧毁，侥幸劫后余生的机器设备又在战后被苏联、英、法等国当成战利品拆下来运走。给德国工人剩下来的只有两样东西：砂布和锤子。

那张照片就是这样的：一个德国工人，满面灰尘，衣衫破烂，左手拿着砂布，右手握着锤子，他的嘴唇倔强地紧抿着，眼睛里却充满了绝望。

是的，这不但是他的写照，也曾是整个德国的写照，对于一个以工业为生的国家，面对这样的局面该如何生存呢？真是令人绝望呀！

然而德国人没有绝望，他们顽强地站起来了，短短数十年后，又成了世界的工业强国，甚至比原来更加强大。

神奇而迷人的汉堡　离开鲁尔区后，我们这章德国之旅就只剩下了第11站，也是最后一站——汉堡。

我敢打赌，对于绝大多数人而言，上面所有城市的名字都不如这汉堡来得熟悉，我们不但经常听这个名字，还经常吃！吃什么呢？就是吃汉堡包呀！不过，汉堡包虽然名中有汉堡，也是德国人传播开来的，却并不一定是汉堡人创造的。

关于汉堡包的起源暂且讨论到这，我们下面来看看汉堡市吧。

汉堡市位于鲁尔区的东北方，是地道的北德城市，四周是一马平川的北德平原。汉堡是一个港口城市，易北河从东南往西北流过。有意思的是，到达汉堡的东南方后，易北河突然分成南北两条，可是不久又合到了一起，真像两个顽皮的孩子，因为拌了几句嘴，两个便赌气分开，可一会儿后又玩到了一块。此后易北河又继续往西北流了100多千米，最后注入北海。

在德国，汉堡享有相当特殊的地位，这从它的全名——汉萨自由贸易联盟——就可以看出端倪。在德意志联邦共和国内，它既是城市，又是一个单独的州，德国倒数第二的州，面积只有700多平方千米。“自由市”表明，汉堡虽然是德国领土不可分割的一部分，却是一个自治市，仍保留着一些古老的独立性。连汉堡人也同其他地方的德国人不大一样，他们相当保守，面对许多时下流行的东西，例如好莱坞的电影或德语中的英语新词之类，毫不动心，依旧恪守着自己的古老传统。

汉堡最早的历史始于9世纪初在易北河和阿尔斯特河交汇处建造的小城堡汉玛。此后，汉堡的历史可谓充满苦难：它曾经9次被毁，又9次重建。然而规模一直不大。到12世纪时才开始发展商业，出现了一些贸易公司，13世纪时汉堡与北德各港口城市组成自由贸易联盟——“汉萨同盟”，发展为北海和波罗的海之间重要的贸易中心。金融、保险业兴起，经济地位日益增强。

17世纪末时汉堡已是德意志仅次于科隆的第二大城市，并建立了世界上第一支在公海上航行并有战舰护航的商船队。19世纪初汉堡成为德意志联邦成员，称为“汉萨自由贸易联盟”，其贸易扩大至全世界，包括亚洲、非洲和南北美洲，虽然这段时间再次发生大火，全城1/4被毁，但汉堡的发展并未停止，反而更快。通过并入周围土地，大大扩张了发展空间。

进入20世纪后，汉堡已经是德国通向世界的门户，城市人口近百万。

第一次世界大战对汉堡来说是一场灾难，由于被英国海上封锁，几年间不但做不了生意，而且战后，它停泊在港口内的1000多艘商船全部被战胜国作为战争赔偿拿走了。

汉堡再一次的大发展始于二战后，虽然它也在战争中遭受严重破坏，但战后十几年汉堡便得到了重建，迅速恢复到战前水平，并进一步发展，成为德国面向世界的窗口、第二大城市和最大港口，人口160多万。

汉堡也是德国最大的经济中心，人均国民生产总值居全国之首，交通与贸易之发达冠于全国。它的港区面积约100平方千米，其中水面约占40平方千米，同世界上1000多个港口通航。码头岸线长约40千米，有约40个海轮泊位，包括石油、煤炭、食品和集装箱等各种专业码头，装卸、仓储设施也极为现代化。汉堡的年过港海轮近2万艘，货物吞吐量近7000万吨，约占全德国的一半。

虽然距易北河入海口有100多千米，但它通海的主航道水深达十多米，10万吨级海轮可以自由出入。港区还有一个巨大的“自由港”，也就是说，北欧和中欧各国货物经常在这里自由转口。汉堡另有一个外港，在易北河河口，名库克斯港，两者相距90千米，有铁路相连。此外还有20个内河港区，码头长达20多千米，年货运量过千万吨，就河港而言列全国第三。

汉堡的陆路交通也很发达，郊区建有欧洲最大的火车调度场。有很长的港区专用铁路，同全国铁路网相接后水陆联运，十分便捷。市内有桥梁2000多座，是威尼斯的5倍，堪称世界上桥梁最多的城市。汉堡还有两个机场，北部的福尔斯比特尔机场是欧洲最繁忙的国际机场之一。汉堡的地下交通也很发达，它的地铁四通八达，有好几条通过易北河的地下隧道。

汉堡并非只靠贸易过日子，它的工业也十分发达，是德国最大的工业城市，工业部门齐全，化学、钢铁、造船工业都是它的强项，它还是全国主要的炼铜基地，产量占全国一半以上。

汉堡还有同样发达的新闻与文教事业，是全国新闻出版业中心，德国最大的新闻机构德新社总部就设在这里，汉堡大学是德国最好的高等学府之一，它还有六大博物馆和更多的中小型博物馆，其中的汉堡美术馆是欧洲最大和最重要的美术馆之一。至于其他如剧场、歌剧院、体育俱乐部等文化设施，那就数不胜数了。对了，汉堡还有浓厚的音乐传统，是伟大的音乐家门德尔松和勃拉姆斯的故乡。

我上面说了汉堡这么多好话，它的经济如此发达，也许会给您这样的印象：汉堡一定是个时髦的现代化大都市。其实不然，如果您初来汉堡，第一个感觉是汉堡真像威尼斯，因为汉堡也是一座地道的水城：

汉堡的市中心是一个面积相当大的由一座大坝拦水而成的湖，漂亮的伦巴第大桥横跨湖上，将它分成内外两湖，分别叫内、外阿尔斯特湖。汉堡的河岔纵横，蜿蜒不绝，那桥也就特别的多，前面说过，是水城威尼斯的4倍。这里也有像威尼斯一样的小船，在阳光明媚的日子，坐上小舟，穿梭在大街小巷，扑面而来的有时是现代化的高楼大厦，有时是古色古香的老房子，那感觉仿佛是驾着时空穿梭机，往来于历史与现实之间呢。

第二十四章　森林与湖泊之都

前面我们已经讲过了四个国家的首都：雅典、罗马、巴黎、伦敦，这四个城市都是鼎鼎大名，在世界历史、文化与地理中占有卓越而独特的地位，一提起它们就令人油然而生景仰之意。现在我们说到柏林，情形就有点不一样了，虽然它是德国的首都，然而从多个角度上说，它既缺乏雅典与罗马伟大的历史，也没有巴黎和伦敦辉煌的现在，就是现在的柏林也只不过是德国最大的城市与首都而已，讲到文化与经济，它就是在德国也难称老大呢。

然而这也并不说明柏林真的就不行，事实上，柏林是很行的呢，也许在某些角度上它不及前面四个，然而，作为德国的首都和最大的城市，柏林同样是世界名城，是值得好好看看的地方。

柏林被誉为“森林与湖泊之都”　从地理位置上说，柏林并不是德国的中心，而在其东北部，从它到德国与波兰的边境不到100千米，从它到西部的鲁尔区有五六百千米这么远。从柏林往北近200千米是波罗的海。

柏林最显著的地标是施普雷河，它是易北河一条支流的支流，全长400余千米，流域面积超过1万平方千米。施普雷河源于柏林之南一座叫卢萨蒂亚的山脉，由于所经地方海拔很低，水流十分平缓，因此河流在中间经常分叉，沿河是茂密的森林和沼泽，当它经过柏林时，也分成了几条支流，河道弯弯曲曲，有些古怪。

柏林城的面积相当大，南北宽约37千米，东西长约45千米，比所有其他德国城市都要大得多。除施普雷河外，哈弗尔河和达默河也流经它的附近。后面这两条河分别在柏林的西部和东南部形成许多湖泊，湖泊周围森林广布，因此柏林被誉为“森林与湖泊之都”。

由于比较靠东方，但也没有深入内陆，德国的气候属于由温带海洋性气候向温带大陆性气候过渡的类型，全年平均气温约9℃，冬季平均气温在0℃以下，夏季18℃左右。这样的温度看上去也许较低，但如果考虑到柏林的纬度——比咱们的哈尔滨还靠北，跟最北的漠河差不多，那就相当温和了。柏林的冬天比较长，时常一连几天阴云布满天空，有时雪花漫天，有时淫雨霏霏。这都是受大陆性气候的影响。

每年直到5月，柏林的天气才真正变暖，白天温度到了10℃左右，雨雪也少了，阳光开始时常露出笑脸，这时是柏林的春天来了。处处鲜花盛开，一派春意盎然。不过偶尔还会有0℃以下的低温。到了7月，柏林的“夏天”来了，之所以打个引号，是因为这时平均气温也就上面所说的18℃左右，十分凉爽，简直没资格称为夏天呢！这主要是受海洋性气候的影响。这是柏林天气最宜人的时节，人们纷纷外出休假，城市显得空荡荡，郊外处处是怡然自得地享受生活的人们。

热情而宽容的柏林人选了一位同性恋当市长　柏林也许是德国最国际化的城市，它现有约500万人口，其中外籍人占了近一成。他们主要有三种类型：一种是普通的外籍居民，他们或世代侨居于此，或由于某些原因长期生活在这里；第二种是难民，他们可能来自世界各地。我们知道，现在这个世界并不太平，从欧洲、亚洲到拉丁美洲到处有动乱，就像到处有自然灾害一样。跟着这必然出现的就是难民。他们为了谋生、为了保住身家性命，被迫逃离家园，成为“难民”。德国一方面作为发达国家，另一方面由于自己在第二次世界大战中做尽了坏事，想为世界做某些事来补偿补偿，便收留了大批难民，他们来自许多国家，基本上靠德国政府的救济过日子；第三类就是所谓的“客籍工人”了。20世纪七八十年代时，德国经济大发展，致使劳动力紧缺，于是德国从当时的土耳其和南欧国家招募了大批工人，德国政府也许以为，如果没有那么多工作好找了，这批客籍工人会自己回老家去。可他们打错如意算盘了，现在德国的经济早已停滞，失业严重，可这群客籍工人压根儿没走的意思。尤其是土耳其人，他们已经在德国自成一体，建立了许多社区，里头从医院、学校到饭店都自成一体，仍是他们典型的土耳其伊斯兰风格，简直是国中之国呢。其中最大的一个就在柏林，这也是全欧洲最大的土耳其人社区。据说有的土耳其人已经在社区里生活了二三十年，可一句德语也不会说。三类人里以他们的个性最张扬，最敢同德国人过不去，也最让德国政府头疼。

柏林人口的另一大特点是年龄结构十分年轻化，堪称欧洲最年轻的首都。据说这里的居民半数在35岁以下，18岁以下的少年儿童占了全市人口的近1/5。这同德国的总体情况有很大不同。其原因之一是由于柏林是德国最大的教育中心，有20多所大学和学院，包括著名的柏林大学，仅大学生就超过10万。二是自从两德统一后，东西柏林合并，由于本来柏林，尤其是东柏林人口并不多，而且人口构成比较老龄化，因此德国政府大力鼓励年轻人来柏林生活，加之来这里的外国工人也基本上都是年轻人，这样就把柏林的人口结构大大地扭转过来。

与德国其他地方的人比起来，典型的柏林人是相当有特色的。首先，柏林人永远充满活力，喜欢说话、辩论，因而被其他地方的德国人称为“柏林尖嘴”。这种性格对外来人可不是坏事，柏林人对他们亲切和蔼，有问必答，十分热心，比冷漠的佛罗伦萨人或者骄傲的巴黎人要好多了。柏林人的第二个特点是他们具有很大的包容性，能够容忍在一般人看来不那么正常的东西。举两个例子吧。一是每年有一段时间，柏林会格外热闹，大批年轻人挤满了城市，他们来自五湖四海，为着一个共同的革命目标——“爱的大游行”——而汇集柏林。他们中有哪些像鬼叫的前卫音乐歌手和这些歌的爱好者，他们来的目标就是找机会对人群尽情大叫一通。

柏林交通之发达举世罕见　柏林算得上是德国的交通中心，其交通之发达举世罕见。

大批铁路从四周把它们的触角伸向了柏林，或者说是许多铁路从柏林把它们的触角伸向了全国。在柏林城外，还有一条环形铁路将所有这些铁路连接起来，数数共有12条。此外还有六大高速公路通向柏林，城外同样有一条环形高速公路把它们连接起来。通过这些环形路，所有铁路和公路都连成一体了。铁路和高速公路都如此之多，普通公路就更多了，它们简直密如蛛网呢。去过德国的人都看得到，这些公路的质量实在好，随便一条弄到咱们中国就是最好的国道也不过如此。事实上，德国是所有西方国家中道路质量最好的，他们每一条路不建则已，一建就务求尽善尽美。据说工人们建公路时是用游标卡尺来测量两边路基路面是不是等高的。这样建出来的路自然品质非凡，用100年也毫无问题。事实上，现在柏林周围那些高速公路许多是第二次世界大战前修的，现在还好用得很。

柏林的市内交通同样出色，早在19世纪就着手建立现代化的快速交通系统。普法战争结束的次年，即1871年，柏林开始建设城市高速铁路系统，包括城市高架铁路和地铁，到第二次世界大战前夕，柏林的城市铁路系统已经是欧洲甚至全世界最好的了。此外柏林还有150多条公共汽车线路，其方便程度超出您的想象。

由于国家补贴运输成本六成，因此柏林的公交除十分方便外，车票也十分便宜。

柏林的水路交通也很发达，柏林建有三条运河，西边的中部运河连通威悉河，东边的连通奥得河，北边还有一条直接沟通易北河与奥得河。我们前面又说过，威悉河、易北河、奥得河、多瑙河与莱茵河上都有运河，通过这些运河，柏林可以经由水路通向全国几乎任何一个地方而不用经过大海。

但柏林最发达的也许不是这些公路、铁路和水路，而是空运，现在柏林仅国际机场就有3个。甚至有一段时间——在整整15个月里——柏林有百万人口几乎全靠空运过日子，空运的东西甚至包括煤炭！这是世界上前无古人，后无来者的大空运。这是柏林历史上的一件大事，我们等下再说吧。

这个风景优美、人口众多、交通发达的柏林是如何管理的呢？

行政上柏林设市区两级，共有23个区，市政府包括市长一人，它的地位相当于州长，还有由16个人组成的市政府，此外还有市议会。下面的区也一样，有区长、区政府和区议会。

由于柏林在德国的地位相当于一个州，因此同别的州一样有相当的独立性，甚至有自己的宪法。这些市长、区长和市区议会议员都通过普选产生，市民们选谁就是谁，中央政府是不能说三道四的。

没有名胜的柏林　与前面我们介绍过的四个首都比起来，柏林的名胜古迹要少得多，特别有名的几乎没有，不信您试着想想，能想出柏林有什么名胜古迹能同雅典的帕特农神庙、罗马的万神庙、巴黎的圣母院或者伦敦的白金汉宫一样为我们所熟悉吗？找不到吧！也许除了柏林墙，可惜它谈不上是名胜。

柏林没有了不起的名胜与柏林人有没有创造力并没多大关系，只是因为它的历史过于短暂，柏林人还没有时间去创造罢了！

但唯此之故，我们这次柏林之行要仔细逛的地方不多，算算只有7处，也就不用再预先介绍了，径直去看罢，总路线是从东往西。

我们要去的第一个地方是亚历山大广场。

这个广场原来位于东柏林，是东柏林的主要广场，上面立着马克思与恩格斯的塑像；原来东德的议会，又叫共和国宫，也设在这里；这里还有柏林酒店，近40层，高达123米，是柏林最高的建筑物之一。广场的名字来源于俄皇亚历山大一世，他是拿破仑侵俄时带领俄罗斯人抗击侵略的君主，俄罗斯人击败拿破仑后，也解放了本来已经被拿破仑征服的普鲁士，为了对他表示感激与敬意，普鲁士人便把柏林这个广场命名为亚历山大广场。

广场上最值得一看的是电视塔。它高达365米，是1969年东德为了纪念立国20周年而建的，曾经是欧洲最高的电视塔，现在也是德国最高的建筑物，比埃菲尔铁塔还高45米。

远远看上去，电视塔中间有一个硕大的金属球一样的东西，下面不远有两个凸出来的紧紧并列在一起的环，再往下就是底座了，越往下越粗，它的高度占了整个塔的一半。在那个金属球上面是一座圆形建筑，电视发射设备等就在里头。再往上是一个细长细长的东西了，远看上去像根避雷针，上面涂了颜色，一圈红一圈白，一直到顶端，这就是电视塔的发射与接收天线了。

从下面的门进到塔里，里头有高速电梯，游客们进去不用一分钟就可以升到200多米的高处，那里有一个很大的圆形餐厅，直径近30米，可供200人同时用餐。从这里还可以眺望柏林全景，如果是晴天，能够看到40千米以外的地方。这个餐厅另一个最大的特征是它能够旋转，转一周需1个小时，因此，你坐着喝茶，一动不动，一小时内也可以把柏林四面八方看个够。

这里原来是挺热闹的地方，后来由于德国的新纳粹组织光头党人经常在这里闹事，因此外国人很少去，到晚上一般德国人也不去了，这里骤然冷清起来。

从电视塔往西不远，在施普雷河对面，有一座规模颇大的教堂，这就是柏林大教堂，它有着绿色的屋顶，据说里头有近百具很豪华的大理石棺。我们看的漂亮教堂多着哩，且不管它。

我们在前面说过，施普雷河在柏林分出了几条支流，其中有一个地方是这样分的：它先分成两条，过了不远后又重新合拢会流了，这样，就在分叉点和交汇点之间形成了一个小岛。这在柏林是有名的地方，叫博物馆岛，因为上面集中了柏林好几家博物馆和美术馆，例如新博物馆、国家美术馆、佩加蒙博物馆、博德博物馆等。其中最有特色的是佩加蒙博物馆，它的馆名来自遥远的古代小亚细亚一个王国，德国的考古学家们19世纪在那里发掘了这个古国的遗址，找到了一座巨大的庙宇的废墟，它有巨大的柱子、石基上刻着精美的浮雕，最好的是那个长达120米的祭坛，上面有十分精美的浮雕。考古学家们毫不客气地把它们弄到了德国，建了这个博物馆来展出。

菩提树下大街是柏林的香榭丽舍　过了博物馆岛继续往西，不久就到达卡尔·马克思广场了，它附近还有一条卡尔·马克思大街。从卡尔·马克思广场往西，直到我们等下要重点说的柏林第一名胜勃兰登堡门之间是柏林最有名的一条大街，叫菩提树下大街。

柏林人好像很爱菩提树，除了这里的菩提树下大街，它南面还有一条菩提树大街。菩提树叶子略呈圆形，叶片尖端延伸成尾巴的样子，人们把它叫作“滴水叶尖”。在潮湿多雨的热带雨林中，菩提树叶分泌出大量水分，会由尾巴状的叶尖滴下来。这菩提树同佛教大有关系，据说佛陀就是在一株菩提树下大彻大悟的。

菩提树下大街是欧洲著名的林荫大道，也是柏林最繁华的地方，长近2000米，宽约60米，大街两旁种植着阔叶的梧桐树、酸橙树和一些栗子树，浓荫蔽日，经常闻得到树叶的清香。您可不要以为闻到的是菩提树的清香，这是不可能的，这种树是热带树种，怕冷，柏林是种不活的。

在大街的最东头有一座马克思-恩格斯桥，上面耸立着8座大理石雕像，是8位古希腊女神，雕刻得十分传神，堪称精品。据说第二次世界大战时，为了免遭战火破坏，柏林人把它们拆了下来，先藏起来，等战后才重新装上去。

大街两侧的那些大建筑里，比较值得一看的有国家歌剧院、历史博物馆和德国国家图书馆等，洪堡大学和德国国会大厦也在附近。

历史博物馆在最东，它是一座典型的巴洛克式建筑，也有着绿屋顶。它建于17世纪，是大街上现存最古老的建筑。1945年时被盟军彻底摧毁，战后，倔强的德国人花了整整16年又建起了它，馆内珍贵的藏品是雕刻名家吕特尔的22尊阵亡将士头像。后来这里又进行了扩建，负责的建筑师就是贝聿铭，但在他那如群星璀璨的作品里，这只是很不起眼的一颗六等边小星罢了。

从历史博物馆往西不远是德国国家歌剧院，它是在腓特烈二世时代由波茨坦王宫的著名建筑师主持建造的，建成100年时被一场大火烧毁，柏林人按原样重建了它。过了100来年，盟军的炸弹把它变成了瓦砾。几年之后，德国人再次让它矗立在原地了。

剧院内立有许多漂亮的雕像和绘画，但不是名作。那个供观众休息用的阿波罗厅特别引人注目，装饰得典雅和谐，这里的光线是从顶部射下来的，有点像阳光。演出大厅共有4层座位，最下面是底座，上面三层楼座，共有1000多个座位，大厅里的装饰也很好看。这个剧院还有一样有名的东西，就是它的芭蕾舞团，这个“德国国家歌剧院芭蕾舞团”在欧洲颇有名气，2001年元宵节时曾来中国演出。

从国家歌剧院过去一点是柏林洪堡大学，即柏林大学。

柏林大学始建于1810年，由当时普鲁士的教育大臣、著名的学者和教育改革家洪堡创办，原来以普鲁士国王腓特烈·威廉三世的名字命名，后改为以洪堡的名字命名。创办不久柏林大学就成为当时德国最好的大学，吸引了全德最优秀的学子，并以其新型的、适应时代精神的课程设置，以及发展成杰出的研究机构而举世闻名。

遗憾的是后来的洪堡大学不是进步，而是衰退了。第二次世界大战中，纳粹上台后，对洪堡大学进行了纳粹化，大批师生成了纳粹的支持者。战后洪堡大学归属东德，政府对大学进行严格控制，使得许多教授、学生极为不满，他们纷纷离开了大学，离开了东柏林，来到西柏林，在那里另立大学，即现在的柏林自由大学。

现在柏林大学仍在，不过已没有往日的光彩了，只有这个名字能让人回忆起它昔日的辉煌。

柏林第一名胜：勃兰登堡门　　看着想着，不知不觉中我们已经到了菩提树下大街的最西头，这里有我们此次柏林之旅要仔细看的第三个，也是最著名的一个景点——勃兰登堡门。

世界上，几乎所有的历史纪念碑都建在城市的中心，勃兰登堡门也不例外，50年来它一直是柏林的象征，甚至是整个国家的象征。

在柏林的18个城门中，勃兰登堡门是最后一个修建的，也是至今保留下来的唯一一座城门，是最壮观的德意志凯旋门。勃兰登堡门建于1788年至1791年，建筑师是卡尔·高特哈德·朗汉斯，据说是为了纪念腓特烈大帝而建的。

这座原本被称为“和平门”的建筑的模式是雅典卫城的入口——山门。由于设计合理，它看起来甚至比卫城的山门还要壮观：城门宽超过60米，高11米，进深也达11米，迎面是6根巨大的石柱，中间从上至下垂直的沟纹使它显得修长挺拔。石柱间是5个宽阔的入口，中间的一个最宽，使5个入口整体显得更加和谐而美观。

勃兰登堡门有一个最美丽的装饰，就是门顶上由雕塑家沙多制作的“四马战车”。这是用青铜铸就的赶着一辆两轮四马的战车、正奋力奔驰的胜利女神。女神头戴花冠，右手举着德意志军魂的象征——铁十字，十字顶上站着一只展翅欲飞的雄鹰。这一切都透现出一个正在崛起的强国的傲慢与自信。

然而，普鲁士人的自信并没有持续很久，1806年10月，普鲁士国王腓特烈·威廉三世向拿破仑宣战，拿破仑率15万大军急速北上，一战耶拿、再战瑙堡、三战荷尔斯泰特，彻底击溃了普军，开战仅10余天之后，10月27日，拿破仑兵不血刃占领柏林。这样，拿破仑在20天之内就征服了普鲁士——这个当时欧洲最强大的国家之一。

当拿破仑的胜利之师到来时，勃兰登堡门便成了法国人的凯旋门，法军扬扬得意地从这里开进柏林。为了炫耀他的胜利，拿破仑下令拆下勃兰登堡门顶上的战车并把它运往巴黎，这极大地侮辱了德意志人。直到拿破仑失败后战车才被运回柏林，重新放置在勃兰登堡门之上，重新象征起德意志的荣耀来。以后，每当德国人在战争中取得胜利时，他们就在这里狂欢庆祝，也着实庆祝过两回。

第一次是普法战争，普鲁士人取得了辉煌胜利，回国时，他们的凯旋之师在市民的欢呼声中穿过勃兰登堡门。

第二次是希特勒取得政权后，纳粹分子也利用这座大门来庆祝胜利：在希特勒被任命为帝国总理之后的那个晚上，由身穿褐衫的纳粹党徒组成的游行队伍高举火把穿过勃兰登堡门涌向希特勒的总理府。希特勒发动侵略战争之初，一举征服法国，屡屡取得大胜，陷入疯狂的德国人当然也是在这里庆祝他们的胜利、为他们的元首欢呼的。

第二次世界大战期间，勃兰登堡门在围攻柏林的战斗中被摧毁，成为一堆瓦砾，从1945年起，它所在的地方又成了苏联占领区和英国占领区的分界线。但勃兰登堡门到1958年时还是得到了修复，上面的战车已经变成了碎片，也用当年铸造时所用的模具重新铸造了一架新的。

到1961年，我们前面说过，为了防止更多的人逃进西柏林，东德与苏联人一夜之间，即从8月12日到13日夜间，在西柏林周围修建了一道封锁线，这就是柏林墙。由于勃兰登堡门正处在东西柏林的分界线，紧靠柏林墙，一般人再也无法靠近。从此，本来用以象征德意志的统一与强大的勃兰登堡门反而成了德国分裂的象征之门，成了一道无人能过的死门。

从此，每当东西柏林的人望着这道门时，他们心中的痛苦可想而知。

这样痛苦与分裂的日子一直过了整整28个年头，直到1989年11月9日，东德的崩溃和柏林墙的重新开放。当这个消息传开时，来自东部和西部的人们纷纷涌向勃兰登堡这象征之门，欢庆祖国的重新统一。

这次，勃兰登堡门恢复了它本来的意义。

现在的勃兰登堡门早已不是令德国人流泪的地方，而成了他们最神圣的地方，成了游人如织的柏林第一名胜，成了所有来柏林游览的人不能不来的地方。

柏林墙虽然有名，但绝不是名胜　与勃兰登堡门紧紧相关的另一个“名胜”是柏林墙。

我之所以打上引号，那原因是很清楚：像柏林墙这种东西，虽然有“名”，但并不“胜”，没有也罢。

当初的柏林墙是沿着英美法三国控制的西柏林而建立，它可以分成两大段，第一大段是在柏林市内隔开东西柏林的，这段长约45千米，另一段是在柏林城边沿，把西柏林的其余地方也围起来的一段，长约120千米，两段总长165千米。

柏林墙就是一堵墙，一堵有点像我们在监狱外面看到过的高墙：上面围着铁丝网，四角有炮楼，武警端着明晃晃的刺刀。不过柏林墙比那些墙更高，也更难以逾越罢了。

柏林墙实际上是两重墙，一道内墙高达5米，紧紧裹住西柏林，它的墙根插着矛尖、铁蒺藜之类，外围还有碉堡、监视台等，一条条警犬、一队队警察不停地在四周巡逻。够严密了吧！

即使这样，仍有不少东德人冒着生命危险去偷越。它不就一堵墙吗！于是有的人就站在东德一边靠近柏林墙的某座高楼里，用一个滑翔机之类奋力一跃就过去了，还有的竟然开着特意装上了钢板的防弹车猛一撞，冲关而过。于是几年后东德人又在第一道柏林墙外面隔一段距离的地方建立了第二道墙，比第一道墙还高了差不多一米，墙根有带高压电的铁篱笆，下面还埋了地雷，警犬、巡逻队等当然无不照旧，甚至还在这堵外墙前设置了防汽车壕。这样，实际上柏林墙成了两道墙中间加一个宽达百米的“死亡地带”。这也许是人类有史以来建筑的最难以逾越的人工天险了。当然，如我们前面所言，仍有数以千计的东德人冒着生命危险想去克服它，把自己的鲜血洒在了柏林墙下。

1989年柏林墙开放了，不久后德国也统一了。柏林墙作为分裂的标志第一个列于被拆除之列。但为了用之来警示后世，特意保留了部分作纪念。共保留了三段：第一段就在勃兰登堡门，第二段在查理检查站，第三段在中央火车站外。现在它们的上面画满了各种各样奇形怪状的画，是一些青年人的涂鸦。此外，在勃兰登堡门外的市场上还可以买到一些所谓的“柏林墙”，不过是些水泥块而已，卖者多半是些土耳其人，虽然他们赌咒发誓地说是真的柏林墙，但谁知道呢？

特别地，在查理关卡建有一个博物馆，专门介绍当时东德人是如何用尽一切可能的办法去翻越柏林墙的，如小型飞机、热气球、有密格藏人的轿车，等等。其法子一如现在的人搞走私的情景：想方设法把走私品藏起来带到某个地方或者国家。不过那时的东德人是为了自由，而现在的走私者是为了金钱而已。想来真令人感喟啊！

国会大厦及其历史意义　从勃兰登堡门北去不远，有一座四方形的大厦，这就是帝国国会大厦，又称旧国会大厦。这座外表并不出奇的大厦却是柏林最有名的房子。它建于19世纪末，是意大利文艺复兴式建筑，长近140米，宽近90米，总建筑面积约12 000平方米，它的东南西北四面各有一扇大门。

这国会大厦之所以有名，就像柏林墙一样，并非它有什么建筑美学意义，而是有历史意义。它原来就是德国的国会所在地，1933年2月27日夜，这里发生了一场大火灾，国会大厦被烧毁，当时希特勒已经是总理了，但还没有独裁权，主要障碍是在国会中有很大势力的共产党议员。为了清除共产党，希特勒的心腹，纳粹宣传部长戈培尔派了11个特务从地道潜进国会大厦，一把大火把国会大厦烧成白地。过后他立即栽赃嫁祸于共产党，乘机把国会中的共产党议员清除出去。第二天便迫使国会通过所谓的《授权法》，使希特勒成了掌握一切国家权力的独裁者。

此后国会大厦就废弃了，不过仍然是柏林的标志之一，1945年4月30日，苏联红军在国会大厦的圆顶上升起了红旗，这标志着柏林已被攻克，法西斯德国已经被彻底打垮。

此时的国会大厦实际上已是废墟，后来西德人又把它重新修了一下，但并没有像其他许多建筑一样恢复原状。直到德国统一的第二年，统一的德国政府决定迁都柏林，国会大厦的命运才有所改变。次年，德国政府招标重修国会大厦。新的大厦外观跟原来差不多，只是内部更为空旷，功能也改成了历史博物馆，游客们可以免费入内参观。

残破的威廉一世纪念堂　在柏林我们最后一个要去看看的地方是威廉一世纪念堂。

威廉一世纪念堂在凯旋柱的西南方，出了动物园往南不远就是。教堂最初建于19世纪末，是一座罗马风格的建筑。它的奇特之处在于至今仍然是一副残破不堪的样子：尖顶已经被削去了一半，下面也被火熏得乌黑。总之，看到它好像柏林刚经过一场残酷的战争，还没来得及修理它呢。

为什么会这样呢？为什么柏林人不把它修好，也不干脆拆了它呢？

这里还有一个故事。原来，它是在第二次世界大战中被盟军炸毁的无数座建筑之一，顶也是在那时被炮火削掉的。战后，德国人纷纷开始修理被战火毁坏的建筑，当讨论到这座威廉一世纪念堂时，大家起了争论，有人认为它在柏林的地位本来就无足重轻，花大把的银子修不值得，干脆拆了算了；有的人则主张还是修好。这样争来争去，没个高下。结果，不知哪位聪明人想出了一个妙招：既然其他被毁坏的建筑都处理好了，干吗不单单把它留下来、保持原样呢？

所以，这座威廉一世纪念堂如今还保存着当初被炸的模样，钟楼的时针永远指着它被摧毁的时刻。

这是为了警戒并规劝未来的德国人：维护和平，远离战争。

第二十五章　自然俄罗斯

俄罗斯最大的特点是它那广袤无边的领土。

辽阔的领土，众多的邻邦　　您随便往世界地图上扫一眼，最先看到的国家几乎肯定是俄罗斯，不是因为别的，而是因为它实在太大。它的国土面积达1700余万平方千米，几乎是我们中国，这世界第三领土大国的近两倍，也是整个欧洲面积的近两倍，是大洋洲的两倍有余。它横亘在地球之北，仿佛不是一个国家，而是一个大洲或者一整片大陆呢。

俄罗斯位于地球及亚欧大陆的北部。从经纬度说，它介于东经27°到西经169°之间，东西横跨160多个经度，它的最南面在北纬40°，最北则在北纬80°以北，南北跨40多个纬度。

此外，我们还可以从时区的角度来看看，俄罗斯的最西边属于东2时区，最东边则属于东12时区，国际日期变更线本来要从它的领土上纵贯而过，只是为了不让俄罗斯同一个国家处在不同的时区才人为地往东使劲一拐，绕过了它。这10个时区说明什么呢？说明当俄罗斯最东边还是下午两点，阳光灿烂时，它的最西边已经是深夜12点，天早黑得伸手不见五指了。

我们再来看看俄罗斯领土的四个角：它的最东是亚欧大陆的最东端，那里有一个楚科奇半岛，像亚欧大陆的鼻子，伸向东方，再往东是窄窄的白令海峡，海峡对面就是美洲大陆了，具体来说是美国的阿拉斯加州。它从前也是俄罗斯的领土，1867年，俄罗斯人和美国人签订了条约，美国人只花了700万美元就买到了广袤的阿拉斯加，这价钱意味着5亩地才卖了1分钱。据说后来实际上是白拿了，那钱只是一张空头支票。

俄罗斯的最南面是位于里海之西的达吉斯坦共和国的最南端。这里有一座巴扎尔迪聚山，就是俄罗斯的最南端了。

这里要注意的是，在俄罗斯“共和国”并不意味着是一个独立国家，它类似于我们中国的自治区。

俄罗斯的最西边是波罗的海芬兰湾中的一些岛，例如戈格兰岛。其实，俄罗斯还有一片领土更靠西，那就是位于波罗的海东南角的加里宁格勒州，它的最西边已经是东经20°以西了。不过由于它是俄罗斯的一块“飞地”，因此不好算是俄罗斯领土的最西端。

什么是飞地呢？就是说，它是属于某一国的领土，但同国家的其他绝大部分领土不直接相连，而是中间隔着别的国家的领土。这里的领土很重要，必须是“土”才对，可不能是海，否则的话那飞地就太多了，英国法国的飞地数都数不过来哩，事实上它们可是一块飞地也没有。

俄罗斯的最北端是深入北极圈内的一些岛屿，例如法兰士约瑟夫地群岛，它几乎整个儿都在北纬80°之内。

仅就陆地而言，即不包括海洋中那些属于俄罗斯的岛屿，俄罗斯东西之间的距离约9000千米，南北约4000千米。

由于俄罗斯疆土广大，既是世界上陆地边界最长的国家，也是海岸线最长的国家。

由于边界这么长，邻国自然多，总数是14个，从西边开始数顺序如下：挪威→芬兰→爱沙尼亚→拉脱维亚→立陶宛→波兰→白俄罗斯→乌克兰→格鲁吉亚→阿塞拜疆→哈萨克斯坦→蒙古→中国→朝鲜。

俄罗斯有广阔的领土，地形复杂多样。不过也不是特别复杂，因为俄罗斯的地形有一个特点：块状结构明显，容易区分。

总的来说，俄罗斯的地形可以分成四块：东欧平原、西西伯利亚平原、中西伯利亚高原、东部山地。这四块的面积都很巨大，每块抵得上一个世界大国。

这四块中的后三块有一个共同的名字——西伯利亚。

这四大块之间的分界线基本上是一些明显的山脉或者河流：在东欧平原与西西伯利亚平原之间是乌拉尔山；西西伯利亚平原与中西伯利亚高原之间是鄂毕河；中西伯利亚高原与东部山地之间是上扬斯克山脉。

下面我就分别来介绍这四大块，把它们弄清楚了，俄罗斯的地形自然就清楚了。

第一大块：东欧平原　我们从最西边的东欧平原谈起。

东欧平原我们在前面第二章讲欧洲的自然地理时已经大致说过。它因为基本上位于俄罗斯境内，又名俄罗斯平原，它东起乌拉尔山，西至波罗的海，北起北冰洋，南至里海和黑海，总面积约400万平方千米，是世界上最大的平原之一。平均海拔170米，少数丘陵地区在300米以上。

东欧平原地形的显著特色就是低低的平原与稍高的丘陵交织在一起，使地形有起有伏，错落有致。这只是对东欧平原的大致描述，对于面积如此广大的东欧平原来说，显然有点儿不够。事实上，东欧平原虽然总的来说是平原，但如果从北到南——

看来，它的各地之间在地貌上有相当大的差别。因此东欧平原又可以分成好几部分，例如北部的瓦尔代丘陵、中间的中俄罗斯高地、稍南的伏尔加高原，还有黑海和里海沿岸的低地等，它们的地貌与海拔都相当不一样，从高原到平原低地都包括在内了。

瓦尔代丘陵是位于莫斯科与圣彼得堡之间一片海拔稍高的地方，呈南北走向。这里算是东欧平原地势最高处了，有的地方海拔在340米以上。在高地的西面，地势下降幅度相当大，因而显得险峻，东面的地势则要平缓得多。这一带历来是俄罗斯文化的中心地带。

中俄罗斯高地从瓦乐代丘陵往南起，绵延约1000千米，东西宽近500千米，地势比瓦尔代丘陵要低，最高处海拔也不到300米。这里是一片相当古老的台地，地势虽然低平，但比起两侧的平原来，那就算高了，因此以它之低还成了黑海与里海两个大水系的分水岭。

在里海与黑海，尤其是里海沿岸的北端，地势一下子大降，低到海平面以下。

在东欧平原这一大块颇有几处值得一说，一是两座山脉——乌拉尔山和高加索山；二是三片大水——拉多加湖、里海与黑海；三是两条大河——顿河与伏尔加河。

富饶的乌拉尔山　我们在前面讲欧洲的自然地理时曾讲过乌拉尔山，它是亚洲与欧洲之间的界山，从亚欧大陆的最北面，属于北冰洋的喀拉海沿岸一路往南，直到最南的乌拉尔河，这条河继承乌拉尔山的路线，南流直至里海，这就构成了欧洲与亚洲的部分分界线。

乌拉尔山的最北端在北冰洋的喀拉海沿岸，大致呈南北走向，北窄南宽，像根尖头木桩，长达2000多千米，山宽从40千米到150千米不等。

在很早以前，这里曾经是一片大海，叫乌拉尔海，它的两侧是两个大陆板块：欧洲板块和西伯利亚板块。后来地壳发生剧烈运动，欧洲板块和西伯利亚板块你朝我，我朝你冲将过来，正是仇人相见，分外眼红，两个扭打在一起，这下，中间可怜的乌拉尔海就倒霉了，它被从下面抬上来，由海变成了山。

这已经是好久好久以前的事了，有几亿年。这么久以来，乌拉尔山上的石头长期被风吹日晒雨淋，不断被侵蚀，有的山顶已被夷平，因此这里许多山峰顶部是浑圆的，高度也不大，一般海拔在500～1000米间，最高峰是纳罗达峰，海拔近2000米。

乌拉尔山的东坡与西坡也颇有些不同。西坡比较平缓，从这里慢慢过渡到东欧平原，东坡则比较陡，像台阶一样大步大步地向西西伯利亚平原猛降。

像坡度一样，乌拉尔山两侧的气候也颇为不同，西坡的气温、降水量都高于东坡。这是受海洋影响的缘故，虽然这里深入大陆，海洋的影响还是相当明显。

乌拉尔山并不高，但生物自然带的垂直性变化相当明显，在山下是草原，再往上是森林，再往上草和树就都少了，成了童山秃岭。

就山势的整体情况看，乌拉尔山是由几列南北走向的平行山脉组成的庞大山系，整个山系自北而南可以分成五个部分，分别被叫作上极地、下极地、北、中、南乌拉尔山。

上极地乌拉尔一般海拔在700米左右，宽约二三十千米，从北往南延伸近400千米，帕伊耶尔山最高，海拔约1500米。这里受第四纪冰川作用影响，有许多冰斗、悬谷、槽谷等冰川地貌，现在还有一百多条冰川。下极地乌拉尔平均宽约90千米，南北长150千米，山势比较高，最高峰卡尔宾斯基山海拔近2000米，一些小山被深深地切割成许多河谷，山顶还有许多缺口，是山之东西交通要道。北乌拉尔由一系列海拔900～1500米的南北向平行山岭和山谷组成，山峰密集，但山顶甚平，算得上是准平原。最高点是捷尔波斯伊兹山，海拔1600多米。中乌拉尔的山势更低，最低处只有300多米，海拔很少超过500米，不过最高峰伊舍里姆山海拔达1300多米。这里是石灰岩地区，有不少熔岩地貌，如溶洞和湖泊。南乌拉尔稍微有点向西南偏向，最宽处约150千米，山势北高南低，最高点亚曼套山海拔1600多米。

乌拉尔山区矿产资源极其丰富，蕴藏着丰富的黄金、白金、钻石、铁、铜、锌、铝土、镍、钒、铬、石棉、钾盐、煤、石油、天然气，等等。森林、水力资源也十分丰富。

总之，乌拉尔山是世界上最富饶的山脉之一。

“语言之山”高加索 与乌拉尔山一样，高加索山也是亚欧的界山。

高加索山与乌拉尔山不一样，十分雄伟，常常被称为大高加索山。大高加索山自西北向东南横亘在亚欧边境，是十分重要的自然地理分界线。它又可以分成两部分：山脉北侧称前高加索或北高加索，山脉南侧称外高加索或南高加索。

大高加索山全长约1200千米，分东、中、西三段。东、西两段山势较低，一般海拔在4000米以下，山体宽度在200千米左右。中段窄而高峻，许多山峰海拔超过5000米，其中主峰厄尔布鲁士山海拔5600多米，是欧洲最高峰。山上还有2000余条冰川，占山脉总面积的约1%。

北高加索本来有大片的草原，由于土地比较肥沃，加之人口增长，大部分已经被开垦出来种粮食。

南高加索大部分地区是平原，这里有许多河流，例如里奥尼河、库拉河等，并不很长，水深流急，水力资源十分丰富；还有几个大湖泊，最大的是塞凡湖。这里还有一座小高加索山。现在南高加索大部分地区已经不属于俄罗斯了，属于格鲁吉亚和阿塞拜疆等国。

高加索山脉是一个卓有特色的山脉，称得上是全世界特色最“丰富”的山脉之一，我们这里试举几点：

一是地质构造复杂。大、小高加索山的起因同阿尔卑斯山差不多，是由剧烈的地壳运动形成的褶皱山系，原来有很多火山，例如塞凡湖原来就是一个火山口。地震也很频繁。这里山势高耸，有时相邻而立的两座山之间实际的距离很大，要从一座山走到另一座山绝不是一件容易的事。

二是森林、矿产、水力资源都相当丰富。高加索山两侧山坡都为森林所覆盖，许多是原始森林，林木遮天蔽日；水利资源如前所言，外高加索山有许多河流，虽然不很长，但水深流急，水力资源十分丰富；高加索山的矿产资源更加有名，金属矿藏有铜、铁、铅、锌等，能源有煤、石油、天然气，尤以后面两者著称于世。这里的油田和天然气田不但多，而且储量相当大，例如巴库油田、恰图拉锰矿和亚美尼亚铜矿都是世界上数得着的大油田和大矿藏。

三是高加索山虽然地盘不大，但由于山势高耸，地形复杂，又濒临里海与黑海，因此这里气候十分复杂，地区差异明显。例如北高加索属温带大陆性气候，1月平均气温低到 - 5℃，7月则高达24℃左右，年降水量在200 ~ 600毫米之间。往南到了外高加索则是亚热带气候，有的地方还是近似热带的湿润气候，1月平均气温高达6℃左右，7月也有约24℃，年降水量在1200毫米以上，有的迎风坡更高达4000毫米，到了东部的低地则成为亚热带干旱气候，年降水量在400毫米以下。

第四个特点不再是自然的，而是人的了。由于高加索山地形十分复杂，许多高山、平原、湖泊、河流、草地等交错分布，两地之间可能近在咫尺，然而咫尺天涯，相互之间来往殊为不易，这样，就是近在咫尺的两个居民点之间，由于长期的来往不便，各自发展，语言风俗自然差异很大，从而成为不同的民族。这样就在小小的高加索山周围造出了许多民族，总数超过50个，这些民族大者百万人，小的只有几百人。这些民族之间虽然彼此空间距离很近，但从语言到生活习惯到宗教信仰都迥然不同，例如语言，据说古代罗马人同这里的人交流竟然需要80多人搞翻译。现在的高加索诸语言中分属4大语系，即高加索语系、印欧语系、突厥语系、闪米特语系，因此高加索山又被称为“语言之山”。由于这许多的区别，各民族彼此之间历来隔阂就很大，冲突不断。例如阿塞拜疆人和亚美尼亚人之间有关纳–卡地区的纷争，在长达十年的冲突中，三万人死亡，上百万人沦为难民。

拉多加湖，欧洲最大的湖　谈完两座大山之后，我们来谈谈东欧平原的三处大水。

第一处是拉多加湖。

我们到目前为止，只讲过一个湖，既不大但有怪物出没的尼斯湖，现在我们要来看一个真正的大湖了。

拉多加湖是欧洲最大的湖，它过去称为“涅瓦湖”，位于俄罗斯欧洲部分的西北部，西边隔圣彼得堡只有约40千米，属于俄罗斯的圣彼得堡州。

拉多加湖湖面海拔只有5米左右，湖长200多千米，平均宽80多千米，大体呈方形，包括岛屿在内的总面积近2万平方千米。湖内有许多小岛，共近700个，总面积略小于500平方千米。湖水平均深度约50米，南面较浅，北面较深，最深处在瓦拉姆岛之西，达230米。拉多加湖的湖水总蓄积量超过900立方千米。

这个数目是多大呢？做个比较吧，我们中国最大的湖鄱阳湖蓄水量约26立方千米，不到拉多加湖的1/30。也就是说，30个鄱阳湖的湖水加起来也没有一个拉多加湖多。这样看来，全中国的湖加起来的水也未必有一个拉多加湖多呢。

就成因来说，拉多加湖属于构造湖，是由第四纪冰期时的冰川侵蚀而成：巨大的冰山在现在拉多加湖所在的地方划过，留下了一个巨大的深坑，若干万年过去，深坑积水成湖。

这种侵蚀作用也形成了拉多加湖的特征：北岸悬崖壁立，使人望之心惊，悬崖之间不时有凹陷，形成面积很小的峡湾，仿佛是一刀砍进悬崖形成的裂缝。靠北的湖面看得见许多大小岛屿，包括上面讲过的瓦拉姆岛——它是湖中第一大岛，这些岛都长满了茂密的森林，四周的地势也十分险峻。

与北岸相反，湖的南岸地势比较低平，有许多沙洲与石滩。由于远在北纬60° 以北，所以冰期相当长，沿岸地区可达半年，这年12月结冰，要到来年5月才融化。湖心冰期要短一半，只有约3个月，每年1月或者2月结冰，3、4月就开始解冻了。冰的平均厚度在60厘米左右，最厚可达1米。坦克都可以在上面畅通无阻，更不用说车马之类了。

拉多加湖周围地区的年降水量约600毫米，在这个纬度已经不少了，加上蒸发少，这是拉多加湖水量丰沛的原因之一。不过最主要的原因还是它周围有大量的河流注入，据统计，长度超过10千米的大小河流有3500多条，比较大的有沃尔霍夫河、斯维里河、涅瓦河等。

拉多加湖充足的水量给鱼儿们提供了最好的繁衍生息之地，使拉多加湖成为著名的丰产湖，有鲑鱼、鲈鱼、鳊鱼、鲟鱼、狗鱼和胡瓜鱼等，真是“早上起来去撒网，晚上归来鱼满舱”。

对于俄罗斯而言，拉多加湖另一个重要意义是交通方面的。本来由于风浪很大，拉多加湖并不怎么适合通航，但它的西南方有涅瓦河直通波罗的海，加上在俄罗斯北部的白海与拉多加湖之间有水路相通，因此拉多加湖就沟通了白海与波罗的海，加之南岸又建了环湖的新拉多加运河，这就避开了拉多加湖中的巨浪，同时，通过运河，拉多加湖也同俄罗斯的母亲河伏尔加河沟通了，这也就等于沟通了伏尔加河与波罗的海的，对于俄罗斯的意义之重大怎么讲也不过分呢。

里海是湖还是海？ 在拉多加湖往东南方，有更大的一片水，略呈长方形，这就是里海。

谈到里海，我一开始就陷入茫然：里海到底是海还是湖？

有的书上说，里海是海，内陆海，但有同样多的书上说，里海实际上是一个大湖而已。因此里海到底是海还是湖呢？

如果说它是海，一个海总不能连出海口都没有吧？孤零零地待在大陆之内。

如果说它是湖，它又实在太大，称之为湖有点儿不符合实际。

因此，里海到底是海是湖，今天还并无定论。

既然地理学的专家们都没有什么定论，我当然也不能妄下断言。不过那并没有太大的关系，反正我们一样可以说说它。

里海是世界上最大的咸水湖，也是最大的湖，属海迹湖——如果它是湖的话；或者说是世界上最大的内陆海——如果说它是海的话。它位于欧洲与亚洲在东南方的交界处，高加索山之东，乌拉尔河之南。南北长约1200千米，东西平均宽300余千米，湖岸线总长约7000千米，总面积近39万平方千米。

根据水深及海底地形等情况，里海可以分成北中南三部分：北部是从岸上顺延下来的冲积平原，地势平坦，水最浅，平均深度只有5米左右；到中部后海底就凹了下去，地形比较复杂，水比北部要深得多；到南部后，海底简直像个桶子般凹了下去，海水最深处超过1000米。

里海里面的岛对于它的面积而言相当少，只有约50个，不到拉多加湖的1/10。岛的总面积350平方千米左右，也比拉多加湖中的岛面积小。注入里海的河流也远没有拉多加湖的多，共有130多条。不过这其中有两条大河伏尔加河和乌拉尔河，尤其是伏尔加河，乃是欧洲最大最长的河流。

由于里海周围地区降水相当少，里海的水量主要靠这些河流注入。这样，当20世纪伏尔加河由于俄罗斯工农业需要大量用水而在沿河修建了许多水坝后，流入里海的水就大大减少了，造成里海水位大幅下降与水面的缩小：1980年时里海的湖面低于海平面近30米，水域面积也由1929年的超过40万平方千米减到1980年的约37万平方千米，不过后来又有所增加。

这样的另一个结果是：里海一直是以生产鲟鱼著称，由鲟鱼卵制成的鱼子酱更是俄罗斯最著名的美味，被称为极品美食，现在由于水位下降，原来最适合鲟鱼产卵的海岸现在远离水面，这样造成鲟鱼数量急剧减少，那鱼子酱自然也少了。

对于里海周围的人们，里海最大的价值还不是昂贵的鱼子酱，而是石油。

里海的石油和天然气资源极其丰富，对里海沿岸五国来说，这片宽广的水域简直就是一个天然油库，其石油储藏量据说可与波斯湾相提并论。美国能源部曾有报告说里海石油储量达2000亿桶，约占全球潜在总石油储量的16%。这是一个大得惊人的数字，给里海沿岸的人民带来了简直无法想象的巨大财富。然而这也并非全是好事，以前，里海周围只有苏联和伊朗两个国家，双方又都有丰富的现存石油可以开采，因此对于海底资源的分配并不那么着急，现在，苏联解体后，周围一下子又冒出了三个国家，而且这几个国家急于利用里海海底的“软黄金”来发财致富，而且都想要多分一杯羹，这不能不导致纷争，据说伊朗曾经派出军舰，瞄准在里海找石油的阿塞拜疆人。但愿他们不要真打起来才好。

黑海海水分成两层，下层是毒水，是死亡之海 在里海之西有黑海。

黑海可是货真价实的海了，它位于亚洲与欧洲之间，俄罗斯之西南。

黑海是一个国际性很强的海，属内陆海，周围有大量邻国：东南有格鲁吉亚，土耳其在西岸，保加利亚、罗马尼亚和摩尔多瓦在西岸，乌克兰在北岸，俄罗斯则在东北岸。此外，在黑海之东北，通过一条狭窄的刻赤海峡，黑海还往里伸进了一下，又形成了一个海，即亚速海。在黑海的西南面，经博斯普鲁斯海峡、马尔马拉海峡、达达尼尔海峡，与地中海相连。

黑海的总体形状是东西宽，南北窄，东西间的距离最长达1000多千米，南北最窄处只有200多千米，海岸线总长3000余千米，总面积46万余平方千米，放得进两个湖南省。黑海相当深，平均水深达1000余米，而且沿岸陡峭，从海边往里走不远就是深达千米的大海了，最深处在南部，达2200多米。

虽然黑海是海，海水理当是盐水，但黑海却相当淡，它的含盐量只有正常海水的一半。这一方面是因为黑海周围有多条大河注入，例如多瑙河、第聂伯河、顿河与德涅斯特河等，另一方面也是因为黑海独处内陆，同外面的大海只有一条窄窄的博斯普鲁斯海峡相通，因此外面含盐量大的海水难以进入黑海，加上黑海自己的蓄水量相当巨大——容积达55万立方千米，外面溜进来的一点盐水难以淡化它。特别是在几条大河的入海口附近，含盐量更小，放在口里也尝不出多少咸味了。

这还不是黑海最大的特征，黑海最大的、也最令人惊奇的特征是：在黑海千米深的水中，只有从水面往下到70米左右的地方才有大量鱼虾海藻等生物，到了70米以下，或者近岸处到了100米以下，就再也找不到这些活蹦乱跳的生物了，这里万籁俱寂，成了不折不扣的“死海”。

这是为什么呢？原来，这主要是因为黑海海水中，上层与下层海水之间的垂直流动十分弱，这样，上面的这层由于靠近天空，空气中的氧气可以溶进水中，但到了70米左右的深度下，空气中的氧气再也没办法溶入了，本来，在正常的海水中，这问题可以通过海水的上下对流来解决，但在黑海，由于海水之间没有对流，就造成深层海水的缺氧，这样，没有氧气自然也就没有动物了。

而且还不止于此，从这个深度起直至海底，海水中溶解了大量有毒的硫化氢，将之变成了“毒水”，这样，除了极少数不需要氧气和二氧化碳，可以依靠硫来生存的细菌外，更没有生物能够存活了。

虽然深处没有生物，但在黑海近海面的几十米里，还是生活着大量的海生动植物，其中尤以鲟鱼、鲭鱼等的产量大，是沿岸各国的宝贵资源。

对于黑海沿岸各国而言，黑海最宝贵的还不是鱼，而是一个更有关民族生计的大意义——出海口。为了这个出海口，各国真是费尽了移山心力，其中最费了大力的无疑是俄罗斯。

从1768年开始，俄罗斯的叶卡捷琳娜女皇两次进攻土耳其，都取得胜利，终于夺取了几乎整个黑海北岸，而在她之先，彼得大帝也曾为了夺取黑海出海口两次对土耳其人动武，只是没有达到目的。对于俄罗斯或者其他各国，黑海之所以重要，不仅在于由此走到了黑海，更在于由黑海他们可以直达博斯普鲁斯海峡，通过之可以直抵地中海，那时就到达了欧洲文明的最前沿地带了。

从蛮荒的极北之地走向欧洲文明的核心，正是俄罗斯人千百年以来的梦想。

至此我们就谈完了俄罗斯的三片大水，拉多加湖、里海和黑海，之后我们要去看看两条大河了。

静静的顿河　顿河这个名字不知现在的年轻人听说过没有，我们这一代人凡喜欢读小说的大都听说过，有一部著名的苏联小说《静静的顿河》，肖霍洛夫写的，得过诺贝尔奖。

顿河是俄罗斯欧洲部分次于伏尔加河的第二大河。它发源于东欧平原的中俄罗斯高地中部、莫斯科之南图拉州一座叫沙特的不大的水库，总的来说是南北流向，但河道相当曲折：发源之后南流，进入利佩茨克州，又进入沃罗涅日州，然后在沃州东南改为东南流向，先进入罗斯托夫州北角，再进入伏尔加格勒州，流了一段后又来了个大转向，变为西南流向，在这里有一个巨型的齐姆良水库，从伏尔加格勒州一直延伸到罗斯托夫州，第二次进入罗斯托夫州后，一路保持西南流向，直到在这州的西南面注入亚速海。这一路的总长度近2000千米，流域面积超过40万平方千米。

顿河的支流众多，主要支流左岸有沃罗涅日河、马内奇河、伊洛夫利亚河，右岸有顿涅茨河，还有一条河名叫“静静的索斯纳河”，俄罗斯人够幽默吧！从源头到位于沃罗涅日州的这个静静的索斯纳河河口为上游，上游先流经森林地带，再进入森林草原带，经过一个十分狭窄的溪谷后，河床一下开阔起来；再往下至伊洛夫利亚河河口为中游，河谷继续展宽，达至六七千米，有的地方宽达30千米，这并不是说河的水面有这么宽，而是包括水边平坦的两岸有这么宽，可称之为河漫滩；此后就是下游了，不久就进入了庞大的齐姆良水库，它长达300多千米，宽近40千米，占了下游总长的一半，它有运河同东边不远的伏尔加河相通，水库使顿河水位抬高了20多米，更利于航行，使这段成为重要航道。由于有了水库的调节，下游河床平缓，水流很慢，河谷更宽达20～30千米，水深达20米。在入海口附近为顿河三角洲。

顿河的河水补给主要靠雪水，它流经的地区深入内陆，大部分降水都是冬天的雪，因此在融雪的春天就是它的汛期，这时水位最高，秋冬季为枯水期，水位最低。顿河的冰期相当长，达四五个月，流量也很大，入海口的流量近1000立方米/秒，每年入海的水量约30立方千米，比整个鄱阳湖的水还多。

顿河河水每年要往大海里排放近700万吨的矿物质，因此水体营养丰富，浮游生物很多，这样鱼也很多，顿河人每年都能捕获大量的鱼，例如河鲈、鲤鱼等，不但够吃，还可以大量输出。

俄罗斯人的母亲河　在顿河之东，有比顿河更长的伏尔加河，这是欧洲最长的河，是俄罗斯人的母亲河。

伏尔加河这个名字大家都听说过吧？有一幅画叫《伏尔加河上的纤夫》，一首歌叫《伏尔加河船夫曲》，都是在中国家喻户晓的。

伏尔加河发源于瓦尔代丘陵，我们前面说过，瓦尔代丘陵是位于莫斯科与圣彼得堡之间一片海拔稍高的地方，呈南北走向，是东欧平原地势最高的地方，这里正是伏尔加河的发源地。此地的海拔约230米，属于俄罗斯的特维尔州，是一片沼泽地，有许多小湖泊，大都奇形怪状。发源后，伏尔加河此后的流程就长了，要知道它是欧洲第一长河呢，全程超过3500千米。

伏尔加河的总体流向像一个反写的“S”。发源后，它先往东南流了一小段，接着便转向西北，流到了莫斯科州附近，但淘气似的不肯进去，而是继续往西北，进入雅罗斯拉夫尔州，这里有一个大水库，叫雷宾斯水库，过了水库后，伏尔加河再转成东南方向，穿过科斯特罗马州的一个角，进入伊万诺沃州，又进入下诺夫哥罗德州，等等，又保持东南流向，直到流进漫长的古比雪夫水库，在这里拐了一个“つ”形的大弯，从此流向西南，经过萨拉托夫州到了伏尔加格勒州，在这个州的伏尔加格勒市，就是以前的斯大林格勒，突然又来了一个转向，转为东南方，进入阿斯特拉罕州，在这里注入了里海。

伏尔加河是平原型河流，发源后一路流经的地区坡度都比较小，流速缓慢，河道也弯弯曲曲，形成许多沙洲、浅滩，到下诺夫哥罗德州的下诺夫哥罗德市后有大支流奥卡河汇入，奥卡河就是一条不小的河，搁到英国或法国我们非得拿出来好好说说，可惜在俄罗斯它就算不上什么了，只能当支流。从这里起伏尔加河进入了它的中游，中游流经伏尔加沿岸丘陵的北缘，这时它的右岸接纳苏拉河、斯维亚加河等，左岸接纳韦特卢加河、大科克沙加河等，河谷变宽，水量和流域面积都大增，一路浩浩荡荡。到左岸另一条大支流卡马河注入后，河床更宽，水量骤增一倍以上，水势更加浩荡了，从这里开始就是伏尔加河的下游了。这时它沿伏尔加河沿岸高地东缘南流，因此两边的河岸不对称，右岸是伏尔加河沿岸高地，因此河岸陡峻，左岸则要低缓得多，到北纬50° 的卡梅申附近至河口的800千米河段内，几乎全无支流，到伏尔加格勒后，伏尔加河样子突变，这时它已经进入里海洼地，水面低于海平面，水流平缓，加上水量巨大，因此这些水像一群淘气的孩子一样，许多离开了大队，自己走自己的，形成许多小河，不时又与干流混到一起，不时又分开，不过大家的方向都是一样的，等接近入海口时，它们顿时像一群到了学校的孩子一样，“哗”地散开，一下分成了好多好多的分汊，可能有近百条，各自注入大海。

由于伏尔加河的河水带有不少泥沙，它们沉积在入海口，形成一个面积近2万平方千米的大三角洲。这样的泥沙每年大约有2700万吨。这个数字听上去挺大的，但比起咱们的黄河来就真是小巫见大巫了，黄河每年的入海泥沙约是16亿吨，是伏尔加河的60倍！

像顿河一样，伏尔加河的河水补给来源也主要是雪水，在上游和中游雪水补给占年径流量的一半以上，其他雨水占的比重也不小，到下游雪水补给比重就更大了，因为这时所流经的里海洼地乃是俄罗斯降水最少的地区。

伏尔加河的春汛发生在4～6月，夏季正常，到秋天上中游降水增多时，又有雨汛，冬天乃是枯水期。由于深处内陆，伏尔加河的结冰期相当长，要从这年的11月底一直结到来年的4月。

由于水量巨大，水流平缓，伏尔加河很适宜建水利工程，实际上也建了许多，特别是水库，例如雷宾斯克、高尔基、切博克萨雷、古比雪夫、萨拉托夫、伏尔加格勒等水库，都规模巨大，能给周围地区带来巨大的水利之便，使那里的土地成为旱涝保收的良田，附建的水电站年发电量可达几百亿度。

水量大、水流平缓也使伏尔加河成为俄罗斯最重要的内河航道，伏尔加河几乎全程可以通航，加上支流，通航里程达上万千米，能通行千吨驳船的航道有近7000千米。至于中下游的主干航线，则可通航5000吨级的货轮和2～3万吨级的顶推船队。此外，由于沿伏尔加河修建了许多运河，例如伏尔加—波罗的海运河、伏尔加—顿河运河，再加上北方的白海—波罗的海运河，这些运河同伏尔加河的干支流一起，将以莫斯科为中心的中央工业区同伏尔加河沿岸区、乌拉尔区以及里海沿岸通通联结起来，实现了白海、波罗的海、黑海、亚速海和里海的五海通航。

举个例子说吧，一般轮船从北冰洋出发，往南可以开到波罗的海、里海或者黑海，通过黑海它又可以一直开到地中海。在这个如此庞大的水运体系里，伏尔加河无疑是核心，因此它也是俄罗斯最繁忙的水道，货运量和客运量均占了俄全国总量的一半以上，无数的石油、建材、木材、煤炭、粮食、机械产品等，沿着伏尔加河，送到全俄罗斯。

说到这里，您大概明白俄罗斯人把伏尔加河称为母亲河的缘故了吧！

第二大块：西西伯利亚平原　　前面我花了巨大的篇幅讲解东欧平原及其上面的山山水水，它可只占广阔的俄罗斯1/4都不到呢，但以后的几部分就不会有这样的情形了，一则因为以后的地方虽然面积广阔，但人烟稀少，二则因为它们的地形相对单一，没有那么多东西可讲。

俄罗斯地形的第二大块是西西伯利亚平原。它西起乌拉尔山，东到叶尼塞河，北自北冰洋，南至哈萨克北部和阿尔泰山地，总面积约300万平方千米，差不多有中国的1/3了。

西西伯利亚平原是一片古老的平原，下面的地壳也十分古老，远在五六千万年前这里就开始沉积了，随着漫漫时光的消逝，沉积层越积越广，直到今天这般辽阔。它还有一个特异之处，就是在万千平原都受到侵蚀的冰河时期，它也几乎毫发未伤。这便造成了两个后果：一是西西伯利亚平原地形的单调。由于一直是这么平平静静地沉积下来的，因此这里的地形简直就像抽干了水的池塘底部一样，潮湿而平坦，到处是无边无际的沼泽。只有极个别的地方，例如南部同阿尔泰山交接的地方，才有稍许的丘陵，只是这些地方也可以看作不是属于西西伯利亚平原了。西西伯利亚平原这种单调的地形造成的第二个结果是：我们谈起它时简直没什么可谈，就像一张巨大的白纸一样，虽然大，可上面只写了两个字——平原。

不过，别看西西伯利亚平原地形如此单调，它依然是俄罗斯一块不可多得的宝地。具体来说，西西伯利亚平原有二宝：一是它的石油与天然气资源。我们知道，石油是沉积层下面才有的。所谓的沉积层主要就是古代的生物——动物或者植物——的尸体在亿万年的岁月里一层层积下来的，沉积层中的动植物尸体分解变化，产生化学反应，结果之一就是石油。西西伯利亚平原下面蕴藏着极为丰富的石油资源，著名的秋明油田就在这里。

第二宝是它的森林。在这广阔的300万平方千米土地上，除了最北面北极圈内的土地是永久冻土，上面只有些苔藓地衣之类的低等植物，其余的地方基本上是无边无际的森林。想想看吧，几百万平方千米的森林，这是多么宝贵的一笔财富啊！而且，森林里生长的可不是杂树小木，而是高耸、笔直、挺拔的大树，是地道的原始森林！

西西伯利亚平原不但有广阔无边的森林，这里的水资源也很丰富，它拥有两条巨大的河流——鄂毕河和叶尼塞河。虽然它们没有多少名气，但却是最好的河流，而它们之所以没有名，只是因为地处偏远，被俄罗斯“养在深闺人不识”罢了！

鄂毕河本应是俄罗斯最大的河流 鄂毕河可能是俄罗斯最大的河流。为什么说可能呢？因为计算鄂毕河的长度有两种方式：一是按鄂毕河自己的发源地起算它的长度，这样的话它的长度是3650千米，一个挺好记的数字，如果按它最长的支流算呢，它的长就达到5400多千米了。依前一种算法，它只能屈居俄罗斯第三长河，如果根据后一种算法，它就是俄罗斯最长的河了。

我们先不来断这个公案，还是继续来看鄂毕河吧。鄂毕河发源于阿尔泰山，在这里有两条小河，分别叫比亚河与卡通河，它们在一座叫比斯克的小城附近汇合，从此就叫鄂毕河了。

鄂毕河的大体流向是自南往北，从比斯克开始，它就一路北流，先从俄罗斯的阿尔泰边疆区进入新西伯利亚州，再进入托木斯克州，这时它是东南—西北流向了，越过托木斯克州后，鄂毕河进了秋明州，从此就安安心心地在这个州待下来，先仍然往西北方向流了一段，后转而向北，一路高歌，冲进了北冰洋。

鄂毕河的主要特点之一是有大量的支流，多达约2000条，在右岸，刚成为鄂毕河后不久就汇合了一条大支流托木河，不久又有一条丘雷姆河，都是流程上1000千米的大河，还有瓦赫河、卡济姆河，等等；在左岸就更多了，首先就是额尔齐斯河，这名字我们都听说过吧？它是中国唯一属于北冰洋水系的河流。

额尔齐斯河发源于中国新疆北部阿尔泰山南麓，沿阿尔泰山南麓、准噶尔盆地北部，从东南向西北流入哈萨克斯坦境内，那里有一个不小的湖，叫斋桑泊，然后又越过哈萨克斯坦，进入俄罗斯，不久改为北流，最后同鄂毕河汇流，成为它的一条支流。

额尔齐斯河从河源到与鄂毕河的汇合口长超过4000千米，流域面积近200万平方千米。中国境内的河段长500多千米，流域面积有5万多平方千米。这里的干流支流均源于阿尔泰山南坡，从北向南在北岸汇入干流，形成典型的所谓“梳状水系”，这样的支流主要有7条，这些支流的许多地方地势低洼，形成大片苇湖沼泽，上面还有冰川。新疆境内的额尔齐斯河流域年径流量约110亿立方米，这对于干旱少雨的新疆而言是一笔极宝贵的财富，可惜的是现在基本上没有利用，年复一年地让它们白白流进了他国。

从这些数据可以看出，额尔齐斯河这条鄂毕河的“支流”自己就是一条大河，比欧洲最大的河伏尔加河还要长，只是在它同鄂毕河汇合后，不知道什么缘故，它反倒成了鄂毕河的支流。

其实说白了，这只是一种习惯，人们不知什么时候起把额尔齐斯河与鄂毕河汇合处右面的河道同汇合后的河道都称为鄂毕河，而把汇合处左面的河道另称为额尔齐斯河，额尔齐斯河这样就成了鄂毕河的支流。这是根本谈不上有什么道理的，纯粹是习惯，完全可以反过来，把汇合后直到流入北冰洋的部分称额尔齐斯河，这样，原来右边那段汇合前的河道不就成了支流了吗？如果它叫鄂毕河，那鄂毕河就成了额尔齐斯河的支流。事实上这更加合理，因为额尔齐斯河更长，按照习惯理当如此称呼。而且，如果汇合前的两条河都不叫鄂毕河，只在汇合后称鄂毕河，那么额尔齐斯河也理当不是支流，而是干流，那样鄂毕河的发源地就不是俄罗斯，而在中国了。

我想，为什么鄂毕河这么不合理地将比它还长的额尔齐斯河称之为支流呢？原因就在这里，俄罗斯人不愿意承认他们最长的河流发源于中国——如果将额尔齐斯河作为干流，它将成为俄罗斯最长的河流。所以，原来的所谓习惯成自然实质上并非如此，而是有着深刻的民族的“面子”在内。

这其实是可以理解的，如果我们最长的河流长江发源于俄罗斯，我们也不见得会高兴到哪里去。

闲话少说，我们且再来看这条比支流还短的鄂毕河。除了额尔齐斯河外，鄂毕河的左岸再也没什么大支流了。包括支流在内，鄂毕河的流域面积约300万平方千米。托木河入口以上为上游，这里的河水不深，只有几米，浅的地方一米都不到；两岸主要是山地和丘陵；北部也有一些森林与草原，海拔相对较高；两岸有较宽的河谷与河漫滩且两岸景色相当不一致：左岸陡峭，右岸平缓。巴尔瑙尔附近河谷宽达10千米，后面有一座大城，叫新西伯利亚，是俄罗斯亚洲区最大的城市之一，城附近筑有一座很大的水库——新西伯利亚水库。

自托木河口至额尔齐斯河口为中游。中游开始不远就接纳了大支流丘雷姆河，水量陡增，河谷也更宽到40千米左右，河漫滩更加宽阔。中游是支流最多的一段，两岸密密麻麻地注入了数不清的大小支流，使河水更多更深，深的地方有近10米。就地形而言，这里已经全部是西西伯利亚平原了，到处是沼泽，上面长着无边的森林——泰加林，这是一种生长于沼泽之中的很好的森林。

从额尔齐斯河口直至入海口鄂毕湾为下游。至此河床宽达三四千米，临近河口处更达10千米，水深10米以上，河口处深达40多米，两岸的河谷宽四五十千米，地形像上游一样不对称，只是方向相反：左岸低缓，右岸陡峻。下游的支流要少得多。

由于进入海口处地势低平，水量庞大，形成了一个4000多平方千米的三角洲。

鄂毕河的河水补给主要靠春季融雪水，其次为夏季融冰和降雨。这样它一年就有两次汛期：一次是雪水融化的春天，第二次是降水集中的夏天，这两次汛期提供了它全年入海水量的绝大部分。又由于南北而流，鄂毕河上中下游各段的汛期相当不一致，上游冰融化早，春汛就来得早，夏天南段降水比较早，夏汛也不一致，加上地势低平，使得鄂毕河下游经常排水不畅，河水漫向两岸，变成了无边的沼泽和湿地，上面是茂密的泰加林。

由于远在地球之北，靠近了北极圈，鄂毕河流域气温相当低，河流的封冻期也很长，而且越往下游越长：从上游的5个月到下游的7个多月。

鄂毕河河口的年平均流量超过1万立方米/秒，每年入海水量达400立方千米，是顿河的十余倍，比伏尔加河还要多。

像伏尔加河或者顿河一样，鄂毕河也是条宝河，可以为俄罗斯人提供许多好东西：

第一样是交通。因深入内陆，同俄罗斯大部分地区相距遥远，鄂毕河成为主要的交通航道之一。虽然它封冻期长，但中下游水深且宽，水流平缓，在解冻的几个月内依然是上好的航道。它又纵贯西西伯利亚平原南北，可以将南面的货物通过船舶运往北方，进入北冰洋，然后转而往西。我们上面讲伏尔加河时说过，从北冰洋经运河可以一直通达波罗的海、黑海甚至地中海。这样，鄂毕河自然也可以把这些货物送到北冰洋，然后运往上述地方了。

第二样是森林与矿产资源。鄂毕河流域内有丰富的石油、天然气、煤、铁、有色金属等矿藏，森林资源也十分丰富——这些其实我们在讲西西伯利亚平原时已经讲过了，因为鄂毕河流域的300万平方千米流域面积几乎与西西伯利亚平原的300万平方千米是重合的。

第三样是鱼。鄂毕河里有许多鱼，共达50余种，许多都有重要的经济价值，且由于天气冷，鄂毕河里鱼身上脂肪积累多，鱼肉特别好吃。这个原因其实用不着我讲，大家都能体会到，想想，冬天与夏天哪个季节的鱼好吃？当然是寒冷的冬天，鄂毕河也是一样的道理。

第四样是水电和水。鄂毕河潜在水能达2.5亿千瓦，已经建成一些水电站，例如新西伯利亚水电站。不过，由于鄂毕河流域人烟稀少，用不了这么多电，因此绝大部还没有开发。还有就是水，鄂毕河水量丰富，但两边的哈萨克斯坦水却很少，到处是一片片广大的沙漠，于是，通过兴建额尔齐斯—卡拉干达运河，从鄂毕河往哈萨克等中亚地区国家输送了大量宝贵的生命之水。

叶尼塞河为何水量如此巨大? 鄂毕河之东，横越几乎整个西西伯利亚平原后就是叶尼塞河了。

其实，叶尼塞河也可以放在下面讲俄罗斯地形的第三大块——中西伯利亚高原——时去讲，但我还是把它放在这里吧，要不这里只有一条鄂毕河，它也太孤单一点了。

叶尼塞河位于亚洲北部，广阔的西伯利亚中部，也是南北走向的河流。像上面的鄂毕河一样，它的源头也有两个：第一个是大小叶尼塞河，这是源出于东萨彦岭和唐努乌拉山的两条小河，它们汇合后就是叶尼塞河。如果以大小叶尼塞河为叶尼塞河的源头，那么叶尼塞河的长度约为4000千米；第二个源头是，叶尼塞河右岸有一条大支流，叫安加拉河，它位于叶尼塞河右岸，它一直可以延伸到贝加尔湖，过了贝加尔湖，又有一条河，叫色楞格河，它源于蒙古境内，长近1500千米，注入贝加尔湖，如果将它也算作安加拉河的一部分，从而也是叶尼塞河的支流的话，那么叶尼塞河就长达5500千米以上了，也像鄂毕河一样，称得上俄罗斯最长的河流了。

不过我觉得在这里第二个源头不那么合适，因为色楞格河是以贝加尔湖作为终点的，入贝加尔湖后它就结束了，怎么还能把它作为叶尼塞河的起点呢？而且贝加尔湖作为世界上淡水储量最大的湖，有大河注入也是正常不过的事呀。

我们且不管它，反正现在大家还是把大小叶尼塞河作为叶尼塞河的源头。我们且来看这个叶尼塞河。

叶尼塞河的最上游是大小叶尼塞河，基本上位于俄罗斯的图瓦共和国，它们在一个叫克孜勒的地方汇流后，就统一了名称，称为叶尼塞河。一开始，大小叶尼塞河都是东西走向，汇合后不久，便转为南北走向，一直到最后注入北冰洋的叶尼塞湾。其实，我们也可以把叶尼塞湾看作一条宽宽的河道呢——它又长又狭，作为河道虽然有些宽，但作为海湾却又太细长了点儿。

叶尼塞河有大量的支流，左右两岸都有，只是左岸没有大支流，右岸就不同了，有安加拉河、石泉通古斯卡河、下通古斯河等，它们本身就是大河。

叶尼塞河及这些支流加在一起，总流域面积近260万平方千米，大部分位于支流绵长的右岸，这部分的水量也占了叶尼塞河总水量的80%以上。而叶尼塞河呢，就每年的入海水量而言，它是当之无愧的俄罗斯第一，每年平均流量近2万立方米/秒，每年注入北冰洋的水量超过600立方千米，比鄂毕河多1/3，是顿河的20倍。

依河谷地形、河床结构和水文状况，叶尼塞河的上、中、下游是这样划分的：从源头起到一个叫米努辛斯克的地方为上游，这里是左岸支流阿巴坎河的汇合处，长近

500千米。在上游，一开始叶尼塞河是东西流向的，流经之处为宽阔的草原，河床宽300米左右，后来，在大小叶尼塞河汇合后不久，它急转向北流去，在这里它横切一座叫西萨彦岭的小山脉，这里河谷相当窄，水深、流急，多险滩和瀑布。不利于航行，但有丰富的水力资源，已建成一些水电站。

从米努辛斯克以下，到安加拉河入口为中游。中游长近900千米，由于一开始就有左岸的大支流阿巴坎河注入，使河谷展宽至5000米，河床宽500米以上。不久就到了克拉斯诺亚尔斯克大水库，它长近400千米。流出水库后，河床仍宽达800来米，仍多急流与瀑布，这样直到安加拉河入口处。

从这里起，叶尼塞河就到下游了，这也是叶尼塞河中最长的一段，总长超过2000千米，占总流程的一半以上。在这里，叶尼塞河继续接纳了多条大支流，如石泉通古斯卡河、下通古斯卡河、库列伊卡河等，使水量进一步大增，河床更宽达5000米。河谷也增宽到40千米。下通古斯卡河汇入后，河水流速减缓，水流也平稳起来，河床中开始出现许多沙岛，到达河口附近的叶尼塞河三角洲时，叶尼塞河分出许多河汊，河中形成岛屿，河口总宽度达80千米，一望无边。

叶尼塞河深入大陆，其水量之所以如此之大，一方面是因为支流众多，另一方面也是因为沿岸降水不少，而且蒸发小，河水蓄积多。不过这些降水的形式主要并非是降雨而是降雪，它占了全部水源的一半，雨水约占1/3。这样的直接结果就是像鄂毕河一样，叶尼塞河一年也有两次汛期，一次是融雪所致的春汛，另一次是降雨所致的夏汛。由于叶尼塞河是自南向北流，上、下游气候不同，气温升降不一致，结冰和解冻期都不同，春季时南部先解冻，滚滚江水北流，而北部的冰尚未解冻，这样就阻塞了河道，造成中游水位猛涨，泄洪不及，经常导致洪水泛滥。具体而言，每年10月初，叶尼塞河下游河面开始结冰，11月中旬左右时整条河便都冻上了。第二年大约4月份下游才解冻，两个月后全河的冰才基本融化。

以上就是叶尼塞河的基本情况了，讲到叶尼塞河对俄罗斯人的意义，那就同上面的鄂毕河差不多了，无非是：一、资源丰富，叶尼塞河流域有丰富的煤炭、铁、铜和森林渔业资源。二、叶尼塞河是一条重要的航道，可以将货物运到北冰洋，再通向全俄罗斯和全世界。同样由于冰期长的缘故，叶尼塞河的通航期不长，每年4个月左右。三、水力资源丰富。这方面叶尼塞河比鄂毕河都要强，因为它的水量更丰富。

第三大块：中西伯利亚高原　在叶尼塞河之东是俄罗斯地形的第三大块——中西伯利亚高原。

叶尼塞河是一条清楚得令人惊奇的分界线，我们随便打开一张世界地形图，就可以看到，它的左岸与右岸颜色明显不同：一边是蓝色，另一边是橙黄。几乎是跟叶尼塞河亦步亦趋，有趣得很。这片橙黄色的地区就是我们现在要讲的中西伯利亚高原了。

中西伯利亚高原位于俄罗斯北部，西伯利亚中部。它西起叶尼塞河；东至勒拿河；北面差点抵北冰洋——不过还差点，在它与北冰洋之间还有一片海拔很低的地区，称为北西伯利亚低地；南至贝加尔湖及其以西的萨彦岭。就行政区划而言，它基本上属于俄罗斯的克拉斯诺亚尔斯克边疆区、雅库特共和国、伊尔库茨克州三地。

中西伯利亚高原有相当稳固的地质构造，高原下面是海洋沉积层，再下面就是坚固的结晶岩了，平均海拔约600米，间或有一些隆起的台地，总面积约150万平方千米，比前面的两部分都小些。

中西伯利亚高原河流众多，水资源极其丰富。我们前面说过，叶尼塞河的支流大部分在右岸，这右岸的支流们当然是流在中西伯利亚高原上的，而且许多是大支流，像安加拉河，它们像一张蜘蛛网一样盖满了整个中西伯利亚高原，这里还有世界上最大的淡水湖贝加尔湖，水资源的丰富可想而知。

贝加尔湖是地球上最大的宝库之一　中西伯利亚高原中要特别介绍贝加尔湖。

贝加尔湖的名字大家都听说过，虽然我们现在距它千里之遥，但过去我们的领土曾经直抵它的南岸。那时我们的祖先管它叫北海，西汉时苏武牧羊之地。苏武在这里羁留19年，杖汉节牧羊，节旄尽落。《汉书·卷五十四》中说：“孔子称‘志士仁人，有杀身以成仁，无求生以害仁’，‘使于四方，不辱君命’，苏武有之矣。”

贝加尔湖位于中西伯利亚高原南部，在整个俄罗斯的东南，属于布里亚特共和国和伊尔库茨克州共有。

贝加尔湖的形状有点像一弯新月或者一边括号“）”，南北之间的距离比东西之间的距离要大得多：它南北长超过600千米，东西平均宽不到50千米，总面积超过3万平方千米，比拉多加湖大一半多。

贝加尔湖最大的特点是深，在贝加尔湖，浅的地方也有50米以上，而且这样的地方不到总面积的1/10，其他地方的深度动不动就是上百米几百米，平均水深达730米，最深的地方达1620米，够恐怖吧！这也是世界上所有湖泊之最深点。

贝加尔湖如此之深，面积又大，其蓄水量远远超过世界上任何其他淡水湖，总共达23000立方千米，是拉多加湖的25倍多，是鄱阳湖的750倍以上。占整个俄罗斯淡水储量的4/5，地球表面淡水总量的1/5。科学家们曾做过几个有趣的假设：即使全世界所有主要的大河都向贝加尔湖注水，需要约1年时间才能把它灌满，它现存的湖水可供全世界50亿人饮用半个世纪。

贝加尔湖之所以有这么大的水量，一与它的深度与面积有关，这就像个瓶子一样，如果特高，直径也不小，装的水当然就多些；二与周围有许多河流把水注进来有关，贝加尔湖周围有色楞格河、巴尔古津河、上安加拉河等300多条大小河流注入，周围超过50万平方千米地方都在通过这些支流们往里头注水；三与贝加尔湖只有一个出口也有关。如果来得虽多，但流出同样多，那就像钱赚得多，花得也快一样，是发不了财的。贝加尔湖可不是这样，虽然它的水来得多，出水口却只有一个，就是安加拉河。通过它流出去的虽也不少，然而怎比得上300多条河流同时往湖里注水呢！

贝加尔湖周围群山环绕，尤其是西岸，陡坡众多，有的地方高出湖面2000多米，惊险之状无与伦比，东岸坡度稍微平缓一些。贝加尔湖的湖岸线也相当曲折，总长超过2000千米，有许多的湖湾，例如米津湾、普罗瓦尔湾等，东岸还有一个小半岛，像个疣子一样伸入湖中。湖中共有27个小岛，奥尔洪岛最大，总面积超过700平方千米。

虽然贝加尔湖深处亚欧大陆内部，周围地区气候大陆性很强，但由于它为群山所环绕，冷空气不容易吹进来，加之它巨大的水体简直像大海一样，对于自身及附近地区的气温有强大的调节作用，因此贝加尔湖一带的气温要比周围其他地区温和得多，也好得多：冬天比较温暖，夏天则比较凉爽。最冷的1、2月份平均气温-19℃，七、八月约11℃。也许您觉得这也挺冷的，但想想贝加尔湖是在什么地方吧！例如与它同在西伯利亚的上扬斯克，冬天的平均气温是-40℃，有时会降到-71℃。还有咱们的哈尔滨，纬度比它低，也没有它那么远离海洋，可是冬天的平均气温低于-20℃呢，夏天则超过22℃。

由于这个原因，贝加尔湖的冰期并不很长，约5个月，在这样的地方要算短的了。贝加尔湖的水也比较温暖，最暖和的8月份表面水温达13℃，湖水浅的地方更高达20℃，就是冬天平均温度也高于0℃。

贝加尔湖的水还有一个最大的特点：特别清。

清到什么程度呢？超出你的想象。如果你去过水最清的游泳池，或者去过海南的三亚，那里的海水多么清澈！——然而都无法与贝加尔湖相比。举个例子吧，在贝加尔湖，如果你看到水下有一条鱼儿，它的每一块鳞片都清清楚楚，您可千万别想跳下去把它抓起来或者用鱼叉去叉，因为这条鱼很可能在水下40米深处或者更深处。

我不由记起了柳宗元在《小石潭记》中的句子，他描绘小石潭水之清："潭中鱼可百许头，皆若空游无所依。日光下澈，影布石上，佁然不动，俶尔远逝，往来翕忽，似与游者相乐。"

那小石潭的水顶多也就几米深，贝加尔湖的水却在40米深处仍有这个效果！

贝加尔湖的好处数不胜数，这里且不一一说下去了，我们要说的它最后一个了不起的好处是：贝加尔湖有着极其丰富的生物资源。

贝加尔湖湖内约有600多种植物和1200多种动物，品种之多是世界任何其他湖泊无法比拟的。更令人不可思议的是，这许多的品种之中竟然有3/4是贝加尔湖所特有的！也就是说在贝加尔湖里，约有450种植物、900种动物是全世界独有的。

还有，这些动植物不但为贝加尔湖所特有，它们自身还特有意思，特好玩。例如，贝加尔湖里有许多的动植物，它们在其他地方是生活在海里的，是地道的海生动物，然而在贝加尔湖这个地地道道的淡水湖里却游动着它们的倩影；贝加尔湖底有高达15米的有如森林的海绵，奇形怪状的龙虾就藏在这森林里；最有意思的是海豹，我们知道，海豹是生活在海里的，可是在贝加尔湖里却有许多的所谓“淡水海豹”，在淡水里嬉戏打闹，舒服得很。要是别的海豹搁在这地方早死啦；在贝加尔湖里还有一种奇特的鱼，叫胎生贝湖鱼。众所周知，鱼是卵生动物，可这种鱼却是胎生的，母鱼生小鱼就像母猫生小猫一样，直接从母鱼身体里生出来。

贝加尔湖周围的风光也很美，不过我们不说了，您自己去看吧，反正不是很远。

第四大块：东部山地　　不像别的三大块地理与地形上有个统一的名称，俄罗斯地形的这第四大块虽然面积同样广大，然而并没有一个统一的名字，而只是一大片有着共同特征的地区。

这个共同的特征就是：与俄罗斯其他大区相比，这片广大的地区有许多山脉，地势也比较高，比其他三大片地区都高，有时便统称它为东部山地或者东西伯利亚山及远东山地。

这些山有许多条，主要有：基本上与勒拿河平行的南北走向的上扬斯克山脉；再往东有西北—东南走向的切尔斯基山脉；再往东有东北—西南走向的科雷马山脉；堪察加半岛上有它那脊梁骨一样的中部山脉；往南，在中国之北有斯塔诺夫山脉；从中国的东北方向过去，沿着大海有锡霍特山脉。此外还有几个小高原，例如斯塔诺夫山脉之西的斯塔诺夫高原，等等。

这斯塔诺夫山脉又有一个名字叫外兴安岭，很熟悉吧！它曾经有一半是中国的，曾经，不过百余年之前，它之南、之东广大地区的上百万平方千米的地方都属中国所有，它现在还是一座森林茂密、资源丰富的宝山。

以上这些山脉就构成了俄罗斯东西伯利亚及远东山地，这一片地区西起勒拿河，东到白令海峡、北自北冰洋、南到中国边境，面积比其他三大块都要大。这些山脉与高原之类没有哪个是十分有名的，整体也不是一个统一的地形区，不大好统一做介绍。我只就它们的几个共同点说一下：一、这片地区的海拔并不是很高，大都是海拔1到2千米左右的中山，但整体上却是俄罗斯海拔最高的地方。二、像其他三个地区一样，这也是一片物产丰富的地区，有着十分丰富的森林与矿产资源。三、这个大区三面环海：北有北冰洋、东有白令海峡、南有太平洋，像从亚欧大陆往东北方向伸出去的一个巨大的半岛。不过，由于这些海洋不在西部，没有什么暖湿气流之类往大陆吹进来，因此它们对东部山地的气候影响不大，这里依然是俄罗斯气候大陆性最强的地方。

以上就是东部山地的大体情况了，下面我们挑这大块中的一样东西来介绍一下，这就是一条河——勒拿河。

勒拿河是俄罗斯第一长河　勒拿河位于中西伯利亚高原与东部山地之间，俄罗斯的中北部，是我们要介绍的俄罗斯最后一条大河。

勒拿河常被称为俄罗斯最长的河流，说实在的，它拥有这样的头衔堪称侥幸，其原因上面已经说过，是因为鄂毕河最长的支流没有被按常规当成它的干流发源地，因此这个位子便由勒拿河来坐了。

勒拿河称得上是根正苗红的俄罗斯河流：它的每一寸都属于俄罗斯，也难怪俄罗斯要把它册封为俄罗斯最长的河流了。它源于贝加尔湖之西的贝加尔山西坡一个不起眼的小湖，这里属于伊尔库茨克州，它先弯弯曲曲地往北流，然后转向东北，一路流进了雅库特共和国，此后除了几条支流有一小段在西边的克拉斯诺亚尔斯克边疆区外，全部属于雅库特共和国了。在这里它后来转了一个弯，先朝西北，接着往北流去，一直流进了北冰洋。

这一路流去，勒拿河共4400千米，流域面积约250万平方千米。

勒拿河有许多支流，例如左岸有维柳伊河、穆纳河等，右岸有基廉加河、维季姆河、奥廖克马河、阿尔丹河等。总的来说左岸的支流比右岸的流量小，数量也少。

勒拿河的特色之一是它的上中下游三段长度都差不多，都是1500千米左右。

它的河源段称“大勒拿河”，从源头至维季姆河入口处为上游，这时勒拿河流经的地方是山地与高原，一路有许多幽深的峡谷，两岸悬崖壁立，水流湍急，是典型的山区河流，这一段的主要支流是右岸的基廉加河。

从维季姆河河口到阿尔丹河河口处是勒拿河的中游，这一段先流经了一片比较平坦的森林和沼泽地带，有许多小湖，流得也比较平稳，又接纳了许多条支流，使河水大增，尤其在奥廖克马河注入后，使河床宽达2000米，河谷更宽达30千米。到了后一段，河水又流到了高原与山谷，它从这些地方奔腾而过，一路高歌跳跃，两岸时有陡崖如削，风光迷人，是旅游的好去处。

过了阿尔丹河河口以后就到了下游，这时它流经地区的海拔一下子降了下来，这就是雅库特低地。这时的勒拿河仿佛不是一条在西伯利亚东部山地中奔流的山区之河，而是像鄂毕河一样在平原旷野之中漫游的平原型河流了呢，它水流平缓，河水往两边漫流过去，形成宽达15千米的河滩，河谷宽20千米以上。阿尔丹的流入一下子大增了它的流量，阿尔丹河很大，提供的水量占整个勒拿河水量的1/3以上，两岸小湖和沼泽密布。

离开雅库特低地后，河谷和河道又窄了，只是这时的勒拿河漫长的旅程已经快到了尽头，不久它就胜利地归入了北冰洋。

虽然勒拿河侥幸当了俄罗斯最长的河流，然而若讲水量——它每年入海的水量近500立方千米，就怎么也比不过叶尼塞河了。由于它的河水中含有相当多的泥沙等沉积物，经年累月，在入海处形成了俄罗斯最大的河口三角洲，面积超过3万平方千米。勒拿河入海时就在这个三角洲上分出大量的河汊和细流，多达100余条。

勒拿河的河水补给以冰雪融水为主，雨水也很重要，像其他大河一样有春汛和夏汛，尤其是夏天流量最大，并且有时形成大洪水，冬季水位最低，流量很小。

由于比前面的大河更远离有暖湿气流吹过来的西方，勒拿河的结冰期也更长，从9月底10月初就开始结冰，一直要到来年5月中旬到6月初才能融解，这样，勒拿河一年中约有8个多月河面是硬邦邦的。

关于勒拿河对于俄罗斯人的好处，我这里就不说了，同上面几条河大同小异，无非是森林、矿产、水力、鱼类等资源丰富而已。“资源丰富”四个字搁在别的国家身上也许是一件令人欣喜的事，但对于俄罗斯人呢，就像一百块钱对于一个百万富翁，实在是很平常的事。

以上就是俄罗斯的山水了，它已经耗费了近3万字的篇幅，可是我仍觉得太短，要说的东西还有很多：我想说说庞大的新地岛，它长达上千千米，上面有无数次核爆炸留下的累累古怪伤痕；还有库页岛，它也长近千千米，面积近8万平方千米，本来是我们的土地。等等这些，我在这里都不能一一说下去了，连俄罗斯的地形我也并没有说全，上述四大块虽然包括绝大部分俄罗斯土地，然而俄罗斯实在太广袤，难免有漏网之鱼，例如在西西伯利亚平原和中西伯利亚高原之南还有一片并不属于它们的地方，那是一大片不属于上述四大块的独立山地，以东、西萨彦岭为中心，西起阿尔泰山，东到贝加尔湖。

大陆性极强，这是俄罗斯气候最主要的特点　俄罗斯的土地如此广阔无边，复杂多样，它的气候类型当然也如此，不过也像俄罗斯的土地一样，虽然复杂，然而也有一些共同特点，讲起来并不是很难呢。

俄罗斯整体的气候特征可以一言以括之——大陆性气候极强，这是俄罗斯气候最主要的特点。

当我们讲法国与德国时就说，到了它们领土的东边，气候的海洋性就减弱了，而大陆性增强，到了法德东部就是温带大陆性气候了。现在的俄罗斯，它的领土远在德国与法国之东，当然更少海洋性了，事实上，全俄罗斯没有1平方千米地方是海洋性气候，却有广大的地区是大陆性气候，占了俄罗斯土地的一大半。

我们且来具体地看看吧：首先，在俄罗斯的欧洲部分，西起波罗的海，东至乌拉尔山都是温带大陆性气候，不过，东西之间北未到北冰洋，南也未到俄罗斯的南部边境，它的面积大约只占了俄罗斯欧洲部分的一半。

在俄罗斯的亚洲部分，过了乌拉尔山就是温带大陆性气候，这里的气候比较干旱，所以叫温带大陆性半干旱气候，它是南北不宽，但东西却很长的一条，像根带子，是名副其实的“气候带”呢，这个“气候带”往东一直要延伸到咱们的北京正北的俄罗斯地方。这条带子的北面也是大陆性气候，由于它太靠北，已经近北极圈了，不再是“温带”，而是“亚寒带”了，所以叫亚寒带大陆性气候。这两个大陆性气候地区加起来占了俄罗斯亚洲部分的至少2/3。这样把欧亚两部分加起来就可以看出，大陆性气候地区占了俄罗斯全部土地的一半以上。

而且，我们为什么不说俄罗斯大陆性气候强，而说极强呢？这是有道理的。我们知道，欧亚大陆越往东，大陆性气候就越强，也就是说，虽然德国和法国的东部也是大陆性气候，然而它们的大陆性远没有俄罗斯大陆性气候的大陆性强。

这主要表现在两个方面：一是俄罗斯这里的冬夏温差更大。我们知道，所谓海洋性气候就是说气候受海洋影响大，这海洋如何影响大陆呢？当然就是凭它那无边的大水，由于岩石和土壤的比热容小于水体的比热容。具体地说，把同样的热量给水和岩石，如果岩石的温度升高了5℃，水只会升高1℃，夏天时，那些越靠近海洋的地方，就有越多的热量被比热容高的海水吸收，它自己的温度自然就会相应地低下来。反之，到了冬天，海水降温同样慢，这样，越靠近海洋的地方，冬天也就会越温暖了。这样冬夏之间温差自然就小。受海洋影响小的大陆性气候则相反：夏天，太阳一晒，气温马上剧升；天气一冷，气温马上剧降。冬夏之间温差自然就大了。现在俄罗斯距大海——具体而言，距大西洋——如此之远，那冬夏气温的差距自然就更大了。

二是降水更少。这道理也容易明白。我们知道，温带大陆性气候的降水主要来自从大西洋上空吹来的湿润空气，那距海越远的地方，降水自然就越少。不过，这并不能一概而论，因为雨不但同距大陆远近有关，还同许多其他因素，特别是与山脉有关：往往是，哪怕是距大陆远，山脉迎风坡的地方降水也不会少，而背风坡呢，距海洋近都会少。普遍而言，俄罗斯广大温带大陆性气候地区降水都比较少，而且越往东的地方就越少。

这样造成俄罗斯这一片广大地区的气候特点就是：就气温而言，这里夏天气温普遍较热，冬天却特别冷，冬夏温差极大。越往东的地方，冬天气温就越低。其中西伯利亚东部内陆是世界上极酷寒的地方，我们前面提到过这里的上扬斯克，它的冬天平均气温是-40℃。

降水则是，在俄罗斯的欧洲地区，由于距大西洋还不算太远，因此降水尚算可以，虽然谈不上很多，但可以满足各种需要，到了西伯利亚，降水就要少一些，而且越往东降水越少。不过，由于整个俄罗斯都是地广人稀，那些降水摊到每个人头上，还是多得用不完。

除前面的几种大陆性气候外，俄罗斯广大的领土上还有许多其他气候类型，归结起来主要有三类：

一类是从大陆性气候再往北的地方，这些地方有两类，一类在俄罗斯的欧洲部分，从温带大陆性气候往北的地方，属于亚寒带气候，具体而言是亚寒带针叶林气候，因为这些地方都覆盖着茂密的针叶林。这一块其实也是大陆性气候。

第二类是从亚寒带再往北的地方，以及亚洲部分从亚寒带大陆性气候往东的俄罗斯最东部一带，这些地方属极地气候。在欧洲部分叫极地苔原气候，在亚洲部分是极地长寒气候，这里有一个地方叫奥伊米亚康，气温有时竟在-70℃以下，是世界上最寒冷的永久居住地之一。这些地方大都位于北极圈之内，天气极其严寒，一年四季基本上是冰天雪地，虽有夏天，但极其短暂，让人还来不及感觉就匆匆离去，而且那时的平均气温也只是稍微在0℃以上。

第三类则是温带季风气候。这个气候带的面积不大，主要位于亚洲部分的东南部，靠近中国东北三省北方一带地区，包括库页岛在内。中国的东北三省和北京都是这个气候类型。这一带夏天由于受到来自太平洋的季风影响，既热又湿，降水也较多，冬天则受大陆气流影响，干燥而寒冷。

这个部分也可以并入第一类大陆性气候，因为这个温带季风气候中间可以加个词，称为“温带大陆性季风气候”。更进一步地，除了极地气候与高山气候外，这些类型统统可以归属为与海洋性气候相对的大陆性气候。不过为了更清楚地分析俄罗斯的气候类型，我们不这样说罢了。

第四类是温带半干旱和干旱气候。在俄罗斯的欧洲部分，温带大陆性气候区之南，这里也属温带，也处于大陆内部，但由于西面的阿尔卑斯山和喀尔巴阡山等的阻隔，大西洋上的湿润空气更难进入，因此降水稀少，属半干旱气候，更往西，到了里海西北沿岸，由于这里地势非常低，在海平面以下，连前面的温带半干旱气候区由于海拔比它高，也成了阻隔湿润空气的“高山”了，因此，这时的降水更少，气候十分干旱，成了沙漠。属温带干旱气候。其面积十分小，只是俄罗斯一个面积只有4万多平方千米的小州的一小块地方而已，我看面积也就1万多平方千米——这是俄罗斯1700多万平方千米国土上唯一的沙漠。

此外，俄罗斯还有小片地方，例如贝加尔湖西部的东萨彦岭一带，是高山气候。

以上就是俄罗斯主要的气候特色了，现在可以做这样的总结，俄罗斯主要的气候特征有两个：一、大陆性气候极强，许多地方冬天冷得要命。二、气候复杂多样，有气候类型上10种。

至此，俄罗斯的山水气侯都讲完了，俄罗斯的自然地理也就告一段落，关于我说过的这些您有些什么印象呢?

就我自己而言，我的感觉是这样的：俄罗斯的山水是上帝赐予俄罗斯人无比珍贵的礼物——如此辽阔无垠的土地，这土地上拥有着如此丰饶的物产，真令人羡慕啊!

第二十六章　人文俄罗斯

关于俄罗斯人，它有两个特别：一是“杂”，这当然不是骂人的话，而是说这个民族身上存在着的强烈的多元性。二是“天生大肚汉”，自从诞生之日起，俄罗斯就是一个老饕，把周围的一切往口里塞。它的肚子里不断地吃下各式各样的民族、土地、文化和宗教。民族有斯拉夫人、日耳曼人、阿拉伯人、蒙古人、哈萨克人等数以百计，这样的结果是，即使过去的俄罗斯帝国和苏联都已经分崩离析，然而这个仅存的俄罗斯联邦，它的土地与人民都已经较过去小了、少了很多，但仍然是世界上最大的国家，也是民族非常复杂多样的国家。

这个国家诚然复杂，然而俄罗斯人从来是国家的主人，是俄罗斯文化的唯一代表，无论从政治、经济、文化甚至历史，俄罗斯人都是俄罗斯的主体，这是确定无疑的事实。

然而，其他民族毕竟存在着，在俄罗斯有着自己独特的地位、独特的语言、独特的历史与文化，甚至自己的自治区——共和国。我现在就把俄罗斯这大量的少数民族挑些说说。

俄罗斯的民族、语言与宗教都可以用两个字来概括：复杂　俄罗斯现在约有60余个少数民族，其中25个在俄罗斯有自己的自治区，称为共和国或自治区、自治专区，其他的则混居在各个民族之中。

这些少数民族并非彼此互不相干，相反，在许多民族之间有着密切的联系，从历史的、语言的、到文化的联系。根据这些内在的联系，俄罗斯诸少数民族可以被分成五个民族群。

第一个族群是斯拉夫人。斯拉夫人分成好几支，分别叫作西斯拉夫人、东斯拉夫人和南斯拉夫人。

西斯拉夫人后来变成了今天的捷克人、斯洛伐克人和波兰人，他们后来接受了西方人的思想，包括天主教、拉丁文等，成了地道的欧洲人；南斯拉夫人则包括今天的克罗地亚人、斯洛文尼亚人、塞尔维亚人和保加利亚人，这些人中克罗地亚人和斯洛文尼亚人像西斯拉夫人一样，接受了天主教和拉丁文等，塞尔维亚人和保加利亚人却受了东方拜占庭帝国的影响，信仰了东正教；东斯拉夫人就是今天的俄罗斯人了，俄罗斯人有三支，分别叫作小俄罗斯人——也就是今天的乌克兰人，白俄罗斯人——现在还是这个称呼，最后一支就是我们现在要说的俄罗斯的俄罗斯人。

这些斯拉夫人中在俄罗斯比较多的非俄罗斯人是白俄罗斯人和乌克兰人，其中乌克兰人和白俄罗斯人是俄罗斯较大的两个少数民族，都在百万人以上。

这两个民族主要分布在乌克兰和白俄罗斯两个国家与俄罗斯接壤的地区。

第二个族群是阿尔泰人。这些人主要指说阿尔泰语系诸语言的民族，主要有两个比较大的民族，布里亚特蒙古人和鞑靼人，这两个民族其实有相同的历史渊源：都是蒙古人。鞑靼人是蒙古人西迁到俄罗斯后产生的一个民族。在中国元明时期，鞑靼人就是蒙古人的另称。鞑靼人主要生活在伏尔加河畔的鞑靼斯坦共和国，也许是俄罗斯最大的少数民族，人口在600万以上。布里亚特蒙古人有几十万，在俄罗斯几十个少数民族中人数算是中等，主要生活在与蒙古毗邻的布里亚特共和国。两个蒙古民族分别讲鞑靼语和布里亚特蒙古语。

第三个族群是乌拉尔人，指讲乌拉尔语系诸语言的少数民族，这个语系有十多种语言，但其总人口不过2000多万，人数最多的是芬兰人，不在俄罗斯。在俄罗斯的是生活在西起乌拉尔山、东到叶尼塞河之间广大地区的一些少数民族，例如生活在阿尔汉格尔斯克的涅涅茨自治区的涅涅茨人。这些民族加起来也不过两三万人。

第四个族群是高加索人。这个族群自然主要指生活在高加索山周围的人，在俄罗斯是生活在北高加索属于俄罗斯领土上的高加索人。我们说过，高加索号称“语言之山”，这里地盘不大、人口也不多，然而那语言与民族却多得很，简直不成比例。现在生活在俄罗斯的高加索人有阿布哈兹人、车臣人、印古什人等，分别讲阿布哈兹语、车臣语、印古什语，这些民族人也不多，一般也就几万或者几十万，车臣人和印古什人有自己的自治区即车臣共和国和印古什共和国。

第五个族群是所谓的古西伯利亚诸族。前面的几个族群是一些有共同民族与语言特征的族群，这个古西伯利亚诸族之间却并没有什么关系，而是根据地域来划分的，即指生活在西伯利亚最东部地区的一些古老的民族。他们很早以前就生活在西伯利亚最东部一带，讲着他们古老的语言，即古西伯利亚诸语言，他们的人数十分少，例如凯特人，据说是古代匈奴人残存的后裔，只有1000人左右；科尔巴多尔群岛上的阿留申人只有500多，是俄罗斯人口最少的少数民族之一；生活在楚科奇自治专区的楚科奇人有一万左右，算是这里的大民族。

除了这些自古以来就生活在俄罗斯的少数民族外，俄罗斯还有许多别的民族，例如德意志人、波兰人、犹太人等，人数还不少，遍布俄罗斯各地。例如西伯利亚就有相当多的德意志人和犹太人。在与中国东北紧邻的地方有一个犹太自治州，里面生活着上10万的犹太人。

所有这些民族基本上是依其语言来划分的，是什么民族就讲什么语言，例如俄罗斯人讲俄语、车臣人讲车臣语、哈萨克人讲哈萨克语。

俄罗斯的宗教信仰同样复杂，全世界几大宗教都可以在这里找到它的信仰者。俄罗斯人信仰的是基督教中的希腊正教，即东正教，白俄罗斯人和乌克兰人也是；高加索山周围的许多民族，如车臣人、印古什人、阿布哈兹人等，信仰的是伊斯兰教；布里亚特蒙古人信仰的是佛教中的喇嘛教；犹太人信的是他们的犹太教。除了这些正式的宗教外，俄罗斯还有一些信仰尚未达到宗教的成熟形态，或者说是一种原始的宗教，如讲古西伯利亚语的这些古老民族，他们信仰的是他们自己的原始宗教，例如萨满教等。

俄罗斯可怕的三大人口问题　讲完俄罗斯的民族、语言与宗教之后，我们来讲讲俄罗斯的人口。

精确地说，这里应该说是“俄罗斯的人口问题”，因为俄罗斯在人口方面面临着三个相当突出的问题：

第一个问题是人口分布不均。俄罗斯的城市人口约占全国总人口的七成多，农村人口近三成，这种比例算不上不均。说俄罗斯人口分布不均主要是指地区分布不均、不同地区之间人口密度差别太大。例如俄罗斯的欧洲部分只占其全部土地的1/4左右，却生活着俄罗斯绝大部分人口，亚洲部分虽然面积广大，人口却十分稀少，平均每平方千米不到4人，大片地区每平方千米只有或不到1人，人口最稀少的地区是北冰洋沿岸的寒冷地带，平均每10平方千米才有1个人。

俄罗斯历届政府，包括从前的俄罗斯帝国和苏联政府，都把这当作一个主要问题，因为俄罗斯的亚洲部分资源极其丰富，被认为是俄罗斯的未来所在，因此历届政府都倾力鼓励，甚至强迫人民移居西伯利亚。帝俄时代是把罪犯们送去，苏联时期甚至把有的民族成千上万乃至整族地迁往西伯利亚，例如德意志人、犹太人等，用这样的手段来解决人口地区分配不均的问题。这种野蛮的方式当然不行，是不可能长久解决问题的，因为只要有机会，这些被迫迁出去的人就会回到老家去，西伯利亚还是人烟稀少。

第二个问题是男女比例失调。这在俄罗斯是个老问题了。它始于第二次世界大战期间，那时战死的苏联人达2000万之众，基本上是青壮年男子，从此苏联的男女比例就开始失调，1957年时达83：100。但这种失调并没有随着战争的过去而消失，俄罗斯人好像从那以后就特喜欢生女孩，到1985年时，男女在总人口中所占的比例为47：53，也就是说每百人中女人比男人多6个，特别是30～40岁的未婚当婚男女中，女性比男性竟多了30%。大量姑娘找不到丈夫，造成了严重的社会问题。

据说，为了解决这个问题，那位日里诺夫斯基——俄罗斯著名的右翼政客、民族主义者、国家杜马成员，竟然提出要在俄罗斯实行一夫多妻制，一方面让所有的姑娘都能找到丈夫，另一方面又能把她们留在国内。因为，现在有大量的俄罗斯姑娘为了成家，嫁到国外去了，使俄罗斯本来就十分紧张的第三个人口问题——人口数量问题——雪上加霜。

俄罗斯人口的第三个问题，也是最严重的问题，就是人口数量的急剧下降。

例如2001年2月，俄罗斯政府公布的一份报告指出，自1994年以来，俄罗斯人口逐年递减、且递减速度惊人，已对其经济和社会发展产生了严重影响。俄罗斯人口专家指出，俄国人口锐减同西方国家的人口增长率下降有本质的区别：欧洲国家的出生率虽然在下降，但人口的平均寿命却在提高。而俄罗斯不仅出生率骤减，人口的平均寿命也在下降，即低出生率和高死亡率并存。

据俄罗斯有关部门统计，仅仅从1993年到2000年，俄罗斯人口就减少了约300万，2000年俄罗斯人口约1.45亿，而1993年时为1.48亿。而且人口下降速度有进一步加剧的趋势，仅2000年俄罗斯人口下降了0.5个百分点以上，即净减少了约77万人。据俄罗斯国家统计委员会的数据预测，以后将继续持续减少。

所以，俄罗斯总统普京在一份国情咨文中称，俄国人口数量的下降业已威胁到了国家安全。莫斯科大学教授、著名人口学家鲍里斯·谢尔盖耶维奇·霍列夫断言，如果俄罗斯人口出生率越来越低的问题得不到重视，俄罗斯民族将有一天从地球上消失。他说：“1999年，俄罗斯出生人口只有121.58万人，但死亡人口却高达214.03万。如果照这样继续下去，俄罗斯民族将从地球上消失，整个俄罗斯民族将变成坟墓。”

这不是危言耸听，而是他根据多年来俄罗斯的人口状况所提出的最现实的警告。这位教授一针见血地指出：“目前俄罗斯人口的出生率在全世界是最低的，而死亡率大大高于出生率，这是人口退化，已是俄罗斯面临的头号问题。”为了烘托这一问题的严重性，发表有关文章的俄罗斯《共青团真理报》在全文刊登这篇访问记的同时，还特别配发了十字架的照片。

造成俄罗斯今日这种结果的原因是多方面的。

第一个原因是经济恶化的结果。自从苏联崩溃以来，俄罗斯经济每况愈下，一度全国有1/4人口处在贫困线以下。人们都在为了生计而奔波，养活自己都困难，哪还能生孩子呢？许多年轻人就是结了婚也不想要孩子。俄罗斯有关统计表明，在俄罗斯的育龄妇女中，近1/4的人不打算要孩子，3/4的人不打算要第二个孩子，至于想生第三个孩子的更是少之又少。

同样由于经济凋敝，需要巨额开支的医疗保健措施就跟不上，这在俄罗斯已经造成了严重的后果：

一是婴儿和产妇的死亡率居高不下。俄罗斯每10万分娩人口中有超过50名孕产妇死亡，比发达国家高5～10倍，俄罗斯的婴儿死亡率也比发达国家高2～4倍。

二是人口寿命下降。现在俄罗斯居民的预期寿命约67岁，其中男性预期寿命仅为61岁，女性为73岁。这使俄罗斯不像是第一或第二世界国家，而像第三世界国家，甚至比许多第三世界国家都要低。

第三个结果是最直接的结果：由于国家没有钱，不能为患病的俄罗斯人提供妥善的医疗，使之过早去世，这是俄罗斯人均寿命偏低的直接原因。例如肺结核这种病，只要有足够好的医疗条件，是可以治愈的，然而在俄罗斯这却是一种致命的疾病。此外，梅毒和AIDS这类疾病也正日益成为俄罗斯人可怕的杀手。

这里要说明的是，尽管国家如此困难，但俄罗斯政府还是为所有民众提供免费医疗，就像英国、德国政府所做的一样。不过他们能力有限，不可能为民众提供西欧富裕国家那么好的医疗罢了。

造成人口剧烈下降的第二个原因是人口外流严重。这个原因既同前面讲过的俄罗斯男女比例失调有关，也同刚讲过的经济困顿有关：因为大量姑娘在本国找不到对象，只得嫁到国外去，同时，即使找得到对象的漂亮姑娘，谁不想过好日子？既然在俄罗斯过不上好日子，那就赶快去外国吧，嫁人也行，干别的也行。于是，即使在中国这样严格控制外国人打工的国家，也出现了不少俄罗斯女子，西欧、美国等就更不用说了。

俄罗斯第二种外流最严重的人是科学家与工程师。现在俄罗斯的科学家与工程师的状况之惨堪称触目惊心。像俄罗斯总统普京所说的一样："俄罗斯科学家的收入实在太低，令我羞于启齿。"一度俄罗斯的教授级科学家收入大都在每个月50美元左右，约合人民币400元多一点，其他地位没这么高的科研工作者就更惨了，像一般的在读博士生每个月只有10多美元，着实可怜。

这样的结果是，每年数以千计的俄罗斯科学家被迫移居国外，这所造成的可不只是人口数量的减少，而是整个民族素质的严重下降。

造成俄罗斯人口下降的第三个原因是不良的生活习惯，特别是酗酒。我们知道，俄罗斯人爱喝酒，而且是烈性的伏特加酒，大多数人不是"喝酒"而是"酗酒"。在俄罗斯的大街上，一个个醉汉东倒西歪已经成为一景，酗酒导致酒精中毒，加上医疗条件不好，致使很多人英年早逝。

正是以上种种原因导致了俄罗斯人口数量的严重下降。

上面叙说了俄罗斯人口面临的三大问题：人口地区分布极为不均、男女比例严重失调、人口数量急剧下降。如果俄罗斯不解决好这些问题，那么，可以想象俄罗斯民族在未来的岁月里面临的将是一场灾难。

经济问题是俄罗斯一切问题的根本　谈完俄罗斯的人口问题，我们要谈俄罗斯的经济了。与人口一样，这也是一个大问题，甚至是一个比人口问题更为根本的问题，是俄罗斯一切问题的根本。

我们知道，苏联曾经是世界第二经济大国，然而，在它发达的外表之下早就隐藏着深刻的危机：由于苏联所谓的社会主义经济实际上是完全的政府垄断经济，几乎是百分之百的计划经济，而当时的政府在进行经济计划时的出发点完全是为了苏联在世界上称霸，因此将称霸所需要的经济部门当成经济的唯一核心，至于能够改善人民生活的经济各部门则根本不予重视。于是就出现了这样的情况：苏联的经济虽然强大，然而这些强大的只是重工业，苏联能造出最好的坦克、战斗机、大炮，能造出原子弹、氢弹、导弹、卫星，却造不出一台好电视机、冰箱，甚至织不出一米好布，此外，虽然苏联有着世界上最为广大的可耕地，却养不活自己为数并不庞大的人民。

这与我们中国现行的经济政策可以说截然相反，我们的政府重视人民的生活，把是否有利于生产力与人民生活水平的提高看成是一切工作的核心。

一者是以领导个人和民族扩张的野心作为主要的国家目标，而另一者则以广大人民的福祉为主要的国家目标，这也许就是苏联的社会主义与中国的社会主义之间的本质区别，也是一者被本国人民毫不留情地抛入历史的垃圾堆而另一者依然坚如磐石的根本原因吧！

这样的弊端一直存在且积累着。20世纪80年代后，虽然苏联仍然是经济大国，然而那弊端终于爆发出来了，主要表现是人民日益不满，因为他们辛勤劳动，得到的却是既不能吃，也不能穿的飞机大炮，他们吃不好，穿不好，而政府独裁专断，罔顾人民的福祉与呼声，加上西方国家在背后乘机煽风点火、落井下石，终于酿成了无法挽回的结果——苏联崩溃了。

现在的俄罗斯正是在苏联的崩溃声中登上历史舞台的。登上这个舞台之后，俄罗斯的政治变成了西方式的民主制度，然而这个制度却并没能改变俄罗斯的经济，相反，经过所谓“休克疗法”，从公有制经济变为私有制经济的俄罗斯经济一溃千里。

可以这样说，在许多方面，如今的俄罗斯经济都比昔日的苏联还要落后，人民的生活更是一落千丈，甚至逊于苏联时期。更让人民不满的俄罗斯经济的另一个坏现象是：虽然绝大多数俄罗斯人生活水平大大下降，然而极少数人却乘机大发国难财。俄罗斯的现实是：一方面，大量人口生活在贫困线下；另一方面，俄罗斯却出现了许多新贵，他们花起钱来比欧美的亿万富翁还要大方得多，极度奢侈，一掷千金，一派暴发户模样。当然，在政府的努力下，这些现象已经得到了不小的改善，但未来的路还很长。

这就是俄罗斯总的经济形势，下面我们来看看它具体的经济部门吧。

对于俄罗斯的经济，第一个要提出来说的是与俄罗斯极其丰富的资源相关的各工业部门。

首先是矿业。我们知道，俄罗斯拥有全世界其他国家无与伦比的矿产资源。石油、天然气、铜、铁、铜、铅、锌、镍、铝、锡等都居于世界最高之列，非金属矿藏也极为丰富，石棉、石墨、云母、菱镁矿、刚玉、冰晶石、宝石、金刚石的储量及产量都很大。可以这样说，世界上几乎没有哪种矿产资源俄罗斯不丰富。因此，俄罗斯的矿业一直发达，钢铁、石油、天然气，加上上面各种有色金属及非金属的产量均居世界前列。

矿业的发达为俄罗斯的重工业带来了充足的原料，加上苏联时期已有的雄厚的重工业基础，使现在俄罗斯仍然有发达的重工业。

俄罗斯也有极为丰富的森林、渔业资源，因此，它的森林工业和渔业相当发达，每年生产大量木材，鱼的捕获量也很大，俄罗斯的捕鱼船队不但在辽阔的领土周围的大西洋、太平洋和北冰洋沿岸捕鱼，还远涉重洋，到全世界的公海上从事捕捞作业。

然而，即使这些主要依赖天然资源的行业和重工业，自从苏联崩溃后也是每况愈下。例如钢铁、各种有色金属与非金属的产量，现在的俄罗斯还远不及苏联时期，石油、天然气等由于出口量大，要好些。至于木材工业和渔业等，下降幅度更大。

现在俄罗斯真正具有国际竞争力的产品只有一种——武器。俄罗斯每年出口的商品中，除了前面的那些石油、天然气、有色金属等原材料，可以说就是武器了。作为世界上仅次于美国的第二大军火出口国，俄罗斯每年都要输出大量的先进武器，例如战斗机、坦克、导弹以及各种轻武器。

工业如此，农业也是如此。苏联的农业本来就是个大问题，到了俄罗斯，农业生产更是每况愈下。俄罗斯的粮食生产呈现两大特点：一是比苏联下降的幅度更大，各种农产品都是如此；二是年波动幅度很大，如果哪年风调雨顺，那么产量就高些，否则产量就会直线下降，一副靠天吃饭的样子。例如1998年俄罗斯的粮食总产量大约为4500万吨，比1997年的8000万吨下降了近一半，仅仅是1990年产量的40%，甚至比1913年的产量还要低。

这样的结果是，作为拥有世界上最多可耕地的国家，俄罗斯的农产品却不能自给。

俄罗斯的交通比较发达。它拥有世界上最长的铁路网之一，其西伯利亚大铁路从莫斯科一直延伸到太平洋沿岸的符拉迪沃斯托克，是世界上最长的铁路，长达1万千米。现在俄罗斯的货运量大约九成由铁路来承担。

也许由于自然条件的关系——在俄罗斯经常泥泞不堪的土地上修建公路是一件十分困难的事，保养更难，因此俄罗斯的公路交通一向不发达，只在几大主要城市之间有一些比较好的路段，其货运量只占全国的不到2%，这与主要靠公路运输的英法德等西欧国家迥然不同。

水运方面，由于俄罗斯濒临三大洋，国内河流众多，又修建了许多运河，拥有了通达全国的相当完善的水运网，也由于用它运输成本低廉，对于俄罗斯这样一个幅员辽阔的国家来说特别合适，因此至今还为俄罗斯广泛使用，在交通运输业中占有重要地位。

俄罗斯的空运业也比较发达，它辽阔的幅员使飞机成为客运的首选工具，俄罗斯民航总局就航线数量和飞机架数而言是世界上最大的航空公司之一，然而，如果就安全性以及服务水平而言，俄罗斯的空运是世界上最差的之一。

无论是铁路、公路、水运还是航空，现在的情况都像前面的几个行业一样，相当衰弱，其衰弱的幅度较之前面的工业农业也好不了多少。

最后我们来谈谈俄罗斯的政治制度。

我们知道，苏联是世界上最大的社会主义国家，1991年后，苏联崩溃了。然而，前一种制度被推翻后，俄罗斯人并没有能建立起妥善的替代制度，于是，很快在国家各个权力机关中发生了激烈的权力斗争。权力斗争主要是在作为国家元首的总统叶利钦与副总统、政府总理以及作为立法机构的国家杜马之间展开的。结果我们知道了，叶利钦取得了最后的胜利，此后，他制订了一部新宪法，规定俄罗斯实行总统制，总统拥有广泛的权力：他是国家元首，是军队最高统帅，能自行任命总理、内阁成员和各部门的负责人，虽然名义上要经过国家杜马的批准，然而杜马怎敢不批？因为总统可以推翻国会上院联邦委员会和下院国家杜马的决议，必要时甚至可以解散它们。

从前，执掌国家大权的人都是由苏共高层内部决定的，现在则是由人民来直接选举，人民成了国家的主人，也许这就是今日俄罗斯政治最大的区别吧！

所以，一个国家的政治制度一般而论总是与其国情相符合的，俄罗斯如此，所有国家都是如此。

第二十七章　圣彼得堡

对于俄罗斯人而言，他们有两个首都：一个是莫斯科，另一个是圣彼得堡。

圣彼得堡被称为“北方威尼斯”　1721年时，俄罗斯与瑞典人签订和约，获得了几乎整个波罗的海东岸和芬兰的一部分，彼得大帝终于打通了梦想的通向海洋的窗口。

其实，很早以前，他已经在涅瓦河口获得了一个小出口，并且着手在那里建立一座新城，这就是圣彼得堡的起源。

到1712年时，他决定迁都于此，从此圣彼得堡成了俄罗斯的新都。此后二百年，直到十月革命后新生的苏维埃政权重新将首都定在莫斯科为止，圣彼得堡一直是俄罗斯的首都，是俄罗斯政治、经济与文化的中心。

圣彼得堡位于俄罗斯西北部，波罗的海东北角，是波罗的海之东广大的俄罗斯欧洲部分面向波罗的海的唯一出口。就经纬度而言，圣彼得堡位于东经30° 和北纬60° 的交点附近。

圣彼得堡西边的海区名叫芬兰湾，它是介于北面的芬兰、东面的俄罗斯和南面的爱沙尼亚之间的一个不大的海湾，面积约3万平方千米。芬兰湾东面有涅瓦河注入，涅瓦河东起拉多加湖，西至芬兰湾，是一条很短的河，只有70多千米长，然而它对于俄罗斯的意义却很大，正是通过它，俄罗斯沟通了从波罗的海到拉多加湖到白海至伏尔加河的广大地区，这些地方是俄罗斯的心脏。

圣彼得堡自然地理最大的特点之一是它建立在涅瓦河河口两岸和三角洲的近百个岛屿上，其中较大的岛屿42个，这些岛屿相互之间靠得很近，被超过400座的桥梁连接起来，成为一体。正由于这个特点，有时圣彼得堡被称为“北方威尼斯”。

圣彼得堡的海拔相当低，高的地方也只有3米，因此经常遭受水灾，特别是春秋两季。春天时，圣彼得堡附近地区积雪融化，大量冰雪融水扑来，引起河水上涨，由于圣彼得堡的地势太低，水只要涨上两三米就成灾了。秋天时，强烈的西风将芬兰湾的海水往东吹来，引起海水上涨，又成灾了。严重时这些洪水要把大半个城市都泡到水里。据说，从建城起这样的水灾已经有250多次，几乎年年都有。其中1777年、1824年、

1924年的三次洪水几乎毁了大半座城市。现在沿河两岸已筑起了高且坚的永久性堤坝，使水患大为减少。

圣彼得堡不但包括圣彼得堡市本身，还有一个大圣彼得堡都会区，它是由圣彼得堡市同它的一些卫星城构成的，二者之间关系紧密，有如母子：圣彼得堡是母，卫星城们是子。

这些卫星城主要有：在西边，芬兰湾中最靠近圣彼得堡市的科特林岛，上面有著名的海军要塞喀琅斯塔特；在东边，沿涅瓦河而上，是伊万诺夫斯科耶；在北方，有泽列诺戈尔斯克和许多其他的小城镇，它们要么坐落在美丽的白桦林和针叶林中，要么安卧在清澈的海水与迷人的沙滩边。由于风光秀丽，远在帝国时代就有许多达官贵人在这里修建了豪华的别墅，后来这些别墅成了苏联高官们的消夏之地；在南方这些卫星城就更多了，有罗蒙诺索夫、彼得宫城、普希金等，后面两个是著名的游览胜地。

圣彼得堡市的面积近600平方千米，加上前面的卫星城达1300多平方千米。

白夜　就纬度而言，圣彼得堡已经十分靠北了，距北极圈大约只有7个纬度，比咱们最北的漠河还要高好几个纬度。按理说，它的天气应该十分寒冷了。然而并非如此，事实上，由于西有波罗的海，东有拉多加湖，这些巨大的水体对调节圣彼得堡的气温大有帮助，使它冬天不那么冷，夏天也不那么热。一句话，就其纬度而言，圣彼得堡称得上是个冬暖夏凉、气候宜人的地方。

具体而言，圣彼得堡属于温带大陆性气候，年均气温约4.6℃。冬天1月平均气温约-8℃，这气温比我们纬度低得多的哈尔滨要暖和得多，后者1月份的平均气温在-20℃以下。不过，由于圣彼得堡空气潮湿，因此冷起来相当难受。这里每年中有4个多月下雪，从11月中旬开始结冰，直到来年4月底才全部融化。

夏天是圣彼得堡最好季节，温和而凉爽，7月平均气温约18℃，600毫米的年降水量大部分集中于此。

圣彼得堡还有一个特殊的气候现象——“白夜”。

不知道您读过陀思妥耶夫斯基的小说《白夜》没有，这是陀氏往往充满痛苦的小说中最富浪漫色彩的一部。讲述孤女斯金卡在期盼与她私订终身的房客的四个白夜里和一位梦幻者进行心灵碰撞的故事，小说就发生在圣彼得堡，极为动人。它的最后一句是：

> 我的天哪！整整一分钟的幸福！即便是对于一个人的整个一生来说，难道还算少吗？

我们知道，地球是斜着绕太阳转的，同时又在自转着，因此每到夏天，太阳的北极朝太阳倾斜，这时地球越往北的地方，每天的日照时间就越长，北到一定的程度时，就出现了“白夜”，也就是说，每天24小时中有绝大部分时间是白天。咱们的漠河就有这样的白夜，圣彼得堡比漠河还要靠北好几个纬度，高达北纬60°，那白昼当然就更长了，这就是所谓的白夜。

每年从5月至8月，特别是6月与7月，圣彼得堡都有白夜，这时城中几乎没有黑夜，每天日照近20个小时。世界各地特别是欧洲国家的游客们蜂拥而来欣赏这奇妙的景致，顺便参加圣彼得堡的音乐节——聪明的圣彼得堡人每年都要在这个时期举行盛大的音乐节，好吸引更多的游客前来。游客们漫步在静静的涅瓦河畔，遥望着茫茫天际中五彩缤纷的北极光，沉醉在如梦如幻的独特美景之中。

像整个俄罗斯一样正在衰退的中心 圣彼得堡市现有居民约450万，加上卫星城约500万。

圣彼得堡是俄罗斯最大的工业中心之一，重工业相当发达，也有一些轻工业，例如电视机、收音机、冰箱等的制造业，不过，圣彼得堡的工业像整个俄罗斯的工业一样，现在简直一团漆黑。我还可以提出一点来让大家自豪自豪：圣彼得堡制造出来的电视机电冰箱之类都又大又笨，质量一般，比咱们的国产货差多啦。

圣彼得堡是俄罗斯最重要的水陆交通枢纽之一，有十余条大小铁路线呈辐射状通向全国及波兰、芬兰等邻国，其中相当一部分已经电气化。圣彼得堡还是俄罗斯最大的港口，是俄罗斯对外联系的主要窗口，它的港区位于城市西南部，有50多个泊位，可停靠万吨以上的巨型海轮，年货物吞吐量达千万吨，那些吨位较小的海轮可以横穿圣彼得堡，进入涅瓦河，然后通过波罗的海-白海运河通向白海和北冰洋沿岸；经波罗的海-伏尔加运河可通向伏尔加河流域和里海；经伏尔加河-顿河运河可通入亚速海和黑海。从这些地方又可以继续通往整个俄罗斯乃至整个世界呢！例如从黑海到地中海，到达北冰洋后可以往东再到鄂毕河、叶尼塞河和勒拿河，通过黑海可以到达地中海，等等。

圣彼得堡还是俄罗斯重要的国际航空港，有60多条航线通国内外大城市，主要机场是普尔科沃国际机场。

圣彼得堡的市内交通条件也不错，早在20世纪50年代这里就建立起了相当完善的地铁系统，此外还有众多的公共汽车、有轨电车和无轨电车，虽然圣彼得堡的经济现在相当凋敝，但公共交通还是能够正常运行，受经济衰退影响较小。

圣彼得堡还是俄罗斯的科学文化之城，长期以来是俄罗斯的科学、文学与艺术的中心。早在1725年圣彼得堡就建立了俄罗斯科学院，几乎所有俄罗斯重要的科学家和作家都在这里工作或生活过，如著名的科学家罗蒙诺索夫、波波夫、门捷列夫；诗人普希金；作家果戈理、陀斯妥耶夫斯基、托尔斯泰；还有著名作曲家柴可夫斯基、肖斯塔科维奇，等等。这里有300多个科研机构和俄罗斯科学院的30多个研究所，有40多所高等院校，最有名的如彼得堡国立大学、彼得堡美术研究院等，并有近50座博物馆，最著名的是艾尔米塔什博物馆，这是世界上规模最大、馆藏最丰的博物馆之一，等下我们就要去看。圣彼得堡这些文化艺术场所不仅数量多，而且质量高，像基沃夫国家歌剧院和芭蕾舞剧院在全世界都是叫得响的。此外，圣彼得堡也是俄罗斯电影制作业的中心。

圣彼得堡有趣的城市布局与第一区——海军部区　圣彼得堡的市区布局很有特色。

涅瓦河自东而西流过圣彼得堡，到达市内后分成两条：右边一条叫大涅夫卡河，左边叫大涅瓦河。大涅瓦河流了一段后，又分成了两股，右边一条叫小涅瓦河，左边的仍然叫大涅瓦河，这样圣彼得堡就被分成明显的四大块：

第一大块是涅瓦河和后来的大涅瓦河南岸的那一大块，叫海军部区。

第二大块是大涅瓦河与小涅瓦河之间的那块，叫瓦西里耶夫岛区。

第三大块是小涅瓦河与大涅夫斯卡河之间的那块，叫彼得格勒岛区。

第四大块是涅瓦河以北、大涅夫斯卡河以东的那块，叫维堡区。

由于第四大块维堡区本来是荒郊野外，19世纪末才发展起来，且是工业区，没什么能称为值得一看的东西，我们就免了罢，因此我们实际去逛的只是前面三个区。

这里先去第一个区——海军部区。

海军部区是整个圣彼得堡的中心区，圣彼得堡的大部分名胜古迹都集中在这里。海军部区有一个中心——海军部大厦；两条主要大街——涅瓦大街和沃兹涅夫斯基大街，它们以海军部大厦为中心，一个往东，一个往南，笔直地延伸开去，又长又宽，十分壮观。

海军部大厦是整个圣彼得堡的中心　我们先来看海军部大厦吧。还在很早以前，当彼得大帝建造圣彼得堡时，海军部大厦就被当成整个城市的中心，是圣彼得堡最初的建筑之一。18世纪初第一次改建，但仍保留了原来的大概模样。又过了近一个世纪，一位叫科罗博夫的建筑师负责对它进行了第二次改建，现在我们看到的就是第二次改建后的模样。

从外面看去，海军部大厦是一排巨大的黄色房子，中间有一个高耸的塔式建筑。它的正门两侧树立着雕塑家费·谢德林创作的名叫《卡利阿济达》的雕像，只见三位身穿轻纱的美少女抬着一个巨大的圆球——可以猜出来这就是地球——轻盈行进，另一位著名的古典主义纪念碑与装饰雕塑家捷列别尼奥夫创作了大厦内部的装饰画。

海军部大厦最有名的还是它中央的“宝塔”。它超过70米，有一个高高的尖顶，在顶端有一艘金光闪闪的军舰模型，它是强大的俄罗斯海军舰队的象征。

现在的海军部大厦仍属于海军，是俄罗斯海军学院的校舍。

如大海一般的冬宫广场　从海军部大厦往东，那里有一个巨大的广场——冬宫广场。

“大”是俄罗斯一切建筑的总特征，在俄罗斯，无论什么，哪怕是一座普通的商店或者街道，都很大：既高又长又宽。

在世界广场建筑中，从给人强烈印象的程度上来说，很少有几座广场能同冬宫广场相比。这首先也许是因为它的大。冬宫广场的确十分大，看上去简直有点像大海的感觉。然而，这并不是广场魅力的精髓所在，仔细思量后，你会发现，在冬宫广场，最令人叹服的不仅是它的气魄和规模，更是它全部建筑罕见的和谐，在于那惊人的艺术统一性：

首先映入并充满你眼帘的是宽阔的广场，非常的宽阔。然后，你稍微抬头，往远处望去，你又看到了对面那排气势磅礴的巨大建筑，它们并不很高，只有三层，然而它是那样的长，正好与冬宫广场的宽阔相匹配，分外和谐，又十分壮观。说实在的，如果在这样的地方建一座巴黎圣母院，就远没有如此的和谐与壮观了——这是一种宽阔的，如大海一般的壮观，是令人心旷神怡的壮观。

但这里也不是一味地宽阔，广场中央屹立着一根高耸的圆柱——亚历山大纪念柱，它由整块的花岗石雕成，是世界上最高的单根纪念石柱，高近50米，直径近4米，总重量600吨，不用任何支撑，只靠自身重量屹立在基石上。它的顶尖上是手持十字架的天使，天使脚下踩着一条象征敌人的蛇。

圆柱是为了纪念亚历山大一世领导俄罗斯人民战胜拿破仑而竖立的，建筑师为蒙费兰。由于它只是一根柱子，并没有破坏广场那大海一般的宽阔感，相反，它犹如军舰上一根高耸的帆桅，我们这些参观者们如同正乘坐着俄罗斯舰队庞大的战舰，航行在茫茫大海上呢。

帝国的象征——冬宫　冬宫广场最值得一看的是它对面的冬宫。

冬宫是沙皇的住所，也是俄罗斯帝国时代的象征，就像巴士底狱是法国封建时代的象征一样。

冬宫是18世纪中叶俄国巴洛克式建筑的杰出典范。它始建于18世纪，由意大利著名建筑师拉斯特雷利设计，19世纪时被烧毁，但第二年就开始着手修复，并完全按照原来的图样建成。1922年起成为国立艾尔米塔什博物馆的一部分，并且是该馆的主体部分。第二次世界大战时，冬宫再次遭到严重破坏，战后又被修复。

冬宫有两个立面，一面朝涅瓦河，另一面朝海军大厦和冬宫广场。外表看起来，它是一幢三层的漫长建筑，呈长方形，长近300米，宽约140米，高三层22米，建筑总面积近5万平方米，占地近10万平方米。

本来冬宫共有1500个房间，后来改成了650间，飞檐总长近2000米，想要一眼纵览冬宫必须从远处，从涅瓦河对岸眺望才行。然后，当人走到近处，随着视角的改变，会不断显现出大楼外表的特点。只见绿色的背景上，严整地排列着两层白色圆柱、三层拱形窗，有趣的是，在它的顶端立着许多青铜雕像，共有近200尊，式样和数量都很多，格外引人注目。又由于它们排列得似乎没什么规律，使人初看起来以为缺乏深思熟虑和逻辑性。然而，只要仔细观察，就会发现丰富多彩、层出不穷的艺术手法，包含着明确而清晰的构思。

实际上，整个冬宫都有着匠心独具的整体构思，例如冬宫是长方形的，四角建有凸起部，它的两个正面从涅瓦河一侧和冬宫广场一侧看，各不相同。因为营造者考虑了周围环境的特点，非常巧妙地织入四周景色。冬宫尽管非常豪华，如同仙境，但与环境显得自然和谐。

进门之后，你会发现冬宫的内部一点也不逊于外部。内部以金、银、水晶、大理石、孔雀石和各种艺术珍品装饰，极尽豪华。宫内所有大厅各具特色，其中乔治大厅、亚历山大大厅、孔雀石大厅、小餐厅尤为著名。例如孔雀石大厅就用去两吨多各种美丽绝伦的宝石，拼花地板用了9种贵重木材，如紫檀、红木、乌木、阿马兰特木等。在乔治大厅的墙上，有一幅罕见的俄国地图，上面竟镶有45 000颗各色宝石。

冬宫之所以这么有名，其主要原因不是它的豪华，而是它与我们熟悉的一段历史有关：1917年俄历10月25日，公历11月7日21时15分，涅瓦河上的“阿芙乐尔”号巡洋舰向冬宫发射空弹炮，宣告了十月革命的开始。第二天凌晨，起义的工人和士兵攻占冬宫，象征着十月革命的胜利，据说，现在该厅壁炉上的台钟的时针仍停在起义胜利的那一刻。

俄罗斯第一宝库：国立艾尔米塔什博物馆　前面我们刚说过，现在的冬宫已成了国立艾尔米塔什博物馆的主体部分。艾尔米塔什是世界上最了不起的博物馆之一，值得好好参观参观。

国立艾尔米塔什博物馆的创建者是18世纪著名的女王叶卡捷琳娜二世。当年，她决定在冬宫旁修建一座带小型展厅的建筑来存放她个人收藏的艺术珍品。建成后，叶卡捷琳娜二世称它为“我的小艾尔米塔什”，“艾尔米塔什”一词源于法语，意思是“隐居之所”“幽静之地”。这就是现在的国立艾尔米塔什博物馆之始。

19世纪时，沙皇尼古拉二世意识到必须有一座建筑专门用来收藏散存在首都许多宫殿里的皇家艺术珍藏，于是决定在原来由叶卡捷琳娜二世所建的小艾尔米塔什以东、紧邻涅瓦河的地方建一座专门的博物馆，建成后被称为新艾尔米塔什。十月革命胜利后，1922年，苏维埃政权将原有的国立冬宫博物馆与艾尔米塔什博物馆合为一体，称国立艾尔米塔什博物馆。苏联卫国战争之初，为了确保藏品安全，曾将约120万件藏品运往苏联的大后方保存，其余藏品都被严密封存在该馆地下室内，直至战争结束才返回原地。

现在的国立艾尔米塔什博物馆有5座建筑物：冬宫、小艾尔米塔什、旧艾尔米塔什、艾尔米塔什剧院、新艾尔米塔什，除了新艾尔米塔什外都建于18世纪。这5座庞大的建筑物组成布局协调、气势雄伟的建筑群。

作为世界上最大的博物馆之一，国立艾尔米塔什博物馆的藏品多达近300万件，在它的350多个展厅和储藏库里珍藏着名画约1.5万幅，雕塑约1.2万尊，版画和素描约62万幅，出土文物约60万件，实用艺术品约26万件，钱币和纪念章约100万枚。博物馆引以为豪的主要藏品有俄罗斯各个时期的珍宝、古希腊罗马雕塑、西欧中世纪至近代的雕塑和绘画，等等。其中古罗马雕像《塔夫里卡的维纳斯》、达·芬奇的《贝诺亚圣母》、伦勃朗的《浪子回头》等最著名。有人计算过，如果一个人在每个展品前站上3分钟，看完所有的展品需要整整16年呢！

博物馆的收藏史应当从1764年算起，这年叶卡捷琳娜二世从一个叫约翰·戈茨科夫斯基的普鲁士商人手里购得两百多幅西欧艺术家的绘画作品，这就是现在国立艾尔米塔什博物馆的第一批作品。此后女皇对艺术收藏产生浓厚的兴趣，不断遣人在全欧洲为她搜购最有价值的艺术品，使她的藏品数量迅速增长到约2000幅。为了在最短的时间内使自己的藏品能与维也纳和巴黎王室相媲美，叶卡捷琳娜二世特聘了几位才智卓越的贤人担任自己的艺术顾问和经纪人，其中包括法国哲学家狄德罗。正是由于他的倾力相助，艾尔米塔什才拥有了一批17～18世纪法国最优秀的绘画作品。此后，叶卡捷琳娜二世的继任者们使宫廷的艺术藏品不断增长，直至十月革命的到来。

现在国立艾尔米塔什博物馆下设原始文化部、古希腊罗马部、东方民族文化部、俄罗斯文化史部、钱币部、西欧艺术部、科学教育部、修复保管部等8个业务部，内有专门从事文物鉴定与保护的专家、学者350多名。

各部都有着丰富的藏品，其中最著名的也许是西欧艺术品部，特别以法国艺术最为重要而完整。它占据冬宫约50个展厅，基本上涵盖了法国艺术所有的风格与流派，是法兰西本土以外最丰厚的收藏。它包括体现品位与奢华的实用艺术品，如塞夫勒的成套瓷器、无绒羊毛风景壁毯、洛可可风格的精美家具、造型奇巧的金银铜制品，等等。当然更为杰出的还是法国的绘画。19～20世纪，这一法国艺术重要时期的所有艺术流派，从新古典主义、古典主义到浪漫主义与现实主义，乃至后来的现代派艺术，如印象派、后期印象派、野兽派、立体派等，这里一一可以见到，而且被公认为世界最佳馆藏之一，莫奈、雷诺阿、德加、塞尚、凡·高、高更、马蒂斯、毕加索等大家名作塞满了展厅。

西方艺术最重要的一个时期——意大利文艺复兴时期——的大师们的作品这里同样收藏不菲，达·芬奇和拉斐尔画的圣母像、提香的绘画、米开朗琪罗的雕塑，无所不备，它们是艾尔米塔什的骄傲。

在新艾尔米塔什的一层各厅展示着古希腊古罗马的雕塑艺术：在古希腊风格的狄奥尼索斯厅陈列着古希腊的大理石雕塑，朱庇特厅里有古罗马的雕塑。

据说艾尔米塔什博物馆的东方馆收藏也十分丰富，特别是收藏了大量中国古代文物和艺术品，其中仅殷商甲骨文就有200多件，还有大量取自敦煌千佛洞的写经和壁画等，都是无价之宝。

青铜骑士　从艾尔米塔什出来后我们又回到了冬宫广场，从广场往西不久就到达了另一个广场——十二月党人广场。

十二月党人广场本来叫“枢密院广场”，后因建立了彼得大帝铜像而改为“彼得广场”。在这个广场上，俄历1825年12月，所谓的十二月党人组织起来，从这里冲进了枢密院，要求废除沙皇统治，解放农奴。起义遭到残酷镇压，被处死的革命者里面就有列宁的哥哥。后来，为了纪念这次起义，在起义100周年的纪念日把这座广场改名为“十二月党人广场”。

广场的北面耸立着一座青铜骑士像，这位头戴桂冠的骑士身披战袍，目视前方，他胯下的骏马前蹄离地，腾身跃起，欲腾飞而去，脚下还践踏着一条蛇。这个骑士就是圣彼得堡的奠基人彼得大帝。铜像下面的基座似被海浪冲击的礁石一般，彼得大帝表情威严自信，令人望而生畏，他左手执辔，伸出右手，好像在号令一切。整个底座是用一整块1600吨重的大理石雕琢而成的，十分壮观。

这座雕像的制作者是法尔康涅和玛丽亚·卡洛，18世纪末期，狄德罗担任叶卡杰琳娜二世女皇的特别顾问时，推荐法国雕塑家法尔康涅来俄，玛丽亚·卡洛是他的助手。

金光闪闪的圣伊萨克大教堂　广场上另一个颇有意思的地方是圣伊萨克大教堂。

圣伊萨克大教堂就在彼得大帝雕像的背后，它是世界上最大的圆顶建筑物之一，浩大的工程由几十万农奴用了整整40年才建成，仅仅是地基的桩子就打了两万多根。

大教堂是一座四方形建筑，四面有门廊，门廊有点像古希腊神庙的入口，列着一排柱子，上面还有一层，是圆形的，四周也围着柱子，上下层的柱子共有一百多根，全部用整块的花岗石凿成。下层的柱子更大，每根高近20米，重达一百余吨。两层共拥着一个大顶。

第一层大堂里据说同时能容纳12 000人做祷告，第二层是一座圆形建筑，最上面就是那著名的大金顶了。它成天金光闪闪，耀眼得很，全城都望得见。

这个大穹顶是圣彼得堡的象征之一，据说当年为了替这个大穹顶镀上金，不但耗费了千斤黄金，还让几十名镀金的工匠中毒而死，现在它灿烂的金光里似乎还闪烁着血色呢。

夏园与夏宫　以上是海军部大厦之西的十二月党人广场上的情形，现在我们再从海军部大厦往东，经过普希金故居博物馆，就到了战神广场。

战神广场是圣彼得堡最古老美丽的广场之一。广场的规模是逐渐形成的，建设工程的高峰是在19世纪20年代。此前这里被称作游乐场，后来被用作皇家草地，常常举行游乐活动，施放烟火。从19世纪起它成了军队操练和阅兵的场所，因此被戏称为战神广场。

广场上竖立着俄罗斯最著名的军事家苏沃洛夫的塑像，广场一侧是巴甫洛夫斯基兵营，兵营大楼宽数百米，雄伟壮观。广场中心有一座英雄纪念碑，以纪念碑为中心，向不同方向延伸出数条林荫道，林荫道之间是点缀着花园和灌木丛的草坪。整个广场处于椴木林和草坪的怀抱之中。

与战神广场隔着一条马路的就是著名的夏花园了。

夏花园，或称夏园，是圣彼得堡的第一座花园，它与冬宫相对，一冬一夏，相映成趣。

夏园始建于18世纪初，它占地11公顷，最初的设计方案是彼得大帝本人提出的，他聘请了许多优秀的法国工匠，又从俄国各地和荷兰运来稀有的树木花草，广为种植，因此夏园里有许多古木参天的林荫大道、花草繁茂的小广场，还有50多处喷泉，景色宜人。

夏园最吸引游客的要数那些异常精美的雕像了。这些雕像大部分是意大利雕塑大师创作的大理石精品，有的还镀了金，是极精妙的艺术品。

夏园的另一个最美妙的地方是它的铁栅栏，它被认为是世界上铁工艺的最佳典范，看上去极为轻盈灵巧，精美而雅致，仿佛不是立在那里，而是飘浮在那里，它下面的花草就是云彩。

圣彼得堡还有一个地方人们稍不小心就会与夏园混淆了，这就是“夏宫”。那也是一个有名的地方，但不在圣彼得堡市内，我们不会再专门去逛的，这里就顺便先说了罢。

夏宫的本名叫彼得宫城，位于芬兰湾南岸，在圣彼得堡市区之西30千米处，占地约1000公顷，分为“上园”和“下园”，素有“俄罗斯的凡尔赛”之称。

夏宫始建于1714年，后来成为彼得大帝的行宫，几年后，在离彼得宫20千米的一个地方发现了众多泉水，于是彼得大帝命人铺设管道，开凿运河，修建了一个喷泉系统，于是出现了举世闻名的夏宫喷泉和瀑布，至今每年8月的一个星期天都要在这里举行传统的喷泉节。

下园是游人停留最久的地方，因这里是喷泉最集中的地方。下园共有150个喷泉，2000多个喷柱。下园由三个庭园设计群组合而成，中心部分为大宫殿下面的中央大瀑布，西半侧为玛尔丽宫及玛尔丽瀑布，最后一部分是蒙波礼季尔庭园区及著名的棋盘山喷泉梯级瀑布。每年5月10日至11月6日，夏宫对外开放。每天11时至17时，各种造型的喷泉争奇斗巧，喷珠吐玉；各处阶梯式瀑布飞流直泻，银珠溅散。

下园东边濒临芬兰湾的地方有一座彼得大帝所喜爱的小屋，据说他常常站在平台上远眺海湾，为着怎样扩大俄罗斯的版图而冥思苦想。

涅瓦大街，莫斯科的香榭丽舍　我们前面说过，海军部区有两条大街——涅瓦河大街和沃兹涅夫斯基大街，其中的涅瓦大街是圣彼得堡最著名的大街，号称世界上最大的大街之一。它西起海军部大厦，往东南方一直延伸到亚历山大·涅夫斯基新桥，总长度约4500米。

涅瓦大街十分宽阔整洁，笔直的大街两侧是各种各样的商店、饭店、咖啡馆、电影院、书店、教堂、博物馆、国家文化机关、居民住宅……其中许多建筑物具有很高的建筑和艺术价值。著名的有喀山大教堂、叶卡捷琳娜一世纪念碑、莫斯科火车站，等等。

果戈理所写的著名短篇小说《涅瓦大街》写出了帝俄时代彼得堡贵族们的庸俗与空虚，更使这条大街闻名遐迩。

海军部区最后一个要去的景点是斯莫尔尼宫。

斯莫尔尼宫位于海军部区最东面的那个犄角上，是圣彼得堡重要的名胜之一。由于位置比较偏远，附近相当幽静。斯莫尔尼宫右临斯莫尔尼女子修道院，是一座外观典雅的三层建筑。它建于18世纪，原是贵族学校的校舍。正面长200余米，主体建筑的两翼伸出，每翼各长40米，组成宫中的主要庭院。后来又在正门增建了八根伊奥尼亚式圆柱和七个拱形门廊。整座建筑对称大方，与巴洛克式的斯莫尔尼修道院有机组合，被称为斯莫尔尼建筑群。

斯莫尔尼宫之所以有名，一个重要的原因在于它是十月革命中革命者的司令部所在地。早在十月革命前的8月份，它就成了全俄中央执行委员会和彼得格勒工农代表苏维埃的所在地。10月以后，成了武装起义的总司令部。1917年11月7日，列宁在斯莫尔尼会议大厅发表了《告俄国公民书》，宣布一切政权归苏维埃。

目前斯莫尔尼宫是圣彼得堡市长的办公楼。

瓦西里耶夫岛上的大楼与圆柱　我们要去第二个区是瓦西里耶夫岛区。

瓦西里耶夫岛位于海军部区之北，距海军部大厦不远有一座桥与它相连。它东部的尖端部分被称为瓦西里耶夫岛长滩，它位于涅瓦河分为大小涅瓦河的分流处。

瓦西里耶夫岛要看的东西不多，只有两处，一处是交易所大楼，另一处是两根圆柱。

交易所大楼在长滩的普希金广场上，它曾两次建筑，第一次建成后建筑本身并无问题，然而看上去让人很不舒服，因为它与周围的环境很不协调。后来干脆拆掉重建。第二次的设计方案是在艺术家的参与下才完成的，方案完成15年后新大楼才完工。它建在一座高高的石台上，大楼四周有44根大圆柱，从涅瓦河远处就可以看到，十分壮观。大楼的外表也有点像古希腊神庙。正面门廊上方有一组十分精美的雕塑群，大楼内部是一个大厅，过去这里是圣彼得堡商人们做买卖的场所，现在是俄罗斯中央海军博物馆。

交易所前的广场两侧耸立着两根有船头形装饰的圆柱，柱高30米，是为入港船只导航的灯塔。柱上之所以饰有金属船头，是因为在古希腊罗马时期，胜利者往往把被击败的船只的船头钉在圆柱上，作为海战胜利的象征。

彼得格勒岛上的要塞和军舰　以上就是瓦西里耶夫岛了，我们从广场前的交易所桥过去，就到了第三个区——彼得格勒岛。

彼得格勒岛上有两个或者说三个景点可以看看。为什么是两个或者三个呢？因为第一、二个实际上是连成一体的。

还在交易所桥上时，或者还在海军部大厦时，我们就会望得见对面彼得格勒岛上的那座巨大的军事要塞——彼得保罗要塞。

彼得保罗要塞其实并不在彼得格勒岛上，而是在紧挨着彼得格勒岛的另一个小岛——兔子岛上。

要塞是一个庞大的多面堡，扼守住涅瓦河口，战略地位十分重要。早在18世纪初，彼得大帝就在这里建立了彼得保罗要塞，是圣彼得堡的第一座防御工事，后扩建为城，才称圣彼得堡。它是帝俄时代的通海门户。因此，彼得保罗要塞称得上是圣彼得堡的始建之地。

最初要塞是用土筑的，不久后就改成了岩石结构，高约12米，墙体厚近4米，城上架着300门大炮，堪称固若金汤。可惜的是，从它建成之日起几乎从来没有用过，因为没有哪个敌人曾经杀到过这儿呢。于是，从19世纪起，要塞就被用作了监狱，专门用来囚禁政治犯，即革命者们。

后来革命胜利了，它就再转而被变成了博物馆。每天中午12点，城墙上都有一门火炮开火，这已经成了圣彼得堡一个有趣的仪式。

彼得大帝的葬身之地　不过，彼得保罗要塞里比要塞更值得一看的是圣彼得和圣保罗大教堂，简称彼得保罗大教堂。

早在要塞还是泥土筑的时，现在教堂所在的地方就开始兴建一座以耶稣两使徒彼得和保罗命名的木结构小教堂。后来，俄罗斯的首都从莫斯科迁到了圣彼得堡，考虑到首都需要一座大教堂，于是在原来木教堂的地方开始修建一座新的大教堂，设计师是特雷齐尼。

教堂花了20多年才建成，总体上是按早期巴洛克风格修建的。平面呈长方形，上面有六层钟楼，层层相接，一层比一层细小，在钟楼的顶层之上还矗立着40米高的尖顶，尖顶之上是一个直径1.6米的圆球，圆球之上是一个带十字架的天使风标，天使高3米有余，翅膀展宽近4米。整个教堂高超过100米，如果不算电视塔，它是圣彼得堡的最高建筑。它那金光闪闪的尖顶从圣彼得堡的四面八方都能看到。

教堂的里边，粗大的立柱把长约60米、高10多米的大堂分为三个长形大厅。高大的窗户使厅堂显得分外明亮。教堂内部装饰庄严而又美观，与其说这是举行宗教仪式的场所，不如说它更像是华丽的宫殿。墙壁色调明朗，玫瑰色和绿色大理石砌成的大立柱和墙柱华丽而典雅，拱顶上一幅幅镀金的壁画和那高悬着的枝形彩色水晶青铜吊灯更增添了它的皇家气派。

在窗下悬挂着10多幅精美的宗教油画。东墙的圣堂有一座木制圣像壁，其气势之宏伟和技巧之高超令人赞叹。它是俄罗斯木雕艺术的丰碑，是40多位能工巧匠——雕塑家、细木工、镀金工匠花了5年时间才做成的。他们用灵巧的双手把木头变成了柔软的衣服和帷幔，变成了一串串花朵和果穗，可谓巧夺天工。

圣像壁的右边有一个蒙着深红色天鹅绒的两级高台，这里是专供沙皇祈祷的宝座，木雕靠枕上刻有沙皇权力的象征——权杖、宝剑和皇冠，在天鹅绒上则有用金银线绣成的双头鹰，这是沙俄的国徽。

彼得保罗大教堂的另一个功能令它的地位更加尊崇——它是俄国帝王的陵寝。自彼得大帝之后，除了彼得二世和尼古拉二世，历代沙皇均葬于此，彼得大帝就葬在教堂的南墙旁边。

据说，彼得大帝在1725年1月去世后，遗体告别仪式进行了足足40天。随着教堂钟声齐响，要塞和海军部大厦炮声齐鸣，彼得大帝的灵柩从冬宫通过冰冻的涅瓦河面被运到了彼得保罗大教堂，沿途两旁站立着手持火炬的御林军，由于当时大教堂尚未完成，大帝的灵柩安放在一个临时建造的木质小教堂里，一直等到大教堂建成才终于入土为安。

“阿芙乐尔”号巡洋舰 在彼得保罗要塞之东，涅瓦河开始分流出大涅夫斯卡河的地方，停泊着圣彼得堡另一个著名的活风景点——“阿芙乐尔”号巡洋舰。

“阿芙乐尔”号巡洋舰造于1900年，1916年时因作战受损被送到造船厂去修理，当时，在布尔什维克党和船厂工人的影响下，舰上的水兵们逐渐趋向革命。

1917年11月7日，舰上的全体官兵按照革命军事委员会的命令，将军舰开到尼古拉耶夫桥。上午10时，列宁以革命军事委员会的名义起草《告俄国公民书》，在“阿芙乐尔”舰上向全国广播。尔后，晚上9时45分，“阿芙乐尔”号按照信号，向冬宫发射了第一炮——据说是空弹炮，但正是这空弹炮的响声揭开了十月革命的序幕。

从此，“阿芙乐尔”号巡洋舰便有了特殊的意义，也与革命一同不朽了。

苏联卫国战争中，德国法西斯进攻列宁格勒时，舰上的九门炮被拆下部署在城市外围，组成“波罗的海舰队独立特种炮兵连”，扼守阵地。留在舰上的水兵们用留下的一门主炮积极作战。后因情况危急，军舰自沉于港湾。战后被打捞上来，1944年被修复，1948年根据列宁格勒市苏维埃执委会的决定，它被作为博物馆永久固定在涅瓦河上。

1991年苏联垮台后，它被圣彼得堡市政府移交给一所海军学校，像无数苏联革命文物，不知它今后的命运将会如何。

第二十八章　莫斯科

在历史上，俄罗斯是以莫斯科公国为中心发展而来的。

长久以来，除了以圣彼得堡为首都的两百年时间，莫斯科一直是俄罗斯的首都和最大、最重要的城市。

莫斯科位于俄罗斯最富庶的心脏地区　莫斯科深处内陆，位于东经38°、北纬57°的交点附近，俄罗斯欧洲部分东欧平原的中部，奥卡河的支流莫斯科河河畔。

莫斯科河发源于莫斯科西面的斯摩棱斯克–莫斯科高地，曲折东流，经莫斯科后转往东南，注入奥卡河。

由于奥卡河又是伏尔加河的支流，因此莫斯科也属于伏尔加河流域。我们说过，伏尔加河是俄罗斯的母亲河，伏尔加河流域是俄罗斯最繁荣富裕的地区，莫斯科就位于这个地区的心脏。

莫斯科周围地形以平原为主，附近有斯摩棱斯克–莫斯科高地，使地势稍微起伏，平均海拔约120米。城西南的列宁山海拔约250米，是全市的最高点。

像圣彼得堡一样，莫斯科属于温带大陆性气候，不过大陆性要强得多，冬天寒冷而漫长，最冷的1月份平均气温约零下10℃，绝对最低气温曾超过零下40℃。每年稳定的积雪期平均有近5个月，即每年11月至第二年4月。莫斯科的春天相当短暂，有时候真让人看不到她的丽影。因为4月初还有积雪，而到了这个月月底气温就迅速上升，天气骤然热了起来，令人感到春天尚未来临，夏天就已经到了。

令人满意的是，莫斯科的夏天相当舒服，最热的7月平均气温不超过18℃，极端最高气温曾达到37℃，不过是极偶然的事。而且夏天雨水较多，常常是一阵雷声，大雨倾盆而至，一会儿就过去了，顺便把一点暑气赶到了九霄云外。

像春天一样，莫斯科的秋天也很短，夏天一过，气温便与冬天过后迅速上升一样迅速地下降，雪飞快地和冬天一起来了。

虽然离海洋甚远，来自大西洋的湿润气流还是能够吹到莫斯科，因此莫斯科的降水不算少，年均近600毫米。莫斯科的降雨同气温有直接的关系，集中在夏天，气温最高的7月也是降雨最多的一个月。此外，莫斯科的降水有相当一部分是用固体的形式降落下来的，时间要从10月一直延伸到来年4月。

莫斯科是俄罗斯最大的城市和经济与交通中心　由于庞大的莫斯科集中了无数人口和人工建筑物，高楼大厦内的人工供热、市内大量的绿地以及水面等都有助于保住热量，同时深处内陆，气温相对容易变化，使莫斯科市内气候同郊外有了相当大的差别：莫斯科市中心的年均气温比郊外要高约2℃，开花植物的花期要早一个星期或更久，日照时间要少约100个小时，而雨量则更多。这种现象就是所谓的热岛效应。

莫斯科是俄罗斯人口最多的城市，有近900万。这些人当中最多的当然是俄罗斯人，不过，作为首都，莫斯科聚集了来自许多其他民族的人，主要是来自苏联其他少数民族，人数最多的有乌克兰人、白俄罗斯人、鞑靼人。此外，作为首都，各国的外交使团都驻在莫斯科，由于俄罗斯是世界上最重要的国家之一，全世界几乎每一个国家都在这里有使团，而那些大国，如中国和美国的使团人员相当庞大，所有这些人加起来可不是一个小数目呢。

莫斯科是俄罗斯最大的经济中心与工业中心，这个中心不但包括莫斯科市及其近郊和诸卫星城，还延伸到了邻近的伏尔加河沿岸地区，例如雅罗斯拉夫尔和下诺夫哥罗德，这一片地区共同组成俄罗斯最大、最重要的工业区。

作为俄罗斯的交通中心，莫斯科的交通十分发达，各种交通方式齐全，其中尤以铁路为主。莫斯科周围的铁路线像蜘蛛网一般稠密，它们以莫斯科为中心，像乌贼的爪子一样伸向四面八方，主要有以下几条：

下诺夫哥罗德线，它先向东北方向延伸，然后向东与西伯利亚大铁路相接。

喀山线，它在正东，是去西伯利亚最直接的路线。

梁赞线，它向东南方向，到梁赞后又分为两大支，一支向东通往中亚，另一支往南通向高加索。

库尔斯克线，它在正南方，通向俄罗斯南方，最后到达黑海边。

基辅线，它通向西南，连接乌克兰首都基辅。

斯摩棱斯克线，它通向西方，经过白俄罗斯的首都明斯克通向波兰首都华沙和德国首都柏林。

里加线，它比前面的铁路要小些，直通波罗的海沿岸国家拉脱维亚的首都里加。

圣彼得堡线，它在东北方向，把圣彼得堡和莫斯科连接起来。

雅罗斯拉夫尔线，它在北方，可以直通白海边的重要港口阿尔汉格尔斯克。

此外，为了使这些通向四面八方的铁路相互之间更好地贯通，莫斯科还建了一个小环线，它位于莫斯科市内，像一个小圈子般将这些大铁路线串联起来。后来，为了使它们更加紧密相连，成为一体，又在距市区50千米左右的地区修建了第二个大环，但这个环很不规则，隔市区时近时远，分成一段一段，好像每一段的目的就是把两条路连接起来。这些铁路中的大部分已经实现了电气化，速度更快、载客运货更多，还不污染环境。

除了铁路外，同样有许多公路通向莫斯科，不过除了少数几条勉强算好外，这些公路一般路况较差，坑坑洼洼，也不安全，同德国、法国、英国的公路比都不能比，外来的旅行者们除非想冒险，一般是不会去走这些公路的。

莫斯科深处内陆，又没有什么大河通过，本来不能成为港口，但莫斯科人把这一切改变过来。他们先大力疏浚莫斯科河，将它加宽加深，然后在北面开凿了莫斯科运河。运河从市内莫斯科河最北面的地方出发，经过一座叫希姆基的城市通往乌恰水库，再经过乌恰水库往北一直通到伊万科夫水库，而伊万科夫水库同伏尔加河是相通的。这样船只从莫斯科出发就可以一直航行到伏尔加河了，前面我们已经说过，通过伏尔加河及其运河可以连通整个俄罗斯乃至全世界。现在，经由莫斯科运河，莫斯科也可以做到这点了。

莫斯科运河总长近130千米，最浅处也有近6米，沿河共有11道船闸，每个长近300米，宽为30米，能够通行小型海轮。莫斯科共建立了三个大型河港，有许多货运和客运码头。

莫斯科是俄罗斯最主要的空港，仅机场就有5个。北面的谢列梅捷沃2号机场是国际空港，进出莫斯科的国际航班大都在这里降落，从这里可以直通世界约80个国家的首都。谢列梅捷沃1号机场和伏努科夫机场主要负责国内航班，通国内所有主要城市，此外在东南方还有贝科沃机场，在南方有多莫杰多沃机场。

不过在莫斯科坐飞机可不是一件舒服的事儿，尤其是它的国内航班，据说就同我们国内坐客车差不多，连位子都是谁占了谁坐，没座位的就站着，不过票价十分便宜，大家都坐得起。

举世无双的莫斯科地铁　莫斯科的市内交通同样方便，各种交通方式都有。由于莫斯科比起巴黎、伦敦等欧美城市来私人汽车较少，因此公共交通就更显重要。地面交通主要靠出租车、公共汽车、无轨电车、有轨电车，以及很多的专线小巴。莫斯科的出租车一律黄色。此外莫斯科像北京一样，也有一些人不办出租车手续，自己弄了辆车出来拉客，好补贴家用。这样的“黑车”莫斯科比北京还多。

莫斯科最有名的市内交通工具是地铁。

莫斯科地铁举世闻名，无论是建设规模，还是内部装修，都堪称世界第一。

地铁是莫斯科的主要交通工具，目前每昼夜运送乘客900多万人次，担负着全市近一半的客流量。

莫斯科地铁1935年5月15日正式开通，当时只有一条线路，全长仅11千米，经过几十年的建设，现在已有8条线路，总长近200千米，一般每3分钟一趟车，在每天上下班的高峰期一两分钟就有一趟。

莫斯科地铁列车采用自动电子驾驶，时速达到70千米，在线路的交叉点，地铁车站大厅分为两层或三层，通过地下天桥和通道，乘客可任意换车。

莫斯科地铁和市区的布局基本上一致，由市中心往城市四周放射状延伸，此外还有环状线，把这些放射状的线路科学地串联起来。

莫斯科地铁之所以闻名世界，并不在于它的方便、长度或者客运量，而在于它那些站台。

不，那简直不是站台，而是地道的艺术长廊。

莫斯科地铁共有120个站台，每个站台都有自己的特色。进入莫斯科地铁站台大厅，宛如置身于一座座艺术殿堂。每一个都经由建筑师和艺术家们精心设计，铺以大理石的墙面和地面，饰以精美的浮雕和枝形吊灯，富丽堂皇、气派非凡。例如1938年开放的玛雅可夫斯基车站，地面铺以贵重的白色大理石，中间镶有红色大理石，犹如一条红色地毯。采用轻巧列拱的柱墩，独特的照明灯具更为车站增添了光彩。

大部分莫斯科人每天都要坐地铁，而它们又是如此美轮美奂，久而久之，就形成了一种特有的文化现象———地铁文化。这种文化可以归结为两点：一是互相谦让。地铁是大家共享的交通工具，每一个享用者的行为都会对其他享用者带来影响，因此大家必须遵守秩序，才能彼此和谐。莫斯科人真的做到了这点。他们乘坐地铁时，就是人再多也不乱挤一气，在车上都自觉地为妇女、老人和儿童让座。在他们看来，一位妇女站在那里男人却坐着简直是不可想象的。地铁的电梯很长，人们都自觉地站在左边，有急事的人可以从右边快速通过。

莫斯科地铁文化的第二个特点是对文化与艺术的尊重。也许由于莫斯科的地铁装饰得实在美，让人不忍破坏，反正在莫斯科地铁，无论是那些洁白的大理石地面，还是脆弱的玻璃吊灯或者美丽的壁画，从来没有莫斯科人去在它们的上面乱写乱画或者吐上一口痰。每当他们匆匆经过时，常常对墙壁上那些美轮美奂的壁画一瞥，眼中充满了爱意与自豪。

这与我们后面将会看到的另一个世界有名的地铁——美国纽约地铁——形成了鲜明的对比，如果说莫斯科地铁是以秩序、安全和艺术而盛誉卓著的话，那么纽约地铁就是以混乱、危险和粗俗臭名远扬了。

莫斯科还是俄罗斯的教育与科研中心，它首屈一指的大学是莫斯科大学，全名莫斯科罗蒙诺索夫大学，由伟大的俄罗斯学者罗蒙诺索夫于1755年创建，原址在克里姆林宫附近，后来又在麻雀山上建立了规模巨大的新校园。

麻雀山在苏联时代叫列宁山，因历史上山头麻雀多而得名。麻雀山在莫斯科河西岸，东岸则是莫斯科市中心。莫斯科河在这里向东转了个弯，直向克里姆林宫流去。麻雀山上最著名的建筑是莫斯科大学主楼，高30多层，有3万多个房间。它是苏联1947年始建的八大哥特式建筑之一，楼高240米，由于麻雀山距莫斯科河水面约80米，二者加起来达300多米，显得格外雄伟，成为莫斯科一景。

莫斯科大学被认为是世界上最优秀的大学之一，许多世界知名人士以及俄罗斯政界、科学界的要人都毕业于此，例如莱蒙托夫、契诃夫、屠格涅夫、别林斯基、戈尔巴乔夫，等等。学校有教授、讲师及各类研究人员近万名，有100多位科学院院士，有学生2万多人，硕士和博士研究生约5000名，其中许多是外国留学生，包括不少中国学生。如果你想去留学，不妨去这里，它的教学质量不但比一般欧美大学还好，而且学费和生活费可便宜多了。还有另一个特别的好处是，莫斯科大学女生比男生还多，男生去了说不定能找个漂亮的俄罗斯女大学生朋友。

除了莫斯科大学外，莫斯科还有其他几十所大学、学院和科研机构，如俄罗斯国家医学院、莫斯科国立师范学院、俄罗斯音乐学院、国立莫斯科教育大学，等等。俄罗斯国家科学院也在莫斯科，它相当于咱们的中国科学院，是俄罗斯的最高学术机构。

莫斯科的城市布局很有特征，归结起来有两个：一是时间特征，二是向心特征。

所谓时间特征即指莫斯科的主要建筑是按时间来分布的，同一时代的建筑物大体分布在一块。二是这些根据时间来分布的建筑是以许多同心圆的形式从里到外分布的。越在圆心的就越古老，越往外就越新。

这几个部分之间的分界线也很清楚，分别是克里姆林宫的城墙、园林环路、小环城铁路和小环形公路。

这样，依据上面的规律与标志，可以将莫斯科城划分为四个部分：第一个部分是同心圆的圆心部分，即克里姆林宫和基塔城——基塔城也就是所谓的莫斯科中国城。这是莫斯科最古老、最重要的一部分，是莫斯科的中心，也是全俄罗斯的中心。它的另一个名字叫布里雅维特圈。

由于在俄罗斯历史最辉煌、建造古迹最多的两百年里，它的都城是圣彼得堡，因此莫斯科的古迹就数量而言比不上圣彼得堡，有名的也不是很多，不过莫斯科并不会因此而自卑，因为他们拥有俄罗斯第一名胜——克里姆林宫，它就位于这个圆心里，莫斯科最有名的几个名胜古迹也都在这里。

第二部分是内城，即从布里雅维特圈往外，园林环路往里的部分，另一个名字叫花园圈。

这里也有几个名胜，不过并不怎么有名。

第三部分是从内城往外，直到小环城铁路的那部分，就叫环形铁路圈。

这里有个值得一逛的景点，新圣母女隐修院。

新圣母女隐修院建于16世纪，是莫斯科河边一座有着洁白的围墙的修道院，它有一个高高的塔楼，上面有一个金色的洋葱头屋顶，墙里其他建筑也是雕梁画栋，十分漂亮，围墙外的莫斯科泉清水冽，绿树成荫，一派清静，真是修道的好地方。

第四部分是从环形铁路圈往外，直到小环城公路的部分，叫环形公路圈。

这个地带是苏联成立后才发展起来的，主要是工厂和居民区，有大片的森林和草地。值得一看的是几座典型的斯大林式巨型建筑，例如前面说过的莫斯科大学主楼，还有莫斯科电视塔。

莫斯科电视塔的正式名称是奥斯坦基诺塔，是欧洲最高的独立式建筑物，也是全世界第二高的电视发射塔，仅次于加拿大多伦多的电视塔。

它高约540米，钢筋混凝土结构，建于1967年，负责转播莫斯科主要电视台以及数家电台的节目和市政府紧急救援部门、警察部门的通讯联络。全球拥有6000万名听众的俄罗斯电台也通过该发射塔发出数种语言，包括汉语的广播节目。

这个台我以前常听，它的播音好像总是这样开始："莫斯科广播电台，现在开始播音。"播音员像口里含了颗核桃，讲起话来慢吞吞的，就像俄罗斯人的性格一样总是不慌不忙。

电视塔共44层，重达5万余吨，用7年时间才建成。塔身依靠一百五十条钢索加强坚固性，每条钢索可以承受七十吨的压力。

电视塔看上去修长而优美，被认为是莫斯科最完美的现代建筑，在高高的塔身上可以看遍整个莫斯科。还可以在300多米高的空中餐厅品尝风味食品，现在几乎已经成了来莫斯科的国内外游客们的必游之地。

以上我大致介绍了莫斯科四个部分的名胜古迹，看得出来，第一部分介绍得很简单；第二部分则说明了没什么景点好介绍；第三和第四部分则分别比较仔细地介绍了一个景点。这是为什么呢？这是因为，由于我们这趟莫斯科之行要游览的景点基本上全集中在第一个圈子里，只有两个例外，因此我为了给大家节省时间干脆先把这两个说了，等下就只要介绍第一部分的景点了。

俄罗斯第一名胜——克里姆林宫　布里雅维特圈里有三个我们最为熟悉的名胜：克里姆林宫、红场和列宁墓。

我们先来介绍克里姆林宫。

克里姆林宫是莫斯科，也是俄罗斯第一名胜，还是从苏联到现代俄罗斯国家权力的象征，甚至可以说是俄罗斯民族的象征。如果说来俄罗斯不到莫斯科等于没到俄罗斯，那么来莫斯科不到克里姆林宫那等于没来莫斯科。

克里姆林宫实际上不是一个景点，而是克里姆林宫三角形城墙内所有景点的大组合，包括约20座塔楼、圣母升天教堂、天使教堂、伊凡大帝钟楼、大克里姆林宫、兵器库、大会堂、苏联最高苏维埃主席团办公大厦、无名战士墓、列宁墓，等等，无一不是值得游览的好地方。

克里姆林宫位于一座叫鲍罗维茨的小山上。南临莫斯科河，西北依亚历山德罗夫花园，东南接红场，呈不等边三角形，四周围以红色宫墙，宫墙长2000余米；厚3米以上，最厚处超过6米；高5米以上，最高处超过19米；总面积约28万平方米，周长2000米多。

克里姆林宫始建于12世纪中叶，原是尤里・多尔戈鲁基大公的城堡，围有木栅，称“捷吉涅茨”。到14世纪中叶，莫斯科大公德米特里・顿斯科伊下令建了一圈白石头围墙。15世纪末，一群意大利建筑师应伊凡三世的邀请来到莫斯科，为克里姆林宫筑起了雉堞状的红色砖墙和20座塔楼，参差错落地分布在三角形红墙的三边。

红墙有4个门和一个通向莫斯科河的秘密通道。在城墙与塔楼的怀抱之内，一座座教堂、钟楼、宫殿鳞次栉比，塔楼中以通往红场的救世主塔楼最为著名，它巍然屹立，气势雄伟，是进入克里姆林宫的主通道，已经成为莫斯科的象征之一。17世纪时它又添建了钟楼，直径达6米的大钟分别镶嵌在钟楼的四面，钟盘上的时针长近3米，分针更长达3米有余，它发出的钟声响亮悦耳，被用无线电广播传向俄罗斯的千家万户，作为全国报时的标准信号。十月革命后又在救世主塔、尼古拉塔、特罗伊茨克塔、鲍罗维茨塔和沃多夫塔等塔楼顶上各装了大小不一的宝石、水晶、玛瑙等做成的五角星，红光闪闪，昼夜遥遥可见。这就是我们常从图片上看到的克里姆林宫屋顶上那些有趣的小红星。

十月革命以后，1918年3月，苏联政府从圣彼得堡迁都莫斯科，苏联和俄罗斯联邦共和国最高苏维埃以及苏联政府均设于此，从此克里姆林宫成为苏联的政治中心，现在则是俄罗斯联邦的政治中心。

大教堂广场和圣母升天大教堂是克里姆林宫的中心　克里姆林宫墙内，林木葱郁，花草繁茂，教堂耸峙，殿宇轩昂，政府大厦拔地而起，各种博物馆穿插其间，寓景色之美丽、文化之高雅与政治之庄严于一体。居于最中央的是大教堂广场，它周围耸立着三座雄伟的大教堂，分别是圣母升天大教堂、圣母领报大教堂、天使长大教堂。

其中最为巍峨壮观的是圣母升天大教堂。它建于12世纪后期，是各教堂中最古老的一座，在它简单而优美的线条和雅致的拱形结构上罩着五个金色圆顶。从12世纪到13世纪东正教的主教安葬于此，这里还是俄皇举行加冕大典的地方。

走入大教堂，你立即可以强烈地感受出那特有的俄罗斯宗教艺术，教堂内看不到雕像，四面墙壁及天花板上都画着圣母像，这种贴有金箔的宗教画是俄罗斯最有特色的文化遗产之一。

稍晚于圣母升天大教堂建成的是圣母领报大教堂，它位于圣母升天大教堂对面。初建于15世纪，16世纪时被烧毁，不久又被重建。大教堂造型十分美观，有着金色的屋脊和圆顶，它的礼拜堂内供奉着俄罗斯最伟大的圣像画家狄奥凡和鲁勃廖夫的圣像。它还是皇族子孙的洗礼与结婚之地。

天使大教堂也初建于15世纪，重建于16世纪初，是彼得大帝以前历代莫斯科大公和俄罗斯沙皇的墓地。

在圣母升天大教堂旁边还耸立着壮丽的伊凡大帝钟楼。钟楼是意大利人的杰作，建于16世纪初，原三层，后增为五层，也在最上面罩了金顶。整个楼是八面棱柱形，高达80多米，是克里姆林宫最高的建筑。它从第三层往上逐渐变小，它的八个面的每一侧面都有拱形窗户，窗口挂着钟，所以钟楼共有21座大钟及30多座小钟。

钟楼前放着目前世界上最大的一口钟。据说最早的钟王重18吨，毁于一场火灾。后来用它剩下的碎片加上新原料重铸了重达130多吨的新钟王，可惜，18世纪初的一次火灾再度使它成为牺牲品。俄国人不死心，不久又再铸了一座更加硕大的钟王，重200余吨，高超过4米，钟体环饰以精致浮雕并刻有文字，号称世界第一大钟。但它铸成后敲第一下时就出现裂痕，成为哑钟。两年后火灾再次光顾钟王，造成钟体大块缺损。现在我们看到的就是这个缺了一块的、从未被敲响过的世界钟王。

离钟王不远还有一个大铁家伙—— 一尊长超过5米、重达40吨的真正的大炮。与钟王相比，无论是年龄，还是体重，它都是小弟弟。不过作为一尊大炮，除了第一次世界大战时德国制造的长达30多米的巴黎大炮，我不知道还有比它更大的炮呢。

16世纪时，在钟楼之北又建起了一座四层立方体的钟塔楼，17世纪时又用白石修建了菲拉特列特钟楼，现在它的下层用作了克里姆林宫博物馆。这座钟楼是可以登的，沿着钟楼的台阶而上，登上楼顶，可以尽情饱览莫斯科美景。

大教堂广场的西面有许多建于各个时期的宫殿，其中最有名的是克里姆林宫最古老的宫殿——多棱宫，它又叫花岗石面宫，因为外面有白色的花岗石贴面。它是由意大利匠师监造的，建于15世纪，宫殿呈现出独特的意大利建筑风格。它上面有圆顶、里面有面积达500平方米的会议厅。这个会议厅是历代沙皇举行庆功宴和接见外宾的地方，宫内还有座小楼，是当年供皇室女眷观赏庆典用的。最为重要的是，沙皇的宝座就放在这里。

这些宫殿，包括多棱宫，都已经与克里姆林宫的主体——大克里姆林宫——融为一体。

沙皇之家——大克里姆林宫　大克里姆林宫坐落在克里姆林宫西南部，有长长的、淡黄色的正面，能从上面的窗子里俯瞰莫斯科河。它建于19世纪，本来是打算用作皇家住宅的，因此装饰十分豪华又不乏雅致，能显示出居者的文化素养。楼共分两层，内部呈长方形，楼上有露台环绕。宫的正中央是饰有各种花纹图案的阁楼，最上面是高出主建筑物的紫铜圆顶，高13米，立着一根旗杆，节日时即升上国旗。第一层正面大厅全用大理石、孔雀石装饰，陈列有青铜制品、精致瓷器和19世纪的家具，白色宽阔的楼梯通往二层各厅，如格奥尔基耶夫大厅、弗拉基米尔大厅以及叶卡捷琳娜大厅。

帝俄时期，除第一层有各大臣处理政务的地方外，其余都是沙皇的私室。十月革命后，二楼的两个大厅，即安德烈耶夫大厅和亚历山大罗夫大厅，被改成苏联最高苏维埃和俄罗斯联邦最高苏维埃的会议大厅，大厅主席台正中曾立着列宁塑像。格奥尔基耶夫大厅的大理石板上刻有参加1812年卫国战争的俄罗斯军队各团队的名称和获得当时最高级的勋章格奥尔基耶夫勋章的战士的名字。大厅正面有18根圆柱，柱顶均塑有象征胜利的雕像。这里又是苏联国家领导人接见先进工作者和群众代表的地方。苏联历次党代表大会和最高苏维埃代表大会都在这里举行。一句话，这里曾经是苏联的最高权力中心。

苏维埃年代，克里姆林宫内又新建了几座白色大楼，有一座曾是斯大林办公的地方。1969年时这里建起了克里姆林宫大会堂，这是一座大理石和玻璃结构的现代化建筑，平面呈长方形，占地面积8000多平方米，高近30米，内有可容纳6000人的会议厅和2500人的宴会厅，国庆文艺晚会等国家重要的文娱活动经常在这里举行。后来这里的花园竖立过一尊列宁全身塑像，在克里姆林宫内还有列宁的办公室和列宁故居博物馆，苏联解体后，列宁像被移走了，故居也撤销了，成了政府的办公室。

与克里姆林宫大会堂一路之隔的还有一个重要景点——兵器宫，这里收藏着许多古代兵器，还有沙皇的一些价值连城的珍宝，值得顺路一看。

美丽的广场——红场　看完兵器宫后，我们得从克里姆林宫出来了。

克里姆林宫东墙有一扇门，从门里出来就是红场。

红场是世界上最著名的广场之一，知名度可与天安门广场媲美。它紧依克里姆林宫宫墙，是莫斯科的中央广场，面积7万多平方米，地面很独特地全部用条石铺成，显得古老而庄严。

红场原名“托尔格”，意思是“集市”。17世纪中叶起开始称“红场”，在俄语中“红场”意为“美丽的广场”，这个名字得到了当时沙皇的认可。17世纪以来，这里既是莫斯科的商业中心，又是沙皇政府宣读重要诏书和沙皇搞大型活动的场所。十月革命后，红场成为苏联庆祝重要节日的地方，是国家举行各种大型庆典及阅兵活动的主要地点。

红场周围有不少著名的建筑物：北有俄罗斯国家历史博物馆，南有瓦西里·布拉仁教堂，西有列宁墓，东有百货公司大楼。这里的教堂和列宁墓都是莫斯科鼎鼎有名的地方，不能不看的。

我们先看北面的瓦西里·布拉仁教堂。

俄罗斯最美丽的教堂　这座瓦西里·布拉仁教堂有好多名字，例如瓦西里升天大教堂、代祷教堂、蒙福者圣瓦西里大教堂、圣瓦西里大教堂，等等。这名字的来源也怪，有人说瓦西里是一个住在这一带的一个无家可归的乞丐，有的说他是一个安葬在这里的疯修士，反正都说是一个普通人，这俄罗斯最美丽的教堂竟然以他的名字来命名，也是教堂命名史上的一大怪事了！

教堂是伊凡雷帝为了纪念战胜喀山的鞑靼军队而建的，被称为俄罗斯最美丽的教堂。

这是一座异常宏伟又极为独特的建筑，也是当我们看红场时最先注目的建筑。因为你的目光不能不被它独特的形象所吸引：呈建筑群式样的大教堂中间是一座带尖顶的高塔，四周比它矮得多的是那些极为独特的洋葱头状的螺壳塔，给人以一种无法言说的美感。

主塔高4层，周围的螺壳塔高3层，各层的窗户有三角形、半圆形、长方形、桃形，种种形状，式样各异。

最有意思的是塔顶上那些大螺壳——它们的样子的确有点像螺壳，因此我们叫它螺壳塔。这个像螺壳又像洋葱的圆顶极为独特，美得有点令人不可思议。最有意思的是它们上面那些螺旋状的花纹，有的绿白带状相间，有的黄绿带状相间，有的黄绿网状相间，有的绿红块状相间，有的绿黄块状相间，有的蓝白红条状相间；有的是从上到下的直纹，有的是波浪样的斜纹，有的则是方格状，真是千变万化，令人眼花缭乱。

我敢说，如果讲外表的美丽，世界上没有哪座教堂有这座教堂那么美呢！而且一眼可以看出来，它们并非典型的欧式建筑，而带有明显的东方色彩。

据说，教堂建成后，俄国历史上以凶残闻名的伊凡雷帝问设计师：“你还能建成比这更美的教堂吗？”建筑师答：“可以。”于是雷帝便令人挖去了他的双眼。

大教堂前有一个圆形的平台，俗称断头台，是当年向群众宣读沙皇令的地方，也是行极刑的地方，行刑在台下进行，在台上宣读处死令和犯人罪状。

大教堂的南面是瓦西里斜坡，一直要延伸到莫斯科河畔。1988年5月28日，年轻的德国人鲁斯特驾驶一架轻型飞机未受任何威胁地长驱直入数千千米，就降落在这个斜坡，成为当时轰动世界、令苏联军队丢尽了面子的大新闻，导致当时的苏联国防部长和防空军总司令被解职。

列宁墓的命运　红场的另一大名胜是列宁墓。

列宁墓位于红场西侧中央，是一座红色花岗岩建筑，列宁自1924年逝世后一直长眠于此。列宁墓曾先后建过三次，前两次均为木结构，现在的花岗岩建筑是1930年第三次修建的。

列宁遗体安卧在水晶棺内，墓定期对外开放，供俄罗斯公民和外国游客瞻仰列宁遗容。

地下的陵内气氛异常肃穆，只能听到缓慢移动的脚步声，进了灯光明亮、四壁镶嵌玻璃的地下陈列室后，只见遗体身着整齐的黑西服、白衬衫、黑领带，面容宛若这位伟人不是死了，而是睡着了。

一年到头，瞻仰列宁遗容的人总是络绎不绝，然而自从苏联解体后，俄罗斯政府已停止为护理列宁遗体拨款，从前的列宁墓实验室也改名为生物结构研究中心。现在该中心完全是自愿对遗体进行护理。甚至有许多俄罗斯人要求将列宁遗体从墓中移走，但遭到了更多人的反对，因此至今还摆在那。

列宁墓上层有观礼台，从苏联直到现在，每当重要仪式，例如国庆阅兵式，苏联和俄罗斯的领导人们就是站在这里观礼。

列宁墓的后面与克里姆林宫红墙之间还是苏联国家最高级的公墓，共有12块墓碑，上面刻着苏联最高领导人的名字，有斯大林、勃列日涅夫、安德罗波夫、契尔年科、捷尔任斯基等。斯大林的遗体最初也在列宁墓，后来赫鲁晓夫下令移走了。

沿着克里姆林宫墙往前走，墙壁上还安放有朱可夫元帅、列宁的妻子克鲁普斯卡娅、高尔基、俄罗斯和全世界第一位宇航员加加林等其他苏联名人的骨灰。

向这些俄罗斯伟人们献上一束鲜花后，我们走吧。

这一走要走很远，要离开莫斯科、离开俄罗斯、离开欧洲，去那大洋彼岸的美利坚。

第二十九章　美洲与印第安文明

美洲是一个比较特别的洲，是一片“新大陆”。

美洲殖民简史　1492年8月3日是西方历史上一个重要的日子，哥伦布率领他小小的船队出发了，共计3条船、87个水手。

他一直往西航去，不久就看不见陆地了，唯有无边的大海，他们的船走啊走啊，一天又一天，然而水天一色，四望无涯，天上连鸟都没有一只。那些水手们从来没有这么多天看不到陆地，他们中有些人害怕了，尤其是那些认为大地是平的，外面的世界只是无边大水的人。他们有人想发动暴乱，要求回转航程，但被哥伦布制止了。

两个多月后，他们终于在天上看到了一只鸟，有经验的水手都知道，鸟是不会离开陆地太远的，它们要有落脚的地方。他们又走了几天，仍没有看到陆地，到了10月9日，哥伦布也有些气馁了，答应水手们如果三天内没有看到陆地就打道回府。

漫长的三天慢慢过去，眼看到期了，水手们准备掉头回家时，突然有人大叫起来：

“看！陆地！”

这天是1492年10月12日，他们已经在海上航行了整整70天。对于哥伦布，这是他的发现之旅的一个终点，然而对于西方，甚至对于整个近代世界，这是一个起点。

这就是哥伦布发现美洲新大陆的经过。

后来，在这片大陆上建立了庞大的西班牙殖民帝国。

西班牙殖民帝国建立的历史就是一幕幕对美洲进行血腥掠夺、对印第安人进行血腥屠杀的历史。

在这场血腥的屠杀中，两个最大的刽子手是科尔特斯和皮萨罗。

1519年，科尔特斯这个破落贵族出身、上大学被扫地出门的家伙，带着11条船和700多名士兵，其中有200个是与他同盟的印第安人，还有几匹马，从古巴出发来征服阿兹特克了。他极尽拉拢收买、挑拨离间之能事，用卑鄙的手段对付天真得根本不把他们当敌人的阿兹特克人。最后，其雄伟和人口众多且不亚于当时之巴黎、伦敦的阿兹特克首都特诺奇蒂特兰被夷为平地，伟大的阿兹特克帝国和它高度的文明被彻底毁灭了，西班牙人占领了与今天墨西哥大致差不多的地区，以后又不断南进，将整个中美洲变成了殖民地。殖民者在特诺奇蒂特兰的废墟上建起了今天的墨西哥城。

还有皮萨罗，无知使他从根本上消除了文明对人的影响，成了一个地地道道的野兽。1531年，他带着一支小部队，只有一百多号人、几匹马、两门火炮，翻越安第斯山天险，花了整整一年时间终于到达了“黄金之国”印加。天真的印加王亲自去看望皮萨罗，皮萨罗将这位好客的国王逮了起来，投进了一间长近7米、宽5米多、高近3米，体积约105立方米的牢房。然后对印加王的臣民们说，如果他们想救国王的命，就得用金子把这间牢房填得满满的，一点空隙也不能留。

印加人做到了，真的用金子把那个大房间填得满满的，得到如此庞大的财富后，皮萨罗并没有释放印加王，而是绞死了他，临死前还逼他入了基督教，说不这样的话他死后会下地狱受永世的苦难。

灭亡印加帝国后，皮萨罗就把这里变成了一个新殖民地，就是现在的秘鲁。

科尔特斯和皮萨罗的成功大大鼓励了西班牙的流氓无赖们，他们像一群闻到了臭气的苍蝇，一窝蜂似的朝新大陆扑来，到处探险，搜寻金银财宝、扩张殖民地。

建成后的西班牙殖民帝国北抵现在美国的中部，然后往南直到美洲的最南端，除了由葡萄牙占领的巴西外，统统都属西班牙殖民者所有。

此后又有英国人，他们本来想找到通往印度的西北航线，可没找着，却到达了北美，后来，通过与法国的战争，英国在美洲获得了广大的殖民地，包括今天的加拿大、密西西比河以东全部地区，还从帮法国打仗的西班牙手中夺取了佛罗里达。

至于俄国，早在1728年，沙皇就派了一个叫白令的舰长绕过亚洲的最东端去勘测美洲。白令于是率舰东行，到达了分割美洲与亚洲的海峡，那里现在还叫白令海峡。他继续东行，到达了美洲，俄罗斯人对美洲的殖民由此开始。

经过百年扩张，俄罗斯占领了整个阿拉斯加。后来，1867年，美俄双方签订条约，美国人只花了700万美元就买到了这片广袤的土地。这价钱意味着约3亩地才卖了1分钱。甚至据说后来这笔钱也被美国人赖了账。

阿拉斯加位于美洲的最北端，至此，整个美洲就落入了欧洲人的手里。印第安人在他们自己的土地上成了奴隶，成了被殖民者任意宰割的羔羊。

在西班牙到达美洲的最初50年中，被屠杀的印第安人在1200万以上。

在许多地方，印第安人被彻底消灭了。例如在牙买加岛，哥伦布发现它时岛上的印第安人超过30万，但仅过了四十几年就一个印第安人也没了。

上面这一系列的“发现”与征服奠定了美洲的概况：在北面，是英国人的殖民地，在南面是西班牙人和葡萄牙人的殖民地。

后来这些殖民地赢得了独立，我们只特别记录了其中英国北美殖民地的独立，也就是美国的诞生。

美洲的土地、人民与文明　对美洲这片“新大陆”的历史做了一番简述之后，我们要谈谈它的现状了。

美洲位于西半球，被分成了南美洲和北美洲两个大洲，中间以巴拿马运河为界。不过我们现在要把美洲当作一个整体来看，先看看它的自然地理与人文地理，再给大家讲述三个伟大的印第安文明——玛雅文明、阿兹特克文明和印加文明。

美洲东临大西洋，西濒太平洋，西北面与亚洲只隔着窄窄的白令海峡；东边则是辽阔的大西洋；在大西洋彼岸与之遥遥相对的，北面是欧洲、南面是非洲；南隔德雷克海峡与南极洲相望。整个美洲的面积约4200万平方千米，其中北美洲约2400万平方千米，南美洲约1800万平方千米。

美洲的另一种划分是在政治区划上的，即分为北美洲和拉丁美洲。这种划分事实上更加通行，从自然地理上说，北美洲只包括美国和加拿大两国的大陆及沿岸一些岛屿。主要包括两组：

一组是美国阿拉斯加附近像条长链的阿留申群岛和它南边一点、紧靠海岸的亚历山大群岛，它们都是同阿拉斯加一起被美国人从俄国人手中买来的。

另一组是加拿大东北方密密麻麻的一大片，其中最有名的是格陵兰岛，它的面积近220万平方千米，是世界第一大岛，是丹麦领土。

除了这两组外，北美洲其他地方的岛屿就很少了，像美国东西海岸外几乎是茫茫的一片水域。少有的例外之一是美国东海岸外的百慕大群岛。20世纪50年代之前，在这一海域曾多次发生过飞机、舰船神秘失踪的事件，给人留下了十分恐怖的印象。后来人们就把它称为“百慕大魔鬼三角”。

美洲的地形简单、气候复杂　美洲地形的大势比较简单。它的西部盘踞着科迪勒拉山系，它也是世界上最漫长的山系，纵贯整个美洲，其面积约占整个美洲大陆的1/3，它又分成西科迪勒拉山脉与东科迪勒拉山脉两大支。

西科迪勒拉山脉又称为海岸山脉，因为它从美洲最北端的阿拉斯加起一直沿着美洲大陆海岸线往南，直达南美洲。它又可以分成许多小一些的山脉，包括美洲最雄伟高峻的一些山脉，最高峰是阿拉斯加的麦金利峰，海拔6100余米。东科迪勒拉山脉在西科迪勒拉山脉之东，也由一系列南北走向的山脉组成，最北面是阿拉斯加的马更些山脉，往南是著名的落基山脉，再到了墨西哥是东马德雷山脉，到中美洲是南向山脉。

东科迪勒拉山脉是一条重要的地理分界线，将美洲西部的太平洋流域与东部的大西洋流域以及北部的北冰洋流域分开。

在北美东部还有阿巴拉契亚山脉，这三条大山脉之间是广阔的高原与平原，我们等到讲美国时再说它们吧。

南美洲的西部是科迪勒拉山系的中段和南段，又叫安第斯山，它沿太平洋沿岸由北向南垂直而下，大部分地段海拔在3000米以上，并有不少山峰超过6000米，最高峰是玻利维亚的汉科乌马峰，海拔7000多米，是整个西半球第一高峰。安第斯山以东，平原和高原相间分布，从北向南依次为奥里诺科平原、圭亚那高原、亚马孙平原、巴西高原、拉普拉塔平原和巴塔哥尼亚高原。

这三个大平原分别由三条同名的大河及其支流冲积而成。其中由世界上流域面积最广、流量最大的河流亚马孙河冲积而成的亚马孙平原也是世界上最大的平原，面积达560万平方千米。那是一片无边无际的热带原始森林，占全球热带雨林的1/3，里边生长着红木、檀香木、铁树、香膏木、花梨木等贵重木材，地球上相当一部分氧气是由它制造的，因此它又被尊为“地球之肺”。

主要位于阿根廷境内的拉普拉塔平原是世界上著名的农业区，它的南部叫潘帕斯草原，属于阿根廷，覆盖着肥沃的黑土，是全世界最富饶的地方之一。

巴西高原面积500多万平方千米，是世界上最大的高原。它和圭亚那高原一样，均由古老的结晶岩构成，埋藏有极丰富的矿藏，如铁、锰、铬、镍、金、金刚石、铀，等等，且储量很大。尤其是这里的铁矿，如伊塔比拉铁矿，含铁量达70%，是全世界最好的铁矿。

由于美洲从北到南几乎纵贯整个地球，跨寒、温、热三带，气候极复杂多样，几乎包括了地球上所有的气候类型。其南北两端处于北极圈和南极圈之内，是寒冷的极地气候。北美洲广大地区则主要是温带大陆性气候，往南到了墨西哥湾沿岸为亚热带气候，再往南到了中美洲和西印度群岛就是热带气候了，赤道从南美洲北部横贯而过，它的两边就是热带雨林气候了，这里有世界上最广阔的热带雨林，降水量极大，是全世界最湿润的地区。

这里的厄瓜多尔被称为“赤道之国”，它的首都基多就位于赤道线上，建有世界著名的“赤道纪念碑”。

美洲是世界上人种最复杂的大洲　美洲也许称得上是世界上人种最为复杂的地区。我们知道，印第安人是从亚洲移居美洲的，属于同我们中国人一样的蒙古人种，即黄种人。他们大约在距今约3.5万到2万年前，横跨当时冰冻的白令海峡，在阿拉斯加及附近岛屿登陆，后来逐渐南移，终于遍布整个美洲大陆。他们才是美洲大陆的真正发现者，是美洲一切土地的合法所有者。

15世纪时，欧洲的白种人开始闯入这片土地，他们驱逐印第安人，烧毁他们的家国，大批屠杀他们，几百年之后，这些白种移民的后裔就成了美洲的主要居民。

还有，自从发现新大陆后，大量殖民者涌进了美洲，但随着殖民者增加的是印第安人的急剧减少。

这就造成了一个问题：谁来为殖民者干活呢？殖民者自己四体不勤、五谷不分，哪会亲自去开矿种粮？于是他们将目光转向了非洲，他们知道，世界上没有比黑人更好的劳力了。黑人不但身强体壮会干活，而且似乎能够安安心心做奴隶，不成天想着自由什么的。所以殖民者很早就开始从非洲把黑人弄到美洲去做奴隶了。

于是，贩运黑奴正式成为一种商品交易，像香料或者丝绸一样的交易。1513年，西班牙国王正式颁发执照，准许将黑人运到美洲去当奴隶。

殖民者一开始是在非洲的西海岸抓黑奴，抓完这里的黑人后就到整个非洲去抓了。

他们找黑奴的方式有两种：自己抓或者买。第一种方式是早期的方式，殖民们扛着枪，扑向黑人们的家园，见人就抓，用铁链锁起来装上船运往美洲。这种方式的缺点很明显：危险。黑人们可不是兔子，怎会任由殖民者抓呢？他们常用弓箭和棍棒将殖民者打得狼狈而逃。狡猾的殖民者就用了第二种方式：买。他们先收买一些黑人部落首领，叫他们带人去攻击其他部落，大抓俘虏，然后卖给殖民者。殖民者们用几小块布、一个玻璃球之类的小玩意就能换回好几个黑奴。

黑奴贸易给西方，尤其是英国带来了巨额财富，为他们早期的资本主义发展提供了原始资本。然而对于黑人却是无边的苦难，黑奴贸易中总共有超过1000万黑人被贩到了美洲，但非洲因此而损失的青壮劳动力超过1亿。也就是说，殖民者要杀9个黑人才能把1个从非洲送到美洲。

这样的结果之一是令美洲的人口中又增加了一个新的种族——黑种人。

这样，地球上所有三大人种：黄种人、白种人、黑种人都有了，这在全球各大洲中是独一无二的。

但这还远远没有完呢。这三个种族既然生活在同一片土地上，而且是完全混杂而居，那通婚与混血便变得不可避免了。于是，在美洲，特别是拉丁美洲，便出现了无数混血儿，有的是白种人和黄种人之间的混血，有的是黑种人和白种人之间的混血，还有的是黄种人和黑种人之间的混血。更进一步地，这些混血儿之间，他们同其他三个人种之间，又在不停地继续混血下去。如此的结果是，最后大多数混血儿根本不知道自己是什么人种或血统了——多半是三种都有呢！

现在，这样的混血儿已经占了拉丁美洲人口的一大部分。其中最显著的例子是巴西。在它的近2亿人口中，很难找到纯正的白种人、黄种人或黑种人，几乎全都是混血儿，而且那所混的血也是乱七八糟，从几百年以前就一路混过来了，根本不知道个究竟。

虽然人种如此复杂，但拉丁美洲的语言可不如此。拉丁美洲这个名字是如何来的呢？就是因为这里的人们说的都是拉丁语系的语言，与说日耳曼语系语言的北美洲不同，所以名为拉丁美洲。具体而言是说拉丁语系中的两大语言——西班牙语和葡萄牙语，巴西用葡萄牙语，其他绝大部分国家用西班牙语。

但也有少数例外，如海地用法语、牙买加等几个西印度群岛国家和圭亚那用英语、苏里南用荷兰语。

当然，我这里所说的人种与语言都是拉丁美洲的事，至于北美洲的美国和加拿大，那人种是相当单纯的，混血儿很少。特别是在加拿大，就是法国人和英国人之间也是分区而居，法国人大都住在一个叫魁北克的地区，不同种族之间很少通婚。

北美洲的语言，除了魁北克的法裔人说法语外，其他人大都说英语。

正由于人种的丰富，各个人种又带了各自的文明：白种人带来了欧洲的西方文明，黑种人带来了非洲文明，印第安人则早在千万之前就已经创造了辉煌灿烂的伟大文明。来到美洲之后，这三大文明之间又像人种之间一样，互相融合成了一种崭新的文明——美洲文明。

但就像人种上北美洲的美洲人与拉丁美洲的美洲人之间有很大差别一样，北美洲和拉丁美洲之间的美洲文明也有着相当大的区别：北美洲的美国和加拿大虽然受到了非洲文明和印第安文明的强烈影响，但欧洲文明仍明显的是主体。拉丁美洲就不同了，这里的文明已经不是三种文明中的任何一种，也没有任何一种占据绝对的优势，同时三种文明又明显地在其中留下了深深的烙印，而形成了一种真正的新型文明。

三个伟大的印第安文明　我们在这里要详细说的既非北美洲的欧洲型美洲文明，也非拉丁美洲独特的美洲文明，而是伟大的、纯粹的印第安文明。

在数千年的发展过程中，印第安人创造了丰富多彩的文明，就像西方文明有希腊文明、罗马文明一样，伟大的印第安文明也有许多分支，其中最伟大的是三个：阿兹特克文明、印加文明、玛雅文明。

嗜血的阿兹特克文明　在印第安人中，阿兹特克人的历史并不是最早的，甚至是相当晚的。阿兹特克人很早以前就存在了，不过直到12世纪才现身于现在的墨西哥中部地区。他们定居在特斯科科湖中一些岛屿上，逐渐强大起来，13世纪时建立了伟大的特诺奇蒂特兰城。

关于特诺奇蒂特兰有许多传说，有些很神奇甚至带些夸张色彩，但可以肯定它确实是当时世界上最大的城市之一，其规模甚至比同时代的伦敦或者巴黎都要大，其建筑之雄伟也不下于之。它的大致位置就是今天墨西哥的首都墨西哥城。城市面积约10平方千米，人口达30万。城内街道、广场整齐有序，宛如今天的现代城市。全城有3条宽10余米的大堤同湖岸相连，还筑有10多千米长的防汛大堤。两条宽阔的石槽将湖中淡水引入城来。

整座特诺奇蒂特兰都为厚实的城墙所包围，城内有神殿、王宫、行政官署、贵族府邸、游戏场、学校等建筑，均豪华炫丽。尤其是神殿与王宫，建筑极为壮观。

城市中心是一个大广场，它有40余座金字塔形神庙，其中最大的一座塔基边长约100米，宽约90米，四周有带箭垛的围墙环绕，塔顶建有供奉阿兹特克人的主神——太阳神维齐洛波奇特利和雨神特拉洛克的神殿。城北是商业中心，有一个用石柱廊环绕的巨大市场，据记载可容纳6万人做生意。城里即使普通的民宅也大都用美观的白石砌成，依水而建，每家都在水面上放着一个个大木排，上面铺上肥沃的泥土，再种花培草，是真正的水上花园。

阿兹特克人有十分发达的农业，他们借助特斯科科湖建立了完善的灌溉系统，又开垦周围荒地，令它们变成旱涝保收的良田。粮食的丰足壮大了阿兹特克人的国力，使他们有力量去建设伟大的城市，并且征服周围的邻邦。到15世纪时，阿兹特克人已经建立起一个强大的帝国，其领土包括了今天墨西哥的整个中部地区，面积达20余万平方千米。被它征服的小邦有四五百个之多。

阿兹特克人有着相当发达的文明，他们能够制作美观的五彩陶器，各种用绿松石雕刻、鸟羽镶嵌而成的装饰品十分精美，还有许多的金、银、铜制品。

阿兹特克人最伟大的文明成就是他们的历法。这就是著名的阿兹特克历。

阿兹特克历的主要特点就是把宗教周期和太阳年结合起来。具体地说，阿兹特克人有一个宗教年，即每年13个月，每月20天，这样一年是260天。同时又有一个民间实际使用的年，即太阳年，它把每年分成18个月，每个月20天，年终再加一个只有5天“无名日”的月份，一共就是365天了，这是十分精确的历法了。每过52年，宗教年和太阳年就要有一次回复到原来的顺序，这有点像中国的甲子纪年法，每隔60年就是一个甲子。每到这样的时候，阿兹特克人都要举行最盛大的仪式来庆祝。

阿兹特克人以他们的历法而自豪，并将之雕刻在一块大石头上，这就是著名的“太阳石”。

太阳石称得上是阿兹特克文明的象征。它的外表很像一个大磨盘，直径3.6米，重达24吨，在它的中央雕刻着阿兹特克人的太阳神，它周围放射出光芒，在太阳神的上下左右分别刻着四个太阳的二十天图像，在四围还刻有宝石鲜花等，这就是对太阳神的礼赞了。所以“太阳历”表达的不但是阿兹特克人的历法，还有他们对于宇宙的观念。

这个观念大致是：阿兹特克人相信，自上帝创世以来，他们曾历经过四个太阳，但这四个太阳相继被风、虎、水、火所毁灭，最后，只有第五个太阳，即他们的太阳神，成为胜利者。这就是圆盘中央的太阳。

阿兹特克人将太阳石刻出来的目的是要献给太阳神，它本来装饰在特诺奇蒂特兰大神殿的墙上，后来，西班牙人毁灭了伟大的特诺奇蒂特兰，破坏了神殿，但太阳历石却奇迹地留存下来，后来被埋到了墨西哥城的大广场地下，18世纪时终于被发现，成为墨西哥的镇国之宝。

至于阿兹特克文明的毁灭，我们在前面已经说过了。

其实远在西班牙人来之前，它已经衰落了，其主要原因在于阿兹特克人自己。

原来，阿兹特克人相信，世界时刻处在洪水滔天和太阳熄灭的危险之中，消弭危险的唯一办法就是用活人向神灵献祭。因此阿兹特克人频频向四邻发动战争，不但从被征服的部族那里大掠战利品，更主要的是抓俘虏，并且将他们的心挖出来在金字塔顶上献给神灵。

不仅如此，他们将大批战俘献给神灵的目的也是要神保佑他们在下次战斗中抓更多的俘虏，那时他们便能将更多的战俘献上来。这样就形成了一个越来越严重的屠杀恶性循环：杀人是为了献祭，献祭则是为了能杀更多的人。

有时，当战俘不够时，为了不触怒神灵，阿兹特克人便同样大杀自己的奴隶甚至普通百姓，特别是年轻女子，到后来，就是战俘够，也同样要杀。

于是，在阿兹特克人金字塔的平顶上经常可以看到这样的情形：一排年轻貌美的阿兹特克姑娘，赤身裸体地跪在那里，旁边是一条又长又宽的石凳。阿兹特克人的祭司和助祭将姑娘抬起，仰卧在石凳上，只见祭司一刀扎下去，熟练地将姑娘还在跳动的心脏取出来，然后高举过头，向天空的太阳祝祷。一会儿后又杀另一个，平顶上的鲜血已经漫过了祭司们的脚背。

这还是少的，当阿兹特克人战争胜利，抓了大批俘虏，或者有什么节日要庆祝时，这样的屠杀可能一天就是好几千，巨大的金字塔都被鲜血染红了。

不但是特诺奇蒂特兰，事实上在阿兹特克人的每一个稍大的城镇都有这样的金字塔，它们也都要用鲜血来喂养。于是，在所有阿兹特克人居住的地方，到处都是累累白骨。

这种漫无止境的屠杀不可避免地对阿兹特克文明产生了极为恶劣的影响，使它走向衰亡。

印加帝国和“世界之脐”库斯科　印加族原来是居住在秘鲁南部高原的一个讲歧楚阿语的小部落。据传其最早的统治者曼科·卡帕克在1000年左右带领部落来到了现在属于秘鲁的库斯科，后来曼科·卡帕克及其继承人辛契·罗卡首先征服了库斯科谷地内邻近的各部落，建立了政府，制定了法律，并最终形成了印加帝国。

印加帝国先后有多位君主。早期有：略克·尤潘基，他带领一支军队穿过科利奥高原征服了科利亚人；迈塔·卡帕克，他最早在阿普里马克河上架了桥，率军到达今天秘鲁的莫克瓜和阿雷基帕；卡帕克·尤潘基，他是个武士，巩固了先辈们的征服地，并到达今天的玻利维亚，控制了沿海的纳斯卡人。到1438年，帕查库蒂登上了印加王位，他是印加帝国的第九个王。

帕查库蒂的上台对于印加帝国的发展起到了决定性作用。他就如他的名字一样，“帕查”的印加语意思是时间或者土地，而“库蒂”的意思则是改革、转变。他在政治和宗教方面进行许多重大改革，又对外大力实施军事征服，使帝国领土急剧扩展。

帕查库蒂的改革措施之一是树立了一个新的大神：库斯科的最高神帕查卡马克，其地位要高于先前的大祭司们掌祭的太阳神。据说，当那些大祭司们和一些印加贵族不想这样做时，他坚定地回答：“太阳操劳得很好，早晨起来很早，温暖大地，晚上退走。可是如果没有上帝、万物之主、伟大的帕查卡马克，那么谁来指挥太阳呢？”大祭司们无言以答，只好听从。

帕查库蒂还改进了历法和调查人口的制度，又设计了库斯科城的建筑规划。

在军事上，1438年时，帕查库蒂指挥军队反击昌卡部落的入侵，取得大胜，扫除了帝国扩张的大障碍，此后，他不断率军出征，先后降服了卡哈马卡、纳斯卡、利马等地。

帕查库蒂之后，又一个伟大的印加王图帕克·尤潘基开始了进一步扩张，他向北夺取了现在厄瓜多尔的首都基多一带，向南推进到今天的智利中部，整个安第斯山脉中部各个部落都已经归顺帝国。到16世纪初，印加帝国已经囊括了今天秘鲁、厄瓜多尔、玻利维亚几乎全部领土，还有哥伦比亚、阿根廷和智利的一部分，其疆界北起哥伦比亚的安卡斯马约河，南至智利中部的毛莱河，南北长达4000千米；东达亚马孙河森林区，东南抵阿根廷的图库曼，西濒太平洋，人口在600万以上。

帝国的中心无疑是伟大的库斯科城。

印加人认为，库斯科是世界的“肚脐”。

您还记得吗？前面我们漫游希腊时也曾说过，古希腊人认为德尔斐的阿波罗神庙乃是世界的“肚脐”。

库斯科城位于海拔3000多米的库斯科盆地，这里有许多宫殿和官邸。最宏伟的宫殿是印加国王住的，各地酋长也在这里建造了他们的府邸，好让他们朝见君主时有地方住。他们如果来自北方就住在城北，若来自南方的就住在城南，依此类推。而每座酋长的房屋都被他的部落民的房屋环绕着，而且这些房室的建筑式样都各有特色，因此，走遍库斯科就如同参观了整个帝国。

库斯科城的中心是宏伟壮观的太阳神庙。

神庙名叫“科里坎查”，即“金宫”之意，关于它的雄伟壮观有许多传说，其中秘鲁作家、印加贵族和西班牙人的混血儿西拉索·德拉维加的描写最为细致，他说：

> 太阳神庙是在朝东的一块圣地上建造起来的，整个庙宇是用精心修整的、平坦而巨大的石板砌成的。为了让空气流通，屋顶造得很高，用茅草盖成。还有一个很优美的祭台。大殿的四周墙壁从上到下全部镶上较厚的纯金片，所以这座神庙得名为“金宫”。在正面墙壁上有太阳神的像，它是个绘有男子脸形、周围环绕光芒和火焰的用黄金制成的圆盘。它面朝东方，当受到初升的阳光直接照射时就放出万道金光。
>
> 在太阳神偶像的左右两侧，按照古代习俗在金御案上供奉着历代印加王的木乃伊，远远望去，它们就像真人。大殿中央置有一个华丽的御椅，举行典礼时，印加王就坐在御椅上。

在大殿的外围还有五个正方形小殿。第一个小殿供奉月亮神，他是太阳神的姐妹和妻子。这个小殿的每一样东西部是用纯银制成的。月亮神偶像是个绘有女子面容的银制圆盘。在它的两侧安放着印加王后的木乃伊。第二个小殿供奉金星和七颗大星，以及天国其他星星，故名为星房，里面的东西也都是银制的。第三个小殿供奉雷神和闪电神。第四个小殿供奉彩虹，墙壁上绘有一个巨大的彩虹图案，名为“丘伊丘”，它有七种不同的颜色。第五个小殿是供祭司们使用的，据说它的墙壁是用金银宝石装饰起来的。

太阳神庙旁边还有一个献给太阳神的“黄金花园”。园中点缀着的种种花草树木、飞禽走兽、蚂蚁蝴蝶等全都是用黄金和白银精心铸成的。据说，当初皮萨罗一伙冲进来劫掠时，西班牙殖民者开始以为只是一个普通的花园，并没有去抢掠，直到一个士兵偶尔去摘花才发觉真相。

即使从现代人的眼光看，太阳神庙的建筑技巧也是极高超的。它的墙壁用巨大的石块砌成，许多重达百吨。石块打磨得十分平滑，虽然石块之间没有用什么东西粘连，接缝处之衔接也十分紧密，就是最薄的刀片也难以插进。

具有高度建筑艺术的建筑物中，除了太阳神庙之外，最突出的还有另外两座：萨克塞瓦曼堡和马丘-皮克丘堡。

萨克萨瓦曼堡建筑在一个山坡上，俯瞰库斯科城，其名字的意思即“帝国猎鹰”，是印加人建来护卫首都的巨大防御体系，它共分三层，每一层的城墙都高达近20米，长500余米，曲折蜿蜒，形成许多弯角，使防守者可以从侧面攻击爬上来的敌人。

古堡内建有许多房舍、地下走廊、地下水源、仓库等，堪称一座完备的城堡。为了建筑它，印加人用30多万人工，经70年才告完成，所用巨石总数达30多万块，最重的一块达200吨。

马丘-皮克丘城堡主要是神庙，位于库斯科以北75千米处的乌鲁班巴河畔，它高出河面2500多米，建在青翠、险峻、怪石嶙峋的山脊上，俯视着幽深的河谷。

马丘-皮克丘的主要特点是人工建筑与自然环境和谐地结合在一起。有的地方，印加人把人工凿成的建筑石料移接到巨大的自然岩石上，使得建筑物与大地浑然一体。他们又用石块建成的水渠把中断的泉水连接起来，形成一条中间有小瀑布和水池的小溪。那清澈的泉水被印加王封为“水中之王”。

印加人另一项伟大的建筑成就是遍及全国的道路网。

印加帝国的道路网以南北两条均长约3600千米的干线为基础：一条干道从今天的哥伦比亚和厄瓜多尔边界起，穿过厄瓜多尔、秘鲁和玻利维亚中部，再从玻利维亚分出两条支线：一条通向现在的阿根廷境内，另一条通向智利。第二条干道北起通贝斯，沿海向南直到智利中部。这两条干道之间有一条支线：从库斯科向西直到海边，再与沿海干线相接。此外，还有从干道分出去的许多支线，它们能通往全国各地。

这条大道逢山开路，遇水架桥，一路翻高山、越峡谷，堪称壮丽，中间有上百座木桥、石桥和藤条吊桥，路边每隔7000米多就竖一块里程碑，每隔19～29千米就建一座供行人休息的屋舍。据说在这条道路上传递信息，一昼夜可达240千米。

印加帝国有相当发达的农业，发展农业的主要地区是安第斯山脉各谷地。但那里的山谷幽深狭窄，山坡陡峭。到了雨季，山水顺坡而下，冲刷土层，旱季则干旱缺水。面对这样不利耕作的自然条件，印加人想出了一个最好的主意——修筑梯田。

他们先用石块在山坡上砌成几堵矮墙，再将里面铲低铲平，又运来肥沃的泥土将之填满，这就是第一级梯田，此后，在上面接着建第二级、第三级……，最后整个陡峭的山坡都被变成了层层平整的梯田。从山坡下朝头上望去，那层层梯田仿佛是一级级台阶，个个山峰也成了座座巨大的金字塔。

印加人也是高明的外科医生。他们不但会治疗各种常见病，还会做各种复杂的外科手术。其中最了不起的就是他们的“穿颅术”。

印加人很早以前就懂得这种手术，并且对于他们而言，好像这不是多么了不起的手术呢！他们经常对头盖骨施行各种穿颅术，以便取出因头部受伤而留在颅内的污血或碎骨，他们也用这种法子治疗精神病人。

在治疗前，医生们先以含有大量吗啡的古柯叶对病人施行麻醉，然后才开刀，这样病人就不知道痛了。动手术用的工具则是T形的铜刀甚至尖利的石片。手术完毕后就用他们特制的绷带和纱布包裹起来。这情形简直同现在的手术没多大差别呢！

伟大而神秘的玛雅文明　印第安文明中之最伟大者是玛雅文明。

远在约公元前1000年，相当于我国西周时期，就有一支印第安人在现在的墨西哥东南部尤卡坦半岛、伯利兹、洪都拉斯、危地马拉一带定居，这个地区后来被称为玛雅，因为这里曾经生活过一支强大的叫玛雅人的印第安人。

这个玛雅地区东临加勒比海，南濒太平洋，西邻墨西哥中部，北接墨西哥湾，占地30多万平方千米。它的南部是高原，盛产橡树和龙舌兰。玛雅的中部地势较缓，是热带雨林气候，经常下大雨。那里密林覆盖大地，生活着大量各种动物。北部尤卡坦地势较低，是热带草原气候，水源不多，饮水主要靠打井或少数天然泉眼。

初来尤卡坦半岛时，玛雅人还是一些原始民族，但能够制造相当精致的石器，也能够烧陶。这时玛雅人的农业已经相当发达了，他们有品种多多的农作物，如玉米、土豆、南瓜、番茄、辣椒、棉花、可可、烟草等，实际上，这些作物大都是玛雅人最先培育出来的。

我们只要想想如果现在世界上没有这些农作物将会怎样，就可以知道玛雅人是多么伟大了。例如，要是没有辣椒，那我们的生活该是什么滋味啊！

时光就这么过着，玛雅人的社会慢慢发展了，到4世纪时，其文明已经发展成熟，产生了相当典型的玛雅文化。玛雅的历史也由比较原始的古代时期走入了伟大的古典时期。

此时玛雅地区已经有了许多城邦式的国家，有了文字。例如仅现在已经发现为自己的城邦树立纪年石碑的城市就达一百多个。最早建立的提卡尔城这时已是占地千余亩，有3000多座建筑物的大城了，城内还有了蓄水池和天文观察台。它的废墟如今仍在，相当壮观。

这最早的玛雅古城基本上建立在尤卡坦半岛南部的佩腾-伊查湖畔。到6世纪左右，他们受到了外族的入侵，被迫从南部往尤卡坦半岛北部迁移。

到了北部后，他们在那里发现了两口巨大的天然水井，有了水就有了生命之源，他们在这里定居下来，到8世纪时，他们已经又建立了一座大城，名叫奇陈-伊查，意思是“伊查人的井口”。

由于玛雅人的生活甚至生命完全有赖于这口井，而且这井的水质十分好，井口宽达60米，饮之不尽，因此玛雅人把它当神来崇拜。崇拜的仪式之一就是往里面大量地抛撒金银珠宝，甚至把人也扔进去，如果有谁能在里面几个小时都不死，就被会认为是神灵附体。

这里我先给大家说个故事。

若干个世代之后，一个叫汤普森的美国人从一位传教士的记载中知道了这事，立即做起了发财梦。他费尽心机，终于找到了传说中的“圣井”。于是，在某个夜晚，天气晴朗，月光皎洁，汤普森和他的助手们踏着被月光染成银白色的小道，走向漆黑的森林，他们走了很久，终于找到了圣井。这时它的周围早已荒无人烟，而井水也已经远没有过去那么多了，他们经过一番神秘的探索，据说是找到了一条能通向井底的暗道，便赫然发现了他们梦寐以求的珍宝！在井底堆成了小山，中间还夹杂着累累白骨。

大约在9世纪末时，玛雅人突然变得古怪起来。本来，经过几百年发展，这里已经有了几十座玛雅城市，每座城市都为自己立了碑，但到889年左右，一座叫乌沙克通的城市立碑后，这种记载玛雅历史的碑铭就再也看不见了，许多玛雅人也迅速地、谜一样地从这个地方消失了。宏伟的玛雅城市被遗弃，一些房屋甚至只盖了一半便永远没有盖下去了。好像突然遇到某种袭击，人们匆匆逃走了。

但玛雅人并没有消失，他们中的许多又继续往北方迁去了，另一些人仍留在原地。但对于玛雅人而言，他们的最伟大的古典历史时期已经过去了，代之而起的是后古典时期。

这个后古典时期的象征是来自墨西哥中部的托尔特克人的入侵。

从10～11世纪起，托尔特克人的后裔统治着奇陈–伊查，它现在已经是玛雅最重要的城市。伊查人的主神称为“库库尔坎”，它掌管空气和水，其形象是背上长着羽毛的大蛇，被称为“羽蛇”。

这时，均位于尤卡坦半岛北部的三座大城玛雅班、奇陈–伊查和乌斯马尔已经联合起来，但这种联合并没有持久，到12世纪末，玛雅班在强大的王伊那克·塞尔的领导之下，先后打败了奇陈–伊查和乌斯马尔，成了霸主。他又大建玛雅班城，使它成了当时最繁荣的大都，据说城内大建筑就有3500多座，政府高官们的房舍都极尽奢华。

到了15世纪，当一个叫柯柯姆的人在位时，玛雅帝国发生了内乱，玛雅班城遭到了毁灭性打击，从此衰落了。

衰落的结果是玛雅的四分五裂，各城邦之间要么大打内战，血流遍野，要么闭关自守，与邻邦老死不相往来。

15世纪末，玛雅班发生大瘟疫，居民纷纷逃亡，原来的玛雅班地区便彻底荒芜了，成为不毛之地。

原来的玛雅人成批地迁到了尤卡坦半岛南部的佩腾–伊查湖畔的森林中定居，并在那里又建立了塔赫–伊查城。由于那儿林木参天，花草繁茂，交通阻隔，一直不为世人所知，一直存在到17世纪末。

早从16世纪初开始，西班牙殖民者就开始不断侵略玛雅人地区，到17世纪末，他们终于征服了玛雅最隐蔽的塔赫–伊查城。

玛雅文明消失了。

征服玛雅人、毁灭玛雅文明的罪魁祸首就是科尔特斯。科尔特斯登上美洲大陆后——他的登陆地就是玛雅人所居的尤卡坦半岛——对弱小的敌人到处搞阴谋，拉拢收买，极尽挑拨离间之能事，天真的印第安人相信了他，许多部落同他结了盟，与他一起屠杀同胞。

这些与科尔特斯结盟的印第安人就是玛雅人。

以上就是玛雅文明的历史了，现在我们来谈谈它的成就。

我们说过，玛雅文明是最伟大的印第安文明，这样说是有道理的，因为几乎无论在哪方面，玛雅人的成就都超越了其他印第安文明，包括伟大的阿兹特克文明和印加文明。

玛雅人的成就是多方面的，无论城市建筑、雕刻、绘画、历法、科学等，都达到了相当的高度，许多方面甚至胜过了同时代的欧洲。

玛雅人现在留下来的文明遗址相当多，共达200余处，其中最有名的当属蒂卡尔遗址、奇陈–伊查遗址和科潘遗址了。

蒂卡尔遗址位于危地马拉东北部，是玛雅古典时期的文化中心，其城区面积达50平方千米，约有4万居民。城中央是祭祀和行政管理中心，就地势筑成高台，众多的金字塔式台庙、宫殿、官署等构成复杂的建筑群。此外还有道路、广场、运动场、卫城等。在城中心建筑群附近有好几处高大的金字塔式台庙，其中4号庙高近80米，是玛雅地区的最高建筑。

科潘遗址也属玛雅文明的古典期，它位于现在洪都拉斯西部边境，城区面积亦达数十平方千米。这里的金字塔式台庙比蒂卡尔的更加精美，台顶神殿有大量浮雕。

科潘还是玛雅文明的学术中心，不少建筑遗迹同天文、历法等学术活动有关。在一座台庙的阶梯表面，自下至上刻有2500个文字符号，被称为“象形文字之梯”，是现存玛雅文明的最长铭刻。

奇陈–伊查的现存建筑多完成于11～12世纪，以小巧玲珑取胜。主要遗迹有天文观象台、供奉库库尔坎神的金字塔式台庙、球场等。这里的天文观象台是一座建在方形台基中央的圆形塔式高台，台内有螺旋式阶梯连接各层，结构稳重，台上层窗户布局适合天文观测的需要。

玛雅人最伟大的成就也许是它在历法与数学上的成就，尤其是后者。

玛雅人的历法有四种。其中最精确的是365天的太阳历，其余三种为360日历、354日又8小时历，以及260日历。四种历各有各的用处，例如365日历是通行计时的历法，260日历是卜吉凶的，四种历还可以互相核对误差。365日的太阳历分为18个月，每月20天，年终加5天“禁忌日”。“20”是玛雅人的进位数，这来自人有十个手指和十个脚趾。以360天除以20天，即得出18（月）。

玛雅历的纪元开始时间相当于公元前3113年。

由于长期连续地观测和统计，加上精确的计算，玛雅人已能准确地预测日食。他们对金星轨道的观察和计算尤为出色，竟然能极精确地计算出金星绕太阳一周需要583.92天。如果按照玛雅人的方法推算金星的运转周期，一千年仅有一天的误差。

玛雅人的历法传到墨西哥中部，被阿兹特克人接受，他们将之刻在大圆石上，就是我们前面所说的“太阳石”了。

玛雅人最伟大的成就也许是“0”的运用。在长期观察天象和制订历法的过程中，玛雅人创造了独特的计算方法，他们将“0”的符号运用到数学计算中，比欧洲人要早8个世纪。玛雅人写的“0”像一只半闭着的眼睛。他们采用20进位法，但从第2位进到第3位时，却是用的18进位法。在玛雅人的数字中，“1”是一个圆点，“4”是四个圆点，“5”是一横。“6”是一横加一圆点，“9”是一横加四圆点，“10”是两横，“11”是两横加一圆点，“12”是两横加两圆点。“15”是三横，“19”是三横加四个圆点，依此类推。

玛雅文明中最有趣的也许是它们那奇特的象形文字了。

玛雅人的文字是所有文明形态中最古老的文字之一，乍看上去就是一幅幅的画，是典型的象形文字。字呈方形，共用三种符号：一是语音符号，也就是字母符号和音节符号；二是表意符号，表达完整的词义；三是部首符号，说明单词的类别、意义，但不发音。玛雅文字的排列一般是从左到右，自上而下。

更复杂的是，这种文字中还常夹杂着数码和图画，另有一种被称为“字谜体”的词，同音不同义，有时，几个词连在一起又能表达与原词无关的意义，例如一只眼睛和一只罐子，是表示“我能”的意思。

玛雅人的艺术成就也达到了很高的境界，例如我们在有关玛雅文明的书籍资料中最常看到的东西之一就是那幅古老的图画：几个酋长之类的人举着权杖或武器样的东西，他们的下面是一些躺在台阶上的战俘，其中一个已经被砍头了。

这幅画发现于墨西哥南部恰帕斯州的博南帕克，绘于6～8世纪。壁画藏在一间印第安人称为“画厅”的古建筑里，当地印第安人将之视为珍宝，秘不示人，直到1946年时才被欧洲人发现。这时他们可不能像以前那样为了抢画去把印第安人杀了，只能以墨西哥国立人类学博物馆和美国卡内基学会为主联合进行了研究，并且将之临摹出来让世人过目。

那个画厅一排3间，总长近17米、宽4米多、高约7米，在3个房间内壁，从墙基直至屋顶都绘着色彩绚丽的壁画：第一间屋的壁画主要表现贵族仪仗，第二间表现战争与凯旋，第三间表现庆祝游行。

其画法之精美、技艺之高超简直令人叹为观止，而且充满了一种神秘的远古气息，极为动人。唯一令人遗憾的是：它太过血腥了，充满了印第安人对生命的冷漠与对屠杀的习以为常。

由于玛雅文明的高度发达——我这区区的记叙远不足以表述其发达的程度，好久以前就产生了有关玛雅文明的许多神奇传说。

例如，1966年，有人根据已认出的这些玛雅文字，试译了一块玛雅石碑，发现它竟是一部编年史。令人不可思议的是，这部编年史中记有发生在9000万年前甚至4亿年前的事。还有，在石碑中竟出现了长达11位的大数字，如玛雅人有一个称为“阿劳东”的单位，它相当于23 040 000 000天，这样巨大的单位只有在测量星际距离和星际航行时才需要。

还有，在玛雅人的传说中，他们有好几个纪元，每个纪元都是以地球的毁灭性破坏之结束为起点的。玛雅的最后一个纪元开始于公元前3113年，据说这正是他们在中美洲定居下来的日子；他们的上一个纪元开始于公元前11000年，那时正好是地球一个冰河期的结束；再往前推，他们还有三个纪元，每个纪元的时间都要以几十万年或几百万年来计算。

我们前面已经说过，玛雅人有精确的太阳历，但他们同时却有四种历法，例如由13个月组成一年、每个月为20天的260日历。显然这种日历是毫无实际使用价值的，那玛雅人为什么要用呢？于是有人怀疑这是否是玛雅人的祖先从另外的世界带来的一份遗产呢？

更玄的是，据说100多年前从玛雅人的金字塔中发掘出来的东西今天已有一部分被人们辨认出来了，竟然是一些精致的透镜、蓄电池、变压器、太阳系模型碎片、不锈钢和其他不知什么合金制成的机械、工具等。于是他们便推测，金字塔原先很可能是玛雅的外星人祖先的供应库，就像百慕大海底那个大金字塔的用途一样。

联系我们在前面讲百慕大三角时说起过的情形，这不由得使人真的要想入非非、感觉天外来客或“幽浮”（UFO）就要向我们扑来了呢！

真是说不尽、道不明的玛雅文明。

第三十章　自然美国

美国总面积依据《大英百科全书》约953万平方千米，依据《中国大百科全书》约936万平方千米，从这两个数据上讲都仅次于俄罗斯、加拿大、中国，为世界第四大国。

但若就综合的自然条件而言，我认为它是这四国中最好的，而且，即便就全世界所有国家而论，美国之自然条件也堪称最佳。

美国有举世最优越之自然条件　请听我解释：俄罗斯比它大，自然资源比它丰富，然而俄罗斯偏居极北，气候恶劣，大部分地区并不适宜于人类生活；加拿大与俄罗斯一样偏居北地，气候严寒，面积则比俄罗斯要小得多，自然更不如美国；中美两国纬度大体一致，气候类型也大体相似。然而中国的自然条件比起美国来有一个大大的劣势：美国东西两岸分别濒临大西洋和太平洋，东部受大西洋影响，气候条件很好，对外交通便利。与此类似，其西部受太平洋影响，气候与交通条件同样好。

然而中国呢，我们的东岸广大地区固然面向太平洋，气候与对外交通同美国的东岸或西岸一样便利，但当我们将目光投向西部时，那里有什么呢？那里没有海洋，是世界上最大的大陆——亚欧大陆，从那里到达海洋有万里之遥，且最西部是世界上最高大雄伟的山脉——喜马拉雅山，这样，无论来自大西洋或者印度洋的水汽都极难进入，使这里气候恶劣，到处是广大而荒芜的沙漠、戈壁等不适宜于人类生存之地，这类地方差不多占了中国总面积的一半。

四大国之外的其他大国小国，例如法国，虽然它的气候等自然条件比美国还要好，但其面积不到美国的1/10；印度自然条件也不差，面积也不及美国的1/3；澳大利亚就更不用说了，面积虽大，但大部分地区是一望无际的沙漠；也许能够比比的只有巴西，它幅员只比美国小不到100万平方千米，也没有荒漠，又大部分地区处于热带，气温条件不差。然而它仍比不上美国，因为，在地球上寒温热三大气候带中，最适宜人类生活的并不是最湿润炎热的热带，而是温带。像热带季风气候或热带雨林气候地区虽然阳光充足，降水也多，然而它的缺点恰恰就在这里：阳光太多，一年热到头，雨水太多，空气温度大、温度高，人并不舒服。对此，像我这样生活在热带的人有切身体验。只有温带，既没有寒带的太冷，也没有热带的太热，人当然最舒服了，这就像中国古话所言：物极必反，过犹不及。

美国的位置与领土　美国本土位于西半球的北半球，南北之间最远距离约2700千米，大体相当于中国从北京到海南岛的距离；东西最宽处约4500千米，大体相当于中国领土之最大宽度。

美国属北美洲，其位置最明显的特征就是东西分别濒临大西洋和太平洋，在这两个大洋都有漫长的海岸线，总长2万余千米。它的南北两面分别只有墨西哥和加拿大两个邻国，与这两个邻国都有很长的边界线：与墨西哥的边界线长达3000多千米，与加拿大的更长达4000多千米，是世界上两个国家之间最长的连续边界线。

除了本土外，美国还有两片重要的领土：一是阿拉斯加，另一片是夏威夷。

阿拉斯加我们是久仰大名了，也知道了它是怎么到了美国手里的。它位于北美大陆的最北端，南与加拿大接壤，北隔狭窄的白令海峡同俄罗斯相望，面积150多万平方千米，是美国最大的一个州。

夏威夷是太平洋中的一串长达近2500千米的岛链，共有130多个岛屿，是美国面积最小的州之一。

这两个地方虽然远离美国本土，但都是卓有特色的宝地，有着丰富的资源与独特优美自然景观，我们将在下面有专章讲解。

除了这两个正式的州之外，美国还有不少的海外领地，主要有下面一些：加勒比海的波多黎各岛和美属维尔京群岛；太平洋的中途岛、威克岛、贾维斯岛、东萨摩亚、马里亚纳群岛、加罗林群岛，等等。

这些岛屿中最大的是波多黎各岛，它是加勒比海中最大的岛屿之一，面积近9000平方千米，略呈长方形，东西长160千米，南北宽55千米。属于热带海洋性气候，降水丰沛，土地肥沃，是个宝岛。风景优美，是旅游胜地。此外它还有一个迷人之处：是美女之乡，2001年的世界小姐就来自波多黎各。

这些岛屿中最重要的也许是马里亚纳群岛，它位于太平洋西部，其岛屿之一叫关岛，面积只有500多平方千米，是整个太平洋地区的咽喉之地，美军在这里驻有大批海空军，其B-52重型轰炸机从此起飞只需几个小时就可以到达中国大陆或者台湾地区。

美国的地形　像俄罗斯一样，美国本土的面积虽然相当辽阔，但地形并不复杂，可以分成明显的三大部分：东部是阿巴拉契亚山脉及往南的沿海平原，这一部分约占美国本土面积的1/6；中部是广阔的平原，约占本土面积的一半；西部是庞大的科迪勒拉山系，约占本土面积的1/3。如果按海拔高度计，美国大部分地区在500米以下，

500～1000米的地区约占15%，1000～2000米的地区占近20%，2000米的地区以上只占约10%。

由于东部的纵列带地形南北明显不同：北部是山脉，南部是平原，因此这一部分常被一分为二：一部分称阿巴拉契亚山脉，另一部分称东部和东南部的大西洋沿岸平原。此外，科迪勒拉山系并不是一座山脉，而由南北并列的一系列山脉组成，东部的叫东科迪勒拉山脉，西部的称西科迪勒拉山脉，由于它一路沿着海岸而行，所以又叫海岸山脉。在西科迪勒拉山脉与东科迪勒拉山脉之间有相当的距离，中间是大片的高原，这一部分又常被独立出来，称为西部山间高原。如此一来，美国的地形就被分成五大块了，分别是：阿巴拉契亚山脉、东部及南部平原、中部平原、科迪勒拉山系、西部山间高原。

我们现在分别来讲这五个部分。

美国地形的第一大块：阿巴拉契亚山脉　第一部分是阿巴拉契亚山脉。

阿巴拉契亚山脉呈东北—西南走向，北起加拿大的纽芬兰省，向西南方向延伸，不久进入美国境内，从此绵延南下，直到东南部与墨西哥湾相通的亚拉巴马州中部，几乎纵贯了美国南北，全长近3200千米。

阿巴拉契亚山脉海拔并不高，大部分地方海拔在600米以下。不过所谓高与低是相对而言的，由于它东西两边地势都比较低，因而把阿巴拉契亚山脉衬托得相当高大，且在它的两边形成美国两大地形区。

在美国历史上阿巴拉契亚山脉是一个重要的标志。独立之前，虽然英国政府已经从法国人手中夺取了阿巴拉契亚山脉以西、密西西比河以东广大地区，但为了让来自英国本土的商人独占与印第安人的贸易，便禁止殖民地人民移居阿巴拉契亚山脉以西，令殖民地人民怒不可遏，这是美国独立战争爆发的原因之一。

阿巴拉契亚山脉是地球上最古老的山脉之一。它的东北部在漫长的历史时期里长期受到雨水等的侵蚀作用，山峰被磨去了棱角，变成波状起伏的块块高地。

阿巴拉契亚山脉的东侧也深受这种侵蚀，北窄而南宽，在这里由于地形急速下降到平原，形成许多悬崖峭壁，于是这里的河流便形成许多急流瀑布，它们南北相连，成了一条著名的“瀑布线”。

阿巴拉契亚山脉的南段是一片无边无际的莽莽森林，生长着无数的落叶阔叶树，这是全世界最大的落叶阔叶林。

所谓落叶阔叶树，就是叶子比较宽大、秋天落叶的树了，最好的例子是我们大家都看到过的枫树。

美国地形的第二大块：东部及南部平原　从阿巴拉契亚山脉往南往东是美国

地形的第二大部分——东部及南部平原。

在阿巴拉契亚山脉之东有许多小河，它们从前面说过的“瀑布线”一泻而下，直冲太平洋，由于从山上带下来许多泥土，万千年之后，便逐渐在阿巴拉契亚山之东形成了一个个小冲积平原，由于这些小河彼此隔得很近，这些平原便连成一片，成为大西洋沿岸平原。

大西洋沿岸平原海拔一般在200米以下，地势从阿巴拉契亚山脉往大西洋逐渐倾斜，北部相当狭窄，往南逐步变宽，宽度从几十千米扩展到200多千米。

大西洋沿岸平原到达南部沿海后没有停止，而是折而往西，绕着墨西哥湾，一直要到达美国与墨西哥边境的格兰德河河口，也就是整个墨西哥湾的北部沿岸都包括在内，所以被称为墨西哥湾沿岸平原。

墨西哥湾沿岸平原地势更加低平，海拔一般在150米以下，宽度相当大，主体是由密西西比河冲积而形成的冲积平原，即密西西比河三角洲，它是世界上最大的三角洲之一，冲积层厚，是肥沃的黑土带。

这个地形带还有一个比较特殊的地方，就是佛罗里达半岛。

我们看随便瞅一眼美国地图，佛罗里达半岛是最好辨认的了，如果美国本土的形状有点像一个两边光光的屁股，那么佛罗里达半岛就像长在屁股右边的一个大疣子，十分醒目。

佛罗里达州是美国诸州中很有特色的一个州，佛罗里达半岛就是它的主体，它向大西洋中突出，在它的西南形成了墨西哥湾。

佛罗里达半岛是美国最大的半岛，南北长600多千米，东西最宽200多千米，大部分地方海拔不到30米，半岛南部更是海拔不到15米的广阔的沼泽地。

佛罗里达半岛的主要特点之一是湿润，这里降水颇多，加上地势低洼平坦，又深入大海，因此从天空到大地都十分潮湿。其面积不到15万平方千米，比我们的河南省还要小一点，但仅仅有正式名称的河流就达1700多条，至于其他无名小河小溪就不计其数了。此外还有3万多个湖泊，其中奥基乔比湖面积达18000多平方千米，是美国境内第三大淡水湖。

有趣的是，由于佛罗里达半岛地层是石灰岩结构，容易被水侵蚀，因此在中间形成了无数大洞，它们将上面大量河水湖水吸纳进去，形成了一个个巨型地下水库。

由于佛罗里达半岛这样的自然环境，它也成了各种野生动物的天堂，这里仅野生哺乳动物就有约100种，陆地上有美洲狮、红猫、犰狳、美洲豹等。海滩有许多珍稀又有趣的海牛。

不知道您听说过海牛没有？它又名儒艮，样子肥肥胖胖的，有点像海豹。母海牛生着两只大乳房，它们又爱栖息在生长着长长海藻的海中，有时它们把头伸出海面，那些海藻就被顶在了头上，像女人的长发，再加上露出来的两只大乳房，活脱脱像个女人。于是，那些看到它们的海员便以为自己见到了真正的美人鱼。这就是美人鱼传说的起源了。

除了哺育动物外，佛罗里达半岛还有400多种鸟、700种以上的鱼和贝类，以及大量鳄鱼、蛇、蜥蜴等爬行动物，仅仅蛇就有约40种。

可贵的是，美国政府和人民很早以前就注意保护环境，为此甚至不惜牺牲眼前的物质利益，例如佛罗里达半岛南部沿海蕴藏有大量石油，可是为了妥善地保护这里的大量物种与生态环境，他们宁愿不采。

现在的佛罗里达是这样的情况：在它的土地上，有近一半的地方是国家公园、国家森林、州森林、州立公园、湖泊、海滩等不允许进行生产活动的自然景观。对于那些初到佛罗里达半岛的人，当他们漫步在无边的森林里、沼泽边，看到自由嬉戏的动物们，他们会觉得自己是在一片亘古未有人来过的原始荒野里呢！

美国地形的第三大块：中部平原　中部平原没有前面两块那么看得明白，它北起美国与加拿大边境，南至墨西哥湾沿岸平原，西起落基山脉，东到阿巴拉契亚山脉。在五个部分中的面积是最大的。

这个中部平原其实还可以再分成比较明显的东西两部。东部，从著名的五大湖往南一带，海拔较低，比较潮湿，叫中央低地，这里大量种植需水较多的玉米，是著名的“玉米带”，也是世界上主要的玉米产地。

中部平原的西部则是干燥的大平原。它从五大湖往西直到落基山脉，往北则要一直延伸进加拿大境内，这里主要种植需水较少的小麦，是著名的“小麦带”。加之这里地势一马平川，十分平坦，宽达600余千米，极适宜于农业的机械化大生产，因此这里也是世界上机械化程度最高的农田。这里的农场一个动辄几万几十万甚至上百万英亩，从耕田、播种、施肥、洒农药到收割全部机械化，由先进的电脑控制，人只要坐在家里按按电钮键盘就可以了，顶多再开开联合收割机或者喷农药的飞机，反正不用下田。

中部平原虽然看上去一马平川，实际上自东向西缓慢然而坚定地不断升高，它东部的海拔只有约600米，到接近落基山脉时达到了1800米以上。

美国地形的第四大块：科迪勒拉山系　科迪勒拉山系是美国地形的第四大部分，它包括东西两大部分，即西科迪勒拉山脉和东科迪勒拉山脉。

西科迪勒拉山脉是一系列沿海山脉，它们自北向南，顺太平洋沿岸而下，分成好几列，最北是喀斯喀特山脉，再往南是内华达山脉，由于靠近大海，所以又统称海岸山脉。

在这里有著名的圣海伦斯火山，它位于华盛顿州南部，一向是著名旅游景点，它有圆锥形的峰峦，上面戴着洁白的雪冠，下面是一片美丽的森林。长久以来，它都像一个娴雅的公主，安静地坐在那，任由人们欣赏。可是，1980年时，它突然变得躁动不安，几个月里，从它的雪冠下面不断发出隆隆声，像是笼中猛虎的怒吼，火山上空也不时出现小片水汽和火山灰云。这些都是它就要爆发的迹象。

山下的人们为此采取了一些正常情况下都会有的预防措施。然而，他们没有想到，这远远不够。

1980年5月18日，火山爆发了，但见圣海伦斯巨大的山顶像被大炮或者原子弹轰掉了一样，顿时消失了，留下一个巨大的裂口，燃烧着的火山灰和有毒气体猛烈地冲上云霄，几乎整个美国都看得见，灼热的岩浆像洪水般奔腾而下，所到之处一切顿成灰烬，包括许多人。

虽然采取了预防措施，这次也死了60多人。无数桥梁、房屋被毁，几百平方千米的森林成为白地，原来美丽的风景区竟变成人间地狱一般的景象。

喷发过后，圣海伦斯的高度下降了约30米。

现在圣海伦斯火山又成了名胜——火山名胜，美国政府还特意为旅游者开辟了一条专用通道，让他们上去仔细瞧瞧火山的威力，以此来教育大家，警惕火山喷发的危险。

从喀斯喀特山脉往南就被称为内华达山脉了。

内华达山脉大部分位于加利福尼亚州东部，从北到南纵贯加利福尼亚，分布着许多高峰，其中惠特尼峰海拔4400多米，是美国内陆最高峰，而惠特尼峰往东不太远的死谷低于海平面85米，是北美大陆的最低点。

内华达山脉两翼很不对称，西坡比较平缓，东坡则是陡峻的断崖，山体主要由花岗岩构成。山区有许多冰川遗迹。河川经冰川磨蚀演变成“U”形谷，由于受太平洋湿润气流的影响，山区一带雨雪丰沛，加之谷底土壤肥厚，使这个“U”形谷底成为富饶的农业区。

内华达山脉乃是美国风景最壮丽的地带之一。

至于东科迪勒拉山脉，它的主体是落基山脉。

落基山脉是世界著名的大山脉，它位于美国西部，北起加拿大的艾伯塔省，一路往南，纵穿整个美国西部，直抵墨西哥，全长近5000千米，海拔大都在1500米以上，最高峰是科罗拉多州中部的埃尔伯特峰，海拔约4400米。

落基山脉也是由许许多多小山脉组成的，风景优美，里面有许多国家公园，从北到南有冰川国家公园、黄石国家公园、阿切斯国家公园、落基山脉国家公园、梅萨福德国家公园，等等，都是美如天堂的自然景观，且各具特色。

尤其是黄石国家公园，有着堪称人间最美的自然风光，我们在后面漫游美国时会专门去欣赏欣赏。

落基山脉另一个特点是矿产资源十分丰富。一亿多年前，因地壳发生剧烈变化，花岗岩的熔液受到地层内部的压力冲了出来，带来大量黄金、白银、铜、铁、铅、锌、钼、铀等，储量极为丰富，几乎占了美国同类矿产的全部。

美国地形的第五大块：西部的山间高地 西科迪勒拉山脉和东科迪勒拉山脉之间的山间高原就是美国地形的第五大块，也是最后一部分了。

这里地貌复杂多样，有大盆地，也有大高原。

大高原主要包括两部分：北部的哥伦比亚高原和南部的科罗拉多高原。

哥伦比亚高原东邻北部落基山脉，西接喀斯喀特山脉，面积约26万平方千米，是一片广大的熔岩高原，美国西北地区最大的河流哥伦比亚河自东南向西北流过，高原被哥伦比亚河及其支流切成很多幽深的峡谷，北部由于冰川侵蚀，地面呈波状起伏，平均海拔约1500米。

这里还有著名的大盆地，它介于落基山脉与内华达山脉之间，以一系列相互隔离并大致平行的断块山与干燥盆地相间分布。这里还广布着小沙漠和盐湖，著名的大盐湖就在这里。

大盐湖是北美洲最大的内陆盐湖，位于美国犹他州西北部。它的东面是落基山，西面是大盐湖沙漠。这里在冰期时曾是个巨大的淡水湖，叫邦纳维尔湖，后来，到了冰期末年，由于地球气候变干旱，湖水大量蒸发，邦纳维尔湖水面大大降低。本来还有一些河流，如斯内克河和哥伦比亚河，流经大盐湖，然后通向太平洋。后来，由于湖水降低，这些河流便不再流经邦纳维尔湖，使它成了内陆湖。又由于湖水大量蒸发，湖中的盐分却不能蒸发，这样越积越多，邦纳维尔湖就由淡水湖变成盐水湖了，连名字也跟着变成了大盐湖。

现在的大盐湖呈西北—东南方向延伸，长约120千米，宽约60千米，深5～15米，面积3500多平方千米。湖的盐度高达15%～30%。它的东南面和南面分别接纳贝尔河、乔丹河和韦伯河三条小河流入，但湖水没有出口。湖面地势南高北低，盐度南低北高。

大盐湖里的盐类矿藏储量达60亿吨左右，其中食盐占3/4，湖中还有一些岛屿，如安蒂洛普岛等，由于盐分太大，湖中生物不多，只有盐水虾和一些水藻。

现在大盐湖的一个主要用途似乎是旅游，这里独特的自然景观已经使它成了美国中部最有魅力的地方之一，加上南太平洋铁路横跨湖面，更增添了旅游者的乐趣。这里冬天雪很大，是滑雪胜地之一。

犹他州的最大城市和首府盐湖城位于大盐湖的东南岸，2002年的冬季奥运会就在这里举行。

从哥伦比亚高原往南就是科罗拉多高原了。

科罗拉多高原面积超过30万平方千米，整体是由中生代的石灰岩层构成的，经科罗拉多河等的长期冲蚀形成深邃而美丽的峡谷，其中包括大峡谷。

大峡谷是大自然在地球上最伟大的创造之一，其壮丽与辉煌远非一般自然景色可比，我们等到后面的美国之旅时再专门去看吧。

美国诸河：各有宝贵之处　以上我们就讲完了美国地形的五大部分，与之一起谈完的是美国的山，下面我们要谈谈美国的水了。

美国是世界上水资源最丰富的国家之一，它有一条很大的河——密西西比河，许多比较大的河，如哥伦比亚河、科罗拉多河及密西西比河的一些大支流，还有数不清的比较小的河。这些河属于两大水系，也就是说它们分别注入两个大洋，其中哥伦比亚河和科罗拉多河注入太平洋，密西西比河注入大西洋。此外还有阿拉斯加的育空河，注入太平洋，也是一条大河。

注入大西洋的格兰德河和圣劳伦斯河两条大河也有一部分在美国境内，但前者几乎全程是美国和墨西哥的界河，后者主要位于加拿大，都不能算是美国河流。

美国还有世界上最大的淡水湖群——五大湖，它们加起来的蓄水量差不多有贝加尔湖那么大呢！还有一个大盐水湖，就是犹他州的大盐湖了。

我们现在要讲的只是美国的大河，大盐湖前面已经讲过了，至于了不得的五大湖，由于它们也是了不得的旅游胜地，其中有著名的尼亚加拉大瀑布，我们干脆等到游尼亚加拉大瀑布时再好好地看看它们吧。

哥伦比亚河水利资源十分丰富　我们要讲的第一条河是西北部的哥伦比亚河。

就流量而言哥伦比亚河是美国第二大河，仅小于密西西比河，就流程而言它就没有这样的位置了，有好多河流，有的甚至是无名之河，也比它要长，例如密西西比河的支流密苏里河和阿肯色河。它源出加拿大落基山西坡的哥伦比亚湖，那里属于加拿大不列颠哥伦比亚省，海拔800余米。

哥伦比亚河的河道十分曲折，全长近2000千米，流域面积近70万平方千米。

哥伦比亚河的水量很大，支流干流到处是急流瀑布，总落差达800多米，大部分河段流经深谷，是世界水力资源最丰富的河流之一。哥伦比亚河各种条件都十分有利于兴建水利工程，使它成为世界上得到开发最充分的河流之一，在那些水力资源丰富的大河中更是无出其右。

哥伦比亚河的开发始于20世纪30年代，这是一种综合性大开发：

首先在干支流兴建了许多大小水坝，最大的是大古力水坝，坝高约170米，坝后的水库罗斯福湖长240千米，库容量约120亿立方米，装机容量约650万千瓦，是美国最大的水电站之一。

修建水电站之后，美国人一方面利用廉价的水电发展需要大量用电的炼铝等工业，另一方面也由此产生了美国西北部最大的灌溉工程，使流域内的斯内克河平原、华盛顿州中东部以及俄勒冈州中北部和西部的威拉米特河谷等干旱少雨的地区得到了灌溉，成为旱涝保收的良田。此外还促进了航运事业，来自太平洋的远洋巨轮可直达距河口近200千米的波特兰港，这里的水深达11米，同时，借助水坝的船闸还可再上溯100千米。小一点的轮船则可一直沿河上行700余千米直到刘易斯顿城。

现在，哥伦比亚河在美国境内的巨大落差几乎全部被11座大型水坝“填平”了，这些水坝一级一级地往上升，像台阶一样，而船也像我们人登楼梯一样，可以一级级地登上这些台阶。

科罗拉多河是“美洲的尼罗河” 就流程而言，科罗拉多河在美国的排行只能勉强进前10位。它源出科罗拉多州中北部、南落基山脉中的弗兰特岭西坡，附近有落基山国家公园，干流向西南先后流经科罗拉多、犹他、亚利桑那、内华达、加利福尼亚等州，后进入墨西哥西北部，不久就注入太平洋的加利福尼亚湾。

科罗拉多河的河道远没有哥伦比亚河那么弯曲，全长2300多千米，流域面积近64万平方千米。

科罗拉多河的第一个好处是其水虽然不多，然而极其宝贵。

科罗拉多河从河源到河口总落差达3500多米，水力资源相当丰富，尤其是流经科罗拉多高原的中游河段，河流强烈下切，形成一系列深邃峡谷，特宜于筑坝建电站。其中包括世界陆地上最长的峡谷——科罗拉多大峡谷。

自20世纪30年代以来，美国对科罗拉多河进行了最完整的综合利用，建起了胡佛、戴维斯、帕克等20多个大坝和水库，总库容达700多亿立方米，及科罗拉多河、大汤姆逊河等跨流域调水工程，除发电外，还可灌溉流域内外数千万亩农田。由于科罗拉多河所流经的这一带气候干旱，降水稀少，这种灌溉就成了这些农田的生命之水。此外大坝还可以向沿河20多个城市供水，其中包括著名的拉斯维加斯。由于科罗拉多河对于这些地区的非凡意义，它被称为“美洲的尼罗河”。

科罗拉多河的第二个好处是旅游观光。我只要点出三个科罗拉多河沿岸的景点您就知道所言不虚了。它们分别是：科罗拉多大峡谷、“赌城”拉斯维加斯、胡佛大坝。

其中的胡佛大坝位于亚利桑那州和内华达州的边界，北面不远就是科罗拉多大峡谷。它建于1931年4月，1936年3月竣工，总库容达400亿立方米，4个进水塔每个底部直径25米，最大坝高达222米多，顶长近400米，壮观至极。1955年，胡佛大坝被评为美国现代土木工程七大奇迹之一，由于建设质量一流，至今运行仍良好。它的建成为防洪、灌溉、城市及工业供水、水力发电等方面做出了巨大贡献，并有力地促进了美国最难开发地区的开发。

大坝本来就叫大石坝，后来为了纪念美国第31任总统胡佛而被命名为胡佛大坝，大坝后面的水库叫米德湖，风景十分优美，是旅游胜地。

唯一令人遗憾的是，由于美国人在水量本来就不大的科罗拉多河沿岸修建了这么多大坝，把绝大部分水利用掉了，令得科罗拉多河事实上成了一条内流河，基本无水注入太平洋。

“这不是一条普通的河流。相反，她在各方面都不寻常。”　这句话是马克·吐温对密西西比河的著名的评价。

乍一看去，美国仿佛就只有一条河流，即密西西比河，它像一只巨大的章鱼，将触角伸向四面八方，把美国像母鸡抱小鸡一样牢牢地抱在怀里。

也正由于这样：密西西比河自己既长，又有那么多支流，要说明白它还真不容易呢。

不容易说明白的主要难点就在于密西西比河有许多支流，而且都是些长支流，它们像菟丝子一样缠绕在密西西比河周围，简直要使密西西比河本身消失了。

在这些支流中，我们只讲一下俄亥俄河。

俄亥俄河从长度而言远不是密西西比河最大的支流，但却称得上是最重要的支流，也是美国整个中东部主要的河流。它由两条较小的河流在美国的“钢都”匹兹堡附近汇流而成，一路往西南而流，在伊利诺伊州的开罗市注入密西西比河，全长近1600千米，流域面积近53万平方千米。

俄亥俄河最大的特征在于它极具重要意义的交通价值。它流量大，水流平稳，利于航行，更重要的是，它流经的地区乃是美国最重要的工业区和农业区。它先后流经宾夕法尼亚、西弗吉尼亚、俄亥俄等经济十分发达的州。在它的流域之内，有匹兹堡、克利夫兰、辛辛那提等重要工业城市。自殖民地时期以来俄亥俄河就是沟通美国东部和中部的主要航道。它流经之处又是美国著名的玉米带，也为农产品的运输提供了便利而廉价的运输方式。

俄亥俄河不但自己有意义，它还有一条对美国人而言同样意义非凡的重要支流——田纳西河。

田纳西河是由两条小河在田纳西州的诺克斯维尔市附近汇合而成的。一路曲折西流，像个倒写的“几”字，在距俄亥俄河河口不远的地方注入之。田纳西河全长1000余千米，流域面积10万多平方千米，所流经之处也是美国的玉米带，具有重要的灌溉价值，同时也是重要的内陆航道。

田纳西河最大的特征在于它科学的管理。美国政府有一个专门机构，叫“田纳西河流域管理局”。它是怎么来的呢？原来，从前，田纳西河经常泛滥成灾，沿河各地深受其苦，但由于它流经好几个州，各州之间的管理措施很不一致，致使无法很好地统一抗灾。为了改变这种状况，1933年，美国政府成立了一个专门机构，就是“田纳西河流域管理局”，由它统一管辖整个田纳西河流域。管理局成立后，着手制定了全流域统一的管理措施，例如统一进行科学设计与规划，修建大坝、水库等各种灌溉与防洪设施，统一调节水量，加深改善航道，又鼓励沿河各地按照统一的计划建设港口。最后将这一切进行统一管理。通过这一系列措施，整个田纳西河流域大为改观：一是消除了水患，二是通航大为便利，三是流域农田得到了很好的灌溉，四是大量发电，直到现在，田纳西河流域的电费都是全美国最便宜的。

您想想，这个措施是不是值得我们好好学习呢？

现在我们来讲密西西比河本身。

如果只从干流来说完全位于美国境内，密西西比河发源于美国中北部的明尼苏达州，在这里与加拿大毗邻的地方有一个艾塔斯卡湖，就是密西西比河的源头了。

发源后，密西西比河一路往南，从明尼苏达州流进其东部的威斯康星州，成为两个州的界河，离开明尼苏达州后继续南流，先后成为威斯康星州与艾奥瓦州和艾奥瓦州与伊利诺伊州的界河，如此一路下去，一路都是密苏里、阿肯色、田纳西、密西西比、路易斯安那等州的界河，最后从密西西比州与路易斯安那州的边界进入路易斯安那州境内，不久后就注入了墨西哥湾。

这一路下来，密西西比河全长近4000千米，是北美洲最长的河流。但如果按常规计算其流程，即取最大支流计，那么密西西比河的源头当从密苏里河的源头算起，这样一来，它的全长达近6300千米，成为世界第四长河，仅次于尼罗河、亚马孙河和长江。

密西西比河的干、支流流经美国31个州和加拿大2个省，其流域北起五大湖附近，南达墨西哥湾，西止落基山，东至阿巴拉契亚山，流域总面积310万平方千米，占整个北美洲面积的1/8，居世界第五位。

密西西比河的含沙量比较大，入海时河水已经呈棕色，每年约将5亿吨泥沙注入大海，它们在入海口堆积，使入海口平均每年以近百米的速度向海中伸展，这样就形成了一个远远伸入大海的三角洲，总面积约2.6万平方千米。三角洲中间有一条汊道更远远地独自伸入海中，使整个三角洲伸入海中的部分看起来像一只鸟爪。

由于密西西比河流域面积广阔，流域内各地的气候条件也不一样，使它上中下游各地的河流水文特征各不相同。

历史上，密西西比河不少河段灾害频繁。特别是右岸支流流经较干旱地区，降水的七成以上集中在4月和9月，加上含沙量大，河道易淤塞，洪水常泛滥成灾，可谓小灾年年有，大灾则平均7年左右发生一次。如1927年下游出现的大洪灾使近千万亩土地被淹，200多人死亡，几十万人流离失所，流域工农业彻底瘫痪，经济损失巨大。

正所谓吃一堑，长一智。次年，1928年，美国政府就制定了全面整治密西西比河的法律——《防洪法案》，同时批准了《密西西比河及其支流工程计划》。此后，经过50多年的努力，完成了一大批水利工程，不仅使洪水得到控制，同时大大促进了航运、发电、灌溉、养鱼等经济活动。

现在的密西西比河已经基本上没有了灾害，成了美国内河航运的大动脉，干流及近50条支流通航里程总长达26 000千米，水深近3米或更深的航道就有近万千米，仅干流通航里程就长近3500千米，巨型海轮可上溯至距河口400千米的巴吞鲁日。更可贵的是，这漫长的航道除干流上游和伊利诺伊河、密苏里河等一小部分1～2月结点儿冰外，其余全年都可通航。

为了进一步发挥它的优势，美国人还修建了连通密西西比河与北方五大湖的运河。现在的密西西比河已成为江河湖海相连、航道四通八达、贯通美国南北东西的现代化水运网，堪称世界上最繁忙的水道之一。

除了这些物质上的好处，密西西比河还是美国人精神的寄托之一，许多美国人将密西西比河看作是他们的精神家园。这一方面归功于密西西比河作为美国最大的河，像中国的长江一样，自然会被当作国人的“母亲河”，另一方面也要归功于一个伟大的作家——马克·吐温。

马克·吐温被称为“美国小说之母”甚至“文学之母”，正是从他开始，美国有了自己的文学，而不用老从英国人那里弄舶来品了。

其实，马克·吐温自己就是密西西比河人，年轻时他曾在密西西比河担任领港员，他的名字“马克·吐温”乃是笔名，意思就是“记住，三英寻”，即录下此地河水的深度，这是领港员常要说的职业用语。“英寻”是英美制长度单位，专门计量与水有关的长度，一英寻约相当于1.86米。

从圣路易斯沿密西西比河北上，不远就有一座小城叫汉尼拔，这里就是马克·吐温的故乡，也是“汤姆·索亚”玩耍的故地、“哈克贝里·费恩”旅行的起点。正如伟大的美国作家海明威所言：“一切现代美国文学来自一本书，这就是《哈克贝里·费恩历险记》。”

如此，美国怎能不对他们的密西西比河怀有特别的亲情呢？

美国的气候很复杂，想想倒也不难明白 美国领土辽阔，是世界面积第四大国，加上境内地形复杂，高山纵横，水网密布，这必然导致美国气候的复杂多样。

但这种复杂之中也有规律可循。首先，美国本土大致位于北纬30°～49°之间，属温带和亚热带范围，因此温带和亚热带型气候必然占有优势地位。其次，美国面向两大洋，海洋对美国气候的影响必然很大，必然会有海洋性气候。第三，美国还有许多高山，因此必然有许多地方是高山型气候。

知道这三点之后，我们就不难明白美国的气候了。

根据上面的分析，我们可以得知美国有八个不同的气候带。

第一大气候带是东北部沿海的温带气候。更具体地说，这个气候带属于温带大陆性湿润气候，之所以是湿润气候，主要因为这一带面向大西洋，而阿巴拉契亚山脉并不高耸，因此从大洋来的湿润空气可以长驱直入，影响整个美国东北部的气候。

美国第二个气候带是东南部的亚热带湿润气候，这个气候带大致分布在北纬40°以南，包括佛罗里达半岛的大部分。因受墨西哥湾暖流的影响，它的特点是冬暖夏热，与我国的广州一带很相似。

不利之处是，这个气候区，尤其是西部，风灾相当多：夏天时有龙卷风，夏秋之际有飓风。不知道您看过一部叫《龙卷风》的美国大片没有？那里头的景象真是吓人呢！

美国第三个气候带是热带海洋性气候，这个气候区只是位于佛罗里达半岛南部的一小块。这个气候带的特点是一年到头湿热，各月温差很小，年降水量约1500毫米，季节分配均匀。

到了美国中部，则有北、南两大气候带。美国中部由于深入内陆，两边距海洋都很远，因此总的来说属于大陆性气候，又由于远离海洋，湿润空气难以进入，因此属于干旱或半干旱性气候。它又可以分为两部分：北部因处于北温带，属于温带大陆性气候；南部在亚热带，属于亚热带大陆性气候。

北部的温带大陆性气候区具有典型的大陆性气候特征，冬天寒冷，夏天炎热，降水较少且不均匀，无论是季节差异还是年度之间的差异都相当大，一般在500毫米以下，这些都与我们的北方有些相似。但这里的地区之间也相当不同，例如前面我们讲美国地形时说过的大平原北部，它处于落基山以东，地势平坦，便于寒潮南侵和热浪北上，因此气温变化急剧，年温差相当大，1月平均气温高则0℃，低则达-20℃，夏天要稳定一些，降水也集中在这季。往南到了哥伦比亚高原，它处于群山之中，由于群山阻隔，冬天基本上不受寒潮侵袭，气温变化相对和缓，降水也相对比较均匀。

南部的亚热带大陆性气候包括大平原南部、科罗拉多高原部分地区，气候的基本特征与上一类型相似，主要差别在气温方面，因为纬度较低，1月平均气温低至0℃，高则达12℃，7月一般在27℃左右。在科罗拉多高原一带，由于降水少，因此形成了美国面积很小的几块沙漠之一。不过美国人并没有让这块沙漠白白荒在那，他们在荒原上建起了著名的拉斯维加斯。

到大平原南部后，由于降水量受大西洋及墨西哥湾的影响，有些沿海地区年降水量高达1500毫米。

太平洋沿岸也有两个气候带，在北方是温带海洋性气候区，南方则是地中海式气候，其中的温带海洋性气候冬天温和，夏天凉爽，降水十分丰沛，在2000毫米以上，山地迎风坡可达3000毫米以上，且季节分配比较均匀。

南部的地中海式气候区则同我们在意大利等欧洲地区见过的地中海式气候还不大一样，那里的地中海式气候是冬天温和多雨，夏天炎热干燥，这里却由于受加利福尼亚寒流影响，夏季不但不炎热，反倒相当凉爽；冬夏温差也不大。但它仍然是地中海式气候，主要表现在冬天的温和多雨和夏天的干燥上。

美国的第八个气候带是高山气候。

我们知道，美国西部耸立着东西科迪勒拉山脉，落基山脉是世界著名的大山脉，这些说明什么呢？说明在这些高耸的山脉之上，气候必然受到海拔高度的影响，形成高山气候。

关于高山气候的成因及特点我们前面已经讲过：在山区，温度随高度增加而降低。又由于温度下降的关系，随之植被甚至气候类型都会发生相应的变化，像咱们中国云贵高原的高山一样，“一山有四季，十里不同天”。这也正是美国的高山气候区的特征。

以上就是美国的气候特点了，说了这么多，也许让您有些糊涂吧？其实用不着，尤其我们生活在中国，由于中国与美国纬度大体一致，因此气候类型也差不多，美国的两个最大的基本气候区：温带大陆性气候区和亚热带气候区中国都有，高山气候区中国就更多了，我们所缺乏而美国具有的温带海洋性气候区、地中海式气候区和热带海洋性气候区只占美国领土的极小一部分。也就是说，美国绝大部分地区的气候同我们中国是相似的：它的北方像中国的北方，它的南方像中国的南方。

所不同的主要是两点：

一、美国没有中国西部式的大片荒漠地区。

二、美国的降水普遍比中国丰沛，尤其北方如此。美国气候比中国优越之处也就在这两点。

最后要说明的一点是，虽然我们两国的气候特点大体一致，但生活在那里的人对天气的感觉却很不一样。据我已经在美国生活了多年的表姐说，就天气而言，从中国到美国就有如进了另一个世界。

这主要是因为美国很少污染，空气极纯净，且绿化很好，到处一片翠绿。

生活在这样的环境下，怎不令人感觉天朗气清、惠风和畅、心旷神怡！

但那毕竟是故国他乡，什么时候我们祖国的天空与大地也会变得如斯之美呢？恐怕到那时我们才能宠辱皆忘，把酒临风，其喜洋洋者矣。

第三十一章　人文美国

在我们迄今所讲的所有国家中，包括俄罗斯在内，没有哪个国家的种族构成像美国那么复杂。希腊、意大利、英、法、德不用说，种族结构很简单，俄罗斯虽然有60多个民族，但这些民族绝大部分是白种人，另有很少的黄种人，黑种人则没有，因此俄罗斯民族的复杂只是其数目比较多而已。

美国就不同了，美国的种族复杂乃是一种全面的复杂——在美国几乎可以找到全世界所有人种、所有主要的民族乃至所有主要宗教的教徒。因此，美国常常被称为“民族的大熔炉”。

美国——种族的大熔炉　就人口总量而言，美国居世界第三位，仅次于中国和印度，不过比中国与印度要少得多了，只有印度的约1/4，不及中国的1/4，总人口约三亿。

就种族而言大体可以分为三类，白种人、黑种人、黄种人。

在美国似乎少有混血儿的概念，混血儿事实上肯定是有的，还不少。但在传统上，白种人与任何有色人种通婚所生的孩子都不再被视为白种人，而成了有色人种；同时，黑种人与任何种族的人通婚所生的孩子一律被视为黑种人。就像高尔夫球名手泰格·伍兹一样，他何尝是地道的黑人呢？他的母亲乃是中国人和泰国人的混血儿，因此伍兹顶多只有一半黑人血统，但他从来都被看作是黑人运动员。

白种人是美国的主体民族　白种人是美国的主体民族，占总人口的80%左右。

这些白种人又可以分成两大族系，即非拉丁美洲裔人和拉丁美洲裔人，后者也就是说西班牙语的白人。

虽然说西班牙语的拉丁美洲裔人，尤其是墨西哥人，长得基本上与白人没有两样，但现在美国事实上并不把拉丁美洲裔的白种人看作是白种人，而将他们归入单独的一类或放到除白种人外的其他三个族裔里。

这种划分也并非没有道理：一是因为这些墨西哥人的确算不上是纯种的白人，而是混血儿，主要是黄种的印第安人与白种人的混血儿。不过在这些混血儿的血液里白种人的因子要多一些，所以他们看上去仍像是白种人。二是这些拉丁美洲裔人不像其他白种人集团一样说英语，而说西班牙语。

现在，这些拉丁美洲裔在美国的种族结构中占比重越来越大，每年都有几十万甚至上百万墨西哥人移居美国，且大部分属非法移民。美国与墨西哥之间有长达3200多千米的漫长边境，这成了大量墨西哥人涌进美国的天然通道。

他们已经成为美国最大的少数民族。

在美国，所谓少数民族，一般指非欧洲裔白种人的所有其他民族，包括拉丁美洲裔人、黑种人、黄种人（或亚裔）三大族群。

标准的美国白人种族集团有两个共同特点：一是都属纯血统的白人，二是基本上都来自欧洲或欧洲人种的澳大利亚与加拿大，三是基本上都说英语。这些人约占美国总人口的75%左右，是美国的主体种族集团。

但就是这些纯血统的白种人在美国社会中也不被认为完全属同一种族，相反，这些白种人又可以根据其祖先来自哪个国家而有复杂的划分。

我们知道，移民从欧洲各地涌来美国，几乎欧洲无国不有，而且都不在少数。这些来自欧洲的白种人到达美国后，与当地的美国人生活在一起，也说起了英语，成了标准的美国人，成了美国社会中的主体民族。

然而，并不是所有民族特性完全融和混一了，相反，许多民族都各自保留着自己的民族特色，包括饮食习惯、宗教信仰，等等。有些民族甚至不与其他民族混居，而是本民族的人民聚居一处。其中最典型的当算意大利人，大家看过马龙·白兰度主演的《教父》吧？故事就发生在纽约的意大利人聚居区。那并非完全虚构，相反，有许多的真实在里面，例如意大利人聚居区纽约现在还有，黑手党现在也有，只是远没有从前那么风光了。

在所有这些来自欧洲的白种民族中，居主导地位的当然是英裔美国人。因为美国就是他们的祖先为主建立起来的，所以他们一向在美国社会中居于统治地位，而他们中又以信仰新教的盎格鲁–撒克逊人，即英格兰人，最为尊贵。

从某个角度，例如社会地位上来说，他们称得上是美国社会中的“贵族”，历届美国总统大都由这部分人出任。

除了这些英国人后裔外，地位最高的也许应当算是与他们基本上同文同种的爱尔兰人了，他们也常常被视人英国人的一分子，甚至能够当总统。像约翰·肯尼迪总统就是爱尔兰人后裔，而且是天主教徒，他是第一个当上总统的非英裔、非新教徒总统。此后又有好几位爱尔兰人后裔当过总统，像里根、克林顿，都是。

美国社会中还有一个值得单独挑出来说说的白种民族——犹太人。

我们知道，由于犹太人在欧洲各国是异族，是外来人，是没有祖国的流浪民族，整个民族都过着寄人篱下的日子，因此犹太人历来受到所寄居各国的歧视。

到了美洲，也许由于其他欧洲民族在这里也不过像犹太人一样是外来者，从这点而言大家完全平等，犹太人终于找到了没有理由再受歧视的乐土。

历来就有大批犹太人从欧洲各国移居美国，现在美国的犹太人约有600多万，是犹太民族在世界上最大的聚居地，超过了以色列的犹太人数目。

在美国，犹太人人数虽然不是特别多，但其地位却远非人数可比。在整个美国社会中犹太人起着举足轻重的作用。特别在金融界，有相当一部分大佬是犹太人，例如大家最熟悉的索罗斯就是。在美国的百万富翁中，大约有20%是犹太人。此外，在科学界、教育界，到处都可以看到犹太精英们自信的身影，例如在美国的100多名诺贝尔奖获得者中，差不多有一半是犹太人或者具有犹太人血统。在政界有重要地位的犹太人也比比皆是，例如著名的政治家、尼克松总统的国务卿基辛格就是从德国移民来的犹太人，还有克林顿的女国务卿奥尔布赖特是从捷克移民来的犹太人。

美国的第二大种族是黑人　关于黑种人是如何来到美国的，我们都知道，是从非洲当作奴隶贩运来的，详情可以在本系列的《西方通史》中读到。

从非洲运往美洲的黑奴们有大部分都被送到美国来了。他们的到来使黑种人成为美国人口数量第二多的人种，仅次于白种人。

现在美国的黑人有3000多万，占总人口的10%以上，他们是所有种族中最贫穷、社会地位最低的一个，例如每5个人中只有一个人属于中产阶级，有2个人处于贫困线以下；每3名黑人青年中就有约1名生活在狱中或处于保释期；美国的200多万名囚犯中黑人约占50%。与此相适应的是，黑人也是美国诸少数民族中受教育程度最低的一个。

为了改变这个可悲的状况，美国国会和政府采取了一系列措施，例如国会制定了著名的《平权法案》，规定一所大学招收的学生当中、政府部门的雇员当中，少数民族应当占多大的比例，当条件相当时应当优先雇佣少数民族，等等。同时由于其他少数民族事实上较少得到照顾，因此黑人们就成了这个“比例制”最大的受惠者，他们大批大批地进入政府部门，成为政府雇员，不少人升迁迅速，成为高官。例如曾经竞争过民主党总统候选人提名并差点成功的著名黑人民权领袖杰克逊、前美国国务卿鲍威尔和总统国家安全顾问赖斯、前总统奥巴马等都是黑人。其中鲍威尔也是1991年海湾战争期间的美军参谋长联席会议主席，这是美国的最高军职，在军队中的地位仅次于作为三军总司令的总统。

在美国，黑人官员最多的地方恐怕是警察局了，大家都看过美国电影，里面经常可以看到大堆的黑人警察，这种情节并不是完全虚构的。

黑人在美国成就最非凡的行业还是体育。

由于黑人具有其他人种无与伦比的身体素质，加上从小在野地里、大街上摸爬滚打，使他们非常适合搞体育，很多人因此搞出了名堂，成了体育明星兼大富翁。事实上，美国的体育富翁中绝大多数是黑人，最出众者是那些搞篮球、拳击、棒球、高尔夫球、网球、田径等项目的人，有时一次比赛就能挣上百万甚至上千万美元。例如拳击，2001年11月11日，在拉斯维加斯进行的一场争霸赛中，黑人刘易斯击败黑人图阿，奖金是850万美元，输了的图阿尽管名不见经传，也拿走了300万美元，这样的奖金额在拳王争霸赛中是再平常不过的了，奖金比它高的比赛有的是。还有乔丹，这位“篮球之王”，其财富已达数亿美元，“高尔夫球之王”泰格·伍兹也早已经是亿万富翁。

尽管有这许多富人，美国政府也一再努力，然而总的来说，在美国所有种族中，黑人的日子仍是最难过的。其原因关键是缺乏教育、没有知识，这是黑人最根本的缺陷，如果不改变这一点，黑人作为一个种族就永远别想真的出头。

不同命运的两类黄种人　美国的黄种人包括两大部分：一是印第安人，二是亚裔。二者虽然都是同一个人种，在美国社会中的命运却迥然不同。

我们前面已经多次谈过印第安人了，谈了他们的种族、他们创造的伟大文明，也谈了他们的苦难，这次我们要谈的是他们的现在，他们如今在美国的生活。

美国印第安人的历史以及他们同美国政府的关系充满了暴力、虚伪和失约。19世纪末时，美国政府曾制订计划准备专为印第安人成立一个州，就是今天的俄克拉荷马州，他们原来以为那里只是一大片荒芜的草原，但后来在俄克拉荷马发现了石油，白种人蜂拥而来，印第安人的美梦落空了。这就是典型的美国政府对待印第安人的态州：充满了对善良的印第安人的欺骗与欺侮。

这一切的后果是，从1898～1915年，印第安部落失去了他们所拥有的90%以上的土地，无数人惨遭杀害。

到1924年，美国终于通过法律，承认印第安人是美国公民。但是，贫困、完全被孤立于社会之外就是这群印第安公民的境遇。到现在这种情况并没有多少改观，尤其是后一点，孤立，仍然是美国印第安人的典型特征：他们仿佛游离于美国社会之外。即使在大城市，印第安人通常也没有固定的住处，他们四处流浪，仿佛不是在城市，而是在荒凉的大草原上一般。

美国现在大约有190万印第安人。1991年，150万仍生活在部落的印第安人中，有80万人生活在贫困线下，只有不到1%的印第安人拥有自己的土地。

生活在保留地内的印第安人就业机会极少，他们以狩猎和务农为主，农闲时就无所事事。

印第安人一直在努力。自20世纪80年代以来，保留地内的印第安部落同外界发生了更多的接触，逐步发展起了自己的工业和商业，尤其是旅游业。现在，到印第安人保留区观光已成为美国人和来美国旅游的外国人一个重要的旅游项目。

为了替贫困的印第安人想法子，美国政府和印第安人共同想出了一个好点子——让印第安人在他们的保留地里自由开办赌场。1988年，美国国会通过了《印第安人赌博规约》，要求各州同印第安人部落谈判签订赌博契约时，必须阐明在保留地内可以经营合法赌博，不得阻止印第安人从事州立法没有明文禁止的赌博活动。于是，在联邦政府承认的全国数百个印第安人部落中，出现了大量的赌场，每年赚取了大量钱财。所以，有人说赌博业是印第安人在20世纪取得的最成功的经济产业。开设赌场对贫困的印第安人的确很有好处，一则他们在保留地开设的赌场生意挺好，二则他们赚了钱后将相当一部分投资在教育、医疗卫生等方面，这对于印第安人的未来有莫大的好处。

此外，根据美国法律，印第安人与美国其他族裔都不一样，他们是独立自主的民族，没有向政府纳税的义务，这样印第安人挣的钱就更多了，确实有许多部落因此发达了起来。

然而，印第安人能永远靠赌博过日子吗？永远靠政府的这种特殊的“政策救济”生活吗？这就是另一个问题了。

另一种黄种人就是亚裔了。

亚裔主要指来自东亚和东南亚各国的移民。

在美国的少数民族中，亚裔的日子相对来说是过得最好的，尤其对于来自中国、日本、韩国等国的移民更是如此。

亚裔人口在美国增长很快，现在，美国的亚裔总人口已经远超1000万。美国各个族裔的人口增长率中，除了拉美裔以外，亚裔是最快的，亚裔中又以华裔人口最多。

亚裔人口大增的主要原因是高科技移民和赴美留学生的增多，每年仅通过TOFEL和GRE考试到美国的中国人才就有成千上万！像北大和清华那些理工科的学生们，从本科生直到博士生，每年出国的占了应届毕业生的一半。至于通过其他途径移民美国的中国人就更不知有多少了！

除大陆外，台湾地区、香港、新加坡乃至世界各地的华人涌入美国的也不在少数，这样就使得华裔成为美国第一大亚裔族群。

在今天的美国，除少数日裔外，华裔是唯一一个在教育程度乃至人均收入上都超过白种人的群体，在所有的族群中其成就也只逊于犹太人。

重视教育是华人的传统，美国的华人总想方设法让孩子读大学、读硕士、读博士，这样就使华人的平均受教育程度，例如中学毕业生上大学的比率，大大超过普通美国人乃至白人。在学校的表现也是如此，从小学、中学直到大学，那些成绩最好的学生常常是华人——如果这学校有华人的话。

所谓“百年大计，教育为本”，正是由于这个“本”为好了，才为华人在美国社会的出人头地奠定了最好的基础。

华人在美国干得最好的行当是科技，在美国的大学中，黄皮肤黑头发黑眼睛的中国学生比比皆是，从助教到教授也有许多是华人，而且相当一部分还成了系主任之类，做着科研领导工作。

美国的华人科学家中之佼佼者是得过诺贝尔奖的6位，他们分别是：

李政道，1957年度诺贝尔物理学奖获得者。

杨振宁，1957年度诺贝尔物理学奖获得者。

丁肇中，1976年度诺贝尔物理学奖获得者。

李远哲，1986年度诺贝尔化学奖获得者。

朱棣文，1997年度诺贝尔物理学奖获得者。

崔琦，1998年度诺贝尔物理学奖获得者。

此外，像吴健雄也是诺贝尔级的科学家，田长霖在1990—1997年任著名的加州大学伯克利分校校长，等等，这些都是美国华人科学家之翘楚。

其实，不但科学界，现在华人在美国社会各届具相当影响力的人物可谓所在多有，下面试举几例：

贝聿铭，卢浮宫玻璃金字塔的设计者，他设计的名作还有美国国家艺术馆东馆、肯尼迪总统纪念图书馆、卡耐基音乐厅、北京香山饭店、香港的标志性建筑中国银行香港分行，等等。贝聿铭被广泛认为是历史上最伟大的建筑大师之一。

马友友，世界著名大提琴演奏家。

谭盾，作曲家，第73届奥斯卡“最佳原唱配乐奖”获得者。

宗毓华，一度是美国最有名的女新闻播音员，因与美国哥伦比亚广播公司（CBS）的名主持人丹·拉瑟共同主持晚间新闻而成为全美最知名人士之一。

张德培，网球运动员，1989年获法国网球公开赛冠军，曾经在世界男子网球选手中排名第二。

关颖珊，年轻的世界花样滑冰锦标赛冠军，美国全国花样滑冰锦标赛四连冠。

杨致远，世界第一门户网站“雅虎”创始人。

王嘉廉，美国仅次于微软的第二大软件企业“国际联合电脑公司”创办人、总裁兼首席执行官。

李昌标，康涅狄格州警察总局局长。

美国军队中有多位退役或现役将军，如：

钱勇杰，海军少将。

傅履仁，陆军少将。

刘国英，空军少将。

李哈里，国民卫队空军准将。

江湛清，美军第四十步兵师副师长，加利福尼亚州国民卫队将军。

现在美国华人中官职最大的是下面几位：

骆家辉，华盛顿州州长、美国商务部部长。

赵小兰，美国交通部部长。

如此等等，这样杰出的美国华人还有很多很多。

不过，美国华人最有影响的还是在科技界，据说爱自嘲的美国人有句俗话：“美国的财富在犹太人的钱袋里，知识在华人的脑袋里。”

以上就是美国的种族结构了，我们已经看到，世界三大人种美国都找得到，而且都很多。不但人种如此，民族也是如此，事实上，几乎全世界每一个民族，至少大的民族，在美国都找得着他们的踪影。这些民族带来了他们的语言与宗教信仰，使美国的语言与宗教信仰像他们的种族构成一样丰富多彩。

聚族而居　美国诸民族的一大特色就是许多民族虽然生活在美国，但聚族而居，构成一个相对独立的小社会，在这个小社会里，大家从语言、宗教信仰到生活习惯都基本保持不变。

这种情形当然以我们中国人最典型了，美国许多大城市里华人都聚居一处，使聚居地成为著名的华埠——唐人街。

美国有许多的唐人街，最有名者是旧金山和纽约的唐人街，我在后面的美国之旅中将带您去逛一处最有名的唐人街。在这些唐人街里，餐馆里供应的是中国菜、商店的招牌是方块字、里面卖的是地道的中国货、书店里卖的是汉语书，甚至电影院里放的都是清一色的《少年方世玉》《卧虎藏龙》之类。至于街面上走着的人，除了好奇地东张西望的异族游客外，也都长得跟咱们一样，那嘴里说出的话虽然南腔北调都有，但全是地道的中国话。

除了这些以外，医院、电话局甚至学校等公共设施唐人街也一应俱全，完全用不着外求。

据说，有的华人已经在美国生活了二三十年，却连一句英语也不会说。为什么呢？因为他没有必要出唐人街呗，而在唐人街就像在上海南京路一样，哪用得着说外国话！

中国人如此，许多别的民族，像意大利人、希腊人、土耳其人、越南人、韩国人等，也差不多，在各城市里聚族而居，里头有自己一应俱全的生活设施。在这些聚居区里他们说着各自的意大利话、希腊话、土耳其话、朝鲜话，等等。俨然如城中之城、国中之国。

由于美国人和美国政府一向尊重各种文化，听说甚至促进这些城中之城的发展，使之成为美国许多大城市的特色之一。在这些大城市，例如纽约或者洛杉矶，你大可以在一座城市之中领略全世界各种主要的文化气氛、听到各国各种腔调的语言、吃遍各国风味独特的小吃呢。

不过，出了这些城中之城，就美国总体而言，大家说的还是一种语言——英语。无论是华裔、土耳其裔、意大利裔或者英国裔的美国人，只要不是真的成天蜷缩在那个什么什么街，只要一出门，总得会说英语才行，因为英语是美国唯一的国语和官方语言。

唯一的例外是拉丁美洲裔人，例如在美国南部靠近墨西哥的一些地方，他们占了居民的一半甚至一半以上，因此西班牙语倒成了这些地方事实上的大众日常用语，英语反倒是少数人使用的语言了。

令人眼花缭乱的众教派　美国宗教的第二个特点是教派众多，全世界各大小宗教在美国几乎都有信徒。

最大的教派当然是基督教的新教和天主教，其中新教徒约占总人口的53%，天主教徒约占总人口的26%，二者加起来占总人口的近80%，如果再加上同属基督教的约占总人口2%的东正教徒，三者相加就超过总人口的80%了。

不过，新教教徒虽然占了美国人口的大部分，但他们并非铁板一块，而是也分成了众多教派，像圣公会、浸礼会、循道宗、信义会、五旬节派、基督会、长老会，等等。

其余两个比较大的宗教是伊斯兰教和犹太教，其信徒各约占总人口的2%。

此外，约有7%的美国人不属于任何教派或者是无神论者。

这些加起来只占美国总人口的92%，其余8%呢？

首先，这8%都不是无神论者，而同样是各个教派的信众，这些宗教就很多了，例如佛教、道教、日本神道教、原始的萨满教，等等。

美国是邪教的大本营　最后，也是最特别的宗教就是大家经常听到的“邪教”。

我们说过，在美国几乎可以找到世界上所有宗教的信徒，这些宗教也包括邪教，事实上，美国是世界上邪教组织最多的国家，是世界邪教的大本营。

据统计，现在美国的各种邪教组织在2000个以上，教徒总人数在1000万以上。

美国的邪教组织尽管五花八门，令人看得眼花缭乱，但也有共同特点：一是崇拜活着的“上帝”，即他们的教主；二是鼓吹世界末日、人类将要灭亡这类胡说八道，并竭力使人们相信只有加入它的组织才能逃过劫难。

至于教徒们，加入邪教可能出于各种各样的原因，有的是精神空虚，有的受到离婚、失恋、失去亲人等打击，有些则是思想不成熟、容易受到引诱的男女青少年。邪教创立者正是利用上面那些妖言对他们进行精神毒害，又千方百计造成信徒的家庭不和并与社会孤立，这样就能更好地对他们进行控制。

邪教组织不停地在美国到处吸引信徒，兴风作浪，大造事端，甚至引起冲天巨浪，大量信徒为此失去了财产、健康与生命。

早在20世纪50年代，美国就出现过一个“飞碟”邪教。这个组织宣扬世界末日就要来临，要求信徒变卖家产并捐献存款，到这个组织设在山顶的大本营入伙，与“外星人”对话。1975年，一个叫马歇尔·阿普尔怀特的家伙把某些宗教教义、天文知识和科幻小说的情节糅合在一起，创立了一个称为“天堂之门”的邪教。1997年3月，这个邪教的39名信徒服用了自己配制的毒药，分3批集体自杀。死者年龄最小的20岁，最大的72岁。

这些邪教中最有名的是“人民圣殿教”和“大卫教派”，它们分别制造了两起震惊世界的惨剧。

1978年11月18日，在南美北部小国圭亚那的热带丛林深处，美国“人民圣殿教”900多名信徒在教主吉姆·琼斯的带领下集体自杀！他们喝下了琼斯给他们配制的毒药，一个个痛苦地死去了，琼斯走在最后，他一枪结果了自己的性命。

大卫教派的教主考雷什把自己封为“活先知”，自称言行由上帝授意。他还宣扬自己是“大卫教”内唯一有权拥有妻室的人，所有信徒的妻子全归他所有，他在教会中任选大至50岁、小至10来岁的女信徒为妻。

考雷什还订购、自制、囤积武器，对信徒进行军事训练，准备公然与政府武装对抗。

美国政府在掌握了“大卫教”的犯罪证据后，决定以武力行动摧毁这个邪教组织。当大批联邦执法人员来到大卫教派所在的庄园时，发现这里已然是一个有坚固防御工事的堡垒了，教徒们准备了大批武器，公然与执法人员对抗。执法人员一时无法攻入，双方处于僵持状态。随着事态的进一步恶化，美国政府调来了有重武器的军队，1993年4月19日，武装对峙51天之后，联邦特工人员在坦克装甲车的掩护下，攻进了庄园。

但不知何故，庄园突然起了大火，迅速蔓延开来，大卫教派的教主考雷什以及80多名信徒在大火中“得道升天”了。

可惜美国政府并没有汲取这次事件的教训，美国人也仍然把宗教信仰的自由看成是公民的一项基本权利，甚至不考虑其性质是不是邪教，不但任由本国的邪教横行，也公开庇护其他国家的邪教，成了邪教的天堂。

长盛不衰的美国经济　大家都知道，现在美国仍是世界上最强大的国家，是无与伦比的世界第一强国，也是唯一的超级大国。

为什么美国如此强大呢？其首要的原因既非它有世界第四大的面积，更不是因为它有世界第三多的人口，而在于它那发达的经济。

美国的经济是一种令人惊奇的、简直令人不可思议的发达的经济。

举个最简单的例子吧，当我们说一个国家经济发达时，常常说的是其工业发达，像英国、德国或者日本，或者顶多说工农业都发达，如法国。然而美国不止如此：它不但有普通的工业发达、农业发达，而是一种更为全面的发达；而且这发达不是一般的发达，而是说它最发达，居于世界之巅，用体育比赛打比喻，不是前三甲，也不是亚军，而是冠军。

也许更加引人注目的是，美国虽然拥有最强大的经济，却并没有像许多曾经最强大的国家，如过去的英国一样，患上“富贵病”，随着经济的强大，逐渐裹足不前，原来算是先进的机器设备与技术日趋老化，反而成了经济进一步发展的障碍，于是由先进转为落后。其强大的经济是一种持续性的强大，经济基本上也是持续性的增长。

我们现在就来大致讲讲美国的经济各行业。

生产、环保与可持续发展并重的农业　美国的可耕地约占领土总面积的1/5，谷物播种面积大约相当于英国与法国国土总面积之和。

很久以来美国就是世界第一农业大国，是世界上最主要的农产品出口国。从20世纪80年代初起，美国的粮食产量被中国超过，从此退居为世界第二大产粮国，然而就农产品出口额而言，美国仍是当之无愧的世界冠军，每年都要出口巨额的粮食。

美国的农业有两个基本特点：一是农作物分区种植；二是农业科技发达。

很久以前，由于各地的土、水、肥、气温、日照等条件各有特色，美国就自然而然、因地制宜地分出了一个个大农业区。

第一个区是东北部新英格兰地区的畜牧带。

这个地区的自然条件特征是雨量充足，但气温相对较低，土壤也欠肥沃，比较适合于饲料玉米和牧草的生长，当然也就有利于畜牧业的发展了。此外，这一地区的马铃薯、苹果、葡萄等的生产在全国也占有重要位置。

第二个区是中北部的玉米带，主要指大湖区附近的几个州，即我们前面讲过的美国地形的第三大块“中部平原”的东部“中央低地”。

这里雨量充沛、土地肥沃、日照时间也比较长，特别适合于玉米的生长，是美国、也是世界上最大的玉米生产区。

就产量而言，玉米是美国农产品中的最大宗，占全世界总产量的近一半。

此外，这里也是美国大豆的主产区，是世界第一的大豆生产国，其产量和出口量均占世界的一半以上。

第三是大平原小麦带，这个带位于从玉米带往西往南的美国中部和北部地区，跨9个州，也就是美国地形第三大块中部平原的西部，即“大平原”，它从五大湖往西直到落基山脉，往北则一直延伸进加拿大境内。这里土地比较肥沃，但雨水较少，宜于种植需水较少的小麦，因此称“小麦带”。这个带的小麦播种面积占全国的70%。且这里地势平坦，宽达600余千米，极适宜于农业的机械化大生产，因此这里也是世界上机械化程度最高的农田。

美国是世界第二的小麦生产国，仅次于中国，是世界第一的小麦出口国。

第四是南部的棉花带。主要是北纬36°以南、密西西比三角洲及其周围的5个州。

美国是世界第二的产棉大国，仅次于中国。

这里的阿肯色州还是美国最大的水稻产区，不过对于我们中国人那么重要的水稻对于美国人简直不值一提，美国人很少吃，产量也小，不过美国的水稻品质高、口味佳。

第五个区是太平洋沿岸的综合农业区。这里受太平洋暖流影响，气候温和湿润，宜于多种农作物生长。例如北部的华盛顿州、俄勒冈州盛产小麦，加利福尼亚州更是美国农业最发达的州，也堪称世界农业最发达的地方，粮食单产居美国与世界最高之列。加州的粮食、蔬菜、水果产量在全国都名列前茅，尤其是后二者：加州是美国最大的“菜篮子”，为国家提供了一半以上的水果和干果，30%以上的蔬菜。

美国也是世界上最大的水果、蔬菜生产国之一，而且美国的水果以质量好、味道佳闻名世界，不但如此，美国的水果就是样子也都很漂亮，摆在家里仿佛是一件装饰品呢。

美国粮食总产量的特点是年波动幅度相当大，但这可不像俄罗斯是大自然的命令，而是人为的。主要是美国政府宏观调控的结果。由于美国的农产品有相当一部分依赖出口，于是，当国际农产品市场销售疲软时，美国政府就用补贴等方式让农民减产，或者任由其在田里烂掉，有时候甚至销毁已经收获的农产品。

美国的农业虽然产量如此之大，但其产值仅占国内生产总值的2%左右，占用了全国劳动力的3%，并且现在有进一步减少的趋势。这当然主要归功于农业高科技的采用，使大量劳动无须人手，都通过农业机械与电脑等去完成。这就是美国的新型农业，即是一种种可持续发展农业。

什么是可持续发展农业呢？原来，到20世纪60年代，美国农业已经基本实现了以机械化、化学化、水利化、良种化为特点的常规现代化农业。但常规的现代化农业也有其弊端，就是成本过高，为了使农民不亏本，政府每年要花费大笔资金来补贴农民。此外，这种现代化农业能源消耗也很大，并可能对自然资源产生破坏。于是，美国在世界上率先倡导了"有机农业""生态农业"。这些名词大家都听说过吧？这正是我们中国现在正大力提倡的农业方针。其特点是反对在农场大量施用化肥、农药，强调保护生态环境，试图用绿肥秸秆替代化肥，用天敌灭害替代农药，用少耕免耕替代翻耕，并对土地采用休耕与轮作，即每年只耕种一部分土地，另一部分则休耕。

这种措施固然可以保护环境，但它的不利之处也是明显的，例如肯定会造成减产，价格也比常规农产品高出许多，难以为农民带来实际利益。

有鉴于此，80年代初美国和一些发达的西方国家便提出了可持续发展农业的理念。

所谓可持续农业的实质就是维持农业系统的发展可持续性。再进一步的意思可复杂了，而且在不同的国家有不同的发展方向、目的、模式，例如在发达国家偏重于环境与效率，发展中国家则首先关注食物的安全，即粮食产量的充足，等等。

大体说来，可持续农业是生产、效率与环保相统一的农业，它力图使这三者有机结合，共同发展。即既能提高农产品产量，又能提高劳动效率，同时能改善环境质量。

至少从字面上看，这种农业是堪称完美的农业，也是当代世界农业最新与最先进的模式。

在美国，可持续农业已经不再是一种理论，而已经转入实践。许多农民正在用作物轮作、农牧混合、残茬覆盖法、覆盖作物扦入轮作、病虫害综合防治（IPM）、网络技术与精确农业等方法来走一条农业的可持续发展之路。

上面那些名词您可能看上去比较陌生，其实并不复杂。例如"残茬覆盖法"就是把收获作物后的稻草、麦秆等用于肥田。当然，不是像我国北方一些地区的农村一样就在地边放火烧灰，造成天空一片漆黑，连附近的高速公路都得关闭。而是用一些特殊的机械将之粉碎，以快速变成有机肥。"覆盖作物扦入轮作"就是收获后在地里播种一些特殊的作物，例如有根瘤菌的"肥草"，它们的根瘤可以将空气中的氮转变为植物可吸收的氮肥。农民们种这些作物但并不收获它们，而是待到种农作物时直接将之翻耕在地里变成绿肥。

其实，这些措施我们中国早已有之，我是在农村长大的，对农活可是半个行家，我们小时候就将稻草用铡刀铡烂撒到田里再犁一遍，让它们埋进泥里。还有，每年收获晚稻后都要在田里种一些“肥草”，这东西的学名我不知道，不过它们的根是有一些“瘤子”的——这就是能固痰的根瘤菌了，来年也是直接把它们翻耕到地里。

遗憾的是这些措施现在都不采用了，宝贵的肥草更像绝了种，农民们都直接大量施用化肥。原因很简单：做这种活太累人了。现在的人，包括许多农民朋友，谁还愿意去干那累活儿呢?

美国种植业还有一点值得说说，就是所谓的“转基因作物”。

转基因作物就是将某些其他物种的基因通过复杂的基因技术移植到农作物身上，使之产生本来并不具有的某些特性，例如抗病虫害、抗除草剂，等等。这样既有利于降低成本，又会减少环境污染，因此在美国得到了大力推广。

然而，这种转基因作物也有一个致命的缺陷：许多科学家认为它们不利于人类健康。因为被加进了其他物种的基因，这些转基因作物，例如转基因小麦，从某种程度上来说已经不是原来的小麦了，而成了另一物种，它们的改变可能并不仅仅是在身体中增加了某些特别的基因，而可能已经诱发了某些根本性的变异，这些变异尽管现在还没有发现，但完全是可能的，也同样可能危及人类健康。

鉴于此，美国的转基因作物在世界许多地方遭到了反对，尤其是欧洲。许多人，甚至科学家，都起来反对美国转基因农产品的进口，也反对本国种植转基因作物。

美国经济的主体乃是工业　工业既是美国经济的支柱，也是美国实力的保证。

我们知道，一个国家产值可以很高，但如果这些产值主要来自农业或者服务业之类，那么这个国家可能很富有，但却不可能是强大的，因为钱毕竟只是黄金或者纸币，绝不等于飞机、坦克、大炮、导弹或者原子弹，甚至也不等于汽车、船舶与钢铁，只有这些才是一个国家实力的可靠保障，是“实力”与“国力”的象征。

美国是最发达的工业国，也有着最大的贸易逆差　美国工业在世界上享有无与伦比的地位，技术先进、门类齐全、生产实力极为雄厚、劳动生产率也很高。不过，这只是总体情况，现在美国的工业也并非项项都全球领先。它的某些工业部门也遇到了强大的挑战，甚至被打垮了。这种挑战既来自中国等第三世界，也来自日本、德国等发达国家。尤其是日本，它的许多工业部门从紧跟美国屁股到迎头赶上，甚至将美国抛到了脑后，例如机器人、数码机床等重要工业部门都大大领先于美国。

美国的轻工业也一向不发达，像纺织业、服装业、化妆品和玩具等的国内消费基本上依赖进口。

所以，现在的美国工业有一个特色：一方面，美国是世界上最大的工业品出口国；另一方面，美国更是世界上最大的工业品进口国，国内市场充斥着外国产品。

可以这样说：所有在美国市场上出售的商品，除了一些不宜进口的，例如面包蛋糕之类，其余都有进口的，有的是部分、有的是大部分甚至全部都是。其中以中国与日本的商品最多，中国以前主要是服装、玩具等轻工业品，还有种类多得数不胜数的小日常用品，现在还有各种家电，日本则是汽车等大件消费品。

于是，就产生了一个世界经济与贸易中一个奇特的结果，作为世界工业巨无霸的美国，同时却有着全世界最大的贸易逆差，其数额令人吃惊，例如2000年，美国的贸易逆差是4000多亿美元，这样的数字在美国算是正常的呢，若干年以来，它年年的形势都差不多。其中我国是美国最大的逆差来源。

究其原因，原因之一当然是因为美国国内的服装、玩具、家电、机器人、数码机床等许多工业部门已经基本上消失或无力竞争，其产品大量依赖进口，而这些部门都有关国计民生，人民需要量庞大，因此当然要花费巨额美元才能进口到。

但这只是表面现象，其实还有一个更加深刻的原因：美国的贸易逆差是自找的，并不是人要硬给它的。这又可以分成两方面来说：一是因为美国市场太开放。美国拥有世界上最大、也最开放的市场，而且这种开放不但在形式上是如此，实际上也是如此，美国国内没有任何有形或无形的贸易壁垒，全世界的产品，除了古巴、朝鲜、伊拉克等极少数国家因为政治原因不能与美国贸易，其他国家的产品都可以大举进入。这样，由于中国等第三世界国家在劳动密集型产品上所具有的美国无法比拟的优势，像服装与玩具制造等，而日本这样的发达国家由于在机械电器等这些销售额庞大的工业部门的领先，其产品都可以在没有贸易壁垒的美国大行其道，出口额自然巨大。同时，这些国家，无论中国还是日本，则自己为美国的产品设置了大量有形或无形的贸易壁垒，使美国的产品难以进入这些国家的市场，即使进入了也难以售出。这样，两相比较，那贸易逆差不大才怪呢！

第二个说美国是自找贸易逆差的原因是，在美国技术遥遥领先的许多工业部门，政府却不准许其产品出口，尤其是出口到中国。例如先进的武器和计算机等，这类产品中国的市场都大得很，很愿意从美国人那里买，但美国人愣是不卖。这能怪得了咱们吗！要是美国人大方一点的话，那对华贸易逆差还不哗啦哗啦地减少！

美国工业有一个很时髦的分类法，就是分成“夕阳工业”和“朝阳工业”。

原来，20世纪80年代后，美国工业的发展呈现出一种不平衡状态：一方面，传统的轻重工业受到许多国家，从日本、德国到中国等的有力竞争，一派末日景象，被称为“夕阳工业”；另一方面，以计算机、软件与网络产业为核心的高技术工业则一派朝气蓬勃，活力非凡，被称为“朝阳工业”。

朝阳工业的发展不但抵销了夕阳工业衰落对美国工业整体产生的不利影响，而且借助在这些新兴工业领域的杰出表现，美国工业乃至整个经济都是形势一片大好。如我们前面所说，最近10年是美国历史上经济成长最快速的时期，之所以得到如此高速的成长，靠的就是这朝阳工业。

美国在这些朝阳工业技术上无与伦比的领先地位使美国工业与技术的领先似乎犹胜往昔。

美国的工业各部门都很发达，我们现在就来讲一些具体的行业。

环保第一的森林工业与矿业　首先是与自然界关系密切的森林工业与矿业。

美国的森林资源极为丰富，森林覆盖率约占国土面积的1/3，也就是达300多万平方千米。美国的森林按所有制分为国家林地和私人林地两部分。美国有许多的国家草原和国家林地，这些国家林地一般是不能砍伐的原始森林，用于防止水土流失、涵养水源和净化空气。私人森林就多半是用材林了，美国大部分用材林分布在东半部。

在美国，森林像土地一样也是商品，可以自由买卖的。美国有许多木材商和森林工业公司，它们有的负责采伐森林，有的买卖木材，有的将之加工成原木或者各种木制品，还有的大公司将这些融为一体，自己买森林、自己砍伐、自己加工。

美国的森林工业非常发达，是世界上最大的原木生产国之一。虽然如此，美国的森林非但没有因这种原木采伐而有所减少，反而几乎年年增加，每年栽的树比砍的树还多，这个比值大概是100：130左右，也就是说，美国每砍伐100棵树，就会新生130棵同样大小的树。

这是为什么呢？第一固然是因为美国水土条件良好，森林生长快。但第二个原因更为重要，这就是在美国，所有伐木公司都必须同时是“种树公司”，也就是说，它如果将某地的树砍掉了，绝对不允许就此弃之不管，必须再在这里种上树，且须保证长活成林。

爱护森林、砍树种树在美国早已经成为公民与公司一种基本的道德、常识与习惯。

在美国，所有能种树的地方几乎都有树，如果没有树，那就是有草有花了，就像我在《西方通史》之“美利坚的独立”一章中开始所言：美国整个国家就像个大花园，看不到赤裸裸的黄土，从东海岸到西海岸，绵延几千里，除了一望无际的草地、森林、农田，就是烂漫的鲜花。

美国是世界上矿产资源最丰富的国家之一，总体来说仅次于俄罗斯，与中国不相上下。无论金属矿藏、非金属矿藏还是能源矿藏都很多。例如钼的探明储量占全世界的近一半，铅、锌、铜、银、金等的储量都居世界前列；美国的煤炭约占世界可开采量的1/5，且大都是高品质的无烟煤和烟煤，石油和天然气储量也很大；美国还是云母、重晶石、硫、长石等非金属矿产资源的主要开采国。

我们知道，矿业虽然只是从自然界索取已有的东西，从这点看成本比较小。事实上，这样一个必然后果是对环境的严重破坏。在我们这里，只要您去过几乎任何一座矿山，都会看到这样的情形，像我家乡附近有一个规模巨大的煤炭公司，是国家特大型能源企业，按理说技术设备都是比较先进的，但当地几乎被埋在厚厚的煤灰底下，环境恶劣之极。

美国可不是这样，美国矿业的特色是技术先进、劳动效率高、环境污染小。

在美国，从社会公众到政府部门对环境质量都极为关注，为了堵住矿业这个传统上几乎必然对环境产生破坏作用的污染源，美国政府制定了许多相关法律，规定矿山生产时必须保持土地、空气和水质的原有水平，矿山闭坑后必须恢复开采前的原状。这些严格的环保要求使美国矿业界每年花费数十亿美元用于提高空气和水的质量、复垦土地、按标准恢复生态环境。

事实表明，政府与企业的共同努力是成功的，现在如果您到了美国的矿山，会发现一个与国内的矿山有天壤之别的景象：矿区内整治得明快洁净，与外界环境没多大差异。洒水车不间断地在矿区内公路上喷洒净水，无论是采场还是运输通道根本见不到飞扬的尘土。

矿山生产管理高度自动化，主要生产工艺都采取封闭式生产，工人坐在特制的观察室内，宽大的厂房里却空无一人，只有机器设备在平稳地运转——它们全部靠计算机自动调控。矿区内只有运行的车辆和施工机械，几乎见不到往来的工作人员，因为即使是运输车辆，也是通过GPS卫星定位系统，由计算机进行遥控的。

由于开采之时就注意了保护环境，一旦矿藏开采完毕，不久之后周围环境就与开采之前一般美丽洁净了。

这样的措施并没有让美国的矿业破产，相反，它们还要赚钱呢。其根源就在于美国矿业的劳动生产率非常之高。美国矿山的生产规模都很大，但职工人数却很少，例如有一家叫科迪斯的金矿，全部职工只有380人，1999年产黄金40.4吨，人均一年生产黄金达100多公斤。

美国传统工业的三大支柱　美国传统工业有三大支柱：钢铁工业、汽车制造业、建筑业。

钢铁工业一向是美国经济的支柱，美国也一向是世界第一产钢大国。但20世纪70年代以后，由于设备老化、劳动生产率低下，国际竞争激烈，美国钢铁业处境非常艰难。为此它从80年代初开始了大规模的技术改造和企业结构调整，使其技术和设备都达到了世界最先进水平。新技术使成本降低、产品质量得到了提高，产品在世界市场重新具有了强大的竞争力。

现在的美国已经不是世界第一钢铁生产大国了，早在1994年，中国的钢铁产量就达到了1亿吨，而这年美国只有近9000万吨，中国成为世界第一钢铁生产大国。

这并不说明中国真的已经是世界第一钢铁大国了，事实上，我们虽然每年要出口大量钢铁，但进口更多，其根本原因就是我们所产的钢铁大都是些技术水平较低的产品，而一些价格高昂的特种钢，我们还得从美国大量进口。

美国传统工业的第二大支柱是汽车工业。美国产的汽车大家都很熟悉吧！福特、通用在中国大地上到处奔驰。汽车工业不但为美国经济的发展与强盛做出了巨大贡献，而且它还可以说是整个西方现代文明诞生的主要标志。汽车也是西方最基本的交通工具，它深刻地改变了西方社会，创造了一种新的文化，被称为“汽车文化”，西方甚至被称为“轮子上的社会”。

美国传统工业的第三大支柱是建筑业。建筑业作为工业支柱也许是美国的特色之一。

在美国，无论乡村还是城市，建房子都是钢筋混凝土结构、并进行全面装修，这些都需要消耗大量钢铁、铜、铝、水泥、油漆、玻璃、木材等。这些消费了美国全国冶金工业约10%的产品；70%的水泥、玻璃和砖瓦；40%的木材；50%的油漆工业产品，并占用了全国8%的运输能力。这样的结果之一是：每当建筑业不景气时，这几个相关工业也就难有好日子了。因此建筑工业被称为美国经济的“晴雨表”，正所谓“建筑业一发烧，整个美国经济都要感冒”。

美国建筑业的现代化程度很高，设计技术和管理水平均居世界领先水平，建筑公司不断采用新材料，如特种塑料、铝合金、大面积平板玻璃等，在抗震力学和建筑结构设计等方面也一向领导世界建筑工业的发展方向。

美国建筑业最大最典型的杰作当数摩天大楼了，它的英文名字是“skyscraper”，意思是“撞着天了”，这是一个比喻的说法，比喻摩天大楼高入云霄。摩天大楼于19世纪80年代兴起于美国，开始一般只要高在10层以上的建筑就是摩天大楼了，后来，由于能快速上下楼的电梯的发明与广泛使用，使拥有摩天大楼称号的楼层要求越来越高，现在，就是三四十层恐怕也称不上摩天大楼了。

世界上第一座摩天大楼是1885年由一位叫W.詹尼的人设计的高10层的芝加哥财产保险公司大厦，它在世界上的建筑中第一个采用了钢梁结构和幕墙，此后这也成为摩天大楼的基本特点。

纽约的帝国大厦是世界上最有名的摩天大楼之一。它于1931年1月1日落成，共85

层，楼顶还有一个相当于17层楼高的圆塔，总高度达380米。在建成后的40年中，帝国大厦一直是世界上最高的大厦，站在楼顶上可以鸟瞰整个纽约市。

此外还有比帝国大厦更高的"9·11恐怖袭击事件"中被摧毁的纽约世界贸易中心双塔、美国最高的建筑110层的芝加哥西尔斯大厦，等等，都是美国建筑业的骄傲，也是美国现代文明、甚至整个西方现代文明的标志之一。

在美国所有工业部门中，能源工业是最大的一个。

能源工业包括煤炭、石油、天然气、水力、电力、核能等工业部门，其中石油和天然气工业又是美国能源工业中最主要的部门，二者占了美国能源消耗的一大部分。美国拥有一些世界上最大的石油公司，例如埃克森美孚公司。

我们上面说过，美国有相当丰富的石油、天然气和煤炭资源，但由于煤炭没有石油天然气那么容易加工，而且相对较易污染环境，因此美国的煤炭工业一度受到冷落，直到20世纪60年代国际上出现石油危机后，美国才注重采煤业。现在，美国煤炭采掘业的技术装备和劳动生产率都世界领先。美国煤炭主要产区是阿巴拉契亚山脉一带，其煤炭产量占全国一半以上。

除比较传统的石油、煤炭、天然气等能源外，美国还特别注重新能源的开发和利用。目前美国正在开发利用核能、潮汐能、太阳能、合成燃料等新能源。核能更是美国大力发展的重点，目前美国正在运行的核电站超过100座，核发电量已占发电总量的约1/5。核电的优势很明显，它不产生二氧化碳及粉尘等污染物，能在解决全球气候变暖问题中发挥重要作用，此外，过去10多年间良好的运行也证明人们过于担心核电的安全是没有必要的。

牛气冲天的通信、航空与航天工业　在现代通信技术方面，美国几乎具有绝对的优势。通过将微电子技术与通信技术相结合，通过卫星、光纤电缆、数据库和电子计算机终端等，产生了能够处理和传送电报、电话、图像、数据的现代通信系统，而美国正是这项技术的开拓者。

其中最突出的例子就是卫星通信了。早在1965年，美国就发射了第一颗通信卫星，可同时传送240线电话和一套黑白电视节目。而1988年由美国休斯公司研制的第六代通信卫星则可以同时传送3万线电话和十几套彩色电视节目。后来的光纤通信比卫星通信更先进，容量及清晰度也远非原来的卫星通信能够比拟。美国在60年代就率先研究出光纤通信技术，1970年由康宁玻璃公司首先生产出失声很少的玻璃纤维。在此后的10多年中，光纤通信技术发展异常迅猛。一根直径不到7毫米的光缆可同时传送8万线电话和几十套电视节目，且不受外界干扰，所提供的也是高保真、高品质的音频与视频信号。

上面我说美国的通信技术世界领先，您也许会怀疑地想，真的吗？那为什么我从来没看到过美国生产的彩电呢？这固然是真的，然而我们说的是技术，不是设备，要知道，海尔彩电之所以能接收到清晰的彩色电视讯号，都依赖于美国人所开创的核心技术。这就像我们中国也产电脑，还有很多牌子，然而它们里头装的芯片几乎全都是美国开发的，也只有美国人能做出来。

在航空与航天方面的情形也差不多。航空技术方面，例如飞机制造，大家都知道有波音公司，它是世界上最大的飞机制造企业，其势力几乎等于世界上其他所有飞机制造企业的总和。它不但制造"波音"系列客机，还能制造军用飞机甚至导弹，例如美军著名的"大黄蜂"战斗机、"阿帕奇"武装直升机都是它造的。

美国还有另一家大型飞机制造企业，洛克希德–马丁公司，它专门制造军用飞机，例如C–130系列军用运输机、U2间谍飞机、F–16战斗机都是它生产的，它最近又研制出了一种新型的"未来战机"，具有隐形、垂直起降、超音速、全天候、能做超低空与超高空飞行等性能，几乎无所不能。

至于航天工业，美国就更牛了。

美国的航天事业一度落后于苏联，例如苏联在1957年就发射了世界上第一颗人造地球卫星，使人类迈入了太空时代。1961年，苏联空军少校加加林成为第一个进入太空的地球人。这一象征科技与国力的技术的落后使美国人大感丢脸，奋起直追，在苏联之后不久便发射成功人造地球卫星并将人送入太空。到1969年7月20日，美国人将"阿波罗"号宇宙飞船送上了月球，实现了人类登上其他星球的梦想。此后，从"阿波罗11号"到"阿波罗17号"，美国共载人登月飞行7次，6次成功，每次各送了2名宇航员登上月球。

无疑，登月比发射人造地球卫星和将人送入太空要难得多，至今也唯有美国人能做到这点。

现在最令美国骄傲，也最实用的航天技术是航天飞机，它是美国拥有最先进的航天技术的象征、是美国先进科技的集大成者。

1981年4月12日是世界第一名宇航员加加林上天20周年的纪念日，美国第一架航天飞机"哥伦比亚"号发射了，在万众瞩目中遨游太空54.5小时后平稳着陆，这是人类太空技术的一个崭新时代的开始。因为此前，太空技术有些华而不实，虽然能登月，但登月有多大实际利益呢？航天飞机可不同了，它每次升空都能将卫星送上太空，著名的哈勃太空望远镜就是这样由航天飞机送上天的。它还能从太空把出了毛病的卫星收回来检修、修好后又放回太空，也能做科学实验，例如实验在太空条件下农作物的生长繁殖等，做这些工作时不但比发射人造卫星可靠，也廉价得多，因此得到了广泛的使用，仅1997年美国航天飞机就发射了8次，参加飞行的航天员有56名，飞行任务包括材料和微重力科学研究、卫星的释放与维修、与太空站的空间对接等。

使人类迈入信息时代的计算机工业，连同一些最新型最热门的工业，例如生物制药、基因工程、网络、电子商务，等等，也可以用另一个时髦的名字来代替——新经济。

计算机工业说起来的话可是很多，又很热门，一本书也写不完，我们只能简单谈几句。

计算机工业就是以计算机及其所处理信息为中心的工业，可以分成三大部分：一是计算机的制造；二是计算机软件的开发；三是在计算机之间交换信息的网络，即Internet。

计算机的制造也就是计算机的硬件制造，这是计算机工业的基础，就像人的躯体是思想的基础一样。

谈硬件制造就不能不谈谈美国的国际商用机器公司——IBM，正是它使电脑由价格极为昂贵的大型机时代走入了个人电脑时代，即人人都能拥有电脑的时代——PC时代。

IBM成立于1911年，开始只是一家微不足道的小公司，1924年时沃森成为公司的领导者，他将这个本来已经摇摇欲坠的公司发展成为美国著名的大公司，并且很早就涉足了计算机领域，还在第二次世界大战时，它就帮助美国军队研制出一种数字电动机械计算机。

到五六十年代，小沃森继位，他大力进军计算机工业，很快就成了这个领域的统治者，占领了美国市场的70%以上，被称为“蓝色巨人”。

这时的计算机都是所谓的大型机，只有企业才用得起。

到70年代时，产生了微型机，以美国的苹果公司和华人王安创立的王安电脑公司为首，短短几年就把微型电脑演成了大气候。而“蓝色巨人”在这场新革命浪潮中慢了半拍，顿时陷入困境。

但IBM没有像后来的王安电脑公司一样故步自封，终于被无情的市场毁灭，而是勇于改革。为此，它成立了一个秘密研究中心，全力开发全新的微型电脑。

1981年8月12日，IBM发布了第一台PC，即个人电脑。

这台PC的主机板上配置着64KB存储器，另有5个插槽供增加内存或连接其他外部设备，它还装备着显示器、键盘和两个软磁盘驱动器，与现在我们所用的电脑几无二致了。

与以前的微型机不同，PC乃是真正的电脑，其功能之强大与以前的巨型机不相上下，重量却轻得可以一个人抱着走。

从此PC与IBM深刻地改变了我们的世界，引发了一场关系到整个人类未来发展方向的革命、一场人类文明史上从技术到文化的深刻的革命。

在相当长的历史时期里，个人电脑也就等于IBM，被称为“IBM PC”。

直到现在，IBM依然在不断创新，依旧是世界上最大的电脑制造商，无论大型的计算机系统、小型的PC或者笔记本电脑都是如此，而且质量之好也举世无双。

我这里所说的IBM及其PC，所指的主要都是电脑硬件，就是计算机里那些看得见、摸得着的实物，此外，计算机里还有不是摸得着的实物的软件。当然，以前的IBM PC里也装着IBM自己开发的软件，但现在不一样了，无论是IBM的，或者其他任何牌子的PC，里头装的几乎都是由Microsoft开发的软件。

Microsoft就是微软，美国微型软件公司的简称。它创建于1975年，是世界软件行业的领袖与霸王，为世界上几乎所有电脑提供软件。

这意味着什么呢？打个比方说吧，没有软件的电脑就像没有生命的躯体一样，尽管可能长得天姿国色，但只是一个木偶或者一具尸体罢了，只有软件才使这具躯体拥有了生命。因此，说软件是电脑的生命是名副其实的。而现在，使电脑具有生命的就是微软。

微软的创立者是比尔·盖茨，他1945年生于华盛顿州的西雅图——现在微软的总部就设在西雅图。从中学起他就酷爱那时还很原始的计算机，1973年进入哈佛大学，大学三年级就辍学了，与好友保罗·艾伦一起创办了微软公司。当时计算机还是硬件的天下，软件被认为不过是为了让硬件运行起来的次要分子，就像供电或者装个开关一样。微软公司的发家得益于IBM，IBM为了找一家能够写出与IBM PC配套的操作系统，就找到了当时还在一间车库里的微软公司，盖茨抓住了这个机遇。由于他的公司编写的软件被“蓝色巨人”采用了，因此像“蓝色巨人”在硬件领域一样，微软公司也成了软件行业的老大。

当然，最重要原因还在于微软替IBM编的那套软件确实好，这就是1980年推出的MS—DOS系统，它大受欢迎，微软自此一炮而红。直至今天，MS—DOS系统已经成为几乎所有个人电脑的内置系统软件。

1995年，Windows 95问世，是比尔·盖茨成为不但是软件行业、也是整个电脑行业霸主的象征，此后的windows98、windows2000、windowsXP，等等，以及相应的OFFICE系列软件，性能卓越、无与伦比，它们每一次的发布都引发了电脑行业一场新的变革。

事实上，随着微软的软件编得越来越好，慢慢地，硬件仿佛成了软件的配角，人们之所以要买更好的硬件，只是为了让它们运行比尔·盖茨的公司编写的功能更强大的程序罢了。

为了能最快最好地运行这些大规模软件，人们于是纷纷去购买更高配置的电脑，都是为了更好地运行Windows、Office、Excel、Powerpoint、Internet Explorer、Media Player，等等，这些软件几乎为我们的电脑提供了无限的可能性——只要硬件跟得上。

这就是微软的宗旨：微软公司为用户提供范围广泛的产品和服务，并通过优秀的软件予人们在任何时间、任何地点、通过任何设备进行沟通和创造的能力。

大家都知道，盖茨如今是世界第一富翁，他的资产一度超过了一千亿美元。

对比尔·盖茨这笔大得有点无法想象的个人财富，许多人做过一些有趣的比较来让穷朋友们明白，例如：盖茨每秒约赚250美元，每天约赚2000万美元，每年约赚73亿美元；假如盖茨掉了1000美元，他不值得去捡起来，因为捡这1000美元要花掉他4秒钟，这4秒内他就能够赚1000美元；如果盖茨将钱捐给地球上每个人15美元，最后他还可剩下500万美元的零花钱；迈克尔·乔丹是美国收入最高的运动员，如果他不吃不喝，将3000万美元的年收入存起来，他必须存上277年，才能像盖茨现在这样有钱；如果将盖茨所有的钱换成1美元，你可以用这些钱铺成连接地球和月亮的路，来回14次，同时必须用713架波音747大型客机来运载这些钱，等等。

即使与许多世界级大公司相比，盖茨的个人财产也毫不逊色。例如福特汽车公司、麦当劳、世界第一大烟草生产商菲利普莫里斯公司，其市值都远远比不上盖茨的个人资产。至于整个微软公司的市值，那就更吓人了，它曾达到5000亿美元的惊人数字。当然，更牛的是苹果，它的市值曾达到惊人的万亿美元。

中国古话以“富可敌国”形容人之富有，这是一个夸张性的比喻，但在盖茨身上可一点也不。根据经合组织提供的数据，属于世界上比较发达的国家的葡萄牙、爱尔兰等的GDP都比不上盖茨的个人资产。还有，若将GDP作为一个国家价值与价格的体现，盖茨能够把匈牙利、冰岛和卢森堡三国一齐买下。如此等等。

在电脑行业，除苹果与微软这两家外，另一家也极为重要，就是INTEL公司，它生产着电脑硬件的核心——微处理器，像Windows一样，它也曾装在绝大部分电脑上。

现在，PC时代方兴未艾，但一个新的时代，后PC时代却已经到来。

这个“后PC时代”现在还没有明确的定义，大致可以这样认为：它是将电脑(Computer)、通信(Communication)和消费产品(Consume)三类技术结合起来，从而产生具有多功能、便携式和网络化特性的消费电子产品，即3C产品（因为以上三者英文都以“C”字母开头)。

这个后PC时代的核心是网络。

网络、互联网、国际互联网、万维网、Internet、WWW，这些字眼大家已经听得太多太多，它们现在的意思也都差不多。其基本含义是一个将世界各地的计算机，无论美国的、中国的、法国的还是非洲塞内加尔的，用某种方式相互连接起来的巨大系统。一台电脑只要上了网，就能同时与世界上所有也上了网的电脑——无论它处于何地，有多么遥远——互相连接，成为一体，这些电脑共同形成一个浩瀚无边的巨大网络，这就是互联网。

这个巨大网络的意义简单说来有二：一是通讯，二是信息共享。

通过网络，你可以与全世界所有地方的网友自由通讯，坐在家里也随时可从世界任何地方获取你所需要的任何资讯。以前也有通讯与资源共享的方式，例如电话、电视、书报，等等，但这些根本不能与互联网相比，较之它们，互联网的信息交换有三大无可比拟的优势：多元化、快捷、廉价。

多元化就是互联网可以交换多个种类的信息，文字、图像、声音，无所不可，而且可以将这些结合起来，例如你与千里之外的朋友通过网络说话时还可以同时看到对方的形象；快捷是这些交流随时随地可以进行，而且速度很快，例如你发封电子信件，哪怕对方远在万里之外，也瞬间可以收到，比通过邮局寄纸信不知要快多少倍；更令我们开心的是，在网上传送这些文字、图像或者声音实际上是免费的，我们要付的只是电信公司或者网络提供商的营运费而已，这个数目可以是非常低廉的，提供的服务内容也极丰富。

互联网产业现在已经成为美国一个巨大的新兴产业，也是前面所有产业之中最富有朝气、最有发展前途的一个。

自从网络诞生以来，它不但为美国的经济增加了上千亿美元的GDP，更加惹人注目的是，造就了许多十分年轻的公司与同样年轻的公司老板，它们与他们虽然年轻，其响亮的名声与庞大的财富却不亚于有百年历史的大公司与这些公司里大得可以做他们父亲的老板。

在这些公司中名头最响亮的之一就是雅虎了。

雅虎的名字大家都很熟悉吧！它曾是世界第一大门户网站，其创立者是华裔美国人杨致远。1994年，正在斯坦福大学攻读博士学位的杨致远为全世界的网友们提供了在网海中查找资料的搜索引擎，不久又成立了雅虎公司，迅速成为全球第一大门户网站。这样，全世界的网友们如果想顺利地在网海漫游，都得从杨致远为他们建的“门”进去，否则就会迷失在无边无际也没有路标的网络世界，什么也找不着。

雅虎成为上市公司后，其股票价格像坐了火箭般飙升，一度达到1200亿美元的天文数字，杨致远几乎是一夜之间成为超级富翁，身家数百亿。

遗憾的是，像从前一度建立了美国最大微型机帝国的同胞王安一样，杨致远也没有把握住机遇，乘着其股票价格高企时购买一些有实在家产的公司，像另一大门户网站美国在线吞并传播业巨头时代华纳一样，而是继续专注于赚钱并不多的互联网，而随着网络经济陷入困境，无数互联网公司破产，即便是雅虎和杨致远这样的网络头儿，也难逃厄运。

以上就是美国的经济了，花费了我们漫长的篇幅。然而，由于美国经济实在太庞大而强大，我感觉要说的还有许多：

美国有着世界上最发达的交通：有最长的铁路、公路、高速公路、航空线，有最多的运输工具——无论私人轿车、货车、火车还是飞机都最多，也有最大的运输公司和航空公司，甚至也有最大的邮递公司：国营的美国邮政和私营的联邦快递。例如仅联邦快递就拥有600余架飞机、4万多辆汽车专门运送各种包裹。

还有美国的制药工业，其中有著名的辉瑞公司，“伟哥”就是它开发的。

还有它的食品工业，可口可乐、麦当劳、艾德熊、肯德基，都是举世闻名的大公司，其产品与分店遍及全世界，是美国文化的形象大使。

还有它的新闻传播业，像美联社、美国广播公司（ABC）、美国全国广播公司（NBC）、哥伦比亚广播公司（CBS）、《时代》《纽约时报》等世界上最大、最权威的新闻社、广播电视网、报纸杂志，等等。

还有它年产值达两千亿美元以上的体育产业，有乔丹、NBA、CBA、耐克、锐步等享誉世界的明星和名牌产品。

还有它的旅游业，美国是世界上第二个入境游客最多的国家，若加上国内旅行者，那无论其规模、设施及收入都是世界之最了。美国有一个个自然景致有如仙境的国家公园、大峡谷、尼亚加拉大瀑布，有最好玩的迪斯尼乐园、自由女神像、拉斯维加斯，等等，数不胜数、美不胜收。

还有它的娱乐业，美国的音乐、电视片、电影充满了世界各地的电视台、电影院，它有无数受世人崇拜的歌星、影视明星，如迈克尔·杰克逊、惠特妮·休斯敦、玛丽莲·梦露、沙朗·斯通、汤姆·汉克斯、乔治·卢卡斯、斯皮尔伯格，等等。洛杉矶市的好莱坞是世界电影之都，从这里走出无数部为我们所熟悉的电影：《乱世佳人》《侏罗纪公园》《辛德勒的名单》《泰坦尼克号》《雷霆救兵》……

这一切都是美国经济、也是美国文化的一部分，在这诸多领域，像在前面的经济各领域一样，美国无不执世界之牛耳，请问，在这短短篇幅内——虽然已经是到目前为止最漫长的一章——我怎么说得完呢？

美国的政治制度：分权与多党制　在畅游美国之前，关于美国的人文地理还有最后一样要说，那就是美国的政治制度。

美国全国共包括50个州和与州平级的首都哥伦比亚特区，各州下面又分县，全国共有3042个县。此外还有一些海外领地和联合国给美国的托管地，包括美属萨摩亚群岛、美属维尔京群岛、太平洋岛屿托管地、波多黎各自由联邦，等等，这些地方由联邦政府直辖。

美国的政治制度之一：中央与地方的权力分配　我们知道，美国的全名是“美利坚合众国”，英文是“The United States of America”，意思是“联合起来的州”，由此可见，州在美国政治中的地位十分重要，这就是美国的“联邦共和政体”。

联邦共和政体的特征是强调国家是由这些邦联合而成的，并且，在国家之内，邦仍享有法律规定的相当大的自治权力。虽然美国无疑是统一的国家，但其各个州都享有很大的自治权力，这种中央与州之间的权力分配是1789年美国刚独立时的宪法就明文规定了的。

具体而言，美国中央政府享有的权利主要是国防、外交、外贸、货币发行、移民出入境，以及有关整个国家之法律的制订与实施，等等。

州政府则享有本州的教育、农业、环境保护、道路及车辆管理、州内的商业管理，还有某些保健和福利计划，等等。

另外，有许多权力是由中央政府与州政府分享的，例如征税，中央和州政府都有权征税，哪些税归中央，哪些税归州，法律都有明确的规定。

以上就是美国政治制度的第一部分——中央与地方政府之间的权力分配。

美国政治制度之二：三权分立　就中央内部而言，美国是典型的三权分立国家，立法、行政、司法三权地位平等，互相制约。

不但中央政府是如此，州政府也一样，也有自己的立法、行政与司法三权的分立。

三权之中，行政权属于总统、立法权属于国会、国家最高司法权属于最高法院。

我们先来看行政权，即美国的总统和政府。

美国总统是全国最高行政首长和武装部队总司令，国家元首和政府首脑的职权集中在总统一人身上，总统不对国会负责，直接对人民负责。

总统任期为4年，以两任为限。这是第一任总统乔治·华盛顿开创的先例。唯一的例外是1940年，当时富兰克林·罗斯福三次蝉联总统，4年后又第四次连任总统。但这只是因为当时第二次世界大战已经爆发，美国和世界处于非常时期，因此罗斯福能得以破例连任。到1951年时，宪法修正案第22条明文规定了总统任期不得超过两任。

美国总统的薪俸为每年20万美元，另外还有5万美元开支津贴以及无须缴税的10万美元旅行及官方招待费。这样的收入在美国算不得特别高，大约只相当于一个普通职业经理人的年薪。像前总统克林顿的妻子希拉里是名律师，收入是总统丈夫的好几倍。

根据美国宪法规定，当选的美国总统必须是出生在美国，年满35周岁，并居住在美国14年以上的公民，总统每4年选举一次，选举日规定为11月的第一个星期一之后的第一个星期二，就职时间为次年的1月20日。

美国总统选举的方式既不是平常的直接选举，也不是间接选举，而是介于二者之间一种相当特别的选举方式。即首先由各州的选民投票选出本州的“选举人”，然后再由各州选举人组成选举团，集中在本州的首府，再最后投票选出总统和副总统。这是同一个过程，因为总统和副总统一开始就是选举搭档，要么都上，要么都不上。

然而上面这些只是表面现象，实际上这里头还有猫腻呢，这猫腻就在于选举人的选举上。

各州的选举人数目是由其参议员和众议员的总数决定的，选举总统时，先由各州的选民进行投票，由他们在总统候选人之间做出选择，然后每个州便开始计票，结果是，哪位总统候选人在本州获取的票最多，他就将获得本州所有的选举人票。

所以选举人的投票不过是走过场而已，其投票结果反映的乃是本州选民们的总体意向，而非选举人的个人意向。

您也许会说：这样很好呀，是真正的民主制，哪有什么猫腻？

当然有。请听我的分析：由于任何一个候选人只要在某州获得最多选票，哪怕他只比另一个候选人多1000票甚至100票，他也将获得这个州所有的选举人票，不管该州的选举人票是10张也好，还是100张也好，统统归他。所以，在任何一个州获得100%的支持与获得50.001%的支持，其结果是完全一样的：他都能获得这个州所有的选举人票。

于是将全国所有州的选举人票与选民合在一起统计的话，就可能出现这样的情况：一个候选人获得了多数选举人票，赢得了胜利，成为美国总统。但统计他在全国获得的选民选票时却发现，他所得的选民选票还没有落选的那个人多。这样，如果根据真正的民主原则来选举总统，他是不能赢得这场选举的，因为他并没有赢得全国大多数人民的支持，全国更多人民支持的倒是其竞争对手。

这是为什么呢？原来，就像上面指出的一样，他在一个州赢得绝大多数选民甚至全部选民的支持与获得只比竞争对手多哪怕100票的结果完全是一样的。这样，我就拿三个州ABC来说吧，它们都各有选民1000万，选举人票100张，某甲候选人深得A州选民们的爱戴，赢得了1000万张选票中的800万张，在B州也没有多少人讨厌他，他赢得了499万张，但另一个候选人某乙却赢得了剩下的501万张，在C州也是同样的情况。这样，如果按美国的选举法，某乙将当选总统，因为他赢得了B州和C州的200张选举人票，某甲将失败，因为他只赢得了A州的100张选举人票。但如果统计全部三州的选民呢？某甲共获得了800+499+499=1798（万张）选票，某乙共获得了200+501+501=1202

（万张）选票，某甲比某乙要多得多，但失败的却是前者。

我这个例子也许看上去有些走极端，我只是用这样比较极端的例子让您知道美国的选举法可能产生的明显违背全国大多数选民意愿的结果，从这个角度上说，它不能称之为是完全民主的。

事实上也如此，美国历史上有几次总统选举都出现过这种情况：一个候选人赢得了全国大多数选民的支持，却输掉了选举；另一个却相反：没有获得大多数选民的支持，却赢得了选举，当上了美国总统。一个例子就是与小布什竞选的戈尔了：他赢得了比小布什更多的全国选民的选票，却没当上总统；小布什呢，这个富豪公子、花花大少，虽然没有获得戈尔那么多选民的支持，却凭着更多的选举人票当上了总统。

此外，他的选举人票的获得也大有问题，在最后决定胜负的关键一州，佛罗里达州，他的选票与戈尔十分接近，差距在千张之内，这个差距对于几百万张选票算不了什么！而且戈尔阵营举出了证据，表明有些投戈尔的选票被人有意抛弃甚至隐藏了，此外还有些最贫穷的选民——他们几乎100%是戈尔和民主党的支持者，被人设置了障碍投不成票。但这些都没用，最高法院的一个裁决让他与总统宝座擦肩而过。

佛罗里达州的州长就是小布什的亲弟弟杰布·布什。

美国总统拥有广泛而受制约的权力　　美国宪法规定，行政权属于美利坚合众国总统，但实际上总统的权限要超出这一范围，总统不仅主管着联邦政府的行政部门，而且在立法和司法方面也有相当大的间接权力。

在行政方面，总统有权处理国家事务和联邦政府各项工作，有权选任所有部、院、署、局数百名高级联邦政府官员，当然，他必须经参议院认可才行，但参议院除非有充足而明显的理由，一般而言是不会推翻总统提议的。

总统还是美国武装部队的总司令，统帅着总人数达两百余万的全世界最强大的美国军队，必要时还可召集人数更多的国民警卫队和预备役部队。在战争或国家危急时，他可以从国会获得特别授权，拥有处理国家紧急事务所需要的任何权力。例如“9·11恐怖袭击事件”中，事件发生没多久，美国国会就通过了法律，赋予布什总统以采取一切手段、使用所有武器对付恐怖主义的权力。

在立法方面，总统可以否决国会通过的任何法案，除非参、众两院各有2/3的多数才能推翻他的否决。事实上，由于参众两院里总统所属的政党几乎不可能连1/3的议席都不到，因此参政两院能推翻总统否决的可能性是很小的。

此外，如果总统想采取某一个措施，使之当成法律来实施，而这时他又不能在国会获得多数支持——这种可能性相对来说比较大一点，那么他就可以将这个措施用总统行政命令的形式来发布，它可以不经过国会同意就径直得到实施。

在司法方面，总统有权任命联邦高级司法官员，可提名联邦法官，包括最高法院大法官，但也必须获得参议院的认可。

总统还有特赦权，可对国家的任何罪犯，除非犯有叛国罪者，实行特赦。

在外交事务方面，总统也握有最大的权利，他能任命具体负责外交事务的国务卿和各驻外大使、公使和领事，他还是国家的条约缔结人，代表美国与外国缔结各种条约。

总统最直接与最主要的事务当然是领导美国政府，即美国联邦政府各部，即通常所称的政府内阁，如国务院、财政部、国防部、司法部、农业部、商业部、劳工部、卫生及人民服务部、房屋及城市发展部、交通部、能源部、教育部，等等。

除这些院、部外，还有总统办公厅、管理及预算局、经济顾问委员会、国家安全委员会等总统的个人幕僚机构。

大家经常听说的两个美国政府机构，联邦调查局和中央情报局，都不直属总统领导，它们前者属司法部，后者属国家安全委员会。

如果总统干了坏事，例如像尼克松一样派手下的人到对手的竞选总部装窃听器，怎么办?

美国法律规定，如果总统有违法行为，先要由国会建立的特别调查机构或者由司法部部长任命的独立检察官调查清楚，然后把所得到的证据呈交众议院，如果众议院过半数议员认为总统有罪，就把结果呈交参议院，再由参议院审议并投票，如果参议院再有超过2/3的多数认为总统有罪，那么总统将被罢免。

此后，如果他犯的是刑事罪，这时他已经是平民，就由法院进行正常的审理了，可以被判有期徒刑、终身监禁乃至处死。

美国第二权：国会　美国的立法机构是国会，由参议院和众议院组成。

两院议员均由各州选民直接选举产生，根据美国宪法规定，参议员的年龄不得低于30岁，并要成为美国公民9年以上；众议员的年龄不能低于25岁，成为美国公民至少7年，二者当选时均须是选出州的居民。宪法还规定，凡在美国各级政府任职的人员，在任期内不得竞选国会议员。

参议员共100名，每州无论大小都是2名，任期6年，每2年改选1/3；众议员按各州人口比例选出，约48万人选举1人，但每个州至少要有1名众议员。众议员共435名，任期2年，期满全部改选。因此国会每2年算是一届。美国副总统是参议院的法定议长，众议院的议长则由在众议院占多数席位的政党成员出任。

根据美国宪法，国会的权限主要有：征税、发行与偿还国债、铸造货币，规定度量衡标准、招募及维持常备军、规定陆海空军人数、为执行法律出动国民警卫队，等等。并有对外宣战权、能制定执行宪法所必需的一切法律并有权修改宪法、接受加入联邦的新州等。

国会的基本职责是制订国家需要的法律。法案通常由众议院议员提出，然后交由众议院表决，通过后交由参议院再表决，再通过后便成为法律。当然，某些特别的法案，例如修改宪法、罢免总统等意义至关重要的法案，除要在众议院获得半数以上通过外，还要在参议院获得2/3以上的绝对多数通过方可施行。

除一般权限外，参众两院各拥有一些宪法规定的特殊权力。参议院的特殊权力是：批准总统与外国缔结的条约，批准总统提名或任命的高级官员，审核弹劾案，在如果没有一位候选人获得多数票时选出一位副总统。

众议院的特殊权力是：提出财政法案，有权对总统、副总统及所有文官因叛国、贿赂等其他重罪或轻罪提出弹劾，在如果没有一位候选人获得多数票时选出一位总统。

美国第三权：法院　　美国宪法规定，司法权属于最高法院及国会随时规定设置的各级法院。根据宪法，第一届国会把全国划分为许多个区，每个区均设立联邦法院。从那时起逐渐形成了今天的司法部门结构：最高法院、11个上诉法院、91个地方法院，以及3个有特别裁判权的法院。

最高法院是美国宪法特别规定设立，且唯一国会无权废除的法院，最高法院的判决不能在任何其他法院上诉。

最高法院由1名首席法官和8名大法官组成，开庭时至少要有6名法官出席，判决以投票法官的简单多数通过。最高法院还拥有监督立法的权力，可宣判国会通过的某一项法令为违宪而无效。

上诉法院又称巡回法院。目前美国共划分为11个上诉区，每个区设有一个上诉法院。每个上诉法院有法官3～15名，其首席法官由该院法官中最年长但未满70岁者担任。上诉法院有权在其范围内复审地方法院的判决，并拥有相应的裁判权，其判决应视为终审判决，除非他们提交给最高法院进行其权限内的案审或起诉。

地方法院是行使一般司法权的初级法院，有权审理发生在所辖地区内的案件，包括审理涉及联邦政府的案件，例如滥用邮递、盗窃联邦政府财物、违反食品卫生法、伪造票据等。在这里，由联邦检察官起诉罪犯、由陪审团做出是否有罪的判决，如果判决有罪的话，则由法官来最后量刑。

特别法院是国会根据特别需要，通过有关法令而建立的涉及某些专项事物的法院，主要有申诉法院，主要负责对那些要求联邦赔款的申诉做出判决；其次是关税法院，还有关税及专利权上诉法院，等等，审理不服关税法院及美国专利局判决的上诉。

三权之中，司法权是相当特别的一环。大家都知道，制订法律相对容易，而实施法律却要难得多，而如果没有健全的机制实施法律，制定出的法律就无异于一纸空文。为了避免这点，在美国，法院与法官都享有崇高的地位，从某种程度上说，其地位比政府高官和议员还要高，也得到更大的尊敬。特殊的例子就是前总统小布什之所以能当上总统，并不全是选举的结果，而是凭借最高法院的裁决：在最高法院的9名法官中，有5名裁决他胜出，5∶4的简单多数就使他成了美国总统。

在美国法官之所以享有如此崇高的地位，一是表达了法制社会里人民对作为法律尊严之代表的法官的尊敬；二是美国法官几乎100%都清正廉明。可以说，自从美国建国200余年以来，从政府高官、参议员、众议员、到州长总统，因各种罪愆受到批评、被免职甚至坐牢者都不在少数，然而几乎没听说过有哪位法官，无论高级还是低级法官，曾因为任何罪名而受到处罚。

这是为什么呢？第一当然是法官本身素质高，在美国要当上法官可不容易，首先必须有法律学位，现在一般必须是法学博士，其次要当过若干年的律师，而且在从业之中表现出对法律有深刻的理解并有高度的敬业精神，从业历史亦不能有任何污点。只有这些条件全部符合之后才可能当上初级法官。此外没有任何别的途径，你就是做过总统、将军、州长、议长等大官，想凭这些资历进入法院，门都没有。因为在美国人民看来，法官不像别的职业，专业素养是必不可少的。

依据这样的方式选拔出来的法官素质自然很高，称得上是美国社会精英中的精英。

为什么这些精英们要出来当法官呢？其一是因为他们身为法律专业人士，深知法律的尊严与对国家的意义，愿意担负这一神圣的职责。其二是因为他们一旦当上法官，那就意味着从此终生将过上尊贵而体面的生活，他将享有稳定且相当高的收入。也许最大的好处是，任何人，包括议员、州长甚至总统都不能把他怎么样，他只要全心全意地尊重法律、依法审理案件就行了。

因为作为一名法官，除非他渎职、得了神经病或者死亡，否则任何国家权力机构，包括总统与国会都无权罢免他，甚至不能公开批评他，因为批评他就意味着不尊重法律。

如此，又有谁不愿意成为这样的法官呢？法官们又有什么理由去贪污受贿呢！

最后我们谈点美国的政党。美国现在有两大政党——共和党和民主党，也有其他小党，例如共产党和独立党，规模都很小，没什么影响。总统实际上由共和党和民主党轮流坐庄。

传统上民主党比较同老百姓站在一边，一上台就会采取一些措施提高普通百姓的生活水平，例如增加社会福利开支、提高失业补贴，等等；共和党一上台呢，就会减税、削减社会福利开支。因为在美国穷人可以从社会福利机构得到些好处，且不需要缴税；富人则相反，既从社会福利上得不到多少好处，又得缴税，越有钱缴税就越多，减税得利的当然是他们了。

共和党的标志是一头大象，民主党的标志是一匹驴子，因此两党的选举战又被称为“驴象之争”，竞选时你争我斗，看“驴”和“象”哪个更“牛”！

第三十二章　纽约游记

美国如此辽阔，名城名胜又如此众多，恰当地安排行程是我面对的第一个挑战。经过再三斟酌，我决定将这趟美国之旅分成四大部分：我们首先去东北部，大西洋沿岸，这里有我们最为熟悉的两座美国城市——纽约和华盛顿，它将是我们的第一和第二站。

然后我们就要介绍美国了，这一章我们要“蜻蜓点水逛美国”，把那些我们不能像纽约和华盛顿一样细细讲述的，但又必须去看看的地方，像蜻蜓点水、走马观花似的说上一说。这是第三站。

最后我们将去欣赏美国最了不起的几处自然风光，在美丽的大自然里结束我们的美国之行。

我们知道，美国东北部是英国人在这里建立最初13块殖民地的地方，因此被称为“新英格兰”，也是传统上美国最繁荣发达的地区，纽约就在这里。

纽约位于哈德逊河口，城市有近1000千米长的漫长海岸线，水道很深，港汊纵横，潮差很小，且冬季不冻，是理想的港口。其西面和北面都是阿巴拉契亚山脉，但山脉刚好在纽约北面有一个缺口，哈德逊河正是从这个缺口中流下来的。沿着哈德逊河北上，借助一段运河，从纽约可以直抵五大湖区，并可以由此通向美国广大的内陆。

从这些可以看出来，纽约有着十分优越的自然条件。

纽约人不但聚族而居，还聚贫富而居　我记得以前有两句诗说：

假如你爱他，请把他送到纽约；

假如你恨他，请把他送到纽约。

这两句诗里透露出一种既爱又恨的矛盾情感，这正是熟悉纽约的人们对于纽约的感情。

纽约确实是一座叫人既爱又恨、令人欲去还休的城市。

因为，它实在是一个太复杂的地方。

这复杂首先就表现在纽约的人口上。

纽约现在的城市面积近800平方千米，加上水面有近1000平方千米，生活着上千万人。如果把整个“纽约大都会区”都算进去的话则超过千万，若再加上附近的城市群，即“纽约–北新泽西–长岛联合都会区”，人口则达2000万以上。

我们这里只谈纽约市内的人口。

纽约是一座移民城市，历来如此。

远在17世纪中叶，一个罗马天主教的传教士来到那时还叫新阿姆斯特丹的纽约，是荷兰人在曼哈顿岛上建立的一个小社区，只有约500人口。在这里他竟然听到这些人在用18种语言说话。

许多民族都将纽约当作他们在新大陆的第一个家，从最先的荷兰人，到英国人和爱尔兰人，再到意大利人和犹太人，最后到黑人和波多黎各人，等等。这些民族的许多人现在依旧生活在纽约。除了这些最大的移民集团之外，这里也有不少的中国人、日本人、希腊人、越南人、阿拉伯人等。

所有这些人都是如今的纽约人。

这些人在纽约很少混居，而是按民族，至少是按人种聚族而居。这从纽约的地名就可以看出端倪来，例如曼哈顿的中心就有两片地区被分别称为“小意大利”和“唐人街”，它们当然是意大利人和华人的聚居区了，从它们再往北的哈莱姆则是著名的黑人区。

如果仅仅是聚族而居的话倒没什么大不了，遗憾的是对于纽约而言，这个“聚族而居”也可以用另一个词来表达——聚贫富而居。

在谈美国的人文地理时我们就说过，黑人是美国社会最贫穷的种族，此外波多黎各人和拉丁美洲裔人也好不了多少，都是美国社会的贫者。

这些种族聚居在一起就出现了什么情况呢？——贫穷与犯罪。

我想大家都听说过，“纽约是罪犯的天堂”。确实不错，历史以来纽约就以高犯罪率而名闻全球，像纽约地铁、曼哈顿中央公园都称得上是全世界最危险、最令人恐惧的地方。之所以如此，与上面几个贫穷族裔——尤其是黑人——有相当大的关系。那些几乎没有上过学的黑人，既穷也找不到工作，从小到大在街上鬼混，除了打架还能干什么？想有钱吗？只有一个办法——抢！抢了钱去干什么呢？当然是去吸毒，染上毒瘾后就更要去抢钱再吸了。

我这并不是责怪黑人，没有哪个种族天生就爱犯法，黑人也是这样，使他们这样做的正是纽约那罪恶的环境——这种事实上的种族隔离制度。

现在纽约的情形还是这样，白人是不愿意和黑人生活在一个地区的，甚至于出现了这样的情形：许多有了钱的黑人也想离开脏乱又危险的黑人聚居区，于是在白人区买了房子。这个区的白人先是想法子阻挠，实在没办法了就干脆搬走。于是本来是白人区的，由于有黑人搬进来了，白人便纷纷搬走，不几年后这里又成黑人区了，原来的安宁状态一去不返。

除了黑人，还有一些别的民族，例如意大利人和波多黎各人，同样不那么安分，在他们聚居的街区里犯罪率也相当高。

您看我上面说了这么多的纽约人，却并没有说纽约各个种族之间的人口状况到底如何，例如黑人多少、白人多少、华人多少，这是因为实在不好说呢。因为纽约还有一个特点是：它的人口经常不断地在变，每年、每月、每天都有无数来自世界各地的人从这里进入美国，他们中的许多会留在这里，也有的会从这里分散到美国其他各地。此外每天都有许多纽约人离开纽约，去到不那么乱的美国其他城市乡村。这样一来统计各族裔的人口数量与比例当然十分困难了。

可以说明的是：纽约的人口中，白人占的比例并不大，也就一半多点吧。除了白人外，最多的是黑人和波多黎各人。波多黎各人是一个比较古怪的种族，他们常自称为是白人，但白人，至少是英裔、爱尔兰裔等“上流白人”并没有将他们算作白人。

纽约的历史从欺骗开始　最早到达纽约的是意大利探险家韦拉扎诺，他早在16世纪初就曾航海到达如今属于纽约的地带。纽约真正的发现者是哈德逊船长。他是英国人，但为荷兰老板工作，17世纪初率领探险船队驶进了一条大河的河口，这条河后来就被称为哈德逊河。他向荷兰雇主报告说这里有青翠的山峦和肥美的原野，激起了荷兰人莫大的兴趣。后来这里成了荷兰的新尼德兰省，这个省包括现在纽约周围的大片地方，例如新泽西州、康涅狄格州、长岛，等等，但并不包括纽约的中心——曼哈顿岛。

当时曼哈顿岛还是印第安人的土地，1626年，荷属尼德兰省的总督，一个叫米纽伊特的家伙，以价值60荷兰盾的一些玻璃珠子、手帕等看起来很好玩其实没多少用处的小东西从印第安人手里换来了曼哈顿岛，据说那些东西现在大约只能卖24美元。

不用说这是殖民者欺骗了天真的印第安人，这也是“曼哈顿”名字的来由，它在当地印第安土语中的意思就是：我们上当了。

到17世纪中叶，曼哈顿成为新尼德兰省的省会，取名为新阿姆斯特丹。

又过了100来年，到17世纪，英国崛起了，发动了抢夺荷兰殖民地的战争，1664年，英国的约克公爵率舰队攻占了新阿姆斯特丹，并且将之改名为新约克，这就是纽约之名的起源。纽约的英文名“New York”，意译就是新约克，音译才是纽约。

美国独立战争期间，纽约一度被英军占领，并几乎被彻底摧毁。独立后它成为美国的第一个首都，为时1年，1789年4月30日华盛顿在这里成为美国第一任总统，这时它已经是美国第一大城市，人口约3万。到这个世纪末更增添到6万以上。

19世纪初，伊利运河开通，连通了纽约与五大湖，这使纽约得到了进一步发展，并为以后更大的发展奠定了坚实的基础。

南北战争期间，纽约发生大规模暴动，暴民们都是奴隶制的拥护者，他们烧杀抢掠，无所不为，更将许多黑人活活吊死在街灯上。最后，联邦舰队将大炮对准城中一顿猛轰，数以千计的人被打死，这才平定了暴乱。

南北战争结束之后，纽约终于走上了不断发展之路，从此没有再停，一直持续到现在。

从许多方面来说，现在的纽约是美国、也是世界的中心　对于现在的美国，纽约是最大的城市、最大的港口和全国运输中心，也是美国的经济中心、贸易中心、金融中心、新闻出版中心、文化中心。

对于世界而言，它是全世界唯一的“万国之城”，是世界的金融中心和国际政治中心。

纽约是美国人口最多的城市，这已经说过了。它还是美国最大的港口，纽约港区的海岸线长达上1000千米，水深在10米以上的泊位就有400多个，拥有最现代化的装卸和库藏设施，是美国第一大港。纽约及其周围还有14条铁路线、近400千米地下铁道、有极稠密的公路网，还有3个现代化航空港，其中的约翰·肯尼迪国际机场是世界上最大的航空港。

这样，水运、铁路、公路、航空构成一个巨大的综合系统，使纽约成为世界第一的运输中心。

在纽约市中心的摩天大楼里聚集着世界上一些最大公司的总部，此外它还有约3万个中小型企业，雇佣工人约80万，大多数工厂只有二三十人甚至几个人。在纽约的闹市区下曼哈顿有许多拥挤不堪的旧楼，这些旧楼上便是纽约最大的生产车间，无数小工厂像罐头里的沙丁鱼般挤在这里。还有，曼哈顿那些豪华的摩天大楼里，你不要以为里头全是资产上亿的大公司，实际上它里面很可能被划分成了无数间小办公室，每间就是一个公司的“总部”，只有两三个职员。

我们都知道，纽约是全世界最大的金融中心，是美国和整个西方世界的银行和证券交易中心。这里的华尔街是美国金融资本的大本营，集中着全国主要的金融集团，如最大的银行和保险公司。美国那些最大的公司即使不将总部设在纽约，也会把它们的股票和融资中心设在这里，因为这里有全世界最大的两家证券交易所——纽约证券交易所和纳斯达克股票交易所，它们前者负责传统的蓝筹股，后者负责新兴的高科技股，买卖着美国所有上市公司的股票。

纽约还是美国最大的印刷出版中心和新闻中心。出版印刷业集中在市区，有工人20余万，约占美国1/6的印刷能力，1/3的出版物都来自这里，许多著名的大出版社，如兰登书屋，总部也在这里。

早在18世纪纽约人就尝到了新闻自由的甜头。早在1734年，那时美国尚未独立，《纽约周刊》一个编辑因猛烈攻击殖民地政府而被捕入狱，但他奋力反击，经过上诉，次年被宣判无罪，这是美国真正确立新闻自由传统之始。现在，纽约有《纽约时报》《华尔街日报》《时代》等有世界性影响的报纸杂志。美国三大广播电视公司全国广播公司、美国广播公司、哥伦比亚广播公司的总部都设在这里。

纽约还是美国的文化中心，纽约及其周围一带聚集着约50所大学，70多家剧院，数十个博物馆，许多剧团和芭蕾舞团，其中许多举世闻名，例如哥伦比亚大学、大都会博物馆、古根海姆美术馆、纽约市芭蕾舞团、林肯表演艺术中心、卡耐基音乐厅，等等。还有我们等下要去看的著名的百老汇大街，它是世界戏剧表演中心，它在戏剧界的地位就像好莱坞在电影界中的地位一样。

对于全世界而言，纽约也是一座非凡的城市。它是全世界最国际化的都市，号称“万国之城”。这可不是瞎吹，倘若您想找到一座城市，在这座城市里能够找到世界上每一个国家的人，听到每一种语言，那就非纽约莫属了。事实上，纽约不但可以找到这些人，而且这些人在纽约大都不是小数，而是几千上万地聚居在一起，构成了许多的城中之城。

说纽约是世界的政治中心当然是因为它作为联合国总部所在地，全世界约200个国家和地区都在这里派驻了使节，他们聚集在曼哈顿高耸的联合国总部大厦里，商讨着全球所有重要的国际性事务。

这就是纽约，美国和世界的一个中心——如果这个世界有中心的话。

纽约是一座巨大的城市，有无数大街小巷，它们共分为5大区，分别叫作曼哈顿、布鲁克林、皇后、布朗克斯、斯塔滕岛。

这五个区理论上是纽约市的平等组成部分，但实际上，对于许多纽约人来说，纽约就是曼哈顿，曼哈顿就是纽约，至于其他四个区，一句话：去它们的吧！他们用各种方式来嘲笑其他四个区的人，说到布鲁克林，就说“只有死鬼才知道布鲁克林”；说到皇后，就说它是“坟堆区”；说到布朗克斯，就议论起他们的“布朗克斯喝彩声”，那也是一种嘲笑声。这颇有点像法国的巴黎人嘲笑外省人，中国的城里人嘲笑“乡巴佬”一样。

对于外来游客们，纽约就更只等于曼哈顿了。

曼哈顿位于纽约的西部，是一个长方形小岛，面积约60平方千米，人口140余万。它的西面是哈德逊河，北面是哈莱姆河，东面是东河，南面是上纽约湾。

纽约几乎所有的名胜都在曼哈顿，我们首先要看的就是著名的自由女神像。

自由女神像 以上就是纽约的五个区了，这时我们要回过头去好好说说纽约的几处名胜了。本来我要从曼哈顿说起的，不过，在说它之前，我们要先说说那个凡进纽约的人第一眼就会看见的名胜——它甚至被称为美国第一名胜。

这就是自由女神像。

1865年，法兰西学院院士、著名历史学家德拉布莱伊提出一个建议：要在1876年，美国独立100周年之际赠送一件与众不同的礼物给美国人民，一方面是为了表达法国人民对于美国人民的深挚友谊，另一方面也是为了纪念当初法国人民为了美国人民的自由与独立而与之并肩战斗的光荣历史。

他的提议得到了许多法国人的响应，大家纷纷解囊，著名艺术家巴托尔承担了雕刻的重担。他是一个打心眼里热爱自由的人，这项伟大的工作激起了他空前的热情，他夜以继日地忘我工作，完成了雕像的设计。据说灵感来自他童年时的一次经历，模特则是他美丽的女友。

1874年时正式动工，承担建造工作的是埃菲尔，这个名字大家都很熟悉吧！13年后他将再次开始建造另一件伟大的艺术品——埃菲尔铁塔。

1884年雕像终于完成并被正式赠送给美国。同时美国国会也通过了决议，将雕像树立在纽约港外一个小岛上，后来它被命名为自由岛，美国建筑师亨特为雕像建筑了基座。

1885年6月，雕像被分装在100余个大箱子里送往纽约，到达纽约之后，近百名经过专门训练的工人将分成一百多块的雕像一块块安放在已经预先设计好其位置的巨大基架上。

1887年10月28日，克利夫兰总统亲自主持了雕像的揭幕典礼，从此它就屹立在纽约港外，成为纽约乃至美国的象征。

自由女神像的基本形态是一个面貌像古希腊雕像中的女神一般端庄的女子：她头戴星冠，星冠上放射出道道光芒，身穿古希腊长袍，左手持一块标有1776年7月4日的铭文板，宣布美国人民从是日起获得独立与自由。右手高高擎起一支火炬，每到夜间，这支火炬会放出橙黄色光芒，旁边更有激光探照灯向天空照射，极为壮观。

雕像高约46米，由青铜铸就，重225吨，下面还有一个基座，与雕像等高，二者总高约92米。内部有电梯可以直达基座顶，然后不怕累的可以沿着神像内部171级楼梯盘旋而上，直达女神冠冕上的瞭望平台，在那里可饱览纽约湾蔚蓝的大海和前面仿佛浮在水面的曼哈顿的摩天大楼。

中央公园　中央公园是纽约最负盛名的大公园，因为它位于曼哈顿区中央，因此得名。

中央公园占地超过3000平方米，始建于1850年，1876年正式开放，由著名园林专家奥姆斯特德和沃德设计。园内湖泊、山岩、森林、草原等自然景观与亭、台、楼、阁、古堡等人文景观穿插组合，交相辉映。还有动物园、儿童游乐场、博物馆和露天剧场等。人们既可以观剧、溜冰、划船、滑雪等，又可以在宽阔的大道漫步，在通幽的曲径上沉思。

园内最著名的地方有两处：一是克莉奥佩特拉方尖碑。关于这种方尖碑我们前面游欧洲时已经见过不少了，罗马和巴黎都有。中央公园这块乃是不折不扣的古埃及建筑，已经有几千年历史了。它高约20米，碑底部厚2米多，碑身刻满古埃及象形文字，记有图特摩斯三世法老的功绩，拉美西斯二世在碑上加有铭文，19世纪时被运到美国。因为美国人最熟悉的埃及人就是克莉奥佩特拉女王了，于是就将它称为克莉奥佩特拉方尖碑。

大都会艺术博物馆　中央公园内另一个顶有名的地方是大都会艺术博物馆。

大都会艺术博物馆是美国最大的博物馆，与巴黎卢浮宫、伦敦大英博物馆、圣彼得堡艾尔米塔博物馆合称世界四大博物馆。它位于中央公园内第五大道82街。

1870年时一个叫J.杰伊的人建议成立一个国家博物馆和美术馆，并组织了委员会进行筹建。两年后正式对外开放，那时在纽约第五大道681号，后来才迁到现址。

大都会艺术博物馆成立后，由于各方面，尤其是美国的阔佬们大量捐款捐物，使其藏品迅速增加，馆舍也一再扩建，总面积已达13万平方米以上。

博物馆的馆藏堪称丰富而且完善，藏有包括人类历史以来几乎所有文化形态的文物约330万件。有的是欧洲其他大博物馆也收藏的，例如埃及、巴比伦、亚述、中国、希腊、罗马、欧洲等地的文物和艺术品，有的则是一向为欧洲大馆所缺乏者，如非洲、美洲前哥伦布时期、巴布亚新几内亚、大洋洲和太平洋诸岛中的密克罗尼西亚、波利尼西亚等地的艺术品。

就其类别而言则包括古今各个历史时期的建筑、雕塑、绘画、素描、版画、照片、玻璃器皿、陶瓷器、纺织品、金属制品、家具、古代房屋、武器、盔甲、乐器，等等。

博物馆内有19个专业部门负责这些藏品的征集、分类、保管及展出等。

大都会艺术博物馆主建筑长达300余米，展览大厅共分3层，分服装、希腊罗马艺术、原始艺术、武器盔甲、欧洲雕塑及装饰艺术、美国艺术、R.莱曼收藏品、古代近东艺术、中世纪艺术、远东艺术、伊斯兰艺术、19世纪欧洲绘画和雕塑、版画、素描和照片、20世纪艺术、欧洲绘画、乐器和临时展览等18个展室。

例如服装展室藏有17～20世纪世界各地服装1万余件，还附设有图书资料室和供专业服装设计研究人员使用的设计室。

1981年春，中国与美国在这里合建了以中国著名园林苏州网师园为模式的“明轩”，里头陈列了中国家具制作之黄金时代的明代家具。左侧的园林里有假山、怪石、清泉，并植有梅、兰、菊、竹等，一派中国特色。

埃及政府赠送美国的典德尔神殿陈列在该馆的萨克勒大厅内，这是在埃及以外世界上仅有的一座埃及古神殿。

还值得特别一提的是托马斯·J.沃森图书馆，它建于1964年，是世界上收藏艺术和考古书籍最完善的专业图书馆之一，藏有专业图书20余万册，另有大量照片、幻灯、缩微胶卷等，主要供专业研究人员使用。

大都会艺术博物馆还有一处分馆，即设在特赖恩堡公园的中世纪艺术博物馆，创建于1938年，专门展出中世纪的艺术与建筑，包括雕塑、壁画、彩色玻璃、泥金写本、挂毯、圣物箱、圣餐杯、象牙制品、金属器皿，等等。这里的布置一如中世纪隐修院，还有教堂、花园等，经常有中世纪的音乐表演，这是一种古怪但又动听的音乐。

洛克菲勒中心和洛克菲勒家族　从大都会艺术博物馆再往南，过了中央公园，不远就是洛克菲勒中心了。

洛克菲勒中心是曼哈顿中心区由建筑于1929～1940年间的14幢摩天大楼组成的建筑群，占地达5万余平方米。其内部装饰也华丽而实用，成为纽约乃至美国最著名的商业与娱乐综合中心，从餐厅、商店、医院到各种娱乐服务业无所不有，尤以剧院、无线电和广播电视公司著名，有“城中之城”“无线电城”之称。各建筑物都有巨大的地下大厅，里面有许多高级商店，彼此相通，连为一体。正中是广场，可以举办各种大型活动，广场与第5街之间有一个花园走廊，花卉品种随季节而变换，四时不断，从复活节的水仙花开始，到圣诞节的圣诞树结束，在群花不断的凋谢与更换之中，人可以深深体味到黛玉葬花的感觉——花红易衰，人生易老，一朝春尽红颜老，花落人亡两不知。

中心的美国无线电通信公司大楼高70层，约260米，著名的全国广播公司（NBC）就设在这里。

不知道您听说过“洛克菲勒”这个名字没有？它在美国可是大名鼎鼎，是集实业、慈善、政治于一体的最著名家族之一。

洛克菲勒家族事业的奠基者是老洛克菲勒，即约翰·戴维森·洛克菲勒，他创办的美孚石油托拉斯一度垄断了整个美国的石油工业。他是典型的赚钱为上帝而非为自己的西方资本家，其巨额财产在他生前死后大都投入了各种慈善事业。不但他如此，他的独生子小洛克菲勒、小洛克菲勒的四个儿子都成了著名的慈善家、实业家与政治家，特别是1967年时，他的次子尼尔森·A.洛克菲勒、幼子温特洛普·洛克菲勒同时分别担任纽约州州长和阿肯色州州长，是美国历史上第一对兄弟州长——第二对是总统小布什和他的弟弟，小布什当总统前是得克萨斯州州长。后来，尼尔森·A.洛克菲勒还曾担任美国副总统。

由洛克菲勒家族建立的慈善机构就数不胜数了，仅在纽约一地著名者就有林肯表演艺术中心、现代艺术博物馆、河滨教堂、洛克菲勒普通教育委员会、洛克菲勒基金会、哈莱姆的许多豪华而廉价的公寓，等等。

其中最有名的也许应当算是洛克菲勒大学了，大家可能没有听说过它的名字，但它实际上是美国最好的大学之一，其教学质量绝不亚于哈佛或者哥伦比亚，只是它规模不大，而且招收学生条件严苛，甚至比进哈佛都难。因为一是它只招研究生，且主要是生物学和生物医学方面的学生；二是只收有出众天赋的学生。这些学生一旦被录取就不需要交任何学费。

迄今为止，规模不大的洛克菲勒大学的学生和教授中已经有近20名诺贝尔奖获得者。

帝国大厦与昔日之世界贸易中心双塔　从洛克菲勒中心再往南，在纽约市曼哈顿区南部第五大道与34街交汇处可以看到一幢高耸入云的摩天大楼，它就是著名的帝国大厦了。

大厦由史塔生设计，1929年3月破土动工，两年后建成并正式开放。从外表看，它像座巨大的方塔，分为好几级，最下面一级最宽大，往上的中间段是主体，占了整个大楼一半以上的高度，像根方形的巨柱，再往上几层又分层缩小了，顶上是根避雷针般的圆形尖塔，这是后来加建的电视天线。

帝国大厦诚然不是世界上最高的摩天大楼，但却是最有名的，其原因第一当然是因为它高，二是因为它历史悠久，三是因为它的建筑确实壮观而美观。它建于1929年，那时纽约和世界上都没有几座摩天大楼，当它建起之时以至之后相当长的时期内，都是世界第一高的建筑：共102层，高381米，加上1950年在顶层加建的高近70米的电视发射塔，总高度约450米，而且整幢大厦的设计十分合理，虽然如此之高，却一点也不显得臃肿难看，相反倒充满了帝王与帝国般的威仪。

从1964年起，大厦上面30层的外壳全部装饰了彩灯，通宵闪烁，异常瑰丽。楼下有电梯直达顶层，登高远眺，视野可及80千米开外。

现在帝国大厦已经成了纽约最迷人的名胜之一，来纽约的游客大都不肯错过，每天登楼游览者络绎不绝，过去曾登临过的包括爱因斯坦、丘吉尔、伊丽莎白女王等世界闻人。

从2001年9月11日之后到2012年4月29日，帝国大厦又恢复了它纽约第一高楼的地位，此前，从1970年起的30年里它只是纽约第二高楼，第一高乃是世界贸易中心的双塔。2012年4月30日在双塔遗址上重新建成的世贸中心1号楼又成为纽约的第一高楼。

双塔被摧毁前高达419米，110层，位于曼哈顿闹市区的南端，是由6座巨型建筑物组成的综合体，楼内设备也是世界上最先进的，遗憾的是，再先进也经不住装满燃油的客机一撞。

世界政治的中心——联合国总部　我们要介绍的纽约第三座摩天大楼是联合国总部大厦。

联合国总部大厦位于帝国大厦之东的东河河畔第42街到第48街之间，一改纽约城中的喧嚣之气，是一片环境幽雅的净土。

联合国总部大厦怎么会在这里的呢？原来，1945年10月联合国成立后，一开始并没有选定永久驻地，这年12月，美国国会通过一项决议案，邀请联合国将总部设在美国。次年联合国接受了美国的邀请，决定在纽约设立永久性总部。洛克菲勒家族捐赠了建设所需的地皮，同时纽约市政府将这块地皮周围的许多土地也无偿赠予联合国。

1949年大厦开始动工兴建，三年之后竣工。

竣工后的联合国总部大厦占地7万多平方米，东西两面是宽敞的钢窗，南北两侧镶有大理石贴面，是由秘书处大楼、会议厅和图书馆、会议大楼等构成的一组巨大的建筑群。其中秘书处大楼又称联合国大厦，共39层，为总部各建筑之首，是联合国雇员的日常办公处，第38层设有秘书长办公室。

秘书处大楼北侧有联合国大会大厦，是一座有圆顶的拱形建筑，浅黄色的大理石墙在阳光下闪闪发光。厅内从地板到天花板高约23米，墙上挂有法国艺术家绘制的巨画。座位分三层，底层是代表席，有2000个座位，二层是记者席，三层是旁听席。举行大会时按各成员国英文名称的第一个字母为顺序排列，各国代表依次就座。主席台上有三把高背靠椅，是联合国秘书长、大会执行主席、副秘书长的宝座。会议大楼设有世界上最先进的同声传译设备，每次开会时译员会将所有发言同声译成联合国规定的六种工作语言——中文、英文、法文、俄文、西班牙文和阿拉伯文。代表们前面的桌子上有供表决用的电钮，分绿、红、黄三色，分别表示赞成、反对和弃权。主席台后面有一块巨大的表决牌，类似于电脑的显示器，能将表决结果显示出来。

主席台前面的讲坛是大会发言席，后面正中壁上高悬着联合国会徽：橄榄枝环绕着的地球图案，象征和平、发展、友好与合作的联合国宗旨。

从联合国大会大厦经由一条长廊可以到达安理会会议大厦，这里是联合国三个常设机构——联合国安理会、经济及社会理事会、托管理事会的会议楼，有关全球的各种问题经常在这里集中讨论，这里可以说是联合国权力的核心。特别是安理会，即联合国安全理事会，它是唯一有权对世界上任何国家采取武力行动的机构。1950年，正是它宣布朝鲜是侵略者，组成“联合国军”发动朝鲜战争的。

大厦之南是联合国图书馆，以曾任过秘书长的哈马舍尔德的名字命名，藏书数十万册，并保存有二战前国际联盟的档案。

联合国总部大厦的正面飘扬着所有成员国的国旗，无论国家大小，旗帜的规格与旗杆的高度完全一样，显示各成员国无论大小、地位一律平等。

当然，这只是一个幻想而已，因为五大常任理事国的否决权就是权力不平等的有力证明。

“世界戏剧的麦加”——百老汇大街　从联合国总部大厦往西，到达曼哈顿的中心之后，会在这里看到一条漫长的大街——百老汇大街。

百老汇大街从南到北纵穿大半个曼哈顿，长约25千米，基本上呈直线，只在中间稍稍往东侧了一下，构成一个近180° 的钝角。百老汇是音译，意译就是宽街，因为这条大街相当宽，窄处也有20多米，宽处达50多米，两边是曼哈顿最热闹的地方。

在百老汇大街的中段，大约从41街到53街之间，以《纽约时报》总部所在地“时报广场”为中心，聚集着许多最有名的剧院。一直以来就是美国、也是世界上最大的戏剧表演中心，使得“百老汇”成为戏剧表演的代名词，就像“好莱坞”是电影的代名词一样。

百老汇本来也是一条普通的街道，19世纪时这里开始有了几家剧院，由于它居于曼哈顿中心的特殊位置，人们到这儿来观剧相当方便，且可以顺便逛曼哈顿，于是观众踊跃。一看这势头，许多投资人乘机在这里大建剧院，到这个世纪中叶时已经成为美国的戏剧表演中心。此后它继续发展，日益受到尊崇，被尊为“伟大的白色大道”。由于当时没电视、广播等娱乐项目的竞争，去百老汇看表演几乎成了当时纽约人唯一的消遣方式。到20世纪20年代，百老汇走上了它光辉的顶点，此时这一条街里的剧场达到惊人的80多家，仅一个演出季节里上演的剧目就有近300个。

但所谓盛极必衰，此后的百老汇就像元春省亲后的大观园，已经达到了荣耀的顶点，开始走下坡路了。主要是因为这时电影已经诞生并且日益受到人们的青睐，它又具有许多戏剧所无法比拟的优势：例如方便，不用跑远路到剧院，就近找家电影院看就得了；一部电影还有许多拷贝，更易于传播，等等。这些使百老汇不可避免地衰落下去，1980年左右时剧院已经减少到40来家，新剧目就少得更多了。

尽管不若往昔风光，现在的百老汇依旧是世界戏剧表演的龙头老大，这里也仍在不断地上演新剧目，观众也仍然相当多，有的剧目更吸引了无数观众。例如《合唱舞队》从1975年7月25日在舒伯特剧院上演起，10余年中连续演出近4000场，先后有1500万人次的观众欣赏过这出戏，创下了近3亿美元的票房收入。今天，一个演员或者剧作家，要是他或者他的作品能够在百老汇演出，那真是一个莫大的荣誉呢。

全世界的金融中心——华尔街　百老汇大街一直纵贯到曼哈顿南端，从它的南端往北不远有一条东西走向的街道，西起百老汇，东到东河，横贯7个街区，800多米长，不但短，而且狭窄。

这个既窄又短的街道如果就经济实力而言却要胜过世界上所有通衢大道。

这就是华尔街，世界的金融中心。

华尔街两旁摩天大楼林立，由于它们遮蔽了阳光，使华尔街显得不但狭窄而且幽暗，高高地抬起头也只能望见窄窄的一条蓝天，宛如中国不少地方都有的自然景观“一线天”。

华尔街之英文名叫“Wall Street”，意思是“墙街”。街口右侧第一幢大楼墙上嵌着一块铜匾，记述了华尔街街名的由来。原来，1653年左右时，这里的统治者是荷兰人，而这时英国人也开始在附近扎根了，并且开始打击荷兰人，为了抵挡英国人的进攻，荷兰人便修建了一堵防御墙，后来英国人还是取得了胜利，占领了荷兰人的地盘。再往后，这里发展起来，墙被拆掉了，一条大街产生了，但这条街还留在当地人们的脑海里，他们便把这条街称为“墙街”，汉语音译就是华尔街了。

随着时光的流逝，不知怎么的，也许由于它优越的地理位置吧，美国许多最大的证券交易所、大银行、大保险公司等各种各样的金融机构纷纷将他们的总部设到这里，如纽约证券交易所、美国证券交易所、大通银行、花旗银行、纽约联邦储备银行，等等，使这里成了美国和世界最大的金融中心。

纽约证券交易所和道·琼斯指数　在华尔街诸大金融机构里最有名的当然是纽约证券交易所了。

纽约证券交易所成立于1792年，最早时是24个证券商在一棵树下交易，由于他们的交易大获成功，1817年时成立了纽约证券交易会，几十年后正式取名为纽约证券交易所。随着美国成为世界第一经济和金融大国，它的地位也越来越高，终于成为现在的世界第一大证券交易所了，每天的交易额达数百亿甚至上千亿美元。

在华尔街的120个门牌中，纽约证券交易所是第11号，它位于从西往东7个街区的第3条街上。乍看上去交易所只是一幢普通的7层楼房，在纽约这等于是平房了。它的建筑从门面看得出是模仿古希腊的帕特农神庙的，这本来是挺雄伟的一种风格，可是，在这里，它左右被摩根抵押信托大厦和欧文信托大厦两幢摩天大楼夹在中间，哪有半点英雄气概，简直可怜得很。

然而你一走进去就不会觉得了，只见交易大厅里人头攒动，人人都像陀螺似的转个不停，一派白热化气氛，就像诺曼底登陆战时的急促紧张得叫人看着都喘不过气来。

他们怎能不紧张呢？须知这里随便一笔买卖也是成百上千万美元，就是上亿十亿的交易也是平常事呢！

在这种交易里，每天都有许多人发大财，也有许多人亏大本；有人一夜之间成为亿万富翁，也有人一夜之间由亿万富翁沦为乞丐。最新的事例要数网络股了。就在网络股热门时，无数大小网络公司的老板们只要股票一发行，便一夜之间身价亿万，而当许多网络股像泡沫一样破灭时，他们一夜之间醒来发现公司破了产，他们已经一无所有了。

1882年左右时，来自美国罗得岛的两位企业家查尔斯·道和爱德华·琼斯成立了道–琼斯公司，他们建立起一整套分析市场供求关系和价格指数等的情报系统，并且选择出各种有代表性的工业股票，计算出其每日价格的平均数，以反映未来的走向，这就是大家都听说过的道·琼斯指数。

以上就是纽约了，很遗憾我只能说这么多。虽然纽约还有很多好地方，例如曼哈顿的卡耐基音乐厅、林肯表演艺术中心、纽约现代艺术博物馆，还有与曼哈顿隔着哈德逊河相望的举世闻名的哥伦比亚大学，等等，但这些只能等以后介绍了。

最后，我想用一首诗来结束本章的纽约之行，这是美国一位女诗人的作品，被雕刻在自由女神像的基座上：

送给我，
你那些疲乏、贫困、挤在一起渴望自由呼吸的人们，
你那些在熙熙攘攘的岸上被遗弃的可怜的人们，
你那些无家可归、饱经风霜的人们，
一齐送给我，
我站在金门口，
高举自由之火。

第三十三章　华盛顿游记

华盛顿是美国的首都，但不是美国最大的城市，美国比它大的城市多的是。

华盛顿的诞生及其概况　　华盛顿的全称是华盛顿哥伦比亚特区，英文是Washington，D.C。我们知道美国的星条旗上有50颗星，代表美国50个州，但在这里面没有华盛顿，它不是一个州，而是一个独立的特区，它的诞生是与美国的建国分不开的。

美国独立后，一度为将首都建在哪里而争论不休，各州，特别是南北方诸州之间，都想建在自己一边，妥协争论的结果是将新都建在波托马克河畔，因为它刚好位于美国南北之间天然的分界线上。至于具体地点就委托第一任总统乔治·华盛顿来选择，他选中了现在华盛顿所在的波托马克河畔一块地，主要由马里兰州划出，后来新都就以他的名字来命名，称为华盛顿，为了要区别于西北部的华盛顿州，便称为华盛顿特区。

现在的华盛顿特区面积约177平方千米，此外还有一个华盛顿标准都会统计区，包括马里兰州的2个县，弗吉尼亚州的几个城市和4个县，约7300平方千米。其位置大体在美国本土南北之间的中心，东距大西洋海岸约160千米。

华盛顿属于温带大陆性湿润气候，冬天有点冷，但也不是特别冷，不时有大雪纷飞，7月比较热，降水丰沛，平均年降水量在1000毫米以上。

作为首都，华盛顿很早就决定了它各行各业的发展模式。有污染的行业是不能发展的，因此华盛顿的自然环境很好，市内没有任何工业污染，而且绿地特多，到处是公园、草地和树林，其绿地比例在世界各城市中居于最高之列，到了阳春三月，处处百卉争妍，尤其是成千上万株樱花一齐开放时真是美煞人哉。

华盛顿特区人口不过百万，华盛顿都会统计区则有500万左右。

这些首都市民们有四大特点：一是文化程度高，有超过1/4的人具有大学或以上学历，这在全国所有州及大中城市中都是最高的。二是从业者中大部分既非商业雇员，也非工业雇员，而是政府雇员，占了所有就业人数的一半以上。三是女性多，在华盛顿的大街上、政府部门里奔走的大多是行色匆匆的女性。四是黑人多，就种族而言，华盛顿是一座不折不扣的黑人城市，尤其是市区内黑人比例高达70%左右，也就是说10个人中有7个是黑人。

这样的人口分布是有原因的，首先因为华盛顿是首都，没什么工业，在这里就业的当然主要服务于政府部门，而在政府部门干活没文化行吗？还有，在政府部门，除了当官的大都是男性，但那些做杂事的，例如文秘、打字、收发、接电话的等，哪个行业传统上不是以女性为主？当官的既然是男人，他一般而言当然希望自己身边女性工作人员多些，要不天天身边围着一大群男人，有什么意思。至于黑人多，我们在前面讲美国的人文地理时就说过这问题，美国政府为了消除种族歧视，致力于为广大黑人提供工作机会，其主要手段之一是政府部门大量招聘黑人职员，这些黑人官员和职员又把他们的黑人老婆丈夫孩子带来了，如此这般华盛顿的黑人不多才怪。

华盛顿有一个极富远见的规划　华盛顿主要的城市建设特点就是它从建城之初起就有完整的城市规划，一切按部就班地进行，到处充满了人工雕琢的痕迹，不过由于这种雕琢是由名家大匠所为，因此仍不失其美。

为华盛顿进行整体规划的是法国工程师朗方，他考虑华盛顿的建设方案时极有远见。当时整个美国也就300来万人，但他却预见到美国未来将有5亿公民和50个左右的州，因此这个首都的规划必须符合未来的需要，也就是说，一个5亿人口的大国的首都需要多大，就要规划得多大。朗方的结论是大概要有80万人口，因此他所设计的华盛顿足够让这么多人舒适地生活。

由于朗方是法国人，他的设计深受法国建筑风格的影响，特别是凡尔赛宫规划的影响。

朗方设计华盛顿时一开始就详尽地规划好了国家所需要的各个机构的位置及其规模，此后具体的建筑只要依计划行事就可以了。具体说，国会大厦和总统官邸是整个首都的中心，两者之间以笔直宽阔的宾夕法尼亚大道相连，大道与波托马克河大致平行，都是西北—东南走向，二者形成了华盛顿的中轴线，其他建筑就以之为中心来建。

到现在，200余年过去了，虽然华盛顿有了许多当初朗方没有想到的建筑，例如林肯纪念堂、国会图书馆等，但他为华盛顿所设计的整体方案却被相当完整地保留下来，因此至今华盛顿仍然是一座布局十分整齐而优美的城市。

为具体的诸建筑进行设计时，朗方主要采取了巴洛克式的建筑风格，这种风格的名建筑我们在前面逛欧洲诸城时就已经看过了许多，例如作为罗马城中心地标的伊曼纽尔二世纪念堂，这种建筑的特点是华丽而又不失宏伟，正适合美国这样一个朝气蓬勃的大国。华盛顿的各主要建筑，例如国会大厦和白宫，都是这种风格建筑的代表。

现在我们就来正式地逛逛华盛顿吧！看看那些我们已久仰大名的建筑。

华盛顿的整体布局是这样的，如前所言，国会大厦与总统官邸——白宫，是整个城市的中心，它们之间与波托马克河平行的宾夕法尼亚大道是城市的主轴。主要大街和建筑几乎平行且对称地居于它们两边。华盛顿诸大街一个最显著的总特征是几乎每一条都是笔直的，且大多数都是笔直的南北走向或东西走向，与西北-东南走向的宾夕法尼亚大道斜向交叉，很有特色。

还有，从白宫笔直往南就是华盛顿纪念塔，从华盛顿纪念塔直线往东就是国会大厦，这样，国会大厦、白宫与华盛顿纪念塔就构成了一个直角三角形：华盛顿纪念塔为三角形的直角顶点、宾夕法尼亚大道是斜边、华盛顿纪念塔与白宫之间是较短的直角边、华盛顿纪念塔与国会大厦之间是较长的直角边。这两条直角边的特点是：它们全是极为宽阔的林荫大道，像两个巨大的园林，把国会大厦、华盛顿纪念塔和白宫都包裹在里面。

这个三角形就面积而言只占华盛顿的一小部分，却是美国首都的核心所在，几乎所有的重要建筑，政府部门也好，纪念性建筑也好，都位于这个三角形之内或其附近。

我们现在就以这三角形为中心来介绍它们吧。

我们以国会大厦为起点　　在国会大厦紧邻的周围有好几个重要的地方：它的东边偏北是美国最高法院；偏南是国会图书馆，这也是世界上最大的图书馆。

在国会大厦的北边是参议院办公大楼、南边是众议院办公大楼，参众两院的议员们集中开会时是在国会大厦，但平时办公则分别在自己的办公大楼里。

这里最值得介绍的当然是国会大厦和国会图书馆了。

国会大厦称得上美国第一建筑，也是最为美国人民所看重的建筑，因为它乃是美国国家体制的核心——主权在民——的象征，比作为总统官邸的白宫要豪华壮丽得多。

国会大厦建在华盛顿市中心一座高约28米的小山包上，据说这小山曾经是一个叫仁金斯的人的地产，因此被称为仁金斯山，山的周围是一个占地达5万多平方米的公园。

朗方在规划好华盛顿的布局和整体的建筑风格后，并没有直接设计每一座大楼，而是由政府分别指定，为此还进行了设计方案竞赛，其中国会大厦设计方案竞赛的优胜者名叫威廉·桑顿，他的方案也就成了国会大厦的正式建筑方案。1793年华盛顿总统为国会大厦奠基，到1800年时北翼先期完工并投入使用，7年后南翼也完成了。1812至1814年第二次美英战争时，英国人入侵，一把火烧了国会大厦，后来美国人按原样重建之。

19世纪初，美国著名建筑师、波士顿的布尔芬奇将南北两翼连接起来，并在中间建造了一个圆顶。但它并不是我们现在看到的国会大厦那辉煌的大圆顶，那个要等到另一个建筑师沃尔特来，他为国会大厦设计了一个高达87米的铸铁圆顶，就是我们现在看到的了。再往后，到这个世界的后半期时，一个叫克劳福德的雕刻家制作了一个高达6米的青铜雕像，名叫“自由”，并将它竖在大圆顶上。

现在的国会大厦是一幢辉煌的长方形建筑，长约230米，宽100余米，共有500多个房间。它通体白色，正中就是那个巨大的圆顶建筑。大厦共分三层，最下面一层是帕特农神庙式建筑，从台阶上去，前面是一排16根粗大的圆柱，上面有钝角三角形的山墙。第一层往上就是圆塔了，共分两层，下面一层从第一层往里缩进，再往上就是那个大圆顶了。圆顶上又有一个小的圆柱形基座，上面立着“自由”青铜雕像。

穹顶下面就是中央大厅了，两边的建筑是参众两院，南列是众议院、北列是参议院，这里是两院议员们召开国会、制订法律及表决的地方。

两院之间有长廊沟通，长廊两旁有意大利名画家绘制的壁画，用美国的飞禽走兽、花草树木组成图案，规格颇大，蔚为壮观。两院平时向参观者开放，不允许自由参观的地方则有明确的标识。会议大厅平时可随意进入，如国会正好在开会，可以去领参观许可证，经安全检查并寄存手提包后，可以在专设的旁听席上就座，外国人还可以领到“国际客人旁听证”，它既是进门凭证，又可当作纪念品。

世界上最大的图书馆　国会图书馆始建于1800年，本来在国会大厦内部，当英国人火烧国会大厦时，所谓覆巢之下，安有完卵，图书馆也成了灰烬，1897年时才得以重建，并将馆址迁到了国会大厦之东畔，现在仍屹立于斯。

由于馆藏不断增加，图书馆的馆舍不断扩建，现在主要由三幢大楼组成，即杰斐逊大楼、亚当斯大楼、麦迪逊大楼，总建筑面积超过30万平方米。

国会图书馆最初主要是为国会和政府官员服务的，后来成了美国国家图书馆，服务对象也成了全体国民。作为国家图书馆，根据美国法律，凡美国国内出版之图书都要赠送2册给它。由于美国是世界第一的出版大国，可以想象仅这部分收藏就有多少。

现在国会图书馆的馆藏图书已达2000多万册，远远超过世界上其他任何图书馆，并且每年以100万册以上的速度在增长。

除了千万纸质图书外，这里还藏有极为丰富其他各类收藏，如文件档案、缩微胶卷、手稿、乐谱、照片、影片、地图，等等，其中仅手稿就达3300余万件，都是美国以至全世界同类收藏之最丰富者。

作为国家图书馆，国会图书馆特别注意提高服务的质量，借还书均极方便。为了服务于特殊对象，例如盲人，国会图书馆还藏有大量的布莱叶盲文图书和声音版图书，并成立了专门的盲人服务中心提供这些书籍。

所有这一切服务，包括借阅、咨询、检索、复印等，除个别例外，均属免费服务。此外还建立了网上图书馆，读者还可以通过网络检索国会图书馆浩如烟海的资料。

国会图书馆之所以具有如此丰富的馆藏，并能提供如此周到的服务，一方面与馆内工作人员的素质与图书馆优良的传统有关，另一方面也与政府的大力扶持有关。现在国会图书馆每年仅用于图书资料采购、维护的预算就在4亿美元以上，有工作人员5000余人。

就部门而言，国会图书馆共设有七大部门，如国会研究服务部，是专门为国会服务的研究与情报中心；法律图书馆，这是美国最大的法律专业图书馆，建立于1832年，主要是为国会的立法提供参考资料；文献加工服务部，这是最大的部，有上千名职员，负责全面收集图书馆所要收藏的图书、资料等，并进行编目；全国规划部，负责图书馆的规划工作，等等。

1815年，杰弗逊总统将自己珍藏的6000多册图书赠送给国会图书馆，奠定了该馆珍藏的基础，1869年时，清朝的同治帝又赠送了一批相当珍贵的明清刻本书籍，到现在，国会图书馆的珍稀本书籍也已经是洋洋大观之数，例如15世纪以前的珍本图书就达近6000册，最早的一本印刷本书籍是10世纪时中国印制的佛经《一切如来》。

国会图书馆还注意收藏世界各种文字与文化的书籍，现在藏有用500余种文字出版的书籍，其中中文书籍就有近百万册。

国会图书馆的另一个强项是它所设计的一套行之有效的目录编排法。

我们知道，一个图书馆面对的主要问题之一是如何科学地对数以百万计的书籍与各种资料进行目录编排。世界各大图书馆几乎都有自己的目录编排法，例如中国就有许多种，像南京大学图书馆、北京大学图书馆、北京图书馆等都是这样，一般也就自己一家采用而已。在全世界成百上千种目录编排法中，只有一种真正具有世界性的影响，就是“美国国会图书馆图书分类法”。它由著名图书馆学家、国会图书馆第八任馆长、自1899年起连任国会图书馆馆长40年的G.H.普特南所创。这种分类法将所有图书分成20个大类，然后在诸大类下再分出各种小类，如此下去，读者可以很方便地“按图索骥”，找到自己所需要的图书。

这种方法具有许多优点，一是实用性强，便于查找；二是分类详尽——它下面衍生出的子类共达20余万个，是世界上最庞大完整的分类；三是不但可以用于普通图书，也适应于专业图书的分类与检索。

现在，国会图书馆分类已经成为一种事实上的世界标准，各国许多图书馆都在用自己设计的图书分类法对图书进行分类编目时，也附带对之用国会图书馆分类法进行分类，并且，各馆在设计自己的分类法时，也会将国会图书馆分类法作为主要的参考标准。

沿着宾夕法尼亚大道　　过了国会大厦就是宾夕法尼亚大道了，它宽阔而美丽，是美国政府的仪式街，许多重要的节日庆典，如总统就职典礼、国庆各项活动、国家英雄公葬公祭，都要在这里举行。

沿着宾夕法尼亚大道而行，不远，在右首就可以看见劳工部。在美国劳工部有两个主要任务：一是最充分地开发、利用美国丰富的人力资源，二是协调劳资关系。

与劳工部大致对称的左首，是美国国立美术馆，它坐落在一片碧绿的草地之上。

这座国立美术馆虽然名字特大，但在美国并不属于最大的美术馆，总藏品4万余件，其馆藏远不及其他地方一些大美术馆，不过也有一些杰出的收藏，例如达·芬奇的《吉内夫拉·德本奇像》、拉斐尔的《圣母图》、范·艾克的《圣母领报图》，都是不可多得的珍品。

这座国立美术馆最有名的也许是它的建筑，具体说是它的东楼，其设计师是贝聿铭，这是他的杰作之一，也是现代建筑艺术杰作之一。

过了国立美术馆，继续往前，大约在宾夕法尼亚大道的中点，在右首有美国海军纪念碑，左首是美国国家档案馆。

顾名思义，国家档案馆是美国政府保存档案的机构，它地面上只有一层，但地下还有若干层，1935年建成。正面有18根圆柱，两旁各立着一尊大理石像，镌刻着“借鉴历史”“警惕长存”等警句。馆内保存着自1774年第一次大陆会议以来200多年间的联邦文件，还有地图、录音带、影片胶卷等档案材料，数量巨大，其中包括《独立宣言》《美国宪法》《权利法案》的原件，是美国历史的至珍之物。它们被陈列在大楼的圆形展览大厅内。前者竖立在一座“金龛”之中，后两者陈列在一个玻璃柜里。文件陈列柜设有安全装置，里面充满了氦气，以防止潮气的侵蚀。玻璃还有滤光性能，可过滤掉对纸张、墨水有侵害作用的光线。金龛和玻璃柜都是活动的，一旦遇到紧急情况就可以迅速降至地下深处一个防震、防火、防化等能防止一切侵蚀作用的大保险库内。

展览大厅左右两壁有两幅巨型壁画，分别描绘杰斐逊将《独立宣言》交给当时大陆会议主席约翰·汉考克以及制宪会议代表麦迪逊将《宪法》递交给华盛顿的情形。画中共有人物50余位，个个栩栩如生，令人感到遥远的历史仿佛近在眼前。

过了国家档案馆，继续沿着宾夕法尼亚大道往前走，不远会在左首看到美国司法部。

司法部是美国各部中权力相当大的一个部，甚至总统也怕它，因为司法部的职能之一是有权调查任何政府官员的渎职行为，就是总统也不例外。虽然司法部部长是由总统任命的，但他可不像其他阁员一样唯总统之命是从，而具有相当的独立性。例如我们都知道克林顿曾经被莱温斯基事件折磨得死去活来，那对克林顿进行无情的调查的乃是独立检察官斯塔尔，他是就是由司法部部长任命的。司法部部长可以通过任命一个独立检察官来对任何政府官员，包括总统进行没有任何时间、地点、对象与经费限制的调查，任何美国公民，从普通平民百姓直到总统都不得拒绝这种调查。

这种“独立检察官制度”是美国反贪污与渎职行为的“核武器”。

与司法部隔着宾夕法尼亚大道相望的是联邦调查局（FBI），它是司法部下属的一个机构，成立于1908年，也有着非凡的权力，主要负责调查发生在国内的犯罪行为并且搜集政府所需的情报。其职责范围非常之广，实际权力也非常之大，可以说除个别例外，它可以对于国内任何非法犯罪行为做出调查，从劫机、绑架、有组织犯罪到卖淫嫖娼都在其职责范围之内，“9·11”那样的滔天大案其更是责无旁贷。

从司法部再往前走，到了自由广场之后就进入园林区了，到处一片苍翠，往前走下一个大单位是美国财政部，不用说，这在每一个国家政府都是关键部门。在美国，财政部在政府各部中的地位仅次于国务院，与国防部并列。

从财政部再往西就是白宫了。

这就是白宫　白宫位于宾夕法尼亚大道尽头，即宾夕法尼亚大道1600号，“白宫”是它的俗称，它的正式称呼是“美利坚合众国总统府”，是美国总统办公和生活的地方，因外墙呈白色，故被称为白宫。

白宫及周围的园林占地约72000平方米，基址由第一位总统乔治·华盛顿选定。爱尔兰裔建筑师詹姆士·霍本是建筑设计师。1792年10月开工，但施工进度相当缓慢，直到1800年才初步建成，这时第一任总统华盛顿已经卸职，第二任总统约翰·亚当斯是第一位白宫主人。

1814年英军入侵华盛顿，白宫像国会大厦一样被焚毁，不久又由霍本监工进行了重修。后来霍本又在主楼两侧各增建了一个露台，并且在北面的正门口加盖了一个大门廊，下面托以四根大理石柱，这就是我们现在看到的白宫的正门门廊了。霍本还在南面的后门也加修了一个半圆形的门廊。至此我们所看到的白宫主楼形状就固定下来了，以后有改造的话也只是随着科学技术的发展而采用先进设备对内部加以现代化，例如加装电灯、电话、空调、网络，等等，这些在外面都看不出来。

下一个对白宫改动比较大的总统是富兰克林·罗斯福，他先是将原来是总统办公室的二楼改为总统一家子的住宅，后来又在主楼东西两侧修建了西侧厅和东侧厅，作为总统府职员们的办公场地。

从此白宫的整个外表就基本固定下来了，除了偶尔的修修补补，再没有什么变动。其内部最后一次大变动是1961年1月肯尼迪入主白宫后，他的夫人，著名美人杰奎琳，是一个品味很高的人，她收藏了大量艺术品和珍贵文物，并且用这些来装饰白宫内的各个房间，使它们看上去比原来由没有多少情趣的总统夫人们装饰的要好看、也优雅得多了。

现在的白宫基本布局是这样的：它面北背南，因此北面是正面，总体由东西两翼的侧厅和主楼三大部分构成，主楼与两翼侧厅之间还有走廊。

东西两侧厅是白宫的办公区，东侧厅是白宫职员们的办公室，西侧厅则是总统办公室、总统顾问室和记者室，总统办公室因为呈椭圆形，又称为椭圆形办公室。

椭圆形办公室十分宽敞、明亮，地上铺着一块巨大的蓝色地毯，地毯正中织有美国总统的金徽图案：50颗星排列成圆形，环绕着一只白头海雕，这是美国的国鸟。

在总统宽大的办公桌上置着一块铭牌，上面写道：

这里要负最后的责任。

虽然有总统在里头办公，两个侧厅仍只是附属建筑，白宫的主体乃是中央的主楼。

主楼东西宽约52米，高约26米，共分为三层：底层、一层、二层，有100多个房间。

主楼有两个入口：南门廊和北门廊，北门廊是正面，是主要入口，也是进入白宫的公共入口，南门廊则由总统一家专用。

底层有接待外国元首和使节的外交接待大厅，1940年时罗斯福总统曾在这里发表过著名的“炉边谈话”；还有存放美国著名作家代表作及美国历届总统有关资料的图书室，里面挂着5幅印第安人的画像，以示对美国土地的本来主人印第安人的尊重；底层还有珍藏古今地图的地图室以及陈列各种精致餐具的陈列室。

一层，从北面正门进去后是一间大理石结构的门厅，十分宽敞，墙、地板都是大理石的，还有好几根大理石柱子，加上光线好，显得气魄宏大，四周墙上挂着20世纪以来美国诸总统的肖像。

除门厅外，一楼还有东大厅、西大厅及三个以颜色命名的休息室——红厅、蓝厅、绿厅。

东大厅是白宫最大、装饰最豪华的地方，长约24米，宽约11米，可同时容纳200余人。这里是总统一家举办婚丧等大事的地方，曾经有4位总统的女儿在这里举行过婚礼；1945年，罗斯福总统任内逝世后也停灵于此。现在，每逢节假日，总统及其家人常会请一些朋友、有突出贡献的国民、文艺体育界明星来白宫聚会，一般也会在这里进行。在这里受到总统一家接待是美国公民们梦寐以求的荣誉。

红厅内陈设有最精美华贵的法式和美式家具，四壁裱糊着红色丝绸，吊灯柱、窗帘、沙发、茶几、地毯图案乃至藏书封皮的颜色都很鲜艳。

蓝厅则到处一片湛蓝，窗帘、沙发垫都是蓝的，窗外的天空也是蓝色的。

绿厅自然也是以绿色为基调，四壁以墨绿波纹绸装饰，窗户从天花板一直落到地面，窗帘上缀有绿色珊瑚花纹，现在这里是美国总统的私人客厅，总统家来什么朋友一般也在这里招待。

内厅是国宴厅，总统在这里举行国宴招待贵宾，它的面积在白宫内仅次于东大厅，以华丽的装饰、名贵的家具、精致的餐具著称，可供100多位宾客同时用餐。这里还有电梯，可以把食品从下层的厨房里方便地送来。正面墙上挂有林肯肖像，还有一个古老的壁炉，上方刻着第二任总统约翰·亚当斯迁居白宫后第二个夜晚所写的一封书信中的名句：

我祈祷上苍赐福于此宅邸以及所有来日将居于此之人。愿白宫主宰者皆为诚实、明智之士。

二层是总统一家子生活起居之地。东侧有两间贵宾卧室，每间内附设一小巧起居室。朝南一间是林肯卧室，陈设古朴雅致，林肯曾在这里签署《解放黑奴宣言》；另一间是“女王卧室”及起居室，亦称“玫瑰宾室”，以玫瑰色与白色为基调，曾接待过英国女王伊丽莎白二世、荷兰女王贝娅特丽克丝、丹麦女王玛格丽特等女王，当然男王也可下榻于此。

以上就是白宫的建筑大概了。

我们从北门进去后，从南门出来，南门廊外是总统花园，又称南草坪。总统经常在这里欢迎外国政府首脑访美，并在这里举行记者招待会，总统的直升机也在这里起降。

历届白宫主人都在此种下了具有历史意义的植物，使这里草木葱茏，时有繁花盛开，芬芳四溢，并有道道喷泉冲天而起，景色十分秀丽。

最后，白宫还是世界上少数经常地、定期地开放的国家元首官邸之一，是世界所有大国中唯一的一座，每周星期二直至星期六对外开放，免费。

参观完白宫，我们也就走完了直角三角形的斜边，现在转而往南，去直角边看看。

这两条直角边实际上是一个整体的大园林，到处林木茂盛，绿草如茵。

从白宫往南走不远就是椭圆形广场，它的东面附近有美国商务部和国家水族馆，二者北南并列而立。广场西边有内政部，从内政部再往西走一段距离就是国务院了，这是美国政府第一大部，其首脑国务卿在政府中的地位仅次于总统和副总统。

往南的这条边是三角形中最短的一边，过了椭圆形广场后就看见那个直角顶点了，其实我们老远就看见了它，因为它高高地耸立在那里，比华盛顿任何其他建筑都要高呢。

这就是华盛顿纪念塔。

华盛顿纪念塔是华盛顿最高的建筑 不言而喻，华盛顿纪念塔是为纪念美国首任总统、开国元勋乔治·华盛顿而建的。华盛顿对于美国独立所起的作用是怎么说也不过分的，也许更加重要的是，他虽然功勋盖世，但仍然保持着清醒的头脑、谦逊的品质，将国家利益永远置于第一位。因此，当他任满两届后，虽然美国政府、国会与人民都竭力挽留他连任下去，但他坚决推辞，交出了一切权力，退隐家乡，默默无闻地做起一介平民来。

从此，总统不能连任超过两届（共8年）这个传统虽然没有载入宪法，却被牢牢地被历届总统承袭下来。这个传统对于美国发展的意义极为重大，历史告诉我们，许多开国元勋式的领导者上台后，往往贪恋权位，不到死亡或者被废黜是绝不下台的，这样的结果一是造成了对国家发展十分不利的个人独裁与专制统治，二是给后面的继承者留下了一个坏榜样，使他们也照样独裁下去。这样国家也难免日益衰朽了。

为了向华盛顿这位祖国之父表达崇敬，很早以前美国人民就要为他树立纪念碑，但由于他自己坚决反对，一直没有树成。直到1799年华盛顿辞世后才正式提上日程。1833年由首都知名人士组成华盛顿国家纪念塔协会，并向全国募捐。1848年动工，由当时著名的建筑师罗伯特·密尔斯负责设计。据说1793年华盛顿为国会大厦奠基用过的泥刀被用来砌碑的奠基石。1885年纪念塔正式落成，耗资近120万美元。三年后对公众开放。

华盛顿纪念塔通体由花岗岩砌成，外面的表层以产于马里兰州的大理石贴面，外表像我们看见过不少的埃及方尖碑，底部呈正方形，每边长约17米，高约是底边的10倍，总重近10万吨，尖顶用铸铝盖顶，内壁嵌有190块雕刻着各种图案和历史故事的纪念石，由美国50个州、私人、团体、城市和其他国家所赠，包括由当时中国的清朝政府赠送、刻有中文的纪念石。

塔中空，内有铁梯约900级，游人可拾级而上，也设有快速电梯，70秒钟可达顶层的观景台，从此可以俯瞰华盛顿整个市容。

从华盛顿纪念塔往东是直角三角形的长直角边，这里也是一路的绿荫蔽日、草地青青，先后有美国历史博物馆、美国国家自然博物馆、农业部、美国国家宇航博物馆、卫生与公共服务部等机构。

这就是作为华盛顿主体的直角三角形及其周围的情形了。

华盛顿也有少数主要建筑不在这三角形之内或附近，主要有两座，一是五角大楼，二是杰斐逊纪念堂。

五角大楼位于波托马克河对岸的阿灵顿县内，旁边是安葬美国英雄人物的阿灵顿国家公墓。它是一座巨大的正五边形建筑，故名五角大楼。1943年建成。地面上有五层，占地达14万平方米，建筑面积超过34万平方米，能供25 000人同时办公。据说就是在里面工作了一辈子的人也没有谁能熟悉那由无数房间和走廊构成的八卦阵——它是真正的迷宫。它的功能大家都知道，是美国国防部所在地。

杰斐逊纪念堂位于华盛顿通潮港的南岸，北面隔着华盛顿水道与大直角三角形相望。它于1943年杰斐逊总统200周年诞辰时落成，占地7万平方米，是杰斐逊喜爱的古典风格建筑，门廊上方雕刻有他宣读《独立宣言》时的情形，里面穹顶下大殿中央有他姿容威武的纪念铜像。

林肯纪念堂是美国人民最景仰的地方　我们最后一站要去的乃是最为美国人民所景仰的地方——林肯纪念堂。

林肯纪念堂在波托马克河之东岸，华盛顿纪念塔之正西，两者遥遥相对，仿佛两个伟人，都钦佩对方的伟大，他们相遇在原野，远远地看到了对方，不由自主地停下来，默默地遥遥相望，彼此之间行着注目礼。

林肯纪念堂矗立在一块相对独立、直径约400米的草坪中间，地表以上是将近5米高的花岗岩基石。

纪念堂本身是一座用通体洁白的花岗岩和大理石建造的古希腊神殿式建筑，高约18米，加上基石高23米。其总体式样颇像帕特农神庙，周围也环绕着立柱，但它是平顶，没有帕特农神庙的三角形山墙。

柱廊呈长方形，东西宽近40米，南北长近60米，立柱共有36根，象征林肯在世时的36个州，柱高约13米，底部直径约2米，纪念堂顶部护墙上有48朵下垂的花饰，代表纪念堂落成时美国的48个州。

纪念堂东门外，宽阔的石阶层层递进，将游人引入圣洁的殿堂。

走进纪念堂，迎面是高近6米，用洁白的佐治亚大理石雕就的林肯坐像，是当时美国著名雕刻家丹尼尔·切斯特·弗伦奇的杰作。坐像非常传神，特别是林肯的目光，它穿过大门，注视着倒影池对面凌天一柱的华盛顿纪念塔以及大草坪尽头的国会大厦。此间寓意无穷。雕像很大，如果按这个比例改成立像将高达近9米。它是由28块大理石雕成后拼接而成，但看上去浑然一体。这是根据弗伦奇提供的图样，再由石刻家皮奇里利两兄弟花了4年多时间制作而成的。

在雕像背后的墙壁上方铭刻着4行大字：

在这座殿堂之内，
正如在人民心中，
为了人民，
他拯救了联邦，
对亚伯拉罕·林肯的纪念永世长存。

纪念堂南北两边石壁上镌刻着林肯的两篇著名演说。

南墙上的是《葛底斯堡演说》全文。

南北战争中转折性的一仗是1863年7月的葛底斯堡之战。

是役，米德指挥的12万余北方大军与罗伯特·李的近9万南方大军在葛底斯堡一带展开大战，经过三天血战——它被有的历史学家称为历史上最惨烈的战斗之一，罗伯特·李终于退却了。

我们又说到，战争结束之后三个月，林肯前来巡视旧战场，祭奠阵亡将士，发表了简短而感人至深的《葛底斯堡演说》。

刻在纪念堂北墙上的则是林肯的第二次总统就职演说。

1865年3月，林肯在国会大厦前宣誓就职，开始了第二个总统任期。此时美国内战已接近尾声，短短一个月之后，历时四年的南北战争将结束。此时林肯因为领导人民取得了这场战争的胜利而达到人生光辉的顶点。

然而，站在这顶点之上他并没有显露出任何得意、甚至半点高兴的表情。因为，这场战争毕竟是美国人民之间的内战，他们在战争中所屠杀的乃是同胞，一个真正的爱国者与爱人民者怎么可能为之高兴呢？更进一步地，无论对手是谁，战争屠杀的总是人，无论胜负如何，一个有深刻良知与思想的人怎会为之高兴呢？

我们也知道，此次演说之后不久，与南北战争几乎同时结束的是林肯的生命：1865年4月14日，内战结束才几天，他被一个奴隶制的疯狂拥护者刺杀了。

但林肯伟大的业绩与崇高的情操已经深深地镂刻在美国人民心中，而且随着时光的逝去，人们越发意识到了他的伟大。

他的成就是如此伟大，然而，他那如此崇高的胸怀，如此高尚的情操，对国家、人民与人类如此深切的关爱，甚至使他那伟大的成就都相形失色了。

他们以有一位如此伟大的总统而自豪，决心为他建立一座最大的纪念堂。

1911年成立了由前任总统塔夫托为主席的林肯纪念委员会，筹备纪念堂的建设，并且征集建筑方案，应征的方案如雪片般飞来，最后委员会接受了一位大学生亨得·拜肯的建议，决定将之建在和华盛顿纪念塔与国会大厦遥相对应的地方，拜肯本人则被选为纪念堂的设计师。

1914年，纪念堂动工。1922年落成。

在纪念堂台阶下，向华盛顿纪念塔延伸还配套建造了一个长达600米的水池，它有一个特别的名字——倒影池。原来这个水池的位置与长度刚好使观者如果站在林肯纪念堂前东望，池水将正好倒映出华盛顿纪念塔长长的碑身，一上一下，一立一卧，使纪念塔看起来更加顶天立地，充满了整个视线；而若从华盛顿纪念塔下西望，同样可以发现白色的林肯纪念堂倒映在水中，显得更加玉洁冰清，神圣庄严。

平日里，倒影池是野鸭、海鸥群集的地方，人鸥相嬉，充满了和平的气息，这也正好应和了林肯思想的精髓。

第三十四章　从哈佛到好莱坞

在美国有许多辉煌的大城，这些城市放到别的国家，无论德国、英国还是俄罗斯，都会是首都级的，我们会去好好地游览。但放在美国就不行了，原因只有一个：篇幅有限。我们毕竟不能把这本书拉长到100万字，所以在这一章里，我只能带你走马观花地瞧瞧那些我们很遗憾不能仔细去看却不可错过的地方。

这样的地方很多，在东部有剑桥、普林斯顿、亚特兰大，等等。

在中部有芝加哥、拉斯维加斯，等等。

西部有旧金山、洛杉矶、伯克利，等等。

该怎么去逛这些地方呢？我想还是按照一向的老路线——从东往西，从北往南吧。

波士顿与剑桥：美国的教育和文化之都　我们第一个要去的地方是东北角上的剑桥。

我们在英国已经逛过了剑桥，难道美国也有一个剑桥吗？

不错，美国也有一个剑桥，而且功能与英国的剑桥差不多，英国的剑桥有剑桥大学，美国的剑桥则有哈佛大学和麻省理工学院。

提起剑桥，我们应当先谈几句波士顿。

波士顿位于美国东北部的马萨诸塞州，这个州加上东北部的缅因州、佛蒙特州、康涅狄格州、新罕布什尔州、罗得岛州，共6个州，被称为“新英格兰”，是英国清教徒们最早在美洲拓殖的地区，也是传统上美国经济与文化的发达地区。

波士顿位于马萨诸塞州最东端，东濒大西洋，作为一个城市，它的面积十分小，不到120平方千米，只及纽约的1/7，其中1/4还是水面，人口60万左右。

对于美国而言，波士顿的意义有二：首先它是一座历史名城，是美国人民反抗英国统治、争取独立自由的急先锋。

1774年4月18日，在波士顿附近的小镇康科顿，一队士兵悄悄扑来，他们奉英军头目盖茨之命前来夺取这里的民兵武器库。银匠勒维尔和工人戴维斯首先发现了他们，立即飞马沿途报信，英军刚走到列克星顿，民兵们就向他们射出了第一枪，这也是整个北美独立战争的第一枪。

这就是“列克星顿的枪声”，从此独立战争正式爆发了。

波士顿的第二个意义是：虽然波士顿的经济中心地位早已衰落，但它依然是美国教育与文化事业的中心。

波士顿有着非常丰富的文化传统，它的波士顿交响乐团是世界上顶级交响乐团之一，波士顿美术馆是美国最大的美术馆之一，波士顿图书馆是美国第一个完全靠国家支持、向民众免费开放的公共图书馆。

不过波士顿最有名的还是它的教育，特别是高等教育。如果你打开波士顿的城市电话号码本，会发现一大叠书页上尽是各高校和它下面的单位的名字，像波士顿大学、东北大学、马萨诸塞大学波士顿分校、萨福克大学、西蒙斯学院、伊曼纽尔学院、埃默森学院，等等。

尽管波士顿是全美有名的教育中心，然而你问一个波士顿人他是不是为此感到自豪，他八成不会，因为这里学校虽然很多，也都不错，但若比起与他们只有一河之隔的另一个地方来，那就真是相形见绌了。

这个地方就是剑桥。

剑桥位于波士顿以北，两城之间只隔着一条河流——查尔斯河，波士顿在河之南，而剑桥则在河之北。

剑桥的历史很短，1630年时才出现在这个世界上，6年后这里创办了一所规模很小的学校，当地一个叫约翰·哈佛的富翁将一大笔遗产捐给了学校，后来这座学校就以他的名字命名，称为哈佛学院，这是美国第一所大学。

此后剑桥迅速发展起来，先是成为米德尔塞克斯县的县城，继而升格成为剑桥市。独立战争爆发时，这里一度是美军总司令部所在地，华盛顿就是在这里就任大陆军总司令的。

剑桥始终与教育文化联系在一起，远在17世纪这里就出现了北美殖民地最早的印刷厂，并且出版了北美第一批书籍，继哈佛之后这里又相继成立了多所大学，如拉德克利夫学院、莱斯利学院、圣公会神学院，等等，其中包括1861年成立的麻省理工学院。

也许是由于这里浓厚的学术气氛，小小的剑桥也诞生过不少名人，例如著名诗人朗费罗、诗人兼外交家洛威尔、基督教科学派创始人艾娣，等等。

哈佛大学荟萃着全世界的精英之士　哈佛大学的创立前面已经说过了，接受哈佛的遗产后，学校的势力迅速壮大起来，到19世纪时已经先后建立了神学院、法学院和医学院，学校也慢慢由教会学校变为世俗大学，并建立了由学校师生选举产生的管理委员会。

1780年时，哈佛学院更名为哈佛大学。

到19世纪后半期，在埃利奥特校长的卓越领导下，哈佛大学逐渐成为闻名全美的优秀大学。

此后，哈佛大学发展越来越快，也越来越受到尊崇，现在，如果说在美国有一所学校被全世界学子们称为最了不起的大学，那大概非哈佛莫属了。

目前哈佛大学共设10个研究生学院，即文理、工商管理、设计、牙科医学、神学、教育、法学、医学、公共卫生等学院及肯尼迪政治学院，还有2个招收本科生的学院，即哈佛学院和拉德克利夫学院，后者原来是一所女子学院，后来并入哈佛。

这些学院中，除牙科医学、医学、公共卫生、工商管理等4个院系设在波士顿外，其余各学院都集中在剑桥的哈佛大学校园内。

哈佛大学的这些学院不用说个个都很厉害，但高个里面有巨人，这10个学院里最著名的是法学院、医学院、商学院。如果您能够进这三个学院中的任何一个，那就意味着你已经成为全美国乃至全世界精英中的精英，你的未来将一片光明。

哈佛大学的各个学院都具有相对独立性，但这与剑桥或者牛津诸学院的独立性不同，哈佛的学院仍是根据学科性质来分的，各学院之间、学院与学校之间关系十分紧密。

在哈佛你可以看到来自美国各地以及全世界100多个国家和地区的学生，且都是各国的知识精英或者贵族子弟。这些学生数目每年都会略有不同，就像每年的招生数目也会变化一样，但总的来说都差不多，现在哈佛有学生约2万名，其中大部分是研究生。

迄今为止，在哈佛大学约30万名毕业生中，不乏在各行各业为美国乃至世界做出过杰出贡献的人士。

在哈佛毕业的文科生中，有著名作家与诗人爱默生、梭罗、洛威尔、亨利·詹姆斯、弗罗斯特、T.S.艾略特、约翰·多斯·帕索斯，等等，其中艾略特是现代西方最伟大的诗人和文艺批评家之一。

哈佛毕业的理科生中，有著名天文学家皮尔斯、化学家吉布斯、心理学家威廉·詹姆斯，等等。

谈到大家熟悉的诺贝尔奖，从1914年至今哈佛大学已有30多名诺贝尔奖获得者，因此被称为“摘取诺贝尔桂冠者的熔炉”。

此外，在美国历届总统中，有8位出自哈佛，即约翰·亚当斯、约翰·昆西·亚当斯、拉瑟福德·伯查理·海斯、西奥多·罗斯福、富兰克林·罗斯福、约翰·肯尼迪、乔治·沃克·布什、贝拉克·侯赛因·奥巴马，前面两个亚当斯是父子，就像后来的布什父子一样。

在中国许多近现代名人中出自哈佛的也不少，例如地质学家竺可桢、语言学家赵元任、历史学家陈寅恪、作家林语堂、哲学家汤用彤、经济学家陈岱孙、建筑学家梁思成，等等。我们前面提过的著名的美籍华人王安和贝聿铭也是哈佛学子。

哈佛大学的校训是：

以柏拉图为友，以亚里士多德为友，更要以真理为友。

麻省理工——百万富翁的摇篮　麻省理工学院简称MIT，在哈佛大学东南方，两个学校离得很近，有的学生甚至在两边都选了课，跑来跑去地听。

麻省理工学院是一所以理工科举世闻名的学校，其工科堪称世界顶尖。为了简便我下面就称它为“麻理”。

麻理的创立者和第一任院长是罗杰斯，他在1861年时申请成立一所学校，主要目的是给青年们提供技术培训，两年后他从政府那里获得了一块土地，1865年学校正式招生，第一次招了15名学生。1916年时由波士顿迁到剑桥，就是现在位于查尔斯河畔的校园了，总面积约60万平方米。

麻理现有5个学院，分别是建筑和设计学院、工程学院、人文和社会科学学院、斯隆管理学院、惠特克健康科学与技术学院，除了这5个专科学院外，麻理的特色之一是鼓励学生跨系甚至跨学院选修课程，例如工程学院的学生去选修人文学院的哲学课或者管理学院的经济理论课，学校承认所修得的学分。

麻理现有教职工约7500人，学生近万人，其中研究生比本科生略多，学生来自美国各州及全世界近百个国家和地区。

麻理的成功之处也许在于它那独特的教育方法。它最注重培养学生独立探索新问题、创造新事物的能力。例如有一门课是这样的：教授给每个学生一个装满弹簧、电机、电子元器件等的箱子，让学生自行设计，用这些东西造出一台新机器。

在麻理流行恶作剧，而且搞得越厉害越好，例如有的学生练就了一套“撬锁神功”，能在几分钟之内打开学校主机房上了锁的大门。他们还以作弄“装腔作势”的哈佛学生为乐，曾经用一种特别的技术把哈佛大学的好几道大门焊死，还修改哈佛大学的电子钟，使它们在上下课时奏出古怪的曲调。

从上面就看得出来，两所相邻名校的关系并不太好。的确如此，像美国一句俗话所说：“麻理的学生不会读，哈佛的学生不能算。”两个学校的特色差异与距离之近恰恰形成了有趣的对比。

这种区别表现在各个方面，甚至从外表就看得出来，哈佛的学生个个高视阔步，自信得有些傲慢，衣着考究，风度翩翩。麻理的学生恰恰相反，他们总是衣着随便、不修边幅，有时到了怪异的程度。例如夏天将短裤提得老高，上身穿一件短袖衫，领子又尖又窄，一条飘带在胸前摆来摆去。冬天，他们足登高筒靴，头戴一顶连耳朵都包住了的大帽子。

这倒并不是麻理的学生不爱整洁，而是因为他们实在没时间。全美的著名大学中，麻理的学生负担之重是有名的，要修满360个学分、完成学业、拿到学位，非得拼命才行，没有第二条道路可走。关于麻理的学生之辛苦有许多说法，例如说麻理是“疯癫精神病院”，学校红色的建筑是“染满学生鲜血的混凝土”，等等。

也许正由于这种魔鬼般的训练，麻理的毕业生不但成绩优异、思维敏捷，而且精力充沛，且特富于创造性。这样的毕业生自然成为美国乃至全世界一流大公司争抢的宝贝。可以这样说：在美国，即使哈佛的学生有一天供过于求了，麻理的学生也不会。

若就每万名学生中成为百万富翁的人数比例来说，麻理恐怕要高居第一。特别是现在这个“科学是第一生产力”的时代，麻理的学生们凭他们的头脑有一两项发明创造不是难事，专利权一卖，他们很快就可以成为百万富翁。此外，许多公司为了招聘到麻理的高才生，仅提供的年薪常常就有上百万美元。

由于麻理的这个优势，在一切以金钱为中心的西方资本主义社会，麻理的声望自然高得吓人，在许多对各个大学的评比中，麻理的风头甚至常常盖过哈佛，荣膺“全美最有声望的学校”称号。

去芝加哥看公牛队和乔丹　离开剑桥后，我们的下一个目标是芝加哥。

芝加哥在哪张世界地图或美国地图上都很好找，就在五大湖边。

关于五大湖及其美景我们后面再说，现在只谈芝加哥。

芝加哥就人口数量而言是美国第三大城市，次于纽约和洛杉矶，城市面积近600平方千米。

总的来说芝加哥属于温带大陆性气候，但由于濒临水体巨大的五大湖，因此比起一般的温带大陆性气候地区来，冬天要暖和些，夏天则要凉爽些，冬夏之间的气温差也要小些。

芝加哥的人口构成很有特色。首先，它是典型的多种族城市，黑种人、白种人、亚裔人和拉丁裔人都有且为数不少，还有一些其他城市不太多的民族，如东欧人。

其次，芝加哥是一座“新移民城市”。我们知道，美国就是移民国家，所有城市也是移民城市，但移民们大都百年之前就来了。芝加哥就不一样了，它的移民中有相当一部分是最近几十年才来的。例如它有大批20世纪90年代后才来的苏联各加盟共和国的移民。

再次，是这些多种多样的种族与民族都聚族而居，因此在芝加哥形成了许多这样的民族社区，例如西北有全美国最大的波兰人社区，捷克人则集中在西南郊，南区是华人区，中北区有印第安人社区。

所有这些种族中黑人最多，占据的地盘也最大，包括大部分交通方便的好街区。这主要是因为黑人不歧视任何种族，他们爱住哪就去哪，不久这些地区就成为纯粹的黑人区了。

芝加哥一度以黑帮横行而臭名远扬，但现在已经好多了，黑帮在昏暗的灯光下瓜分地盘的景象如今也只存在于电影中了。

芝加哥的城市布局十分简单：整座城市是棋盘结构，如果你打开芝加哥的交通图看看，会发现它们的城市图最好绘了，绝大部分街道直来直去，有的南北走向，有的东西走向，编织得整整齐齐，街道是棋盘上的线条，中间那些方方正正的公园就好像是棋子一样！

芝加哥城唯一不直的是芝加哥河，它从西北向东南穿过城市蜿蜒流入密歇根湖。是芝加哥最显眼的地标。

在芝加哥我们要去的第一个地方是位于麦迪逊大街的联合体育中心，这里是芝加哥公牛队的大本营。

芝加哥公牛队是整个NBA历史上最伟大的球队之一，乔丹也堪称NBA历史上最伟大的球员之一。

公牛队是从1966年起加入NBA的，70年代前半期公牛队的防守一直居于NBA三甲之内，并在1974年和1975年两度打入东部赛区决赛，但此后一直战绩平平。1984年球队终于迎来了转机，因为乔丹来了。三年后皮蓬加入公牛队，有了双雄的公牛队终于在1991年初尝NBA总冠军的滋味。后来又有了“篮板王”罗德曼的加入，公牛队终于组成了以乔丹为中心，皮蓬和罗德曼为两个基本点的铁三角，所向无敌。到1998年赛季结束，公牛队共获得6次NBA总冠军，这些胜利是从1991年开始的，也就是说，在总共7个赛季中公牛队有6次是总冠军得主，创造出了NBA历史上空前的奇迹。

我们再来认识一下乔丹。

乔丹1963年3月27日出生在纽约的布鲁克林区。家中共有7人，即父亲詹姆斯·乔丹、母亲戴露瑞斯及两个哥哥和一姐一妹。少年时就读于北卡罗来纳州雷尼中学，童年的梦想是成为棒球巨星。

1979年乔丹进入北卡罗来纳大学学习，1982年率北卡罗来纳大学队夺得全美大学生篮球联赛冠军。

1984年，在选秀中，还是大学三年级学生的乔丹以首轮第3位被芝加哥公牛队相中。

1984—1985赛季，被评为NBA最佳新人。

1984年，乔丹作为队长率领美国大学生队夺得23届洛杉矶奥运会男子篮球冠军。

1987年和1988年两次获得全明星赛扣篮大赛冠军。

1992年入选“梦之队”，获巴塞罗那奥运会男篮项目冠军。

1993年6月21日，乔丹率公牛队实现三连冠，乔丹在这次总决赛中平均每场得41分，创造了NBA总决赛得分纪录。

1993年8月3日，乔丹的父亲詹姆斯在南卡罗来纳州的一条小河旁被两名青年杀害。

10月6日，乔丹在芝加哥公牛队训练中心宣布了一个震惊世界的消息：他将从篮球场上退出。乔丹说：“我已登上了事业的顶点，一切要做的事都已经完成，在篮球场上我再也没有需要证明的了。”

1994年初，乔丹宣布加盟芝加哥白袜棒球队。

1995年3月18日，乔丹一句“我回来了”，在球迷们的欢呼声中又回到了NBA赛场。

1996年3月18日，乔丹在对费城76人队的比赛中使自己职业生涯总得分达24 000分。

1996年乔丹被评为NBA五十周年最伟大球员之一。

1998年率公牛队第6次夺得冠军。

1999年1月再次退役。

以上就是乔丹的简历，乔丹曾创下不少NBA纪录，他得分的最高纪录是1990年8月28日，芝加哥公牛队对克里夫兰骑士队，在48分钟时间里乔丹独得69分。

乔丹的NBA生涯中有许多次比赛至今为人津津乐道，其中最著名的一场或许是1991年6月5日芝加哥公牛队对NBA超级强队洛杉矶湖人队的那场比赛。

这是公牛队首次杀入NBA总决赛，乔丹和NBA另一位伟大的球员“魔术师”约翰逊相遇了。第二场比赛时，乔丹完成了这样一个动作：他右手高举篮球，原地起飞，从罚球弧前沿起飞，气势凌人地进攻，就在三名湖人队球员——包括“魔术师”约翰逊——的头顶掠过，滑翔中将球从右手交到左手，在双脚落地之前把球塞进了篮筐。

赛后，约翰逊承认当时他不敢相信自己的眼睛，他说：“不可能，他绝不会这么做，绝不会对我们这么做！”

这个动作从此被奉为篮球艺术的至尊杰作，有人将之制成雕像陈列在芝加哥。

芝加哥大学　除了西尔斯大厦和公牛队外，令芝加哥人引以为傲的第三样是芝加哥大学。

像哈佛大学和麻省理工学院一样，芝加哥大学是全美最知名的大学之一。它是由著名的企业家兼慈善家洛克菲勒在1891年时捐资8000万美元建立的。这在当时是一个天文数字，您还记得吧，1867年时美国人购买阿拉斯加才花了700万美元，当时美国人觉得这个数目实在太大呢。

芝加哥大学历史不长，受到关注的原因有二：一是它的研究，例如文科方面，1892年时芝加哥大学建立了世界上第一个社会学系，它到现在还是世界第一。理科方面，1942年伟大的物理学家费米在芝加哥大学成功进行了第一次核反应实验，是后来的原子弹、氢弹、核能发电等的基础。

此外，介于现代社会里大学的课程日益专业化带来的弊病，芝加哥大学实施了“芝加哥计划”，一是使学生注重知识的全面性与系统性，即进行通才教育；二是着重训练学生的能力，上课时并不要求学生每课必到，考试时也着重考查学生接受知识、消化知识、开拓创新的能力。

“芝加哥计划”对现代美国乃至全世界的教育影响都很大，例如我们中国也大讲不要“填鸭式”教育，而要培养学生的能力，教育要与国际接轨，这里面就有芝加哥大学教育方式的影响。

拉斯维加斯不但好玩，还很好看　芝加哥是我们这次“蜻蜓点水”游的四大重点之一，另三个是洛杉矶、旧金山和我们马上就要去的拉斯维加斯。

离开芝加哥后，我们又要坐上飞机，再来一段长距离飞行，往西南方一直飞到我们的下一站——拉斯维加斯。

大家都听说过拉斯维加斯吧！这个世界第一赌城，以它独特的风韵迷倒了无数游客。

拉斯维加斯位于内华达州。内华达州像个不规则四边形，南部大致是一个锐角，拉斯维加斯就位于这个锐角的顶端附近。从气候上说，这个地方属于亚热带大陆性干旱气候，是美国很少的几块沙漠之一。不过美国人并没有任由它荒着，而是在这里建起了拉斯维加斯，靠它发了不少的财。

早在19世纪中叶，现在拉斯维加斯所在的地方已经来了一些摩门教徒。摩门教是美国一个试行多妻制的古怪教派，现在美国还有不少，主要生活在犹他州的盐湖城一带，男教徒们一般都有三四个老婆，有的十个八个都有。后来美国军队在这里筑了一个城堡，20世纪初时这里修通了铁路，便逐渐发展起来，成了克拉克县的县城。

拉斯维加斯的大发展始于1931年。这年州政府通过法律，使拉斯维加斯的赌博合法化。加之这里不久又建起了胡佛大坝，有了米德湖，附近还有科罗拉多大峡谷，来这一带的游客们越来越多，旅游者们本来就是出来玩的，现在顺便小赌岂不痛快！这样拉斯维加斯的赌博业就迅猛发展起来。以至慢慢地，许多游客们来这里倒主要是为赌博，去逛大坝甚至大峡谷反而成顺路一游了。

拉斯维加斯现有居民约30万，每年到这里来的游客约2000万。

我记得在哪里看到过这样一句话：假如你很贫穷，请你来拉斯维加斯；假如你很富有，也请你来拉斯维加斯。

拉斯维加斯的赌场大都设在极豪华的大饭店内，里面有几乎所有种类的赌博法，有一次能让你输赢成百上千万美元的我们在电视电影里常看到的那种赌博，也有更多你从来没有看到过的新奇玩意，有的能让你在好玩中不知不觉输掉大把银子，也有的只是让你玩玩消磨时间而已。

对于无数到拉斯维加斯主要是为了观光、只顺便小赌一把的游客们来说，他们主要玩“吃角子老虎机”。这可以说是全世界最盛行的赌博方式了，据统计，拉斯维加斯共有约300万台老虎机，整个城市，从机场、饭店到街头甚至厕所里，几乎无处不有，你随时都能停下来兑换硬币玩上一把。

除了大赌小赌之外，拉斯维加斯有三样东西很值得看：一是那些壮丽豪华的大饭店，二是饭店里的各种表演，三是迷人的夜景。

据说全世界最大的10家饭店之中，拉斯维加斯占了9家，这些饭店集中在长达8000米的赌城主轴拉斯维加斯大道上，南段称“Strp”，北段称“Casino Center”，意思就是“赌场中心”，是来拉斯维加斯的游客们的必到之处。

拉斯维加斯赌场的特点是与豪华酒店融为一体。你一走进那些巨大的酒店就会发现，它们其实是巨大的赌场，地上铺着红地毯，头顶是柔和的灯光，到处人头攒动，热闹非凡。抬头望去，满眼是望不到边的牌桌、老虎机和不知其名的赌具。

拉斯维加斯的超级酒店多的是，例如米高梅、“纽约·纽约”、金银岛、卢克索、恺撒皇宫、马戏团、百乐门、弗拉明戈酒、蒙特卡罗、海市蜃楼、撒哈拉、贝莉、威尼斯人、通天坊、巴黎，等等，数不胜数。

米高梅，即MGM，是全世界最大的酒店，1993年开张，拥有5005套客房，是4栋连体的超级豪华大厦，每栋都按不同的主题风格装饰，规模极其宏大、也极其豪华富丽，宛如一座梦中城市。

卢克索酒店是以埃及的古代文化中心卢克索命名的，整个酒店也仿佛是古埃及文明精华的再世，由埃及方尖碑、狮身人面像和金字塔三部分构成。60多米高的方尖碑直插蓝天，上面镌刻着Luxor的大名，盘踞一侧的狮身人面像足有十层楼高，金字塔全部用蓝色玻璃铺就。

这个金字塔在白天看起来有如一座真的金字塔高耸在拉斯维加斯大道上，而且比真的金字塔还要雄伟壮观，然而一到晚上，它便突然消失了，你就是近在咫尺也难感受到它的存在，它原来所在的地方看上去只是一片无边的黑暗，与其他地方的华灯怒放形成了极鲜明的对比。原来，这也是它设计的巧妙之处：金字塔的外表是深蓝色的，极易被纽约夜晚天空的颜色所融化，而且里面再大的光线也透不出来，如果不是金字塔尖顶的激光放出灿烂的光芒，以及指示入口的灯光，它真的要“消失”了呢。

“纽约·纽约”酒店的特色则是将纽约各大名胜都搬到这里，并按一定比例缩小，帝国大厦、洛克菲勒中心、华尔街……最醒目的当然是矗立在中心的惟妙惟肖的自由女神像了。

金银岛酒店最大的特色不是它的规模，而是它的表演，酒店门口高高地竖立着海盗的标志：一个巨大的骷髅头。

白天拉斯维加斯的街道上车辆川流不息，人却并不多。但一到夜幕初降，街上忽然人潮涌动，用“人山人海”“水泄不通”来形容恰如其分，似乎这里所有人都是夜猫子，一到晚上就有使不完的劲，就等着去狂赌一把了。

我们可不去赌，还是去看金银岛酒店的海盗表演吧！

每天晚上都有数不清的人静静地等待着晚8点半准时开始的表演。

进酒店要先走过一道栈桥，这是去岛上的必经之路。栈桥是用粗大的原木搭建的，古朴而美观。环绕栈桥与酒店的两个巨大的水池里各停放着一艘船，分别代表海盗船和商船，它们是真正的大船，高达20余米，大小、形状甚至船上的装饰都与过去真正的海盗船和商船一模一样。水池也大得像小湖，船只可以在里头自由航行。

夜色愈深，灯火愈加辉煌，商船和海盗船都开动了，商船上水手们的举止动作惟妙惟肖，海盗们也一样，总之与大家在电影上看到过的水手和海盗没两样。很快，水手和海盗彼此发现了对方，交火不可避免。这时发生了我们只有在电影上才能看到的一幕：电闪雷鸣、炮声隆隆、火光冲天、刀光剑影……最后，商船中弹，船舱进水，倾斜沉没。

一切都具有惊人的真实感，这也许就是表演如此吸引人的缘故吧！

除了金银岛酒店的表演，晚上还有另一个地方的表演也十分著名，那就是海市蜃楼酒店的火山爆发。

在酒店临街处有一个巨大的水池，池中堆砌了一座层层叠叠、高约20余米的假山，流水从山顶平台上倾泻而下，在特殊的灯光的照耀下形成一道美丽无比的大瀑布。最妙的是，每隔15分钟，瀑布上方的山顶平台都会有“火山”喷发，岩浆直冲夜空，然后如落英缤纷，顺瀑布而下，整个水面都燃烧起来。

这个火山爆发同样具有惊人的真实感，与真正的火山喷发完全一样。

据说，为了使这个火山喷发看起来足够真实，酒店聘请了世界一流的火山专家来指导，还有大批的其他行业的专家，如地质专家、计算机专家、工程师、建筑师等，专家们运用真正的火山喷发原理，在这里几乎完整地模拟了一遍，耗资巨大，这才使得火山喷发具有如此惊人的真实感。

总之，拉斯维加斯之夜美得难以言说，达到了人间“富丽堂皇”的极致。

旧金山与华人有特殊关系 离开拉斯维加斯后，我们要往西北方向飞去，下一站是圣弗朗西斯科。

除了圣弗朗西斯科这个本名外，我们华人又把它称为旧金山或者三藩市，旧金山的名字来源于这里曾经发现大金矿，涌起了人类历史上最大的一股淘金热，许多华人也加入了淘金者的行列，他们把这里称为“金山”。后来黄金没了，金山的名字名不副实，于是华人们怀旧似的将之称为“旧金山”。至于三藩市的称呼则是对圣弗朗西斯科的音译，取前面两个字“圣弗”，即三藩也。

圣弗朗西斯科位于美国西海岸中段稍微偏南的地方，属加利福尼亚州。

圣弗朗西斯科的地形有一个最鲜明的特点：它是一个“环海湾”城市。也就是说，它是以一个海湾——圣弗朗西斯科湾——为中心。圣弗朗西斯科湾是一个由于海水入侵内陆河谷而形成的小海湾，长不过百千米，宽在5～20千米之间，在西部有一个小小的出口连通太平洋，这个出口就是金门海峡。这样，像中国的渤海一样，就在金门海峡之南与北各形成一个小半岛。

圣弗朗西斯科市就在这个小海湾周围，但并非整个环海湾的陆地都属于圣弗朗西斯科，它只包括南面那个半岛的北端，轮廓大致像长方形，城市面积约120平方千米，同波士顿差不多。

圣弗朗西斯科的气候属于我们在讲美国自然地理时说过的地中海式气候，不过由于它东西两面环海，比欧洲的地中海式气候要舒服得多。具体地说，圣弗朗西斯科冬天温和多雨，夏天却不炎热，而是相当凉爽。冬夏之间温差很小，冬天在11℃左右，最热的夏天也不过17℃，年降水量500余毫米，也是不多不少。特别是这里的秋天和春天，很少下雨，阳光充足，天空一片晴朗，加之气温不冷不热，异常舒适。

圣弗朗西斯科天气最大的特点也许是夏天的雾。每年夏天，由于温暖潮湿的海洋空气同沿岸自大洋底层上升的冷水接触而产生了雾，这种雾低垂在城市上空，有时直到中午才散去。

旧金山所在的地方直到18世纪后半期才被欧洲人发现，半个多世纪后，在圣弗朗西斯科海湾沿岸出现了一个由英国人开辟的村庄，19世纪中期成为美国领土，这时在旧金山附近发现了金矿，数以万计的淘金者从四面八方蜂拥而来，金矿开采完毕时这里已经成为一个疯狂、杂乱而危险的城市，成了各种犯罪与谋杀的天堂。不久在距旧金山不远的内华达州又发现了银矿，许多采银者发了大财，他们发财后便搬到了气候宜人、交通方便的旧金山，使这里逐渐成了一座繁荣兴旺的大城。

旧金山给美国和世界人民留下最深刻的印象是在20世纪。

旧金山大地震　1906年4月18日清晨5点多，旧金山的居民们还在睡梦中，突然一阵怪异的隆隆声从东南方向传来。声音越来越响，好像雷鸣之声，又犹如千军万马在狂奔。从梦中惊醒的人们还没弄清发生了什么事，就见地面如波浪般起伏不定。刹那间高楼大厦东摇西晃，裂开的地面不时喷出大量水和泥沙。

旧金山大地震爆发了。

这是美国历史上、也是人类历史上损失最大的地震之一，其震级为里氏8.3级，比唐山大地震的7.8级还要高，且由于地壳断层恰巧穿过城市的中心地带，许多房屋顷刻被毁。更由于旧金山城市建筑以木结构为主，烟囱倒塌，火炉倾覆，引起全城大火，蔓延的大火又引发了一个油库的大爆炸，全城顿时陷入浓烟烈焰之中。旧金山市政当局出动了军队和消防队救火，但因供水系统被震坏，消防车接不上水源，只得听任熊熊大火在全城整整烧了四天四夜。最后靠军队用炸药在火区边缘炸开一条隔离带才控制住了火势。

这次大地震中有近3万栋房屋被毁，成千上万的人死亡，几十万人失去了家园。

美国著名作家杰克·伦敦在地震后去了旧金山，他不由惊呼：

> 旧金山不复存在了……整个旧金山已化为灰烬，它的工业区被夷为平地，商业区和住宅区也只剩下断壁残垣。无论商业大楼、博物馆、饭店还是豪华别墅，都被地震和大火无情地吞噬掉了。

以后旧金山又发生了几次强烈地震，最近的一次是1989年的里氏7.1级地震，也死亡近百人，财产损失近百亿美元。

旧金山人民是顽强的人民，他们并没有被大地震吓跑，而是留下来继续奋斗，重建家园。现在的旧金山又是一个繁荣昌盛、风光秀丽的大都市了。

旧金山的街道与芝加哥差不多，也是直来直去的棋盘式。在这些街道里生活着多个种族的人，从白人、黑人、亚裔、拉丁裔无所不有，其中特别值得一提的是两类亚裔人，即华人和日本人。

原来旧金山有很多日本人，他们大都聚居在旧金山菲尔莫尔大街周围的街区。1941年日本偷袭珍珠港，大批美国军人被日本的不宣而战所杀害，美国人对日本人这种卑劣行径万分愤慨，于是发泄在了日本裔的美国人身上。美国政府也为了防止国内的日裔当间谍，就通过了9066号行政命令，将所有日本人通通送进了一个叫“重新安置中心”的地方，实际上就是集中营。其中当然包括旧金山的大批日裔，这些日本人被赶走后，房子空了下来，美国政府便在这里安置了大批黑人。

第二次世界大战结束后，日本人被放了出来，现在他们又在原来的菲尔莫尔大街附近形成了一个小社区，叫“日本城”。

唐人街　大家都知道，美国有数以百万计的华人，而且这些华人有聚族而居的习惯，因此在美国几乎所有大城市中都形成了华人区，称为“唐人街”。这是因为唐朝乃中华民族最强盛的时代，其富强与文明直到今天还为世人称道，因此西方有时将中国人称为唐人，而中国人当然也乐于接受这个称呼，于是中国人聚居的地方就被称为“唐人街”了。

在美国所有的唐人街中，旧金山的唐人街是最有名、也是最大的，是亚洲以外世界上最大的华人聚居区。

旧金山的华人最早是1848年加利福尼亚发现金矿后才大批过来的。更早时，美国为了修建横贯美国大陆的铁路，从中国招募了许多“华工”，当加利福尼亚发现金矿后，许多华工便也涌来淘金，大都聚居在旧金山。“淘金热”消失后仍有许多华人继续从各地——包括中国内地——移民来到旧金山，慢慢形成了唐人街，后来其规模日益扩大，终于成为今日规模庞大的唐人街。

现在的唐人街东起旧金山的财政金融区孟金街附近，西至云纳士街，南起甫士街，北至意大利人聚居的北岸区，占地达40多个街区，生活着10万以上的华人。

唐人街最主要的大街是南北走向的格兰特街，与东西走向的甫士街十字相交，在路口有一座东方宫殿式的大牌楼，红柱，绿色琉璃瓦遮檐，宽阔的横梁上刻有孙中山先生手书的题词“天下为公”，它庄重而华丽，是唐人街的象征。

孙中山曾经多次来唐人街宣传革命、为革命筹款，在区内距这里不远的圣玛丽广场上树有孙中山的塑像。

唐人街的店铺基本上都是华人开的，外表也是地道的中国式，只是中文招牌下面都有英文说明，这些店铺种类繁多，商品种类十分丰富，从中国产的日常用品到真假古玩、工艺品、中药等都有。最多的是中餐馆了，从川菜馆、粤菜馆到湘菜馆等无所不有。

唐人街上的各种服务设施也都是中国式的，医院、学校里面也大都是华人的大夫、护士、教师和学生，满口中国话，甚至街上的白人警察也会说几句中文呢。

这里还有华语的报社、电台、电视台等，而且各有好几家。

唐人街最热闹的时节是中国的春节，这时爆竹声此起彼伏，一队队的人在耍龙灯、舞狮子，一堆堆的人在看，热闹非凡。

不过看客中多数倒是白人或黑人，他们是游客，平日在唐人街上走的也多半是这些人，因为，现在的唐人街已经不仅是一个中国人聚居区了，而成了旧金山最主要的景点之一。

金门大桥　我们在旧金山要去看的第二个景点是金门大桥。

我想大家都从图片或画报上看到过金门大桥吧！它算得上是美国最知名的景点之一，许多人认为它是世界上最美的大桥。

人们去旧金山时，从老远的地方和许多角度都能看到金门大桥，看到它赤红的身影像一道长虹高挂在蓝天大海之间。尤其是每当旧金山常有的大雾笼罩着大桥时，只见桥塔顶端仿佛飘浮在半空中，隐约可见，美得人的心都要颤抖起来。

金门大桥横跨在太平洋与圣弗朗西斯科湾之间的金门海峡上，将旧金山与海峡对面的马林县连接起来。它的设计施工只用了4年多，于1937年投入使用。大桥凭借两根近1米粗的钢缆悬挂着，两桥塔之间的主跨度约1300米，现在仍是世界之最；桥塔高达近230米，也是世界上最高的桥塔之一。

1987年是金门大桥建成50周年，近30万人在日出时来到这里庆祝大桥的生日。那天由于风很大，加上如此多的人站在桥上，使得桥身因负荷过重而略微弯曲，但仍然屹立如故。

今天金门大桥是世界上最繁忙的桥梁之一，每天约有10多万辆汽车从桥上疾驰而过。

唯一的遗憾是，由于金门大桥的桥面高出海面80余米，周围环境又如此壮丽，因此它成了世界闻名的自杀之地。从1937年到1995年，58年间竟有5000多人从这里跳了下去，平均三四天就有一个。现在桥上每走几步就有一架“生命热线电话”，以让意图轻生者有可能在最后关头借此热线通过心理辅导重返生路。

在伯克利的校园里满眼是黄皮肤的人　怀着满腹惆怅，我们离开了旧金山，这一次我们不需要坐飞机了，坐汽车。

我们在旧金山乘汽车，从横跨圣弗朗西斯科海湾的圣弗朗西斯科–奥克兰大桥往东驰去，跨过海峡后，不久就到了海湾之东的奥克兰市，我们再从这里往北走，不久就到了一座小城，这就是伯克利。

一听这名字您就知道我带您干吗来了吧？不错，我们到这里是来看又一所举世闻名的大学——加利福尼亚大学伯克利分校。

伯克利是加利福尼亚大学9所分校中历史最悠久、最著名的一所。1868年创建于奥克兰，几年后迁至伯克利。

美国几乎所有的名牌大学，包括由最杰出大学组成的“常春藤联合会”中的布朗大学、哥伦比亚大学、康奈尔大学、哈佛大学、普林斯顿大学、耶鲁大学、达特茅斯学院，等等，都是清一色的私立大学。我们在前面之所以要加个“几乎”，是因为有唯一的例外，即有一所公立大学，它的名声绝不亚于任何优秀的私立大学。这就是加利福尼亚大学伯克利分校。

在美国，公立大学和私立大学的基本区别有两个：一是后者主要靠自己募集经费，前者则主要由国家拨款；二是后者学费昂贵，前者却学费低廉。

伯克利分校共有14个学院，即文理学院、商学院、化学学院、工学院、环境设计学院、信息管理和系统学院、新闻研究院、法学院、自然资源学院、眼科学院、公共保健学院、公共政策学院、社会福利学院、教育研究院，此外还有研究生部和国际和地域研究中心两个平级的大部门。

这些学院中有化学学院、工程学院、环境设计学院、文理学院、自然资源学院、商学院、眼科学院等7个学院招收本科生，其他的都只招研究生。

所有学院中，文理学院是最重要的，也是学生人数最多的一个学院，它共有6个学部，46个系。

伯克利分校的研究生院是美国最大、也是最出色的研究生院之一。

由于伯克利是公立学校，学费低，教学质量又不亚于任何私立大学，因此可以说是全美入学竞争最激烈的大学，即使在招生优先的加利福尼亚州，能就读于伯克利分校的高中毕业生也只有总数的1%左右，是名副其实的百里挑一，美国其他各州就更困难了，至于我们中国人想要像去美国别的学校一样通过奖学金进入伯克利更是难于上青天。

伯克利分校的学生也是全美最勤奋的学生之一，在伯克利分校获得学士学位后又继续深造并获博士学位的学生比例比美国其他任何一所大学都要高。

作为公立大学，伯克利分校的经费来源主要是加利福尼亚州政府的拨款，我们知道，加州是美国第一富州，因此伯克利分校的经费之充足在全美大学中也是数一数二的。

伯克利分校的师资力量十分雄厚，1500名左右的教授、副教授和助理教授中有约1/10是美国科学院院士或工程院院士，包括10余名诺贝尔奖获得者。

伯克利的最后一个特点是这里的亚裔特别多，无论教师还是学生都如此。田长霖教授，他曾在伯克利分校做过7年校长。学生中亚裔占近一半，而其中华裔又占了亚裔的一半，加之亚裔学生大都长得差不多，因此不少白人愤愤不平地说伯克利已经是替中国人办的大学了。

斯坦福大学和硅谷是世界电脑工业的心脏　离开伯克利后，这次是往南开，不远，也就50千米左右，就可以到达我们的下一个目标，一座叫帕洛阿尔托的小城。

我们来帕洛阿尔托就像去伯克利一样，因为这里有另一所著名大学——斯坦福大学。

斯坦福大学的起源是一个悲惨的故事。

利兰·斯坦福是19世纪的美国名人，曾主持修建第一条横贯美国大陆的铁路，成了巨富，又做过加利福尼亚州州长，但他也很不幸。1884年，他未满16岁的独生子小利兰·斯坦福不幸夭折，一下打碎了他的生活。

后来，他决定把巨额财产拿出来办一所大学，这就是斯坦福大学，它的全名叫小利兰·斯坦福大学。

斯坦福大学于1891年正式开学，开始时只是加利福尼亚西部偏远乡下一所毫不起眼的学校，但到20世纪60年代就已跻身于世界一流大学行列。根据1987年发布的统计数字，该校学生人数约为13 000，其中本科生与研究生各占一半，在约1300名教师中，9名曾获得过诺贝尔奖，5名曾获得美国新闻界的最高奖——普利策奖，近300名是美国科学院院士或工程院院士。

美国每年都要对高等学校进行一次评比，由大约200名专家学者按照各校的教授素质、科研成果、获得国家科学基金的多少、毕业生就业情况等分科进行评比，并计算总分。1982年斯坦福大学跃居全美高校总评第二名，到1985年更被评为第一名。2001年，其法学院、商学院、工程学院、教育学院等排名均列全美第二，仅次于哈佛、耶鲁或者麻省理工学院。此外，斯坦福大学还有文理学院、地学院、医学院、能源与环境科学学院等，每个都是一流。

在斯坦福所有的系科中，最著名的还是它的计算机科学系，在全美堪称一流。

说到这里，我又要同大家去一个新地方了——硅谷。

硅谷是以斯坦福大学的科技产业园区为中心发展起来的全世界高技术产业尤其是计算机产业的中心。被称为“硅谷之父”的就是斯坦福大学的副校长特曼教授。由于硅是制造半导体的原材料，而半导体又是计算机的核心材料，因此人们就将这个世界计算机产业的中心称为“硅谷”。

硅谷并非一个单独的城市，而是南起圣何塞，北至帕洛阿尔托，东起于旧金山湾，西至圣塔克鲁斯山脉，东西宽10余千米，南北长达40千米的一个大区域。在这个区域里有数以万计的高科技公司，例如惠普公司、思科公司、英特尔公司、美国雅虎、苹果公司、太阳微系统公司等，它们都是从硅谷发家的。目前全美前500家最大高科技公司中有60多家在硅谷，前5名中有3家来自硅谷，而全球100家大电脑公司中有20家是硅谷公司。硅谷已经成了现代高科技产业的代名词。

洛杉矶是美国第二大城市，仅次于纽约　离开硅谷后我们可以继续坐轿车，也可以坐飞机，去我们这次“蜻蜓点水”游的最后一站了。

这一站就是洛杉矶。

洛杉矶位于加利福尼亚州西南部，东面是圣加布里埃尔山脉，西面是辽阔的太平洋，它就位于二者之间一片相当宽广的沿海平原上，往南不远就是美国与墨西哥边境，城市面积约1200平方千米。

洛杉矶市是洛杉矶县的县府，除了洛杉矶外，这个县还有其他80多座城市，有的城市还相当有名，例如长滩市。

“洛杉矶”的意思是“天使之城”，从这个名字就知道这是座可爱的城市。不过实际上比起前面的几座城市来洛杉矶也不是特别可爱。

洛杉矶的气候很好，与旧金山差不多，都属于地中海式气候，冬天温和多雨，夏天不像欧洲的地中海气候一样炎热干燥，即使最热的月份也相当凉爽，年平均气温约18℃。这里降水比较稀少，年降水量不到400毫米。事实上洛杉矶县境内就有2000多平方千米的沙漠，距它不远的内陆就是十分干旱的沙漠地带了，洛杉矶只是因为濒临大海才躲过了这一劫。

洛杉矶自然灾害较多，地震和飓风灾害频发，由于雨水少，从东部沙漠里时常吹来干风，使这里的森林容易发生火灾，1961年的一场森林火灾曾将500多幢别墅烧成灰。由于洛杉矶的地形，城市产生的废气不易排放出去，使洛杉矶的空气污染比美国大多数城市都要厉害。

洛杉矶现有人口约350万，是美国仅次于纽约的第二大城，这些人中绝大部分是白人和说西班牙语的墨西哥移民，二者均约占总人口的2/5，第三大种族则是黑人，其余亚裔人等不足1/10。从另一个角度看，这座美国第二大城已经是一座“非白人”的城市，也就是说白人只占城市的少数。

洛杉矶城市布局的特点是一个字：乱。一方面洛杉矶谈不上有什么整体的布局，在1200多平方千米的广大范围内，建筑这里一栋，那里一片，杂乱无章。事实上洛杉矶有时也被看作是众多小城市的结合体。另一方面，洛杉矶城市的形状也有些古怪，不好形容，有人打了个比喻，说它像张烧焦了的纸片。意思无非是说它的形状不规则，乱七八糟的。

洛杉矶的另一个大特点是汽车多。由于城市面积太大，出门办点什么事经常得跑上几十上百千米，这样汽车自然成了洛杉矶人生活中不可或缺的东西。据统计，平均每个洛杉矶家庭拥有两辆以上的轿车，因此洛杉矶有一个外号：“汽车轮子上的城市”。

洛杉矶有三样使它出名的东西：奥运会、好莱坞、迪斯尼乐园。

1984年，洛杉矶举办了第23届奥运会，那时申办奥运远没有现在这般竞争激烈，1978年时申办第23届奥运会的仅洛杉矶一家。

洛杉矶奥运会对于中国体育史意义尤为重大，因为它是中华人民共和国成立以来第一次参加奥运会，而且在此次奥运会上中国可谓一炮打响，先是许海峰在7月28日第一天的比赛中就夺得本届奥运会的首枚金牌，这也是中国人有史以来获得的第一枚奥运会金牌，这次奥运会中我们一共拿了15枚金牌，位列金牌榜第4位。

这里就是好莱坞　来洛杉矶我们第一处要看的地方是好莱坞。

好莱坞位于洛杉矶西北部，是洛杉矶的一个区，东起海佩里翁大街和里弗赛德路，西至贝弗利山；南起贝弗利大街，北至圣莫尼卡山丘陵，面积10余平方千米。

19世纪末时，世界上还没有“好莱坞”这个名字，它甚至不属于洛杉矶市，是块周围有些小山包的荒地，后来美国房地产商人哈维·威尔科克斯来到这里，买下了一大片土地，也许由于这里生长着许多漂亮的冬青树吧，他便给这片土地起了一个动听的名字——好莱坞，意思是“冬青树林”。

到了20世纪初，有一个拍摄《基督山伯爵》的摄制组到好莱坞一带找拍摄外景，他们发现这里一年四季阳光充足、气候温和、风景优美、有起伏的山峦，中间还可以找到各种不同的自然景色，总之十分适合于拍电影，便在这里建了一家电影制片厂。

好莱坞适合拍电影的名声很快传开来，于是许多制片商纷纷涌入。最初的电影制片厂设备简陋，只有小小的摄影棚，随着制片商日益集中到这里，摄制影片的各种条件也日趋完善。1913年，大导演西席·地密尔也来此拍摄《异种婚姻》。他的进入标志着好莱坞作为美国电影中心的地位得到最终确认，于是这一年便成为好莱坞作为美国影都的诞生之年。

以后，好莱坞不负此重托，在这里聚集起越来越多的大片商，也制作出越来越多有广泛影响的大片，渐渐地，好莱坞便成为美国影片的代名词。

第一次世界大战爆发后，本来在电影业上与美国并驾齐驱的法国、德国、意大利等再也顾不上拍电影了，这给美国电影业带来了机遇。于是好莱坞大量摄制影片，拷贝发行量在美国本土和世界其他地区都大大提高，还打入甚至占据了欧洲庞大的电影市场。同时，在好莱坞相继成立了九大影片公司，即华纳、哥伦比亚、雷电华、共和、派拉蒙、米高梅、联美、福克斯、环球，伟大的卓别林也在1917年与一家公司签定了好莱坞第一个上万美元酬金的演出合同，以后他又在好莱坞开始独立制片，在这里拍摄了许多名垂青史的优秀影片，如《淘金记》（1925）、《城市之光》（1931）、《摩登时代》（1936）、《大独裁者》（1940）、《凡尔杜先生》（1947）等等。

好莱坞的地位日趋巩固，终于成为世界影都。

20世纪20～40年代是好莱坞的第一个鼎盛时期，在这期间拍摄了大批经典之作，像《西线无战事》《一夜风流》《浮生若梦》《乱世佳人》《卡萨布兰卡》，等等，这个时期的奥斯卡奖基本上被好莱坞片子囊括了。例如米高梅公司拍摄的《宾虚》除获最佳影片奖外，还获得最佳男主角、最佳男配角、最佳导演、最佳摄影、最佳艺术指导、最佳音响、最佳剪接、最佳剧情片配乐、最佳特技效果和最佳服装设计奖共11项大奖，创造了空前绝后的奇迹。从好莱坞升起的电影巨星更是数不胜数，举不胜举，我们所熟悉的那些西方电影明星，从玛丽·碧克馥、葛丽泰·嘉宝、格里高利·派克、凯瑟琳·赫本、奥黛丽·赫本、格蕾丝·凯丽、玛丽莲·梦露，等等，哪一个不是好莱坞之星。

到了我们所熟悉的这个时代，好莱坞的地位没有受到丝毫动摇，它仍是美国和世界电影之都。美国的所有影片几乎全是好莱坞片，我们所熟悉的那些美国影星也无一不是好莱坞之星。

我们顺便聊一聊奥斯卡奖。严格说来，奥斯卡金像奖只是美国好莱坞影艺学院在1927年时纯粹为奖励美国电影从业人员而创立的奖项。然而，美国电影业在国际影坛的霸主地位使奥斯卡金像奖成为全球影迷最关心的盛事，仿佛这不是美国的奖，而是全世界电影业共同的最高奖一样。奥斯卡金像奖在每年3月底揭晓，一共包括最佳影片、最佳导演、最佳男演员、最佳女演员等25个奖项，这些奖项虽然外国影片也有资格获得，但事实上绝大部分都颁给了美国电影。奖杯的形状是一个双手抱在胸前的光头男人，外面镀了点金。

以上就是好莱坞的简史了，现在我们到了好莱坞去看什么呢？

当我们走到洛杉矶西北部时，远远就可以看见一个山头上横着一行大字——好莱坞，长达140米、每个字母高近14米。那山下就是好莱坞了。

现在的好莱坞可以分成两个部分，一部分是以环球影城、中国戏院、好莱坞大道为中心的星光熠熠的好莱坞区；另一部分是以象征奢靡繁华的比弗利山为主体的西好莱坞区。

我们要去参观的景点大都位于好莱坞区，第一个是好莱坞大道。

好莱坞大道又叫星光步道，曾经是好莱坞片场的中心，现在片场已迁往他处，但这里却更显豪华，成了到好莱坞旅游的人的第一去处。

星光步道于1960年动工，16个月后完工，此后平均每个月都有一至两位好莱坞明星来此烙下他们神圣的一印，现今留名在星光步道上的明星们已突破两千大关。

这些明星之印就是在街道地面上排列着的足有2000多个的五角星，五角星中间有一个青铜制的小圆匾，中间雕刻着一个名字，都是在电影、电视、广播、唱片等艺术界中大有成就者，如大家熟悉的克拉克·盖博、玛丽莲·梦露、马龙·白兰度，等等。最令影迷们流连忘返的也许应是位于6774号的梦露之星及6777号的猫王之星了。

从好莱坞大道往西一点有另一个好莱坞的名胜——中国剧院。

中国剧院是好莱坞最吸引人的地方，这是一座古色古香、富丽堂皇而又十分高雅的老式剧院，也是世界上最有名气的剧院之一。剧院的屋顶很高，剧院内到处雕梁画栋，连天花板都装饰得十分华丽。观众坐着老式而豪华的椅子，沉重的大幕在电影开映时缓缓打开，影片结束时又缓缓落下，这一切都将人们带回到几十年前，令人回想起那时候看电影时的情景，真是余味无穷。

剧院门前有一块10余米长宽的水泥地，上面印有许多电影明星的手印、脚印和签名，从过去的秀兰·邓波儿到今天的汤姆·克鲁斯乃至中国的成龙无不在此，连唐老鸭也将它的鸭脚板印在了这里。

在好莱坞还有一条大道和好莱坞一样有名，这就是与好莱坞大道平行的日落大道。

日落大道动听的名字来源于大道附近可以看到海上落日的壮观景象，大道全长达20余千米，中央是缀满花朵的草坪，路边的棕榈美得看起来有点假。除欣赏落日外，人们还可以坐在露天咖啡座观赏大海上双翅合拢、如落石般插入水中的鹈鹕和跳跃嬉戏的大小海豚，据说母海豚经常带小海豚来这里认人。

日落大道附近有著名的比弗利山。

比弗利山是一个独立社区，位于西好莱坞。这里到处是明星大腕们的豪宅，门前有警察护卫，陌生人严禁靠近。路上跑的、停车场停的都是法拉利、罗尔斯-罗伊斯、加长凯迪拉克等超级豪华房车，路上往来的男男女女除了游客们外也尽是西装笔挺的绅士和时髦窈窕的淑女辣妹，俨然是上层名流社会的最佳写照。

许多俊男靓女经常在这里溜达，手里拿着花了10多美元买来的名人的详细地址，祈祷着自己运气好，能遇上偶像，最好是一名导演，能栽培他们也成为明星。

我们一起去迪斯尼乐园玩　大名鼎鼎的迪斯尼乐园也在洛杉矶。

迪斯尼乐园并不在市内，而在洛杉矶城区东南40多千米的亚纳海姆。

亚纳海姆原来是一个柑橘林、葡萄园遍布的乡间小镇，现在由于迪斯尼乐园的建立已成了一座不大不小的城市，有近30万居民。

迪斯尼乐园是美国动画片大师迪斯尼在创作了“米老鼠”以后于1955年创建的大型游乐园，它能使孩子乐此不疲、成人流连忘返、老人返老还童，总之是一座老少咸宜的人间伊甸园。

游客一走进乐园，便有一群米老鼠、唐老鸭、猪小弟跑来欢迎，一下子就把游客带入了美好的童话世界。

乐园占地约36万平方米，设有8个主题游乐区。

第一处是“美国大街”，走进这里就像走进了一部活的美国史。20世纪初期风貌的街道上，载客马车在优哉游哉地溜达，旧日的蒸汽火车缓缓滑出车站，带你去了解乐园的全貌。街上还有惟妙惟肖的机器人林肯，这位美国人民最敬爱的总统，能站会坐，还能发表声情并茂的演讲呢。

第二处是“冒险乐园”。游客们在这里上了游船，不久就进入了一个未知的世界。哎哟小心！鲤鱼的大嘴就在船边，土著的尖矛头正冲着你呢，大象再多踏一脚就要踩到船上。不知何处传来一声枪响，吓走了巨大笨重的河马。

第三处是“新奥尔良广场”，这里有著名的海盗城堡和鬼屋。

当游人们乘坐小木船正在欣赏宁静迷人的加勒比海风光时，忽见一群架着巨大木帆船的海盗向一座城堡猛烈轰击，只见一股水柱冲天而起，岸上火光熊熊。海盗们冲上岸打家劫舍，喊声四起，撵得女人满街乱跑，到处鸡飞狗跳，不久整个城堡空空如也，一片狼藉。这时木船已不由自主地到了一个漆黑的洞前，只见洞中有座闪闪发光的金山银山，海盗们正围着它狂欢乱舞，忽然他们互相厮杀起来，整个洞穴又成为战场。突然，你惊恐地发现有个海盗正举枪向你瞄准，眼看你将遇害，旁边另一个海盗瞧着你的狼狈相哈哈大笑。

在通往“地狱”的大电梯内，四周满是男女画像，起初它们并不难看，可随着电梯的不断下坠，画像会逐渐地变得狰狞可怕，最后变成一个个厉鬼，张牙舞爪，似乎随时会向你扑来。

下了电梯，坐上东摇西晃的小车，仿佛真的到了阴间地狱。这里有各种各样的鬼怪，鬼哭声从四面八方传来，让人不由得毛骨悚然；每个房间都有一些令人想不到的鬼怪，从棺材里爬出来的死人，藏在柜子里的僵尸，水晶球里喃喃自语的人头，有时你会突然发觉身边已坐了一个鬼，似乎要和你谈心，或是要掐你的脖子；有时一具棺材会自动开盖，一只手正从里面向你伸来；有时眼前一片黑暗，一点萤火向你缓缓移来。当你走到一个古代的大舞厅里时，空荡荡的舞厅中忽然杯盘叮当、乐声阵阵，对对男鬼女鬼翩翩起舞，仿佛从天而降，又似从地底冒出，可转眼间又不见了踪影。

年轻人特别喜欢看这个节目，尤其是小伙子最喜欢邀请心仪的女孩子来玩，因为姑娘们受了惊吓最自然的反应就是尖叫一声躲到身边人的怀里。

过了第四处“动物园王国”便是第五处“西部边疆”了。坐上雷电山火车，呼啸着飞过坍崩中的矿井，一面闪躲落石，一面欣赏蛮荒的西部景象。在雷电山下，拓荒者展现着他们的手艺和西部精神。河面上“马克·吐温”号汽船以及第一艘环游世界的“哥伦比亚”号三桅帆船还在行驶着呢。

第六处是“梦幻奇境”。我们在《白雪公主和七个小矮人》《睡美人》《格列佛游记》等童话书里看到过的景象在这里都成了现实。那尖塔高耸的睡美人城堡里有白雪公主、睡美人，也有巫婆。游客们还可以乘坐小艇进入小小世界，里面有小人国里的小人，他们载歌载舞地欢迎你，真是可爱极了！

在下面第七处“米老鼠城”里游客们可以更亲切地感受在电视里看过无数次的米老鼠和唐老鸭的故事。

走出童话后便到了最后一处“明日世界”。这里汇集了现代科技的精华，勾勒出一个美丽的未来世界。在半球形的影院里能看到360°环幕电影，在太空山上可以漫游银河系，星际飞车带着我们在茫茫太空以超光速飞行，令人头晕目眩，醒来时你准会高兴地发现自己经过充满艰难险阻的太空危险之旅，终于安然回到了地球。

迪斯尼乐园是艺术与科技的结合，每年吸引了无数游客，成为全世界最知名的旅游胜地之一。后来迪斯尼公司又在美国和世界其他地方兴建了好几座这样的乐园，如佛罗里达的奥兰多、日本的东京、法国的巴黎以及中国的香港和上海。

第三十五章　伟大的自然

这一章里我将带大家去领略美国瑰丽的自然风光，那些自然风光虽然不是名胜古迹，但它们的美几乎无与伦比。

我们首先要去看的是尼亚加拉大瀑布。

尼亚加拉大瀑布是美国壮丽河山的象征　尼亚加拉大瀑布是美国、美洲，也是世界上最有名的自然美景之一。

尼亚加拉大瀑布位于尼亚加拉河中段，当汇集了著名的五大湖中之四大湖巨大的水量的尼亚加拉河行到这里时，它前面的河床便骤然地、垂直地坠了下去，一直坠了差不多60米，于是，尼亚加拉河的水从这个60米的高度一冲而下，形成了尼亚加拉大瀑布。

由于尼亚加拉河是从南往北流的，它的河岸便分为东西两岸，在瀑布中间有一个小岛，名叫高特岛，意译就是“山羊岛”，瀑布的水从它两边流过，于是尼亚加拉大瀑布就被分成了东西两部分，西半部属于加拿大，东半部属于美国。

西半部的瀑布由于形状像个马蹄“∩”，便被称为马蹄瀑布，或者音译为霍斯舒瀑布。

马蹄瀑布是两个瀑布中比较大的一部分，落差约60米，马蹄形的瀑布脊线长近700米，尼亚加拉河巨大的水量有90%以上是从这里坠到下面去的。

尼亚加拉大瀑布的东半部，或者称右岸，叫亚美利加瀑布。亚美利加瀑布的落差比马蹄瀑布略高，但宽度不及马蹄瀑布的一半，只有320米。

其实在亚美利加瀑布与山羊岛之间还有一个小瀑布——新娘婚纱瀑布，一个挺美的名字吧！因为它窄窄的、白白的、长长的，很像西方的新娘结婚时披在头上的婚纱，十分美丽动人。有很多新婚夫妇特意来这个瀑布下合影留念，希望他们的爱情像这瀑布一样长久，直到地老天荒。

前面我们已经了解了尼亚加拉大瀑布，它为什么那么美丽壮观呢？我想主要原因有二：一是它的宽度，亚美利加瀑布和马蹄瀑布虽然各有其名，但实际上是一个整体，总宽度达千米。这是一个什么样的宽度呢？我就拿它与中国最大最有名的瀑布贵州黄果树瀑布比较吧，黄果树瀑布宽约80米，不到尼亚加拉大瀑布的1/10。第二个原因是落差，尼亚加拉大瀑布的落差约60米，这倒不及黄果树瀑布的66米。最后一个原因是它的水量。尼亚加拉大瀑布年平均流量约7000立方米/秒。我们还是拿黄果树瀑布比吧，黄果树瀑布的年平均流量约16立方米/秒，只有尼亚加拉大瀑布的约1/45。这才是尼亚加拉大瀑布如此壮观的最主要原因。

我打个比喻吧，现在咱们从20层楼上——这大约相当于尼亚加拉大瀑布的高度——扔下一个一斤重的什么东西，例如一只鞋子吧，它掉在街上会发出“砰”的一声巨响，吓路人一跳。但也顶多是吓他一跳而已，没什么大不了，当然掉到头上除外。但要是有哪个家伙将一件45斤重的东西，例如一台电视机吧，从20层楼高扔下来。那会是什么结果？简直无异于一颗小炸弹！不管有没有伤人，肯定会是电视台要播的大新闻。

而尼亚加拉大瀑布呢，等于一下将7000吨东西从20层楼高的地方扔下去，那该是什么样的效果！

欣赏尼亚加拉大瀑布的壮观美丽有多种方法。

从加拿大这边去看时，可以登上位于大瀑布中间位置、高达160米的“摩天塔”，再从塔上俯瞰整个大瀑布，这是欣赏瀑布全景的最佳方式。也可以先到瀑布旁边的维多利亚公园，公园里有电梯，不是上升，而是载着你直入地下近40米，然后再顺着沿崖壁挖出来的隧道走上200来米，等你走出隧道时，就会看到眼就是奔腾而下的瀑布，它充满了你的视野，仿佛你前面的整个世界都是无边无际的瀑布！

为什么会这样呢？因为此时你已经来到了瀑布的背后。

现在我们从美国一边去看。那就有更多方法了，例如可以登上山羊岛，从侧面欣赏瀑布，也可以从亚美利加瀑布下的一个“风之洞”中乘电梯直抵新娘婚纱瀑布前，仰望从头顶飞流直下三千尺的壮观景象。或者还可以到横越瀑布、连通加拿大和美国的“彩虹桥”上去，站在桥上尽情纵览整个瀑布。

但最好的办法还是坐上“雾之女神”号船去看。

乘电梯一直降到瀑布下面的尼亚加拉河岸边，这里有一个小船坞，停泊着一艘白色的轮船。登上船后，船员会给你一件带帽兜的雨衣。轮船开动了，它溯流而上，驶过飞流直下的亚美利加瀑布，然后直入加拿大马蹄瀑布的心脏。滑过平坦的、蔚蓝色的清澈水面，开始水面还算平静，浮着一片片的白色泡沫。过一会儿你就会感到有蒙蒙细雨落到了脸上，还会看到巨大的水汽柱从水面直冲云霄，水汽在阳光照耀下幻化出七彩光芒。渐渐地，船靠近“马蹄”，这时你会发觉自己开始前后颠簸、左右晃动。忽然水声变大，你似乎什么都听不见了。你陷入了白色的“黑暗”中，眼前一片白茫茫，大雨落到你的脸上，你的眼睛根本睁不开，耳朵也听不见——因为满耳是惊雷般的水声，震耳欲聋。

这时你终于明白了为什么在古老的印第安文化里称尼亚加拉瀑布为“雷神之水”，对大自然的敬畏之情也会油然而生。

拉什莫尔山著名的雕像　从五大湖往西，一直到美国中北部的南达科他州，在该州的拉皮德城附近有我们下一个要游览的名胜——拉什莫尔山的总统雕像。

距拉什莫尔山很远，就能看到在高耸的山峰上，有四个巨大的头像，像山岳一样排列着，比巍峨的山岳更加动人心魄，因为他们仿佛有灵魂呢！看，最左的那个排在最前，能够看到他的头还有整个的衣领，他双唇紧抿，眼光显示他有着必胜的信心，他就是率领美国人民走向独立的第一任总统华盛顿。他后面那个人则似乎正在沉思，像一个睿智的先哲，他就是美国第三任总统托马斯·杰斐逊，《独立宣言》的起草人，杰出的思想家和学者。

再往后的那一位留着鲁迅似的胡子，他的眼光显得阴沉，皱着眉头，像在筹划着什么。他就是西奥多·罗斯福，美国第26任总统。这个人大家可能不是特别熟悉，他在美国历史上也是个重要人物，《大英百科全书》对他的定位是：“总统、作家、探险家、战士。”他是1906诺贝尔和平奖获得者，却热衷于使用大棒，对许多小国大打出手。他最著名的政策是：“温言在口，大棒在手。”他禁止欧洲列强干涉美洲的事务，也就是把整个美洲都当作美国的势力范围。

最右边的那一位没有再往后站，而是离他们三个有点空隙，处在与华盛顿大致平行的位置。他的眼光中看不出坚定，也没有欢乐，倒是有一丝悲哀。这个神情和这个人是我们最熟悉的了，他就是亚伯拉罕·林肯，美国第16任总统。

在这么高耸的山上怎么会有这么四个巨大的头像呢？这里面还有故事呢。

早在1923年，有一位叫多恩·罗宾逊的美国历史学家，他是南达科他州人，也是位爱国者，特别爱戴上述四位美国总统。他看到家乡的拉什莫尔山似乎特别适宜搞大型雕像，就起了这个念头。他提出了这个倡议，得到了许多人的响应。1924年秋，他邀请一位叫波格隆的雕刻家前来察看地形。波格隆一眼望见由花岗石形成的拉什莫尔山高踞群山之上，沐浴在阳光之中，立即认定这是最好的雕刻之地。

1927年8月，雕琢工程正式动工。开始时资金全靠私人捐助，由于经费短缺、气候恶劣，加之花岗岩十分坚硬，工程进展缓慢且时断时续，不过还是在逐渐进行着。到了1941年3月，当工程接近尾声时，14年以来将自己全部的生命与精力放在这项工作上的波格隆却已经油尽灯枯，溘然长逝。他的儿子林肯·波格隆立即接过了接力棒，7个月之后工程终于全部完工，这时距它开工已经过去漫长的14年零两个月了。

雕好后的这四尊巨人头像与山峰浑然一体，极为壮观，令人观之无不肃然起敬。石像的面部高达18米，仅鼻子就有6米长，且整个面貌栩栩如生，音容宛在。

为了表示对四位总统的尊敬，拉什莫尔山禁止游人攀登，在山脚特设了观瞻中心，上午阳光洒满山峰时是瞻仰巨像的最好时间，每年夏天暖和时还备有照明设备，这时，在如小太阳般明亮的灯光的照耀之下，它更显示出一种特别的、略带神秘的壮丽。

黄石国家公园堪称所有美国国家公园的最佳代表　从南达科他州再往西行，不久便进入了与它接壤的怀俄明州，在这个州的西部，有一片举世闻名的美景——黄石国家公园。

关于黄石国家公园还得从19世纪中叶说起。

这个时代，美国人还在向西部开拓，一开始主要是些探矿者和爱冒险的猎人，当他们从落基山回来时，带回许多关于那边大自然里的神奇美景的故事，渐渐地有一批科学家动了心，他们在1870年左右勘查了落基山，并写成了报告。这时他们已经深深迷恋于那些自然美景了，并将对那片大自然的一片爱心融入了报告。他们在报告中描述了完全由黑色玻璃构成的山谷、蓝白色的冰河、雄伟的深谷、壁立千仞的飞瀑，以及地底深处神奇的洞穴等等一个个美妙得如梦如幻的自然景观。

这些科学家认为，为了保存这片神奇的天地，整个区域应该划出来作为大规模的国家所有的公园，让全国人民共同享受。他们将这个建议上呈联邦政府，政府很重视科学家们的意见，不但马上接受，而且立刻实施，两年后，即1872年，成立了美国、也是全世界第一个国家公园——黄石国家公园。

黄石国家公园的建立不但很好地保护了这大自然的圣礼，还吸引来无数游客，促进了附近地区的开发与发展。从这个事例中汲取了经验的美国联邦政府以后凡是发现了值得保护的类似自然遗产，便采取同样的措施。于是一个个国家公园被建立起来了，到1973年时已有38个，现在已经多达50余个。

根据美国法律规定，国家公园的土地属于联邦政府，园内所有原生的动植物都受到政府绝对的保护，无特殊许可任何人不得动公园内的一草一木。国家公园由联邦政府特设的国家公园管理局负责管理，看守人员负责保护这些地区。他们可不是一般的守山员，而是受过教育的人，并且热爱大自然，不但能保护好公园，还能帮来这里游览的人们了解和欣赏这些大自然的奇观。

据统计，现在一年之中美国各国家公园的游客数超过了1亿。

在所有国家公园中，黄石国家公园无疑是最受游客青睐的地方，也是美国国家公园的最佳代表。

黄石国家公园总面积近9000平方千米，位于落基山中段的黄石火成岩高原上，跨爱达荷、蒙大拿、怀俄明三州，绝大部分位于怀俄明州，占了怀俄明州整个西北角。密苏里河的支流黄石河流经这一带，公园因此得名。

黄石国家公园长约170千米，宽约140千米。这里的地质构造十分复杂，地壳很不稳定，在较晚的地质时期曾有火山活动，地面还覆盖着大片冷却的火山熔岩，地表崎岖，平均海拔2400多米，最高峰伊格尔山海拔近3500米。

黄石国家公园风景优美而奇特，这里有湖光、山色、悬崖、峡谷、瀑布、温泉等许多名胜，也有丰富的野生动植物资源。其中最著名的是它的1000多处温泉以及200多处间歇喷泉。所谓间歇喷泉就是并不总在喷着的喷泉，它们像人在呼吸一样，每隔一段时间就“呼吸”一次，这时从它们地底下的嘴里吐出一大口水来，由于水压很大，有的能吐上半空，离地高达30多米。它们的寿命也很长，能这样躲在地底下有规律地“呼吸”千万年。这些特殊的喷泉中著名的有斜喷水柱的河滨喷泉；四孔先喷蒸气，同时发出狮子般吼叫，接着喷水的狮群喷泉；还有堡垒喷泉、帝国喷泉、孤星喷泉、楼阁喷泉，等等，数目众多，各有特色，据说有一个还能喷出泥浆呢。

在那些压力较小的地方不能形成喷泉，就形成了各种温泉，这些温泉因水中所含矿物质的不同及在阳光下呈现不同的颜色，成了彩色温泉，有五彩潭、青玉潭、珠宝潭、翡翠潭，等等。

黄石国家公园内到处林木森森，植物繁茂，高大的是扭叶松、红松、冷杉和云杉，它们的下层是各种灌木和野草，每到春夏温暖之时，到处一片野花烂漫。

园内还有大量的野生动物，如珍稀的美洲野牛，以及羚羊、驼鹿、麋鹿、黑熊等。由于一向受到人类的照顾，这里的动物大都不怕人，尤其是熊——它们也是黄石国家公园的象征，游客们有时会遇到一只大母熊带着一两只小熊，它们蹒跚地迈上大路，摇摇摆摆地走到停在路边的汽车旁，向游客伸出手来要吃的，人们当然不会拒绝，它们拿到后往往一屁股坐在路边，双手捧着讨得的东西，吃得津津有味。

黄石国家公园可以说处处皆景，近万平方千米的面积里值得看的景点数都数不完。不过，凡去公园的人，有三个地方却是不能不看的，它们就是黄石大峡谷、老忠实喷泉、黄石湖。

黄石大峡谷位于黄石公园北部，从公园的东北入口进来最方便，它是由黄石河在山谷里冲刷而形成的，呈东北—西南走向，长约30千米，宽在400多米到1000多米之间，深在250～400米间。黄石大峡谷最大的特色是它两岸的悬崖峭壁，它以橙黄色为主，杂以红、绿、紫、棕、灰等颜色，是由透明、极像玻璃的黑曜岩构成的，在阳光照耀下熠熠生辉，灿烂夺目，被称为“玻璃悬崖”。它们也就是当初科学家们看到过的“玻璃山谷”。

过了西南走向的黄石大峡谷，继续往西南方向走就可以到达老忠实喷泉了。

老忠实喷泉在一个青山环抱的小盆地中，这里海拔2200多米。它是一个间歇喷泉，为什么给它取了“老忠实”的名字呢？原来这是因为它喷发的时间、喷发后持续时间、喷发的高度都有一定规律，而且从来都是老老实实地遵守这个规律，因此赢得了“老忠实”之名。

老忠实喷泉的喷发间隔在33～93分钟之间，也就是说，这一次喷发与下一次喷发的间隔不会短于33分钟，也不会长于93分钟，这个时间是十分精确的，自从发现它以来还从没有一次打破这个规律！每次喷发持续的时间在2～5分钟，喷发的高度一般在40米左右，高时可达约60米，喷出的水温达到95℃以上，等于是刚烧开的沸水。

每天都有许多人跑来看老忠实喷泉，不但是因为它的忠实，而且还因为它的喷发很值得一看。这时，只见水柱直射空中数十米，然后从高处落下，砸在周围的岩石之上，发出的声音有如乐音，溅起处处浪花如抛珠洒玉，在阳光映照之下五彩斑斓，有若彩虹。

从老忠实喷泉往东，沿着大路走不久就到了黄石湖。

黄石湖位于黄石公园东南部，湖面海拔近2400米，湖长约32千米，宽约23千米，面积约360平方千米。黄石河从湖里自南向北通过，既替湖注水，又替它排水。

黄石湖平均水深约40米，最深处约90米，绕着湖行一圈约合180千米，无论是在湖周围的小道绕行漫步，还是在湖中间坐着小艇悠闲地垂钓，都是一种享受，能看到四周无边的美景：黄石湖静卧在群山之中，清澈见底，洁白的加拿大天鹅浮在湛蓝的水面上，群鸟在湖面上空无声地飞翔。一切都是那么静谧，仿佛天地间唯我一人。

美国西海岸的“红杉帝国”世界闻名　从黄石国家公园往西，快要到达加利福尼亚州的海岸时我们能够看到一片一望无际的大森林，从旧金山北部一直延伸到俄勒冈州，绵亘达640千米。这一片浩瀚的林海是由红杉林组成的，它名扬四海，号称“红杉帝国”。

这红杉又名巨杉或者巨红杉，长得异常高大，成熟后达百米以上，树干直径短者三五米，长者达10余米。红杉的寿命也特别长，有不少已有2000～3000年的高龄，而且还在继续生长，据说最长寿者达五千岁，也就是说与中华文明的岁月一样悠久。

它是世界上最高大、最长寿的树，被尊为“世界爷”。

红杉之所以如此高大、长寿，是有许多原因的，例如它的树皮厚，树的汁液里还含有一种鞣酸，有防腐、防菌、防寄生虫的作用，甚至能防火。这些都使红杉具有极强的生命力，在漫长的岁月里不致因受到种种侵害而死去——这些侵害无疑是极多的。加之它具有某种人类尚未发现的长寿基因，因此也不至于老死，能这么一直地长下去。

红杉不但高大长寿，还很美观，它树干挺直，直插云霄，每当上面的树枝长好后，下面的树枝就自动脱落，只有顶上的枝条往四周伸开，有如华盖。而远远望去整棵树就如一把撑天巨伞，加上它的树干是红色的，更显得华美而壮丽。

红杉的木质轻便而坚实、笔直而巨大，当然是顶好不过的木材，因此被认为是世界上最有价值的树种之一。

遗憾的是这种红杉相当稀少，天然林只生长在美国西部，尤其是西海岸一带。

在美国西海岸，101号国道被称为“红杉公路”，它从旧金山的金门桥起往北延伸，纵贯整个“红杉帝国”，我们就从这里出发去实地领略一下“帝国”的威力吧！

当进入红杉林中时，你仿佛感到自己已经进入了另一个世界，一个童话中的“大人国”，你发觉自己是那么渺小，而树们却如此高大。你会从一棵叫昌德利亚的树中间穿过去，它高达百米，树干直径6米多，约是两辆汽车并排放在一起的宽度，它的年龄已达2400年，现在还正当盛年呢！就像中午12点的太阳一样，火劲十足地生长。

再走下去你还会看到著名的树房、独木房、“奠基人”树等，一处接着一处，处处让我们觉得自己真是太渺小。

其实除了这里，还有一处也是欣赏红杉雄姿的好地方，它就是位于加利福尼亚州中部内华达山区的红杉国家公园。

虽然这里没有前面海岸边的红杉林有名，但仅就欣赏红杉而言，也许它更值得一来。因为这里的红杉以古老、巨大而闻名，世界上最大最老的红杉树都在这里。

红杉国家公园建于1890年，是美国政府在黄石国家公园后建立的第二个国家公园，占地1600多平方千米，它的东边就是惠特尼山，我们在前面说过，它是美国最高峰，园内有数以千计的巨大红杉树，其中最高的一棵名叫“谢尔曼将军树”，它高近百米，树干周长30余米，特别是它的年龄，据测量已经有近4000岁，是世界上现存并已知最古老的红杉树，因此被尊为“世界树王”。

此外，从红杉国家公园往北不远，惠特尼山以北，还有一个金斯峡谷国家公园，它建于1940年，由于同红杉国家公园紧邻，二者已经合并管理，园内也是森林莽莽，一派原始风光，这里有一片“大树丛林地区”，古树名木极多，也有三棵巨大的红杉，最大者叫“格兰特将军树”，又名“国家圣诞树”，高80多米，树干底部周长30多米，其次者名叫“李将军树”，最小者名叫“哈特树”，它们列于“谢尔曼将军树”之后，是“世界树王”排行榜的第二、三、四位。

谢尔曼、格兰特、李，是美国历史上三个伟大的将军。

美国人似乎特爱用他们崇敬的伟人的名字来给大树命名，其实“红杉”之名也是如此。我们称红杉，是因为它们的树皮红，它们的英文名音译出来叫“塞阔雅”，就是为了纪念一位名叫塞阔雅的伟人。

塞阔雅是一位印第安人，也许是美国历史上最伟大的印第安人。他生活在18～19世纪，是切罗基族的印第安人。他是一个杰出的印第安武士，不打仗时则是一个技艺高超的银匠、漆匠，但使他声名远播的不是这些技艺，而是他的睿智与远见卓识。他深知美国印第安人落后的根源在于缺少文化与教育，甚至于没有自己的文字。于是他立志替自己的部族创造一种文字。其间可歌可泣的经过这里就不说了，我们只说结果：1821年，塞阔雅终于创造了一种新的语言——切罗基语，它是一种非常好的语言，既简单易学，又能像任何一种成熟的语言一样充分地表达思想。这是人类历史上第一种，也是唯一一种真正一个人凭一己之力创造的语言，是语言和人类智慧史上的一个奇迹。

遗憾的是，这种语言只有切罗基人用，人数极为有限，得不到广泛的传播，塞阔雅的大名即使挂在高高的巨杉上也难以传遍四方了。

令人惊奇与敬畏的大峡谷　此时，我的电脑正播放着《回到大峡谷》，听着它那有若远古回音的曲调，我仿佛又看到那壮丽的大峡谷，它的雄浑令人感到不可思议，世界上竟然有如此壮丽的造物。就像1903年西奥多·罗斯福总统看到大峡谷时所说的一样：

> 大峡谷使我充满了敬畏，它无可比拟、无法形容，在这辽阔的世界上绝无仅有。

大峡谷的位置及其形成我们在前面讲美国的自然地理时已经大致提过了，它位于美国亚利桑那州境内的科罗拉多高原上，科罗拉多高原主要是由中生代的石灰岩层构成的，上面有科罗拉多河流过，科罗拉多河从河源到河口总落差达3500多米，水力资源丰富，尤其是流经科罗拉多高原的中游河段，这时河流强烈下切，形成一系列深邃的峡谷，其中包括世界陆地上最长的峡谷——科罗拉多大峡谷。

前面的说法还应当补充几点：一是科罗拉多大峡谷更具体的位置在美国西南部的亚利桑那州的西北部，西去不远就是加利福尼亚州，附近还有两处著名的景点：胡佛大坝和拉斯维加斯，这两个地方我们都已经去了。

第二个要补充的是大峡谷形成的原因。大峡谷之所以能够形成，尤其是之所以如此壮丽，并不全靠科罗拉多河之冲蚀，也与科罗拉多高原的地质结构大有关系。首先，科罗拉多高原的基质主要是泥土沉积层和一些相当松软、容易被侵蚀的岩层，如石灰岩。这样，当科罗拉多河的急流冲刷过来时，它们自然容易被冲刷下切。第二是科罗拉多高原不但结构疏松，而且向上隆起；不但向上隆起，还逆着河流慢慢向前运动。这等于说是它耸起身子，迎着向它射来的科罗拉多河的“水刀”前进，不被更快地切开才怪。第三个原因是大峡谷周围一带雨水稀少，这我们前面讲美国的气候时已经说过了，科罗拉多高原一带属于美国南部的亚热带大陆性气候，在科罗拉多高原一带，由于降水少，因此形成了美国面积很小的几块沙漠之一。这个“降水少”对于形成科罗拉多大峡谷是必不可少的，因为像我们上面刚说过的，科罗拉多高原一带地质结构疏松，易被水流冲刷，如果这一带降水多的话，科罗拉多河两岸早被雨水冲刷得七零八落了，哪能形成得了如此高耸的大峡谷！

以上就是大峡谷的形成原理，这一形成过程大约是从约600万年前开始的，现在还继续着。

我们再来谈谈大峡谷的发现史。16世纪时，冒险家科罗拉多为了寻找传说中的七座黄金城，到达北美，发现了如今的科罗拉多河与科罗拉多大峡谷，“科罗拉多”之名就是这么来的。但随后它就被冷落了差不多两个世纪，到18世纪时才有两位西班牙传教士加尔塞斯和埃斯卡兰特对大峡谷进行了进一步探察。此后越来越多的猎人、往西部移民的人看到了大峡谷，大峡谷如神话传说一般壮丽的景象打动了更多的人，后来有许多专门的探险队来到了大峡谷。到19世纪70年代时，一位内战老兵、热爱科学和探险的鲍威尔来到了大峡谷，在下面科罗拉多河的激流里进行了第一次漂流。此后大峡谷名声大振，联邦政府也开始注意了它，到1919年时终于宣布成立了大峡谷国家公园。现在，大峡谷已经成为世界上最著名、最热门的旅游景点之一，在自然风光中更是魅力无与伦比。

我们现在就来游览一番大峡谷吧。

大峡谷之旅说起来也很简单，它不像黄石国家公园那样宽阔，中间小道纵横交错，景点遍布，要一一走过去看一遍简直不可能。大峡谷的旅游路线只有一条：沿着科罗拉多河走就是了。因为大峡谷说穿了只是一段河道，你只要顺着河道走，没有看不见的景点。

不过说起来容易，做起来可不容易，要知道这可不是一段普通的、两岸栽着护堤柳树、铺了水泥的普通河岸，而是世界上最险峻的河岸之一！它北起亚利桑那州北部边界附近的帕里亚河河口，再过去不远就是犹他州了，一路曲折，先是往西南，一段距离后突然拐了个倒写的“几”字形的弯，往西北流了一段，再转向西方，一路弯弯曲曲，直到一个叫大瓦士崖的地方，再过去不远就是内华达州了，这一段流程长达470千米，就是整体的科罗拉多大峡谷了。

我们一般所称的旅游胜地科罗拉多大峡谷并没有这么长，虽然这一路都够得上旅游胜地的标准，但毕竟太过漫长了，作为旅游胜地划出来的乃是大峡谷国家公园内的一段，即从鲍威尔湖到米德湖之间，长约90千米，是整个大峡谷里最壮丽的部分。

在这一段地势下降得厉害，科罗拉多河奔腾而下，咆哮如雷，河水时宽时窄：宽时河水不深，但依旧湍急，它们急急忙忙地往下游冲去，顺着河床的地形，有时像阶梯一样，一冲而下，有如小瀑布；有时遇到河床凸处，河水便骤然跃起，浪花飞溅。总之满眼是急流，满眼是漩涡，看在眼里，就是胆大的人也不免胆战心惊；待到河道窄处，河水便像本来伸开的五指，现在突然合拢，握紧拳头，猛力地砸在阻挡它们前行的悬崖上，发出惊雷般的怒吼。

这就是大峡谷中的水，历经千万年之后，它们已将一路的泥土冲刷干净，所以水流虽急，却不像黄河的急流一样浊浪排空，而是清流激荡，在河水稍稍平静的地方，看得见鱼儿虾米螃蟹在水里逐浪。

大峡谷的水是美的，但更美是它的两岸。

科罗拉多大峡谷的宽度不一，变化很大，宽的地方达近30千米，窄的地方只有200多米，但不论宽窄都巍然高耸，动辄千米之数。从峡谷顶往峡谷底望去，那激荡的河水成了一条细线，令人头晕目眩。从峡谷底往峡谷顶望去，在宽的地方，可以远眺巍峨的谷顶，它们仿佛是一列列可与太阳比肩的高山，直插云霄，令人望峰息心，感到在伟大的自然面前我们人类只能低下高傲的头颅；到了峡谷窄的地方，头顶天成一线，就是把脖子仰痛了也不见顶，只有五彩斑斓的阳光在那里闪烁，显得那么遥远，就像这两边直立的悬崖绝壁一样，仿佛高得无边无际。

以上就是科罗拉多峡谷之大观，峡谷里还有许多美妙的特色。

一是峡谷两岸崖壁形状千奇百怪，有的像巨大的蘑菇，只有太平洋才吃得下；有的像平台，上面可以召开万人大会；有的像城墙，捍卫着大峡谷的美丽；有的像神庙，比埃及的金字塔还要巨大；有的像孤峰直起，如一根巨大无比的擎天之柱；还有的像桥、像人、像彩虹、像手指……

人们根据它们的形状分别起了许多有趣的名称，如“轮船山”“彩虹桥”“大拇指”“擎天柱”“月亮神庙”“阿波罗神殿”，等等。

二是峡谷颜色的变化莫测，大峡谷总体的色调是红色，然而不同处的岩壁，或者同一处高度不同的岩层颜色都会有所变化，从赤红、米黄、灰白到金色、紫罗蓝色，等等，无不具备，多姿多彩，令人叹为观止。

更奇妙的是，峡谷的山光水色还会随一天中从早到晚不同的时光而变化，这主要是阳光从不同角度照射的结果。这时，峡谷的崖壁沐浴在阳光之下，同一个地方依据阳光的强弱与角度的不同，时而是紫色，时而是深蓝色，时而成了棕色，时而又变成了赤色，更使大峡谷显得五彩缤纷、变幻莫测，宛若天府琼宫。

若是此时身在大峡谷观光的话，或许会像看电影一样——迷离之中已不知身在何处：是人间，还是天上？是祖国，还是果真到了美利坚异国他乡！